数智校园场景构建与应用

卞建鸿等 著

文匯出版社

图书在版编目（CIP）数据

数智校园场景构建与应用/卞建鸿等著. -- 上海：文汇出版社，2025.3.
ISBN 978-7-5496-4459-9

Ⅰ.G47-39

中国国家版本馆 CIP 数据核字第 2025HE5094 号

数智校园场景构建与应用

著　　者 / 卞建鸿等
责任编辑 / 甘　棠
封面设计 / 陈瑞桢

出版发行 / 文匯出版社
　　　　　上海市威海路 755 号
　　　　　（邮政编码 200041）
经　　销 / 全国新华书店
照　　排 / 上海歆乐文化传播有限公司
印刷装订 / 启东市人民印刷有限公司
版　　次 / 2025 年 3 月第 1 版
印　　次 / 2025 年 3 月第 1 次印刷
开　　本 / 720×1000　1/16
字　　数 / 460 千
印　　张 / 26

书　　号 / ISBN 978-7-5496-4459-9
定　　价 / 68.00 元

序

数字化转型这一概念作为舶来品，最早产生于商业领域。人类社会踏入21世纪后不久，美国高德纳、麦卡锡两家信息技术咨询公司先后（2011 & 2017）从商业、金融两个领域提出数字化转型。他们认为，数字技术逐步改变了商业模式，创造了收入和价值的新机会。通过整合信息、计算、通信和连接技术，使实体属性发生了重大变化，以此建立起一种新的富有活力的数字化商业模式的过程，就是商业领域的数字化转型。它是企业主体根据外在环境变化为保持竞争力而做出的一种战略选择。由此，催生出了"数字经济"这一新的经济形式。随着研究的不断深入，人们认识到，数字化转型的前因变量是外在环境的变化，最终目的是组织机构竞争力的提升。但是，数字化转型这一概念除了字面定义之外，还包含了背后起到支撑作用的价值立场、制度安排和技术方法。如果忽略了这些潜在的支撑要素，那么组织机构的数字化转型只能停留在表面。[①]实践证明，重大技术变革往往会引起企业组织变革，而企业组织变革又会导致社会变革。数字化转型作为一种全球性浪潮和全球经济增长的重要引擎，已经成为人类社会变革与发展不可阻挡的趋势。国际社会及西方发达国家对此高度重视，力图通过数字化转型推动国家发展战略的变革。他们的教育领域反应尤其敏感。如：2020年联合国教科文组织、国际电信联盟和联合国儿童基金会联合发布了《教育数字化转型：学校联通，学生赋能》（The Digital Transformation of Education: Connecting Schools, Empowering Learners），美国制定了《国家教育技术计划》（National Educational Technology Plan，NETP），欧盟发布了《数字教育行动计划（2021—2027）》（Digital Education Action Plan 2021—2027），德国推出了《中小学数字化

---

① 参见：时莹、王铮.数字化转型中的高校图书馆数字化服务能力影响因素研究[J].图书情报工作. 20221200 第66卷第23期.

公约》(Der Digital Pakt Schule 2019—2024)，法国推出了《教育数字领地》(Le Plan Numérique pourl'Éducation)，等等。

在我国，党和政府高度重视数字化转型工作，从国家层面整体推进。《中华人民共和国国民经济和社会发展第十四个五年规划和2035年远景目标纲要（草案）》提出，迎接数字时代，激活数据要素潜能，推进网络强国建设，加快建设数字经济、数字社会、数字政府，以数字化转型整体驱动生产方式、生活方式和治理方式变革。2023年，中共中央、国务院印发的《数字中国建设整体布局规划》提出了数字中国建设的整体框架。2022年国家网信办第一次发布《数字中国发展报告（2021年）》。在"数字中国"战略推动下，数字社会、数字政府、数字经济、数字制造、数字传媒、数字教育、数字金融、数字医疗、数字旅游等异彩纷呈，数字成为中国未来发展主流和方向，各行各业都在快速构建数字空间，人们的生活、工作、学习、休闲逐渐向数字空间转移。

学校数字化转型是适应数字时代学校发展的必然选择，在数字化技术日新月异的驱动和政府主管部门引领和支持下，必将催化学校办学的深刻变革。数字化时代，人工智能不仅是新一轮科技革命和产业革命的核心驱动力，也是教育创新与变革的助推器。创建时代性强、办学效率高、具有永续性的学校数据治理、数字化元宇宙重大应用场景与育人的全域空间和数字生态系统，让学生浸润在数字化学习的全新场景之中，享受数字驱动与激励的成长快乐，是现代学校应有的责任与担当，也是名校长研习基地全体学员在研习本课题中所必须具有的气魄、眼界、视野和思路。

上海在2021年被列为全国首个教育数字化转型试点区以来，先后发布了《上海市教育发展"十四五"规划》《上海市教育数字化转型实施方案（2021—2023）》《上海市中小学教学数字化转型三年攻关行动方案（2022—2024学年）》，并确定徐汇区、闵行区、宝山区作为上海市教育数字化转型实验区。2024年3月29日又发布了《关于做好2024年上海市教育数字化转型工作的通知》（沪教委信息〔2024〕4号），强调提升教育教学数据治理能力和服务能级、推进教育数字化转型整体性实践探索、深化教育数字化重点场景示范应用等。提出评选并建设100所上海市教育信息化应用标杆培育校，指导21所上海市数字化转型赋能示范校和8所上海市数字化元宇宙重大应用场景示范校，打造好6个"全国中小学人工智能教育基地"，我们为之感到振奋。

我们认为，学校不同于商业企业，更不同于制造企业。学校是由一个个鲜活生命角色个体组成的非线性的、动态的，可变性非常强的复杂系统。学校数字化转型一定要以"人"为中心，尤其是以"师生"为中心，不能被动适应飞速发展的技术，而丧失教育促进人（师生）发展的本质属性和学校教育"成人成己"的初衷。我们在谈论学校数字化转型时，千万不要把数字技术和人工智能的功用无限放大，忘记灵魂教育与教育的灵魂这个核心命题。学校数字化转型一定要清晰地构建起技术与学校、技术与人和谐共生的学校生态发展路向，建立新的更加适合学生发展，主动关注人工智能技术应用过程中的师生反馈，有效调动教师人工智能教学和学生人工智能学习积极性的机制；要以问题为导向，用数据锁定不同时段学校数字化转型各个场域的矛盾点和师生意向，科学把控学校数字化转型的进度、广度、精度、深度与效度；要重点聚焦全域式数字基座、主动感知式"智慧校园"、智能化课堂教学支持系统和全新育人生态系统与"校园人"的融合，人工智能技术与学校教育教学活动的融合，以及融合过程中不同学段、不同教育类型的学校老师怎样教，学生怎样学、怎样成长，人工智能工具在教育教学中怎样应用等重要问题。在数字化转型过程中，要以数据要素为基础，统筹物理空间和数字空间教育教学元素，"因校制宜"、"一校一案"，大刀阔斧地对学校治理、组织架构、教育生态、场域空间、课堂场景、教学模式、学习方式、学习评价、课后服务、社团活动、后勤保障等进行优化、重塑、创新与变革。要认真梳理出当前学校数字化转型存在的差异和所遇到的各种困难，从战略和战术两个层面做好顶层设计，深深植入"四梁八柱"上海教育数字化转型经验。具体举措主要包括：（1）做实行迹上线数字上链，筑牢场景构建应用基础；（2）物联数联智联"三联"并举，创浸润式数字化学习环境；（3）数智赋能突破信息孤岛，打开学校育人广阔空间；（4）数智融合再造课堂教学场景，赋能小学、初中、高中不同学段及职业学校教学"三助手"使用；（5）研发和利用数智课程资源，促进学生学习方式新变革；（6）决策"问计"生成式AI，校园管理让数字说话；（7）再造教育教学新场景，促进学校治理流程变革；（8）融合学校教育新场景，数智赋能学生向未来。职业学校数字化转型还应注重差异化和指向性，强调产教融合育人，优化虚拟仿真实训资源及平台，利用AI技术成果把企业岗位操作搬进学校课堂，以实现技能型数字化人才培养目标。

我们还认为，学生核心素养培养是教育改革的永恒话题，也是教育的初心所在。未来学生的核心素养培养，关键是提升数字素养，具体表现为学生对数字技术的感知力、学习力、识别力、思维力、理解力、判断力、驱动力和创造力。学生是AI时代的"原住民"，他们对AI有一种天然的亲近感，超强的学习能力和适应能力。要引导学生学会如何有效使用AI工具学习和执行创造性任务以及与AI合作或协作，主动进行数字化学习，获取数字知识，整理数字知识，批判性地思考和解决问题；理解技术运作及其对社会的影响，谙熟人工智能时代的适应性学习和数字化生存之道，敢于并善于尝试人工智能新技术的新应用。总而言之，就是要聚焦于培养学生在AI的虚拟环境以及现实物理空间的真实环境中解决具体问题的能力，如项目设计、多人协作、信息加工，等等。为了培养学生核心素养，未来的课堂教学不再只是发生于物理空间中的教师的"独角戏"，而会转变成物理教室、在线数字空间和虚拟世界元宇宙等多元时空中教师和学生的共同创造活动。学校教师、远程教师、机器人教师和学习者互相切换，联合行动，协同工作。通过教师"数据驱动式"教学，促进学生"场景浸润式"学习，将成为人工智能时代常规课堂教学的新样态。现在的人工智能技术发展可谓风起云涌，年轻的"追风人"一波催一波，让人有点眼花缭乱，尤其是各种生成式大模型如雨后春笋问世。作为学校不能盲目跟从这些AI的热点成果，而是要坚持"为我所用"原则，不断从这些成果中挖掘其可以赋能教育教学的潜力，变革教育教学形式、手段和方法，培养能为时代所用的人才，这是学校面对日新月异的人工智能所必须具有的定力。总之，对于学校来说就是要不断挖掘各种AI技术的教育性潜能，赋能学生德智体美劳"五育"整合发展，同时抵御AI的负面侵蚀，这既是教育数字化转型的本色所在，也是教育数字化转型的责任使然。

本书作为"杨浦区创智教育干部人才涌动发展项目'卞建鸿名校长研习基地'"学员集体之作，集中展示了学员三年研习成果。三年来，围绕学校数字化转型这一研习主题，学员们不仅相互走访并交流了各自所在学校数字化转型的做法与经验，还到其他一些兄弟学校进行了实地考查，以确保最后形成的研习成果能体现杨浦教育的特色与优势。我们还重点关注到徐汇、闵行、宝山三个上海市教育数字化转型实验区和上海市"元宇宙重大应用场景"项目评审第一个达标的"元宇宙校园"——浦东福山外国语小学形成的做法与经验。

这里我特别要指出的是，正在本研习基地全体学员紧张地撰稿之际，正巧遇上上海"世界教育数字化转型大会"的召开，这对我们这本书的撰写可以说是如浴春风。这次大会不仅传递了全世界推进数字教育的信心、决心及发展趋势的强烈信号，更重要的是推出了中国方案，展示了上海经验，尤其是徐汇、闵行、宝山三个实验区的样例，我们高度关注并充分吸纳了这次大会的成果。我们也深感把学校数字化转型作为基地研习主题，即踩准了世界教育改革的节拍，也瞄准了世界教育改革的难点，我们有幸恰逢上海教育改革的这一高光时刻。所以，我们的心情是既兴奋又沉重，因为我们所选择的是一项极具探究价值和挑战性的课题。

当然，学校数字化转型作为一个过程，我们在这条路上才刚刚起步。我们深知随着人工智能技术不断发展与进步，教育理念不断革新，学校数字化转型一定会出现更多的创新样式。AI 赋能教育，教育加持 AI，我们在创造一个强大帮手的同时，又塑造了一个更强大的对手，AI 对传统教育的挑战烈度无法预测，我们期望教育与 AI 能协同发展。本书只是学校数字化转型的敲门之作，而不是、也更不可能对学校数字化转型进行盖棺定论。尽管如此，我们还是希冀她能对上海，尤其是杨浦教育数字化转型有所启迪。

卞建鸿
2024 年 7 月 10 日

目　录

序 ·· 卞建鸿　1

第一章　扫描学校数字化转型环境　直面转型中学校所遇困难 ·············· 1
 第一节　中国教育数字化转型的发展历程 ····································· 1
  一、从教育信息化到教育数字化 ··· 1
  二、数字化转型的发展历程 ·· 2
 第二节　中国基础教育数字化转型现状 ·· 3
  一、什么是教育数字化转型 ·· 3
  二、教育数字化应用的现状 ·· 4
  三、教育数字化转型的成效 ·· 5
 第三节　学校数字化成功转型的关键因素 ····································· 7
  一、政策支持与制度创新 ··· 7
  二、技术革新与校企合作 ··· 8
  三、资金策略与资源配置 ··· 8
  四、人才培养与教师专业发展 ·· 9
 第四节　学校数字化转型过程中的困难 ·· 10
  一、办学观念滞后 ·· 10
  二、政策导向不明 ·· 11
  三、基础设施薄弱 ·· 11
  四、软件资源欠缺 ·· 12
  五、资金投入不足 ·· 12
  六、数据安全存风险 ·· 12
  七、师生数字素养较低 ··· 12

第二章　做实行迹上线数字上链　筑牢场景构建应用基础……14
第一节　行迹上线整体架构与教育教学支持……14
一、行迹上线整体架构……14
二、个性化行迹数据助力学生全面发展……15
三、行迹上线协助教师培养……17
四、智慧系统优化校园配置……18
第二节　行为轨迹上线的做法与技术实现……19
一、基于数字基座的校园顶层设计……19
二、物联网设备的实际部署与功能实现……20
三、行迹上线的技术挑战……27
第三节　数字上链的概念与必要性……28
一、数字上链的背景……28
二、数据上链的原则……31
三、数据上链的实施办法……32
四、区块链技术带来的教育生态化……35
五、法律和伦理挑战……37

第三章　物联数联智联"三联"并举　创浸润式数字化学习环境……39
第一节　物联、数联、智联概念解析……39
一、"三联"的概念……39
二、"三联"的作用与影响……40
第二节　技术层面的"三联"应用……43
一、"三联"赋能教师高效教学……43
二、"三联"改变学生学习方式……44
三、"三联"改善校园服务与生活……45
第三节　具体案例分析……46
一、区域"三联并举"视域下的教育教学实践……46
二、学校"三联并举"视域下的教育教学实践……47
三、学科"三联并举"视域下的教学实践……51
四、可行性方案探讨……56

第四章　数智赋能突破信息孤岛　打开学校育人广阔空间 ……………… 59

第一节　学校信息孤岛现象及其挑战 …………………………………… 59
一、何谓信息孤岛 ………………………………………………… 59
二、学校信息孤岛所带来的问题 ………………………………… 60
三、学校信息孤岛突破面临的挑战 ……………………………… 61

第二节　"行迹上线，数字上链"突破信息孤岛的关键路径 …………… 63
一、收集各类信息数据 …………………………………………… 63
二、建立数据标准和规范 ………………………………………… 68
三、"行迹上线"——选择合适的技术工具 …………………… 69
四、"数字上链"——实现共享互通 …………………………… 73
五、推广和培训 …………………………………………………… 75

第三节　数智赋能突破信息孤岛的无限可能 …………………………… 76
一、人工智能赋能 ………………………………………………… 76
二、大数据分析 …………………………………………………… 77
三、物联网助力 …………………………………………………… 78

第五章　数智融合再造课堂教学新场景　赋能小学教学"三个助手"使用 …… 80

第一节　"三个助手"作为上海市中小学教学数字化转型重要经验 …… 80
一、背景与意义 …………………………………………………… 80
二、角色与功能 …………………………………………………… 81
三、实践与发展 …………………………………………………… 83

第二节　小学生认知规律与小学育人目标 ……………………………… 85
一、基于儿童认知发展规律 ……………………………………… 85
二、小学生认知的年级差异 ……………………………………… 85
三、小学生学习方法 ……………………………………………… 86
四、小学育人目标 ………………………………………………… 87

第三节　再造小学数智融合课堂教学新场景 …………………………… 88
一、场景定义及要素 ……………………………………………… 88
二、数智赋能课堂教学场景概念界定与特征提取 ……………… 88

第四节　"三个助手"的使用、案例分析与实践成果分享 …………… 94

一、"三个助手"的使用 …………………………………………… 94

二、区域综合案例分享 …………………………………………… 98

第六章 数智融合再造课堂教学新场景 赋能初中教学"三助手"使用 …… 119

第一节 数智融合下初中课堂教学的理论明示 ……………………… 119

一、数智融合下初中教学的理论逻辑 …………………………… 119

二、数智融合下初中课堂的内涵特征 …………………………… 123

第二节 数智融合下初中课堂教学的实践向度 ……………………… 126

一、数智融合下初中课堂的实践逻辑 …………………………… 126

二、数智融合下初中课堂的关键环节 …………………………… 129

三、数智融合下初中课堂的典型样态 …………………………… 135

第三节 数智融合下初中课堂教学"三助手"应用策略 ……………… 142

一、巧用"备课助手",提升备课能力 ………………………… 142

二、活用"教学助手",促进学生深度学习 …………………… 147

三、善用"作业辅导助手",助力分层跟进教学 ……………… 152

第七章 数智融合再造课堂教学新场景 赋能高中教学"三助手"使用 …… 155

第一节 数智融合新理念的注入 ……………………………………… 155

一、以数智融合背景为主导的新理念表征 ……………………… 155

二、数智融合背景下的新技术 …………………………………… 156

三、"三助手"的加持 …………………………………………… 159

第二节 新学习场景的构建背景分析 ………………………………… 161

一、虚拟与现实的融合趋势 ……………………………………… 161

二、互动式学习环境的构建要素 ………………………………… 163

三、成功的数字化教学场景分析 ………………………………… 165

第三节 基于数智结合构建课程教学路径 …………………………… 170

一、颠覆传统教学模式 …………………………………………… 170

二、以创新教学方法为基点分层注入 …………………………… 173

三、常见"AI语言&视频大模型"在高中教学中的应用比较 … 174

四、构建"三助手"融合应用的基础框架 ……………………… 178

第四节　学校在"三助手"应用背景下发挥的主观引导作用……………… 184
　　一、学校层面……………………………………………………………… 184
　　二、教师层面……………………………………………………………… 185

第八章　数智融合再造课堂教学新场景　赋能职校教学"三助手"使用…… 188
第一节　职校数字化转型的背景与需求分析……………………………… 188
　　一、职校的育人目标和教育特殊性……………………………………… 188
　　二、中等职业学校学生认知普遍规律…………………………………… 190
　　三、职校数字化转型的迫切需求………………………………………… 191
第二节　数智融合新理念在中职校中的应用……………………………… 194
　　一、职校教学中数智融合新理念的价值………………………………… 194
　　二、数字化技术与职校育人目标的契合………………………………… 197
　　三、"三助手"在职校教学中的定位与作用……………………………… 200
第三节　中职校教学新场景的再造………………………………………… 202
　　一、线上教学与线下教学模式混合……………………………………… 202
　　二、在校教师、远程教师与虚拟教师"三师"共舞……………………… 206
　　三、虚拟工具与现场实操工具共存……………………………………… 208
　　四、沉浸式学习与表层化学习相交结合………………………………… 210
　　五、AI即时指导与师生现场诊断互补…………………………………… 211
　　六、全维度智能学生技能评估与教师专业评定互参…………………… 213
第四节　前瞻性关注和设想………………………………………………… 217
　　一、自然语言交互（NLP）在职校教学中的前瞻性应用……………… 217
　　二、虚拟现实技术在中职教学中的深化………………………………… 222
　　三、人工智能技术成果应用对中职学生"学"和教师"教"的前景展望… 227
　　四、想象中的未来：数字化技术对中职教育的深远影响……………… 228

第九章　研发和利用数智课程资源　促进学生学习方式新变革………… 232
第一节　数智课程资源建设的时代背景…………………………………… 232
　　一、学校数智课程资源建设的现状……………………………………… 232
　　二、课程资源数智化的价值意义………………………………………… 233

三、课程资源数智化的现实支撑 235
第二节　数智化课程资源的研发与利用 236
　　一、整合重塑现有资源 236
　　二、技术赋能新课研发 241
　　三、共享优质课程资源 245
第三节　数智化课程资源促进学生学习方式的变革 249
　　一、数据驱动个性化学习 249
　　二、人机协同主动性学习 251
　　三、虚实共生体验式学习 252

第十章　优化虚拟仿真实训资源及平台　把企业岗位操作搬进学校课堂 254

第一节　职业学校现有虚拟仿真实训资源及平台的类型 254
　　一、以认知类为主的课程学习空间 255
　　二、以实践类为主的仿真实训平台 260
第二节　目前虚拟仿真实训资源及平台面临的问题与挑战 266
　　一、课程资源平台与仿真实训平台数据未打通 266
　　二、多平台统一身份认证未接入学校教学管理平台 267
　　三、专业大类中各专业的资源与数据未打通 267
　　四、专业中课程与课程之间的数据未打通 267
　　五、学生的学习数据收集与分析不完整 268
第三节　虚拟仿真实训资源及平台的优化策略 268
　　一、以关键技能为主线的进阶式学习平台 268
　　二、以知识图谱为主线的综合性学习平台 278
　　三、以工作流程为主线的渐进式 VR 平台 289
　　四、以实训模块为主线的沉浸式 MR 平台 291
　　五、以能力图谱为主线的元宇宙实训平台 292
第四节　把企业岗位操作搬进学校课堂 294
　　一、样本选择 294
　　二、问卷设计 295
　　三、数据汇总 295

　　　　四、问卷分析……………………………………………………… 298
　　　　五、结论…………………………………………………………… 305

第十一章　学校决策"问计"AI　校园管理"让数字说话"………… 307
第一节　学校决策"问计"AI，校园管理"让数字说话"的基础框架… 307
　　　　一、校园数字基座的基础支撑……………………………………… 307
　　　　二、智慧校园网的生态保障………………………………………… 309
　　　　三、生成式AI大语言模型的智慧给力…………………………… 312
第二节　学校决策如何"问计"AI………………………………… 313
　　　　一、生成式AI对学校决策的关联价值…………………………… 313
　　　　二、学校决策怎样"问计"AI…………………………………… 315
　　　　三、学校决策"问计"国内生成式AI大模型实例……………… 320
第三节　校园管理如何"让数字说话"…………………………… 329
　　　　一、智慧校园网对校园管理的关联价值………………………… 329
　　　　二、校园管理如何"让数字说话"……………………………… 330

第十二章　再造教育教学新场景　促学校治理流程变革…………… 336
第一节　数智赋能教育教学治理新场景新功能…………………… 336
　　　　一、新场景新功能解析…………………………………………… 336
　　　　二、教育教学管理场景赋能案例与分析………………………… 338
　　　　三、教育教学质量分析场景赋能案例与分析…………………… 340
　　　　四、教育教学评价场景赋能案例与分析………………………… 343
第二节　数智赋能教学事务处理…………………………………… 346
　　　　一、数智赋能教学日常事务处理………………………………… 346
　　　　二、数智赋能课程资源配置……………………………………… 349
　　　　三、数智赋能教学研究支持与服务……………………………… 352
第三节　数智赋能教育教学服务功能提升………………………… 354
　　　　一、数智赋能图书馆服务功能提升……………………………… 354
　　　　二、数智赋能体育运动场馆服务功能提升……………………… 358
　　　　三、数智赋能心理咨询服务功能提升…………………………… 361

第四节 数字平台打通校内外联动 363
- 一、数字平台打通校企合作 363
- 二、数字平台打通家校互动 366

第十三章 融合学校教育新场景 数智赋能学生向未来 371

第一节 学生核心素养的蝶变 371
- 一、数字意识 371
- 二、计算思维 372
- 三、数字化学习与创新 373
- 四、数字社会责任 374

第二节 数字化转型构建学校教育新场景 375
- 一、技术赋能 375
- 二、线上线下融合 376
- 三、社交互动 377
- 四、多元化评价 378
- 五、开放教育资源 379

第三节 教学变革与学习变革 380
- 一、教学变革的挑战与机遇 380
- 二、学习变革的方向与策略 382

第四节 重塑学习与未来的无限可能 384
- 一、新兴信息技术的崛起与数字化转型的加速 384
- 二、生成式语言与视频大模型：数字内容创作的革新 385
- 三、数字化转型对学校教育教学的深刻影响 388
- 四、未来展望：充满变数的教育与学习新纪元 390

参考文献 392
后　记 400

第一章　扫描学校数字化转型环境 直面转型中学校所遇困难

当前，随着新一轮科技革命和产业革命的深入推进，数字技术正成为引领人类社会思维方式、组织架构和运作模式发生根本性变革和全方位重塑的重要力量。这既为我们创新路径、重塑形态、推动发展提供了新的重大机遇，也带来了新的挑战。数字技术的应用和发展已经渗透到社会的各个领域，并且将对教育的未来发展产生深远影响。数字化教育为实现大规模个性化教育，为人类第三次教育大变革的到来提供了变革的力量，成为世界范围内教育转型的重要载体和方向。在此背景下，2024年1月30日，世界数字教育大会在上海开幕，聚焦"数字教育：应用、共享、创新"主题，围绕教师数字素养与胜任力提升、教育数字化与学习新社会构建、人工智能与数字伦理、教育治理数字化与数字教育治理等共同话题，广泛深入交流研讨，加强经验互学互鉴，谋划应对挑战之举，开启了全球共建数字教育发展共同体的新征程，共同为人类数字教育美好图景描上了浓墨重彩的一笔。

第一节　中国教育数字化转型的发展历程

一、从教育信息化到教育数字化

早在1978年4月，全国教育工作会议下发了《关于电化教育工作的初步规划（讨论稿）》，我国的基础教育就开始了教育信息化的进程，经过四十多年的努力和巨大的教育财政投入，我国中小学信息化教学已经普及，城镇学校课堂教学中的信息技术基础应用达到常态化，并出现各种创新性的探索；农村学校，即使是贫困偏远地区的农村学校均已完成信息化基础环境的搭建和教师信息技术的培训。

教育数字化转型基于教育信息化，又高于教育信息化，是利用数字技术推动教育发展范式和教育自身业务在"物理世界、信息世界、人类社会"三元世界的重塑和再造，推进教育全流程、全业务、全领域和全要素数字化的过程。①

二、数字化转型的发展历程

（一）起步阶段（1990年代中后期至2000年代初）

在这个阶段，中国开始意识到信息技术在教育领域的重要性，并开始进行初步的探索和尝试。1998年，教育部启动了"现代远程教育试点工程"，这是中国教育数字化转型的起点。

（二）发展阶段（2000年代）

2000年，教育部发布了《中国教育信息化十年发展规划（2001—2010）》，标志着中国教育信息化进入了系统发展的阶段。在这个阶段，中国加大了对教育信息化的投入，建设了一批远程教育试点学校，推广了多媒体教学和网络教学。

（三）深化阶段（2010年代）

2010年，教育部发布的《国家中长期教育改革和发展规划纲要（2010—2020）》明确提出，要"加快教育信息化步伐，推进教育现代化"。在这个阶段，中国教育数字化转型进一步深化，数字教材、在线课程和虚拟实验室等数字化教学资源得到了广泛应用。

（四）融合创新阶段（2020年代至今）

受新冠疫情影响，2020年中国教育部发布了《关于做好疫情防控期间教育教学工作的通知》，要求全面推进"停课不停学"，在线教育得到了前所未有的发展。在这个阶段，中国教育数字化转型进入了融合创新的新阶段，智能教育、个性化学习和教育大数据等成为研究和应用的热点。

2023年，教育部《教师数字素养》教育行业标准发布，《基础教育课程教学改革深化行动方案》等一系列文件先后印发，指向明晰——以数字化赋能基础

---

① 教育数字化转型的趋势与路径 https://itc.jnmc.edu.cn/2023/1226/c1949a153489/pagem.htm.

教育与教育治理，打破地域限制、缩小校际差别、实现教育的公益普惠与优质均衡。截至2023年底，国家智慧教育平台累计注册用户突破1亿，浏览量超过367亿次，访客量达25亿人次……"①，这一组数据见证了我国教育数字化的蓬勃之势，数字技术的叠加、倍增、溢出效应充分显现。

第二节 中国基础教育数字化转型现状

一、什么是教育数字化转型

教育的数字化转型其实目前并没有一个特别明确的定义，参考教育部教育信息化专家组副组长、武汉理工大学校长杨宗凯教授的定义——教育数字化转型是指利用现代信息技术支持教育在育人方式、办学模式、管理体制、保障机制等方面创新，推动教育流程再造、结构重组和文化重构，改变教育发展动力结构，促进教育研究和实践范式变革，最终实现人的全面、自由、个性化发展的综合过程。这一定义强调了数字化转型中的关键驱动力——现代信息技术的应用。

在应用现代信息技术的推动下，教育的数字化转型通常包括以下几个方面②：

教学内容数字化：将传统教学内容转换为数字化形式，如电子教材、在线教学资源、教学视频等。这样学生可以通过电子设备随时随地访问和学习这些内容，提高了学习的便利性和灵活性。

教学方法创新：数字化转型还促使教育界采用新的教学方法和工具，例如在线课堂、虚拟实验室、远程教育等。这些创新能够提供更加互动和个性化的学习体验，激发学生的学习兴趣和参与度。

学习评估与反馈：数字化转型还提供了更多的学习评估和反馈机制。通过在线测验、自动化评分和实时反馈，教师能够更加准确地了解学生的学习进展和问题，从而及时调整教学策略，提供针对性的指导。

教师培训与专业发展：数字化转型要求教师具备数字技术的应用能力和教学

---

① 2024世界数字教育大会资料汇编。
② 教育数字化转型是什么？如何做好教育数字化转型？https: //baijiahao.baidu.com/s？id=1766133211685084766&wfr=spider&for=pc。

创新能力。因此，培训教师并提供相关的专业发展机会是数字化转型中不可或缺的一环。

新时代背景下教育数字化转型更加强调以人为本，围绕"立德树人"构建数字化、科学化、终身化教育体系；更加注重实际应用，构建教育新生态，服务差异化教学、个性化学习和精细化管理；更加凸显技术赋能，促进新兴技术与教育深度融合，助力实现"人人皆学、处处能学、时时可学"的学习型社会。

二、教育数字化应用的现状

（一）数字化教材的普及

数字教材具有便携性和互动性的优势，学生可以随时随地通过电子设备学习。人民教育出版社和江苏教育出版社推出的人教版电子教材和苏教版电子教材，涵盖小学到高中的各个学科，提供了与纸质教材相对应的数字化版本，支持在线阅读和互动学习，方便教师教学和学生学习。国家中小学智慧教育平台覆盖教材版本有65个版本共565册。优学派、大力教育等软件和在线平台提供了大量的数字化教材和教学资源，支持在线作业、测评和互动教学。这些数字化教材不仅提供了丰富的学习资源和便捷的学习方式，而且通过互动功能和个性化推荐，有效提高了学生的学习效率和兴趣。更好地满足学生的学习需求。

（二）在线学习平台的兴起

随着互联网的普及，越来越多的在线学习平台涌现出来，如中国数字学习空间（China Digital Learning Space）、智慧树（Zhi hui shu）、学堂在线（Xue tang X）等，这些平台提供了丰富的学习资源和在线课程，学生可以根据自己的兴趣和需求选择适合自己的学习内容。同时，这些平台还提供了在线作业、考试、评价等功能，方便教师进行学生学习情况的监测和评估。

（三）虚拟实验室的应用

数字化教育还推动了虚拟实验室的发展和应用。虚拟实验室（Virtual Labs）是一种利用计算机模拟技术来创建实验环境的教育工具。虚拟实验室可以提供真实的实验环境和操作体验，学生可以通过模拟实验进行实践操作，提高实验技能和科学素养。如智慧实验室（Zhi Hui Shi Yan）、实验吧（Shi Yan Ba）等为中小学生提供了大量的虚拟实验和科学项目，涵盖物理、化学、生物等多个学科领域。虚拟实验室的应用还可以有效降低实验成本和风险，让更多的学生参与到实验活动中。

（四）智能化教学工具的运用

随着人工智能技术的发展，越来越多的智能化教学工具被应用于基础教育领域。这些工具可以根据学生的学习情况和反馈信息，提供个性化的学习计划和辅导策略，还可以通过数据分析和挖掘，帮助教师更好地了解学生的学习情况和学习特点，提供针对性的教学指导。例如 Padlet、Google Classroom、Nearpod 等这些智能化教学工具不仅提高了教学的效率和质量，而且增强了学生的参与度和互动性，有助于实现更加个性化和现代化的教学模式。

（五）在线评价和反馈机制的建立

数字化教育还促进了在线评价和反馈机制的建立。学生可以通过在线平台提交作业和考试答题，教师可以通过系统自动评分和反馈，及时了解学生的学习情况。在线评价和反馈机制可以提供及时准确的学习反馈，帮助学生发现和改正学习中的问题，提高学习效果。

（六）教育大数据的应用

随着数字化教育的发展，大量的教育数据被积累和存储起来。教育大数据的应用可以通过数据分析和挖掘，发现学生学习的规律和特点，为教学提供科学依据和参考。教育大数据帮助学校和教育部门进行教育资源的优化配置和教学质量的监测。

三、教育数字化转型的成效[①]

（一）"互联网+"，共享驱动教育资源互联

通过互联网与教育相融合，促进不同地区、不同学校通过互联网实现数据交换和教育资源共享，推动教育公平和优质教育资源均衡发展。国家智慧教育平台自 2022 年 3 月上线运行以来，已覆盖 51.9 万所学校，用户涵盖 1880 万名教师、2.93 亿名在校生及广大社会学习者，平台访问总量超 330 亿次，访客量超 22 亿人次。通过构建多方参与的数字资源供给生态，平台已汇聚基础教育阶段资源超

---

① 教育数字化转型的趋势与路径. https://itc.jnmc.edu.cn/2023/1226/c1949a153489/pagem.htm.

5 万条、职业阶段在线精品课程超 1 万门、高等教育阶段慕课超 2.7 万门。

（二）"5G+"，效率驱动教育效果提升

5G 技术的应用不仅提升了网络的响应速度，还进一步连接了人与人、人与物、学生与教师，为远程教学、全息教学、智慧课堂、智能考试等提供了无限可能。宁夏回族自治区为有效促进薄弱学校教师信息化素养提升，组织开展了"5G+"教师智能研修，教师可通过参与"1+N""1+N+M"远程评课、协同研修和网格化精准研训等活动强化信息化应用能力。

（三）"大数据 +"，数据驱动教育模式创新

将大数据应用到教育领域，通过数据采集、汇聚、清洗和分析，结合应用场景建立数据模型，用数据实现管理和决策，驱动教育模式创新。清华大学附属小学通过采集汇聚学生体质健康测试数据和智能手环监测数据等，系统分析学生体育健康成绩，科学归因诊断改进建议，并提供精准化的反馈指导，形成面向个体的高质量体质健康诊断与反馈报告。北京市东城区作为全国首批智慧教育示范区，以"数据驱动教与学模式创新"为主线，建设教育"智慧大脑"，构建数据支持的五育并举新模式，全面提升教育管理服务能力。

（四）"人工智能 +"，算法驱动教育质量提高

人工智能为教师和学生提供精准化、差异化、个性化的教学支持服务，通过不断优化训练知识模型、机理模型和数据模型，更加准确全面地了解学生的学习情况，提供适应于学生需求的个性化内容，同时辅助教师制定更加科学有效的教学计划，提升教学质量。江西省教育厅积极落实"双减"工作，在全省范围内推广应用"智慧作业"，应用人工智能等数字技术逐一拆解教学难题、击破学习痛点，向每位学生提供优质高效的"靶向作业"，为学生学情绘制"动态画像"，帮助教师厘清教学重点，优化作业设计、减少作业数量、提升作业质量，助力学校实现分层教学。

（五）"区块链 +"，可信驱动教育安全升级

区块链通过新的信任机制改变了数据的连接方式，带来生产关系的改变，为不同参与主体间、不同行业的可信数据交互提供了有效的技术手段，保证了教育数据在服务交互中的安全性、隐私性、真实性、可追溯和防篡改。香港 Cherrypicks（创奇思）基于 BSNSpartan 网络构建了"利用区块链技术颁发和验证数字教育证书"应用，借助区块链技术实现证书发放、转移全过程的透明化和

可追溯，有效避免证书伪造、更改和泄露等问题。同时，通过将教育证书的信息存储在区块链上，实现了证书格式的标准化，提升了证书发放、验证审核的效率，助力可信数字证书体系建立。

第三节 学校数字化成功转型的关键因素

一、政策支持与制度创新

（一）政策支持

政府应将数字化与基础教育改革发展一同谋划，制定明确的教育数字化转型目标和发展规划，提供清晰的方向和框架，以引导学校的数字化进程。加大新基础建设力度，营造速度更快、效率更高、价格更便宜的数字化环境，重点支持创新教育场景、数字资源建设、提升教师数字素养、提升国家数字教育平台能级和提升数字化治理能力。同时健全体制机制，加强数字伦理建设和数字化风险防范，全方位保障数字教育健康可持续发展，为中小学生享有更加公平、更高质量的教育提供强有力的政策支撑。学校也要将数字化转型纳入学校的发展规划，并确定数字化转型顶层设计框架，推进学校的数字化进程。政府应增加对教育数字化的财政投入，包括基础设施建设、软硬件采购、教师培训等方面的支持，以确保学校具备进行数字化转型的必要条件；建立和完善教育资源共享机制，促进优质数字教育资源的共享和交流，避免信息孤岛现象，减少资源重复建设，提高资源利用效率；鼓励学校开展数字化教育的创新实践，支持教育技术的研发和应用，鼓励学校探索适合自身特点的数字化教育教学模式。

（二）制度创新

教育数字化绝不是简单把数字技术应用于已有的教育场景，而是要创新应用场景，在人机有效融合上获得突破。但教育具有比较明显的路径依赖特征，所以，需要突破既有制度限制，创新应用场景，统筹推进教、学、管、评四大应用场景的数字化进程，将数字技术深度融入教育的全方位、全流程。丰富海量的数字教育平台和内容的轻松访问，以及建立在大数据基础上的教学反馈系统和交互性、个性化学习环境。但这些技术都是政府和学校无法提供的，必须依赖于信息技术公司，特别是教育科技企业，只有他们才能不断研发并产出具有创新和实用功能的硬件和教育应用程序。教育数字化转型过程中可以采用政府采购和教育 PPP 模式，即政府与私营企业采取特许经营、BOT 等合作方式，利用私营资本和管理优势参与教育基础设施建设和公共服务提供的政府—学校—技术公司深度合作模式。政府可以给予进入基础教育领域的科技公司业务上的支持，同时也可以考虑必要的行业扶持、出台优惠条件、制定公平透明的规则，吸引优质企业参与中小学的数字化工程，提供优质的数字化产品和服务，并进行有序的市场竞争，保持科技企业应有的创新和活力。

二、技术革新与校企合作

教育信息化 1.0 侧重于通用的 ICT 硬件设施设备的建设，实现信息化教学应用基本普及；进入 2.0 阶段，则需更加关注师生个性化、差异化需求，充分发挥学生自主学习的主动性、积极性，推动师生从技术应用向信息素养、信息思维等能力素质拓展，实现教育与信息化深入融合。[①] 畅通企业与教师的沟通和反馈渠道：教师数字化素养提升、产品使用能力培训需要企业方的支持；而来自教师和学生等使用端的反馈意见、需求则可以反过来促进企业的研发和改进。特别是对于人工智能科技企业，基于与学校共享的产品后台大数据，可以分析并理解教师、学生对其数字产品的使用习惯和个体差异，评估并探索产品的改进、优化和推广方案，从而真正助力学校提升教师教学效果、增进学生学习能力，实现数字时代创新人才的培养。

三、资金策略与资源配置

（一）资金策略

对基础教育而言，财政资源是其建设数字教育平台的主要资金来源，政府还可以考虑股权投资等更多的方式，以有限的资金或者其他资源的投入，带动更多的创新资本进入数字教育行业。对于学校而言，除了财政资金投入之外，还可以探索多元化的融资渠道，主动寻求当地政府与社会公益机构的帮助，包括社会捐

---

① 北大经院两会笔谈 | 袁诚：基础教育从信息化到数字化——政府、学校、科技企业的使命与合作（pku.edu.cn）。

赠、企业合作、教育基金等，以增加数字化转型的资金来源。资金应重点投入于对教育质量提升最为关键的领域，如教师培训、学习平台建设和优质教学资源的开发。在进行数字化投资时，应考虑技术和资源的性价比，避免盲目追求高端技术，确保资金的有效利用。

（二）资源配置

1. 基础设施建设：优先保障学校网络基础设施的建设和升级，确保校园网络的稳定性和速度，实现物联、数联、智联"三联"并举，为促进学校治理变革、服务变革、教学变革和学习变革提供坚实的基础。

2. 教育资源整合：整合校内外的教育资源，建立统一的资源管理平台，促进资源的共享和高效利用。通过"上线"和"上链"来重新整合这些课程资源，对接市教委和教育部相关平台，有效拓宽教学资源共享范围，提高其使用效率，形成共建、共治与共享的新格局。

3. 学生数字素养培养：配置必要的硬件设备和学习资源，智能眼镜、可穿戴设备、移动平板、VR眼镜等硬件设备可以进一步简化学习平台中数据的收集、整合、支持和分析。尽可能地筛选和完善智能辅导系统和自适应学习系统．使用机器人等新学习工具，为学习者提供个性化、多样化以及实时共享的学习平台与资源，进一步转变学生的学习方式，培养其信息技术应用能力和数字素养。

通过上述资金策略和资源配置措施，学校可以更加有效地推进数字化转型，提升教育质量和效率，为师生创造一个更加现代化和智能化的学习环境。

四、人才培养与教师专业发展

教育数字化离不开人的作用，尤其是教师的作用。这里的教师，不是传统的教师，而是具备数字素养，具有人机互动、人机协同能力的教师。[1]

（一）深化认识，增强教师对智能技术的接受和理解

教师是课堂的真正落实者，而教师对于政策的深化理解需要学校进行政策传达和解释。使教师充分意识到智能时代对于劳动力的需求结构已然发生变化，传统的教学要素和教学过程已经不足以培育面向未来的学生。形成"大学—教师发

---

[1] 袁振国.教育数字化转型：转什么，怎么转[J].华东师范大学学报（教育科学版），2023，41（3）：1—11.

展机构—中小学"三方协同机制,促使大学和中小学携手,以专题讲座、互动体验、参观讲解等方式深入浅出地向中小学教师讲解人工智能、物联网等新技术的相关基础知识与应用形式,帮助教师认识技术、理解技术,同步提升教师的科学素养和智能教育素养。持续培养教师作为智能技术服务应用相关者的主体意识,唤醒教师作为新时代持续学习者的意愿动机,从而使教师乐意接受乃至主动学习智能技术。

（二）实践应用,促进教师技术融合教学的创新实践转化

面向中小学教师开展数字素养提升的培训课程和活动,以通识教育为宗旨,通过理论讲授、实际操作、技术体验、专题讲座、小组活动等形式促进教师数字教育实践应用和阶梯式素养发展。组织以技术赋能创新教学为主题的共同体教研,通过学习共同体的形式促进教师反思性学习。形成数字化公共课例集,促进教师的模仿行动。在中小学教师实现数字教育素养发展的不同阶段,进行自身纵向对比及与同行、同事间的横向观察比较；通过教师的同行观察与共同学习,生成更有针对性、更个性化的数字教育智慧。建立智能教育教师专业发展平台,依托开源学校和社会组织等,为教师继续进行各类学习提供设施和机会。2022年3月1日,教育部建设并运行的国家中小学智慧教育平台提供教师研修资源、搭建教师研修新环境、支持教师研修新方式,可以依托平台现有功能,开设符合智能教育教师兴趣与学习特点的课程,同时打破时间和空间的限制,不断将新技术与课堂、学校融合,使教师随时随地进行课程学习。

第四节　学校数字化转型过程中的困难

一、办学观念滞后

学校数字化转型过程中面临的最大挑战是学校的办学观念没有跟上时代的发展,人工智能技术发展可谓风起云涌,ChatGPT、浦语2.0等生成式语言大模型还没有进入大众的视线,Sora生成式视频大模型又问世了。这些颠覆性AI成果的出现,预示着"心想"就可"事成"的时代已经到来。然而,目前绝大多数学校对此还无动于衷,更谈不上有什么应对之策,学校的办学观念还停留在早期信息化时代,对人工智能所产生的冲击缺乏危机感,对其成果的应用缺乏具体规划

和举措。学校与学校，甚至人与人之间形成了诸多数字鸿沟和数据孤岛，造成管理上的困难和使用上的障碍，限制了学校资源的发掘与利用，降低了学校治理水平和办学效益，影响了人才培养的质量。

二、政策导向不明[①]

教育数字化转型与各级各类政策密切相关。近十年来，不同主体所制定的目标、任务、行动计划、配套措施和要求存在较大差异，这影响了数字化转型实践过程的具体落地。当政策主导不一，难以形成有效协调机制，造成多方责任与边界不清晰、协同不畅，甚至有时互相矛盾、互相掣肘。除了带来资源浪费和有效性受限外，还使得各个行为主体难以有效执行改革，陷入左右为难和不知所措之困境。例如"鼓励校园内人人、处处、时时展开互联网学习"与"严禁学生将手机、平板电脑等电子产品带入课堂"等政策之间存在较大矛盾，限制了学校与一线教师采取多种方式的落地实践。学校在各种政策矛盾中需要协调各方，还需要得到有关政策或地方部门的进一步明确规则，才愿意展开实践探索。

三、基础设施薄弱

要实现数字化转型需要坚实的硬件、网络和设备。学校需要购置包括智能教室、云计算平台、大数据分析工具在内的先进教育技术设备。为了维持这些技术的有效运行，学校需要建立强大的网络基础设施和技术支持团队，确保设备和网络的稳定性和安全性。许多基础教育的学校，尤其是一些贫困地区的学校，面临着基础设施薄弱的难题。缺乏高速互联网接入、先进的计算机设备以及必要的教学软件，无法在技术上实现物联、数联、智联"三联"并举，使得这些学校在数字化转型过程中步履维艰。

[①] 杨晓哲，王若昕.困局与破局：教育数字化转型的下一步[J].华东师范大学学报（教育科学版），2023，41（3）.

四、软件资源欠缺

在基础教育信息化的阶段，公立学校的计算机、网络等硬件设施和教学服务、资源平台、软件产品有 90% 是通过政府采购购置的。一直以来，政府教育信息化建设相关采购项目主要集中于硬件设备，个性化的软件服务欠缺，无法满足教师教学和学生学习的需求，与数字化的蓝图远景有着很大的差距。数字化教育资源总体缺乏，尤其缺少系列化的优质资源。

五、资金投入不足

数字化转型需要大量的投入，数字化教学基础设施建设需要的资金投入较大。在许多地方，由于教育经费不足，教育部门无法为数字化教学基础设施的建设提供足够的资金支持，造成数字化教学基础设施建设的进展缓慢。建设在线学习平台、购买相应软件也需要资金支持；设备更新换代和数字化教育系统不断的技术更新与维护以确保其正常运行和安全性，也需要大量的资金投入和人力资源，对于许多学校来说，是一个不小的负担。

六、数据安全存风险

数字化转型意味着学校将收集、存储和使用大量的学生和教师数据。存在着课程信息、学生个人信息等数据泄露和安全隐患。如果网络和教学平台的安全性得不到保证，就会给师生们的信息安全造成威胁，如何确保这些数据的安全、合规地使用和保护学生及教师的隐私，是一项巨大的挑战。

七、师生数字素养较低

在基础教育数字化转型过程中，学校不再成为简单的教学场所，它也成为数字技术、人工智能集中应用的重要场所。教师和学生则成为数字化产品的使用者、受益者和评价者。但是在教育数字化硬件和软件建设快速推进的同时，许多教师和学生缺乏必要的数字技能和知识,特别是教师,利用数字技术获取、加工、使用、管理和评价数字信息和资源,发现、分析和解决教育教学问题,优化、创新和变革教育教学活动而具有的意识、能力和责任等数字素养[①]较为滞后,给数字化教育的场景应用带来困难。教师对信息化产品的使用频率与使用深度上并没有与大量的硬件和软件投入相匹配,这成为信息化教学推广工作中的最大问题。

(本章由绪婕执笔。绪婕:中学高级专业技术职称,上海市杨浦区教育学院德育研究室主任)

---

① 中华人民共和国教育部 教科信函〔2022〕58号《教师数字素养》。

第二章　做实行迹上线数字上链　筑牢场景构建应用基础

2022年初，教育部启动了国家教育数字化行动战略，致力推进教育数字化转型和智能升级，探索数字教育新机制、新模式和新形态。行迹上线技术作为以人工智能为基础的关键技术，为学校管理者提供了创新性的解决方案。行迹上线的价值不仅显现在对学生和教师行为洞察力的增强上，更关键的在于为促进学生个性化学习和教师教学优化提供了重要数据支持，有助于有效管理个体学生差异以及促进教师专业发展。随着对行为数据的广泛收集，传统数据库的问题也逐渐凸显出来。为了确保这些敏感信息的有效管理，引入区块链技术进行数据上链成为不可替代的解决方案。行迹上线与数据上链的结合不仅打牢了数字基座，强化了学校数字化转型的基础，也为教育系统的生态化建设和可持续发展提供了更加可靠的支持。

第一节　行迹上线整体架构与教育教学支持

一、行迹上线整体架构

校园行迹上线技术以数字化转型为基础，提出一种创新方法，旨在实时监测、记录和深度分析学校内各个个体的行为轨迹。采用物联网和传感器技术相结合，该技术能够捕捉学生、教职工及其他相关在校人员在校园环境中的移动、互动和决策路径。通过计划将硬件设备、教育应用系统及校园建设整合为一体，形成对实体学校的准确信息表达和映射，塑造虚拟学校的架构。这种以学校综合视角，结合各专业领域视图，最终创建全面、直观、可量化分析和推演的数字孪生信息模型，打造物数融合、全景态校园虚拟环境[①]。通过实时监测和记录个体在校园中的各类行为，学校能更全面地了解学生、教职工和其他参与者的行为模式，以更科学、精准地制定教学和管理策略。因此，行为轨迹上线技术不仅是对学校管理效率和教学质量提升需求的回应，同时也是对教育个性化需求的响应。

二、个性化行迹数据助力学生全面发展

（一）个性化教学

行迹上线赋能学校数字化教育，彻底颠覆了"一支粉笔、一个讲台、一把戒尺、师教生学"的传统教学模式，将课程教学变成了以学习者为中心的模式。数字化、个性化定制的课程和全景式情景感知的教学让学生可以以不同的节奏去掌握学习内容，实现对学生个体的具体关照，有效避免了困难学生消化不了，成绩好的学生吃不饱的窘境。考试成绩、上课出勤记录、作业、身心检查报告，甚至在线辅助课程的点击情况都被转化成数据插入到算法程序中，根据每个学生独特的数据配置文件制作出个性化学习课程。在此情境之下，预先设定课程的观念正被颠覆，课程的概念愈发倾向于"跑的过程"，而非预先规定好的"跑道"[②]。通过行迹上线，个性化教学活动所发生的环境虚实结合，从多个场景辅助教育回归本真，激发学生的潜力，使学生发展成最佳的自我。创造知识和存在方式的教学探索驱动的教育，促进学生在教育实践中自我练习，自我学习和成长，从而达到教育的目的：用知识启迪智慧，将智慧融入生命，最终提升生命的意义。

（二）学习素养

依赖学生个性化行为轨迹创建的以人为本的智慧课程促进改善了传统学科本位的课程，帮助学生形成完整的知识体系，以及发展学生的核心素养。个性化的课程将教学中心从教材转移到个人，突出了学生自我实现的需要，满足了学生个性发展和完整人格的发展需求，实现教育性成长。课程内容根据学生的兴趣和需求，并与学生的实际生活相联系，由此产生的校本课程和综合实践活动，为学校群体的因材施教提供了可能性。并且，以个性教学为基础的教学模式培养了与素

[①] 张之倩，兰海波.基于数字孪生技术的智慧校园综合管理的研究[J].电脑知识与技术：学术版，2023，19（5）：127—129.
[②] 朱燕.还原和焕发教育的本真和根源——品读雅斯贝尔斯《什么是教育》的启示[J].佳木斯职业学院学报，2015.

养本位、教学评一致的信息化单元教学，实现了课堂教学的结构性变革和育人目标的持续性优化。

此外，以学生为中心的课程结构所体现的不仅仅是课程权力的下放，更是教育理念的转变和教育民主化的实践。在这种课程结构下，学生的学习需求和兴趣被置于优先位置，学生不再是知识的被动接受对象，而是学习的主体参与者，能够根据自己的兴趣和需求进行学习，并积极参与到教育决策和课程设计中。

（三）多场景一体化

在数字化教学的背景下，学生获取知识的方式已不再局限于传统的课堂教学，而是包括课外预习、复习和练习等多种学习场景。这种多场景教学模式将线上和线下、课内和课外有效结合，为教学提供更广泛的空间和丰富的资源。在这一框架下，教师可利用数字化工具跨越不同场景和空间，实现教学方式的转变，从传统的单向讲授教学向多元协作式教学改变。这种多场景教学模式的建立意味着教育正在向更灵活、多样化的教学模式迈进。在这新型教学环境中，学生学习不再受时间和空间限制，能够在不同场所获取知识。教育者应充分利用这些场景特点，结合行迹上线技术，打造更智能、个性化的教育环境。从"学"、"教"、"管"、"评"四个场景出发，教育资源能为课后服务框架提供支持，向各场景赋能，实现资源、平台、服务一体化教育模式。透过多元主体协同合作和新兴技术支持，共同建设和分享优质教学资源，促进资源的最佳配置和有效利用[①]。

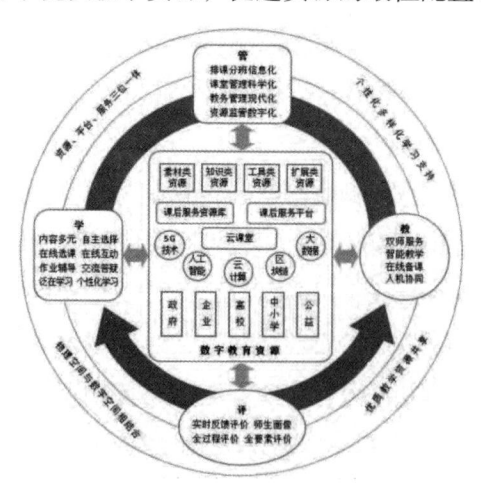

图表 1　数字教育资源赋能课后服务框架案例

---

① 吴娇，黄威荣，杨晓娟.数字教育资源赋能课后服务的内在逻辑、应用场景及未来趋势探析[J].电脑知识与技术，2023，19（34）：157—160.

与此同时，行迹上线技术的功能支持也为"家""校""社区"一体化综合素质评价提供了可能。基于行迹上线技术赋能，教育评价可以实现对评价维度、评价指标、评价流程和评价反馈的场景重构，实现评价内容、方法和主体的多元化，最终形成学生的个性化综合素质报告[①]。行迹上线技术结合行为数据的评价则可以实现评价的现代化、科学化、综合化、立体化、智能化、即时化、可视化，实现"以数为据、用数而评、因数而思"的数字化教育评价，为教育评价的效率和准确性提供支持。

三、行迹上线协助教师培养

（一）减轻行政负担

人工智能可以帮助教师完成一些机械重复的劳动，主要表现为在线课堂管理，包括课程注册和学生出勤；智能学习资源组织，包括学生签到和任务分配；选择题、读写等多项简单测试的自动评分。这些帮助教师卸下教师的行政负担，让他们专注于与学生的面对面教学工作，完善学生的行为数据库中关于情感等难以量化的部分以及难以观测到的指标。

（二）辅助教师定制个性化教学方案

行迹上线结合人工智能，能够辅助教师完成学生的行为数据搜集、处理与分析的工作，并通过建构学情"画像"与定制个性化方案为教师提供合理的教育决策参考。获得这些精准反馈后，教师即可调整教学步调、教学内容和提供给学生的学习资源与支架，与学生共同探索与建构课程，协调处理好整体教学、分层教学、个别指导之间的关系，让每位学生获得最适合自己的学习支持。

另外，全面的学生综合评价体系可以帮助教师全方位地开展德育教育的目标，从而实现本真教育的理念。在这一理念下，实行本真教育首先要以"尊重学生的基本发展、尊重学生的正常需求、尊重学生的成长规律"[②]。借助行迹上线技术，教师可以更好地关注每个学生的综合发展，了解他们的学习状态和情感变化，从而更有效地引导他们的德育成长。

---

① 朱立明，宋乃庆，罗琳，等.新时代教育评价改革的思考[J].中国考试，2020（9）：5.
② 李思远.本真教育让学生成为真人[J].成功：中下，2013（1）：1.

（三）赋能教师个性化发展

录课功能结合机器学习的行迹上线可以显著促进教师的发展和提升教学质量。通过录制自己的课堂教学过程，并将视频上传至行迹上线平台，机器学习算法可以自动检测教学视频中的关键指标，如教师表达清晰度、学生参与度、教学内容连贯性等，为教师提供客观反馈和改进建议。智能评估有助于教师及时发现问题，并引导针对性的提升和改进。教师可根据机器学习分析结果调整教学内容和方法。另外，学校通过建立数字档案数据库，教师的基础个人信息、参加的培训和课题、教授的课程等内容均能得到详细记录。教研部门便可在此基础上分析出教师专业发展的路线图，从而为教师更好地发展提供科学的、个性化的指导。

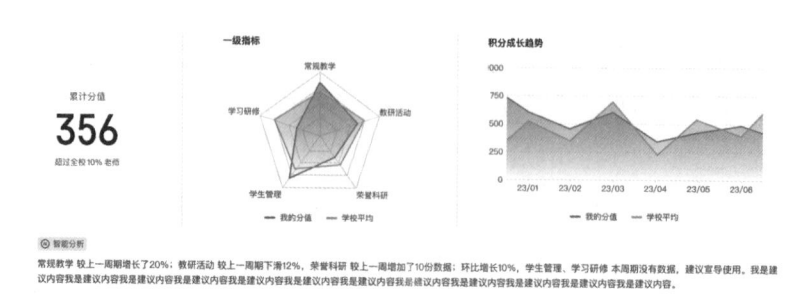

图表 2　教师发展决策看板示例

（四）提升教师数字素养

教师的数字素养是当前教育领域中的一项重要指标。行迹上线技术为教师提供了一个与同行共享经验、交流互动的平台，教师可以通过分享学习经验、教学方法等，促进教师间的共同成长和进步。在数字化教育的大背景下，教师的数字素养不仅仅是一种技术能力，更是一种教育理念和教育态度的体现。通过行迹上线记录的数据，教师可以更好地与学生、家长同时进行数字化协同育人，共同探索和实践数字化教育的方法和策略，推动教育的全面数字化转型与发展。

四、智慧系统优化校园配置

（一）最大化利用资源

学校管理者可以通过行迹数据更好地了解和优化校园资源配置，以提高学校运作的效率和适应性。通过监测和分析学生、教职工及其他参与者在校园中的行为轨迹，学校管理者能够更准确地了解校园资源的使用情况和流动情况。举例来说，分析学生在不同时间段和地点的活动轨迹可了解各个资源如教室、图书馆、实验室等的利用情况。根据这些数据分析，学校管理者可以有针对性地调整资源配置和规划，例如优化课程安排、提高教室利用率等。另外，通过监测和分析行迹数据，学校管理者还能够及时发现资源利用中存在的问题和瓶颈，采取相应改进措施。

（二）提升校园安全管理

行为轨迹上线技术还有助于提升校园安全管理水平。通过监测校园内的行为活动，系统能够及时发现异常情况并发出预警信号，使学校管理者能够迅速采取安全措施。例如，一旦发现可疑行为或异常情况，系统可以立即通知校园安全人员进行处置，确保校园内部安全。这种安全预警和处置机制对消防管理、校园欺凌预防、学生安全监控等方面都具有积极意义。

第二节　行为轨迹上线的做法与技术实现

一、基于数字基座的校园顶层设计

数字校园基座是智慧校园系统的基础支撑，在统一基础设施与环境的支撑下建设统一应用中心、数据中心、个人中心，不断提升和促进平台数字化、智慧化应用。其中应用中心通过应用分类将符合标准的各类应用接入，个人中心实现用户入口及桌面、用户业务应用数据、各类应用流程的整合。数字校园基座具备承载各类教育资源和应用的能力。根据不同的应用场景，数字基座可提供教研教学、教育装备管理、德育评价等应用，并且可以与学校已有的教学应用、管理应用、教学资源进行对接和整合，从而形成学校管理、课堂教学、教师研训、在线学习和资源平台等多种应用。数字校园基座遵循国家标准化建设要求，能够根据用户的应用需求不断兼容、整合和完善各类应用系统，具备高度的开放性、灵活性和拓展性。用户在一个网站内即可实现各种功能的使用，为校园管理者和教师提供高质量的教学服务，提高校园信息化平台的使用效率，打造高质量且沉浸式的管理和教学体验。

数字校园基座建设遵循开放融合、一体化、组件化、智能化、移动化的指导思想，采用面向服务架构（SOA）的设计理念，以微服务方式实现各项业务功能，通过校园服务总线统一归口管理各种服务；采用组件化、流程化的业务架构，采用分布式云部署结构，支持集群部署及虚拟化，为数字校园信息化提供安全可靠、开放兼容、便捷易用、灵活扩展的应用基础底座平台建设，进而为校园管理者提供精准数据驱动下的统筹管理。

二、物联网设备的实际部署与功能实现

（一）校园基础数字孪生底板

数字孪生底板是构建数字孪生校园的可视化模型基础。以校园三维全景、实时实景为应用特色、创新采用数字孪生技术对校园的人、物、事进行"身临其境"的管理，生成校园安全防控、应急预案、协同指挥、设备运维、资产管理等各科室岗位"一张图"，使校园实时实景实用管理底数清、状态明、风险决、响应厉。比如，上海闵行中学东校的"平台+"记录了从全校基础设施到各个业务应用系统再到学校、教师、学生三个档案，协助学校逐步实现教育治理数字化，提升科学决策能力。

对接校园数字基座，打通学校各业务系统数据壁垒和信息孤岛，校园业务数据聚类可视化，挖掘数据应用价值，提升校园决策能力，使校园管理更便捷、更高效、更直观、更安全、更智能，最终实现校园智能化、智慧化管理。为了实现数字基座的有效运行，智慧校园的网络基础建设、物联网基础建设和基础监控设施应达到如下要求：

1. 网络基础建设

为了保证数字底板的有效运行，学校需要建立有效的网络支持，网络建设需要达到有线、无线网络校园区域全覆盖，并支持有线、无线、物联网融合组网，支持PC、移动终端、各类智能终端在任意位置接入，支持各种物联传感设备接入。学校网络需划分网络区域，适用不同管理和控制需求。因此，无线网络点位设计与设备选型应基于场景，考虑场地面积、业务需求和并发无线终端数量，满足信号强度、容量和避免干扰的要求。网络建设需要提供通信线路、关键网络设备、关键安全设备、关键计算设备的冗余，保证系统的可用性。学校可建立统一运行中心，随时随地感知网络运行状况，实施资产管理、故障识别、根因定位、

服务质量测量等功能。并且建立多层次网络与信息安全技术防护体系，按需配置网络与信息安全防护设备和软件，定期开展测评整改，并按照网络安全等级保护2.0的标准，落实各项管理和技术防护措施。另外，学校需要做到定期进行接入测试，确保接入网络可用性，确保能容纳预计数量的用户接入和正常使用[①]。

2. 物联网基础建设

学校物联网建设需要支持对校园水、电、气运行状况，校园重要教学实验设备、后勤设备设施运行状态，安防设备和人员车辆监控设备设施运行状态的管理。部署以校园卡为主的感知设备、身份识别终端及校园卡平台，并且在校园出入口、停车场出入口等关键出入口部署人员、车辆识别终端设备。同时在校园重点区域全面布控视频监控设备，比如在人员聚集场所（出入口、楼道口、食堂等）配备人脸抓拍、人员计数、人体测温等功能的摄像机，可在火灾高发场所（变电配电室、食堂锅炉房、危化品储藏室等）配备热成像、可见光等功能的摄像机，在校园偏僻及重点区域部署紧急报警设备，在校园周边需重点防护的建筑物或区域设置电子围栏等设施设备，等等。通过对接视频监控系统、校园卡系统和物联网系统，校园三维地图可以跟随校园三维地图远近视角，查看校园、楼栋、楼层态势情况。利用数字基座技术进行位置追踪和热点分析，可以了解各种校园内的活动区域，为资源规划提供数据支持。通过行为模式分析校园活动，建立正常和异常行为模式，对异常行为及时报警，让教师及校园管理人员充分了解学生异常情况并做出干预措施。在突发事件发生时，如火灾、校园欺凌等，行为轨迹技术可以迅速帮助学校管理者迅速了解事态发展情况，确定受影响的区域和人员，并指导应急人员进行及时处置和疏散，最大程度地减少人员伤亡和财产损失。

3. 基础设施监控

通过身份感知设施，行迹上线系统可以全面展示教室的基础情况和使用概况（比如空闲、上课、考试、临时借用），包含教室分类和数量、各楼栋人群态势分析、教室利用情况和借用分析、以及设备设施总况和故障统计排名等运行总览数据。直观展示当前设施相关的基础态势，包括该教学楼的基础信息、人群出入分析、使用概况、设备总况和用能统计，同时结合该楼栋的人员出入安全预警、消

---

① 钟机灵. 新形势下高校网络安全防护体系建设研究 [J]. 网络安全技术与应用, 2020 (8): 3.

防安全预警、设备设施状况和运行执行情况等数据维度，展示楼栋级教室综合运行指数情况、物联设备分布和设备信息、每间教室的用电情况等，并展示楼层级的教室综合运行指数。通过对校园的全方位管理，校园管理者可以优化设施安排，最大化利用校园智能设施，给学生提供优质的校园环境。

图表3　智慧校园管理系统图例

（二）智慧教学设施

通过数字化和智能化的系统升级，智慧校园系统将支持虚拟仿真教学、在线课程和混合教学，为学生提供更丰富、多样化的学习体验。通过课堂观察系统和数据分析，系统常态化记录课程教学过程，为学校提供数据决策的参考依据，有助于持续改进教学质量。

1. 个性化学生画像辅助教学

课堂教学应当配备录课功能，以支持智能统计教学过程数据，实现全流程教学数据的常态汇聚。借助机器学习算法，智慧教学平台可以检测学生的行为模式，再结合教育学、心理学、生命科学、运动科学等多学科理论与实践，对学生行为进行深入分析和细化的基础上，完整地抽象出一个学生的信息全貌，由此构建出"数字学生"。

通过"数字学生"画像，老师可以更清楚地了解和读懂每一个学生的身心状态，制定个性化学习方案，促进学生在素质教育理念下的全面发展。结合全员导师制的开展，上海市浦东新区第二中心小学建立了学生素质综合档案，监测学生学习状态，包括学习任务，学生作业完成情况、以及课外读物阅读情况。在每学期结束时，系统自动生成一份可视化的学生综合素质报告，让每一名学生在各阶段都能看到自我成长的真实状态。

另外，感知性数据收集技术在绘制学生画像的过程中也起到了关键作用。比如，上海交通大学附属实验小学通过"闵晓数"智慧笔实时记录了学生的课堂"行迹"。语文课堂上，学生们手拿智慧笔在课堂配套练习册上书写，老师则能在教室大屏上清晰看到每位学生实时书写的笔迹，包括书写的笔画、笔顺及字形结构等，对学生的书写习惯一目了然。而在数学课上，通过智慧笔平台提供的数据，老师能迅速获悉学生的作答结果。哪些学生思考时间不足？哪些学生尚未掌握知识点？借助这支智慧笔，老师能精准找到真正需要帮助的孩子，随时跟进"补偿性"学习指导[①]。

除了记录课堂教学数据，教学平台还应当采集其他教学场景数据，例如实验课堂。在理化实验课堂中，数据的采集记录包括实验操作数据、智能分析实验行为以及自动生成评价结果。这些数据的收集和分析将有助于教师更好地理解学生在实验过程中的表现和学习情况，为他们提供更精准的指导和支持。

2. 智慧作业

在"双减"背景下，要以作业管理促成减负增效，有必要建立一个完备、科学的作业系统：系统的前端对接作业的设计与布置环节，以校本的单元作业规划指引教师开展思考；后端对接作业的批改与诊断环节，以数字化平台为教师收集并提供作业数据，基于数据精准教学；同时结合作业数据指导教师的作业设计，形成作业系统前端与后端相互联动的闭环。作业系统需具备同步练习板块，实现与线下课程同步练习，通过学生评价数据，根据学生薄弱点自动推送学生练习。系统能支持自动记录学生日常作业和考试错题，形成学生专有错题库，按学科、知识点进行统一归档管理的功能，教师可查看学生错题并进行解析，学生可查看错题并获得解析。智能学习终端对学生作业书写和教师作业批改的数据实时采集和上传分析，完善学生画像[②]。

截至 2022 年，上海市各区中小学已经进行了相当完备的作业系统数字化转

---

① 王叶婷，黄志勤. 智笔·翼课促转型循实·求新向未来——"闵晓数智慧笔"项目校本化探索研究 [J]. 教育，2023（20）：17—20.
② 刘艳霞，辛冰，陈江龙."双减"背景下构建智慧教育新样态的策略研究 [J]. 当代教育家（下半月），2023（7）：46—50.

型。比如闵行在区域层面构建了区校两级作业系统"闵智作业"[①]。其中，颛桥中学，通过"闵智作业"系统生成练习卷后，老师会在线发布给学生，学生完成后再拍照上传至平台，数据采集十分便捷。值得一提的是，"闵智作业"平台上的每一份习题都会自动生成"出题分析"，除了试题总量、题型总量、预估完成时间等信息，"出题分析"还涵盖题目难度分布、题型分布、每小题考查能力要求、难度系数等更多延伸信息。宝山区美兰湖中学也借助 unote 打造智慧作业本系统，实时记录并分析学生作业情况。上海师范大学附属卢湾实验小学的教师通过单元作业系统，利用数据助力教师精准发现不同学生的不同学习问题，匹配问题及时进行教学补偿，有效提升学习效能。基于作业系统前端，教师通过适应学力差异化的作业实施，个别化地检测与巩固所学。基于作业系统后端，教师实施基于数据的精准教学。学校为基于数据分析实施精准教研后的教师拟定教学改进计划，从而利用作业数据分析反哺教学，使教学更精准有效，落实减负增效，促成学生长远发展。

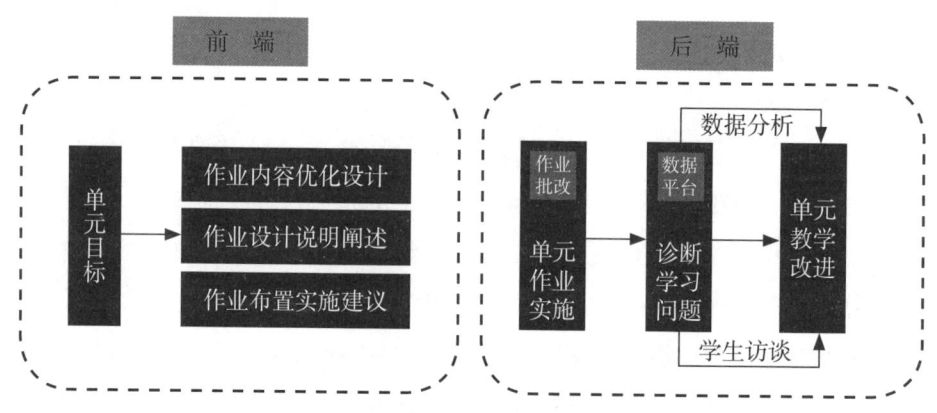

图表 4　上海师范大学附属卢湾实验小学单元作业系统案例

3. 学生成长支持

全面的学生行为数据可以帮助建立学生成长支持系统。通过给学生推送定期的提醒和资源分享，教师可以在数据的帮助下及时干预学生可能面临的问题，促进学生更好地适应学习和生活。这些方法的综合运用使教师和家长能够更全面地理解学生行为，为学生提供更个性化、安全、高效的校园体验。另外，学生的学

[①] 刘太如. 线上线下教学环境下作业完成品质对比研究［J］. 上海教师，2023（1）：109—116.

习将不局限于校园内，其他学校的优质资源也可以做到互惠互利。作为全国"人工智能助推教师队伍建设试点区"以及"上海市教育数字化转型实验区"，2024年宝山区首创的"智慧同侪课堂"，一经推出后，就引发教育界人士的关注。"同侪"一词，出自《左传》，原指在年龄、地位、兴趣等方面相近的平辈、同伴。让不同学校的学生围绕同一个议题，在各自教室实时展开讨论、一起探究，"智慧同侪课堂"不仅打破了传统校园、教室的物理空间限制，也通过引入直播互动、资源共享等形式，照见未来课堂与教研的新形态。通过'智慧同侪课堂'，上海市宝山实验学校推出了"智慧同侪课堂"，让名师资源辐射更多学生，在给本校学生上课的同时，毗邻的求真中学、虎林中学和泗塘中学的学生，也可以"共享"课程。通过智慧平台学校可实现'1+N'同步备课、同步上课、同步教研、同步研训以及同步课后延时服务五大应用场景，有助于扩大优质教育资源的覆盖面[①]。

4. 数字孪生

数字孪生技术在数字转型中也是重点关注的场景之一。数字孪生是指利用数字技术创建一个与实体物体、过程或系统相对应的虚拟模型或仿真环境。这个虚拟模型通常与实体物体在结构、行为和性能等方面相匹配，可以实时更新以反映实体的变化。作为上海市首个5G+智慧高中，卢湾高级中学在2020年打造了一间全息教室，配备了一整套专用的全息互动设备，为师生们提供远程互动教学环境，广泛应用各种创新课堂[②]。通过5G现场连线和VR眼镜的辅助以及AR(增强现实)形式，学生可以做到"足不出户"来到工厂，感受到在工业生产的过程中各种实验的实际应用。目前，学校已形成了一整套同时具备全息、AR、VR等多种形态，满足各类教学需求的"元宇宙创课资源体系"通过和成熟的科技企业进行校企合作，高科技可以直接服务到教育教学场景之中，从而推动教育改革实践，让学生们真切感受到教育数字化转型带来的新成果。

（三）教研设施

教学过程中的各种数字化手段也为教师提供了更加便捷、高效的教学方式，使教师能够有时间和精力专注于教学本身。数字化教研平台设施涵盖了教学资源的全生命周期管理，从采集、整理、分类标识到构建学科资源知识图谱，形成具

---

① 方铭琳.未来学校组织变革：为何与何为[J].基础教育，2022，19（5）：102—112.
② 房媛.场景时代下科普出版的融合发展探讨[J].传播与版权，2023（8）：37—39.

有学校特色的校本资源库。此外，系统支持对教学资源的安全管理、数据质量管理、元数据管理等，确保资源的高质量和安全性。

1. 智慧备课

智慧教研平台为教师提供了丰富的教学资源和功能。智慧教研平台不仅可以向教师提供基础的教学资源包，还支持教师对基础教学资源进行讨论、分享和改编。教师可以通过平台进行多端协同，将制作的备授课资源在教室进行无缝获取。此外，教研平台还提供了集体备课和评课功能，给教师提供了跨校教研和区域教研的便利途径，促进专家与教师、教师与教师之间的深度互动。教师可以利用平台支持的在线多维评课功能，根据督导要求，自定义设置评课要求，并将评课内容自动归档。这种平台不仅提供了网络研修服务和网络教学研讨，还支持制作自定义评课量表功能，满足各种形式的评课需求，如录播评课、直播评课和线下评课等。通过智慧教研平台，教师不仅可以获取丰富的教学资源，还能够与其他教师进行深度合作和交流，有效促进教师的专业发展和教学水平的提升。

2. 智慧教学

结合人工智能课堂分析模型，智能教研系统可以通过信息化终端采集的教学场景数据进行课堂质量分析。综合使用语音智能分析、视频智能分析、视频理解和识别、ASR 语音识别、NLP 自然语言处理等技术，课堂质量观察系统可以全面、客观地感知教师的教学质量，为教师和教研管理者提供课堂实录、课堂观察报告、教学质量辅助分析等功能[1]。学校可通过教研系统与备授课应用结合，实现备－授－研－评全教学流程数字化，形成教师教学行迹数据档案，提高教学反思、指导的效能，并为实施精准教研、定向提升教师教学能力提供依据，加快教师成长。

3. 建立学科资源知识图谱

对本校教学和学习活动中生成性信息资源进行持续采集、加工、整理，支持对资源进行分类标识，分步构建学科，形成具有学校特色的校本资源库。另外，行迹上线平台支持分步构建学科资源知识图谱，可以将各种教学资源按照知识点、主题或学科进行关联和组织，形成具有层次结构和逻辑关系的知识图谱。通过学科资源知识图谱，教师可以清晰地了解各个知识点之间的联系和发展规律，

---

[1] 廉士勇，刘忠涛. 人工智能技术在现代媒体资产管理系统中的应用[J]. 现代电视技术，2022（1）：90—92.

指导学生形成全面的知识体系赋能素质教育。

（四）多场景智能协同，系统推进信息化

校园行迹上线技术具备多场景的功能，能够在各个管理应用系统中发挥作用。为了实现这些多场景功能，各个管理应用系统的功能模块被拆分成若干微应用，并整合到一个名为"微应用池"的统一平台中。通过身份统一认证技术，实现了用户单点登录，可以便捷地访问所需的微应用。此外，针对不同的角色和需求，系统可以灵活分配不同的微应用，从而为用户提供个性化的应用体验，构建一个能够提供个性化服务的一体化桌面服务。比如，浦东新区第二中心小学通过智慧校园优化管理、促进内涵发展，构建统一用户管理信息库，实现师生数据一致性；通过整合资源打造可视化学校管理系统，实现软硬件、人财物相结合管理；通过开发网页、微信小程序、电子班牌端实现家校联通开放管理；通过利用智慧校园连接安防系统，强化人员流动管理，实时同步学生状态，最终实现跨终端、跨平台数据统一，自动化智能化日常管理，助力管理者实时了解学校运行状态。这种依据场景协同共享的系统平台实现了"不同权限下的数据呈现"。

在建立个性化桌面服务的基础上，行迹上线技术实现了不同应用系统之间的业务场景协同。通过整合各个应用系统，实现数据的共享和交互，让数据"发声"，客观显性地反映真实问题，实现"用数而思"，做到学校治理基于数据进行实时监管，基于数据做出科学决策，体现"问题显现下的决策跟进"，实现"因数而定"。

三、行迹上线的技术挑战

目前，教育云建设、服务、管理与维护一般为一个较大型的中心化机构服务，但用户期待从云平台获得"按需服务"。这种中心化机构存在一系列难题教育云的构建昂贵，信息双向性不对称，按需服务的实用性不强，集中持续更新维护困难，相关的数字资源知识产权保护等。比如[1]，尤其是人工智能结合行迹上线产生了大量的行为数据，处理分析这些数据容易造成中心服务器的高负荷运转。在这个背景下，传统的中心化机构服务难以保证智慧校园服务的实时数据收

---

[1] 金义富.区块链+教育的需求分析与技术框架［J］.2021（2017-9）：62—68.

集与智能分析，而且传统数据库可能在数据分析和挖掘方面缺乏智能化和自动化能力。行迹上线技术需要对海量数据进行深度分析和挖掘，以提取有用的信息和规律，帮助学校管理者做出科学决策，传统数据库无法提供高效、智能的数据分析和挖掘功能[1]。

另外，教育大数据基于云技术构建，其中最主要的难题之一是个人隐私和信息安全问题。随着行迹上线技术的发展，涉及的个体行为轨迹数据可能包含大量的个人隐私信息，传统数据库往往难以提供足够的安全保障和隐私保护措施，容易导致数据泄露和滥用的风险。因此，行迹上线技术需要采取一系列措施来确保数据的安全性和隐私保护，比如加密算法、访问控制、匿名化处理、数据监控等。然而过多的算法和节点又会继续给中心服务器造成压力，因此利用区块链技术协助数字化转型势在必行。

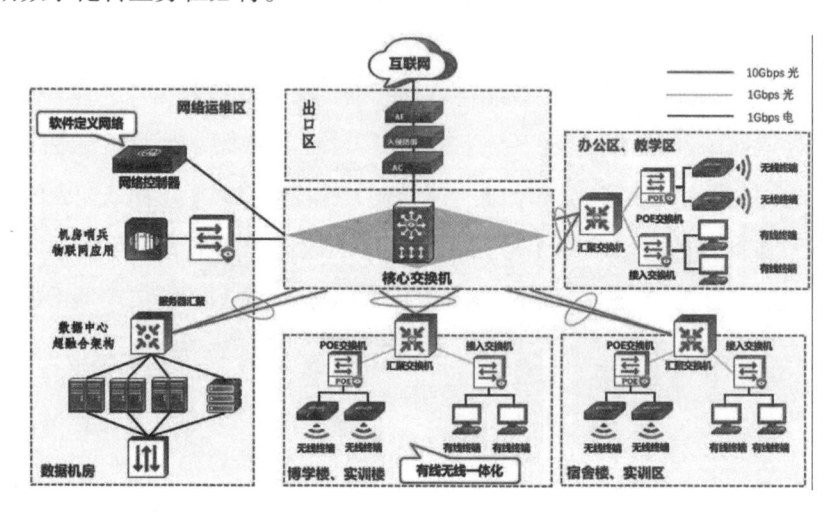

图表 5　传统校园网服务器架构

第三节　数字上链的概念与必要性

一、数字上链的背景

（一）区块链简介

区块链（Block chain）即由区块组成的链，区块是一个结构数据单元，把

---

[1] 任戎. 计算机技术在现代企业信息化管理中的应用探究 [J]. 中小企业管理与科技, 2016 (33).

数据区块按时间顺序连接组成的链式数据结构。英国政府在 2016 年 1 月发布的《区块链：分布式账本技术》对区块链是这样阐述的：区块链是数据库的一种，它包含的记录很多，这些记录不是存放在一页纸或一个表内而是存储在区块内，每个区块通过数字签名链接到上一个区块，人们可以像使用账本一样使用区块链，可以共享和授权查阅。

简单来说，区块链的数据结构是一个由区块组成的链式结构，每个区块包含了一定数量的交易数据以及其他元数据。区块（Block）是区块链中的基本单位，它是一个包含了一定数量的交易数据和其他元数据的数据块。每个区块都有一个唯一的标识符，通常是一个哈希值。区块中包含了一定数量的交易数据（Transactions），这些交易可以是转账交易、智能合约调用、数据存储等操作。每个交易记录了参与者的地址、交易金额、时间戳等信息。区块头（Block Header）包含了关于区块的元数据信息，包括前一区块的哈希值、当前区块的哈希值、时间戳、难度目标值，以及用于验证区块的工作量证明（对于 PoW 共识机制）等。前一区块哈希每个区块都包含了指向前一个区块的哈希值（Previous Block Hash），这样就形成了一个链式结构，保证了区块的顺序和完整性。交易数据通常使用 Merkle 树根（Merkle Root）进行组织和存储，Merkle 树是一种二叉树结构，通过哈希值将所有交易数据组织起来，最终生成一个根哈希值，这个根哈希值被包含在区块头中，用于验证区块中的交易数据。通过这种链式结构，区块链可以保证数据的安全性和完整性，每个区块都包含了前一个区块的哈希值，任何对数据的篡改都会破坏这种连续性，从而使得区块链具有高度的不可篡改性[1]。

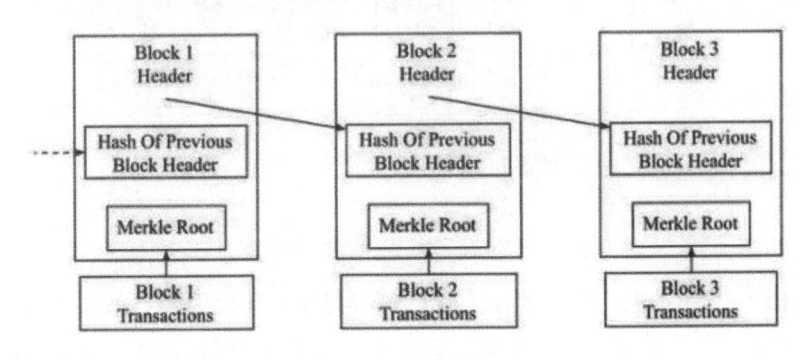

图表 6　区块链的数据结构

---

[1] 汪菲.基于区块链的去中心化可信数据共享技术研究［D］.江苏：南京邮电大学，2020.

尽管目前区块链3.0架构的成熟应用尚未出现，它超越货币和金融范围应用，可能主要以联盟链和私有链结构进行部署，采用部分去中心的混合分布式架构，具备企业级管理属性，支持政府、工业、医疗以及教育等行业应用。

（二）数据上链的意义

数据上链是确保行为轨迹安全性和可信度的关键步骤。基于区块链的基本原理与特点，这种做法能够有效增强数据的可信度和安全性。区块链的去中心化特点消除了单一数据控制点的风险，确保数据的分布式存储和管理；区块链的不可篡改性保证了一旦数据被上链，就无法被篡改或删除，确保了学生的行为记录具有持久性和可追溯性，为学校提供了可靠的行为数据基础；区块链的智能合约功能可以为行迹上线提供自动化的数据验证和执行机制，确保只有经过验证的数据才能上链，增强了数据的可信度。总体而言，通过区块链的基本原理与特点，将数据上链与行迹上线相结合，不仅提高了数据的可信性，还为学校提供了更加安全和可靠的学生行为管理手段。数字上链系统还支持数字化资源的流转应用体系，学校内外的资源共建共享得以实现，学校教育资源与上级资源平台互联互通，进一步促进了学校教育资源的沉淀使用和辐射传播[①]。

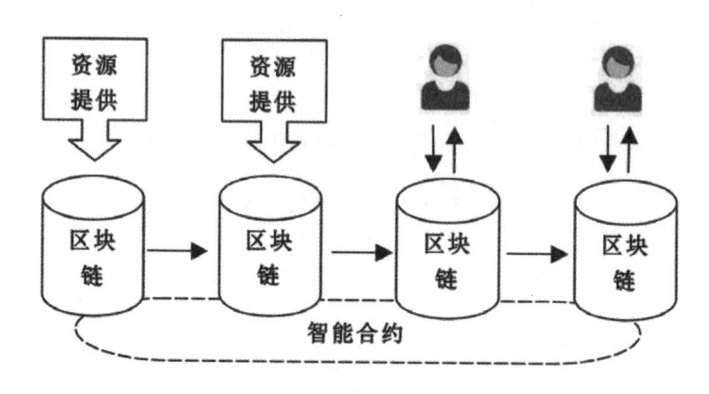

图表7　区块链构建教学场景

教育领域引入区块链，需要在教育大数据和云计算基础上构建"区块链＋教育"体系结构。大数据是总的推动力，云计算是中心化的架构，教育区块链是对等网络架构，二者互为依托，优质资源云化，分享资源区块链化，集中维护和集

---

① 黄泽源，孔勇平，张会炎. 基于区块链的物联网安全技术研究［J］. 移动通信，2018，42（12）.

体维护互相补充。另外,区块链的分布式储存特点有助于建立混合的教学场景,让教学不局限于课堂中,而是建立多个节点,从多方位全面的收集、分析学生数据,根据分析结果调整,协助教育者实施专业化教学,打造"教、学、练、测、评、研、管、服"全链条的教学环节,让教师和学生无论在哪里,都能完美融合在一间"教室"里,实现媲美传统课堂的上课体验。

二、数据上链的原则

(一) 大文件不直接上链

区块链作为一种分布式账本技术,在多个节点(甚至所有节点)都在本地存储了区块链完整的历史数据。如果将视频或图片等直接上链,那么视频将会在每个节点都占用过大的磁盘空间,而且一旦上链是无法删除该交易,强行删除将会导致区块链数据不完整,新节点加入同步并检查历史账本数据时将会因为数据丢失而校验失败。所以如果有大文件上链的需求,可以采用哈希上链的方式,要么直接计算哈希值,然后将哈希上链,要么结合 IPFS 去中心化存储技术,将大文件存储到 IPFS 网络中,然后 IPFS 会给出一个特殊的哈希值,将该哈希值上链。

```
[01010101101111      →    哈希函数    →    232424a3422]
 00101010101011]
    数据                                       哈希
```

图表 8　哈希算法图示

(二) 机密、敏感数据不直接上链

区块链账本是分布式存储在各个节点,所以如果将机密敏感的数据直接上链,那么所有节点都会同步到上链的数据,在本地节点可以查看上链后的敏感机密信息,所以机密、敏感数据不直接上链。

(三) 大量、冗余重复的数据不直接上链

将大量冗余重复的数据上链,会占用大量带宽,导致真正有价值的数据淹没在日志交易中,排队等待打包,从而影响正常业务的运行。大量日志上链也会导致区块链磁盘占用快速膨胀,对所有节点的存储也存在挑战。如果有日志上链

的需求，一般可以按批次，将日志进行 IPFS 存储、计算哈希，或者通过一种叫 KSI（无密钥签名基础设施）的方式，对批量日志建立哈希树，将哈希根上链[①]。

（四）有共享需求的数据上链

教育领域中经常有数据共享的需求，比如教研资源，校本课程等。学校各校区之间可以建立区块链，每个校区将课程资源共享到区块链中，利用区块链共享账本的特点，所有上链数据同步到每个校区的区块链节点中。

（五）有协同处理需求的数据上链

区块链分布式账本的特点可以为每个环节的教师和学校建立节点，他们只需要将自己的系统对接本地的区块链节点。在教研或集体备课的过程中，通过区块链实现各个环节的协同。

三、数据上链的实施办法

（一）侧链设计

对于学校而言，区块链建设的重点是通过传感器抓取实时行为数据并实施"上链"。常见的场景里，文件共享一般是局部的、点对点的，而不是广播给所有人。让区块链无差别地保存海量数据，会不堪重负。一条区块链不可以出现分叉，但可以设计与之交互的子链或称侧链（Side Chain），作为对主链某些规则的灵活变更，它把绝大多数交易放在侧链瞬间完成，保证具有与主链同等的可证性和安全性，只在集中清算时才写入主区块链，因此合理运用侧链至关重要。

学校可以为每个学生创建一个独立的侧链，也可以为每个学习场景或课程创建一个侧链。同时，学校还可以设计不同层次的侧链，根据数据之间的关联性来设计侧链的结构和关系。例如，可以将学生的个人信息、学习成绩、课程评价等相关数据存储在同一个侧链上，以便实现数据的快速检索和综合分析。另外，学校也可以根据数据的关联性和处理需求来设计侧链的结构和关系。学校还可以设置一级侧链用于存储学生的基本信息和学习记录，二级侧链用于存储学生的成绩和评价数据，三级侧链用于存储学生的课程选修和学习计划等高级信息。总之，侧链的设计应具有一定的灵活性和扩展性，以适应未来可能的数据需求和业务变

[①] 付宏燕.区块链在公共资源交易数据整合共享中的应用研究[J].现代计算机，2022，28（12）：86—89.

化。学校可以根据实际情况随时调整和扩展侧链的结构和功能，以确保数据管理和处理的高效性和可靠性。

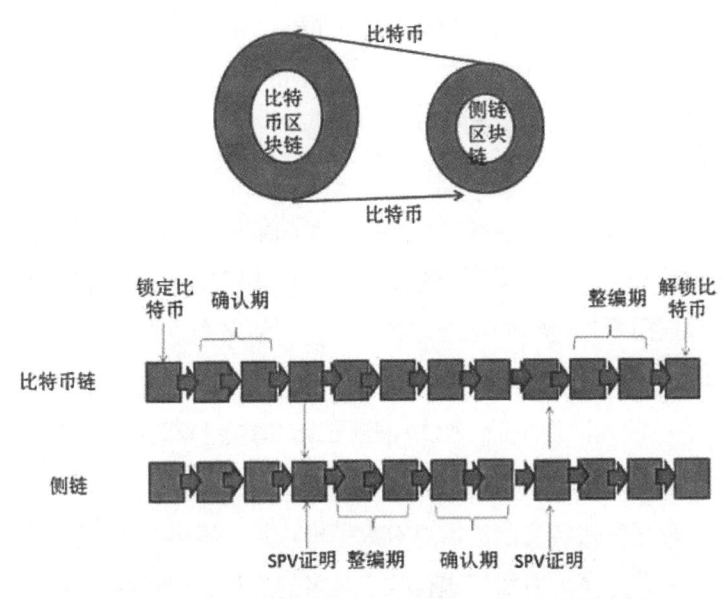

图表9 区块链侧链与主链的关系——以比特币链为例

（二）接口建设

对于行迹上线收集的自动化实时数据，为了将其上传至区块链网络，需要首先进行接口建设。接口建设是指建立数据上传的连接通道和接口，以便将实时收集的数据有效地传输至区块链网络。

接口类型选择：首先需要确定数据上传的接口类型，可以是网络接口、API接口或其他适当的方式。网络接口通常用于直接与区块链节点通信，而API接口则是区块链平台提供的一种更高级别的接口，用于简化数据上传和交互操作。

协议选择和实现：根据接口类型的选择，需要确定使用的通信协议和数据传输协议。通信协议可以是HTTP、Web Socket等常用的网络通信协议，数据传输协议可以是JSON、XML等常用的数据格式。然后需要编写定制的数据上传程序或调用区块链平台提供的API接口来实现数据上传功能。

安全性考虑：在接口建设过程中，需要考虑数据传输的安全性，确保上传的数据不会被篡改或泄露。这可能涉及到数据加密、身份认证、访问控制等安全机制的设计和实现，以保护上传的数据和通信过程的安全性。

异常处理和日志记录：在接口建设过程中，需要考虑异常情况的处理和日志记录机制。这包括对上传过程中可能出现的错误、超时、网络中断等异常情况进行处理和记录，以便及时发现和解决问题，并保证上传的数据完整性和可靠性。

通过以上步骤和考虑因素，可以建设出稳定、安全、高效的接口，实现行迹上线收集的自动化实时数据上传至区块链网络的功能，从而为后续的数据分析、管理和应用提供了可靠的数据基础和接口支持。

（三）数据处理

通过目录链，区块链可以区分传感器设备的信息和位置，形成目标场景。目录链可以帮助管理者追踪和管理传感器设备，确保数据来源的可信度和准确性。实时收集的数据需要进行结构化处理和转换，比如文档数据，通过数据库处理后变成结构化表格数据。可以将处理后的表数据，整体打包进行内容 hash，这个内容 hash 值可以存放到区块里面，区块根据 hash 索引到元数据。

（四）区块链交易签名

在数据上传至区块链之前，需要对数据进行数字签名，以确保数据的真实性和完整性。签署链记录了对数据进行数字签名的过程，包括签名者、签名时间等信息。这有助于验证数据的来源和完整性，防止数据篡改和伪造。一旦数据被上传至区块链网络，将由网络中的多个节点进行验证和确认。这确保了数据的安全性和可信度，并将数据写入区块链的不可篡改的账本中。

（五）权限设置

根据区块链运维的公开程度可分为公共链（Public Blockchain）、私有链（Private Blockchain）和联盟链（Consortium Blockchain）三类。选择公链、联盟链和私链的主要考虑因素取决于教育行为数据的性质、安全性需求和共享程度。以下是针对教育行为数据的选择建议：

公链：如果教育行为数据需要被公开、共享，并且不涉及敏感信息或隐私数据，公链是一个合适的选择。公链提供了去中心化的特性，确保数据的透明度和不可篡改性。公链具有更高的去中心化程度和开放性，可以实现数据的广泛共享和透明管理，同时提供更高的安全性和可信度。示例：以太坊、比特币等公共区块链网络。

联盟链：如果教育行为数据需要被授权的参与者共享，例如学校内部或跨校区的数据共享，联盟链是一个合适的选择。联盟链允许事先确定参与者，提供更高的隐私保护和权限管理。联盟链具有较高的可扩展性和隐私性，同时具备去中心化的特性，可以实现受限共享和更高的数据控制权。示例：Hyperledger Fabric、Corda 等联盟链平台。

私链：如果教育行为数据需要严格的权限控制、保密性和高度可定制化，私链是一个合适的选择。私链完全由指定的节点控制，适用于对数据安全性要求较高的情况。私链提供了更高的隐私保护和权限管理，可以根据具体需求进行定制化配置，同时具备高效的性能和低延迟。示例：Quorum、Multichain 等私有区块链解决方案。

	公链	联盟链	私链
参与者	任何人自由进出	联盟成员	个体或公司内部
共识机制	POW/POS/DPOS	分布式一致性算法	分布式一致性算法
记账人	所有参与者	联盟成员协商确定	自定义
激励机制	需要	可选	不需要
中心化程度	去中心化	多中心化	多中心化
突出特点	信用的自建立	效率和成本优化	透明和可追溯
承载能力	3—20 万笔/秒	1000—1 万笔/秒	1000—10 万笔/秒
典型场景	虚拟货币	支付、结算	审计、发行

图表 10　三种区块链的比较

在选择公链、联盟链和私链时，教育机构应根据数据的敏感程度、共享需求和安全性要求进行综合评估，并考虑到成本、性能、扩展性等因素，选择最适合的区块链方案。

四、区块链技术带来的教育生态化

（一）区块链技术与教育生态化发展

区块链技术在教育领域的应用有助于推动教育的生态化发展。随着信息技术的不断发展和应用，教育数据的产生和积累已经成为一种常态。然而传统的教育系统中存在学生、教师和教育资源之间的"数据孤岛"，无法进行有效共享和整合。"数据孤岛"不仅影响了教育资源的有效利用，也限制了教育信息的流动和共享。在这个背景下,区块链技术的出现为教育数字转型带来了新的希望和可能性。区块链作为一种去中心化、分布式账本技术,具有不可篡改、透明、安全等特性,能够实现数据的全面共享和互通。在区块链网络中,每个数据节点都可以存储教育相关的信息,并通过加密算法和共识机制确保数据的安全性和完整性。学生的学习成绩、课程表、个人信息等数据都可以存储在区块链上,而教育资源如教学材料、课程设计等也可以以智能合约的形式存储在区块链上。这样一来,学生和教师之间的数据可以实现实时的共享和更新,从而打破教育"数据孤岛",实现数据的全面共享和互通[1]。

区块链技术还可以促进教育资源的优化和整合。在区块链网络中,教育资源可以以数字化的形式存储和管理,每一份资源都有唯一的标识符,方便用户查找和使用。通过智能合约,区块链可以实现资源的自动化管理和分发,提高了资源利用率和效益。此外,区块链技术还可以建立教育资源交易平台,让教育资源的获取和交换更加便捷和透明。由于区块链的去中心化和加密特性,教育数据在传输和存储过程中得到了有效的保护,不易被篡改和窃取。同时,每一笔数据交易都需要经过多个节点的确认和验证,确保了数据的可信度和完整性。通过确保学籍与学历认证的透明性,提高学生行为记录的可信度。区块链创新了学生数据管理方式,为教育数据的安全和隐私保护提供了可靠的技术支持。数字身份的安全管理和区块链技术的应用也为教育创新提供了新的可能性。

总体而言,区块链技术为教育生态注入了更高效、透明和安全的元素,推动了教育体系的数字化升级。区块链技术作为一种颠覆性的技术,为教育数字转型提供了全新的思路和解决方案。通过打破"数据孤岛"、优化教育资源、保障数据安全等方式,进而推动教育生态的发展和升级。

(二)区块链技术对促进教育生态发展的展望

随着区块链技术在我国的不断发展,今后结合行迹上线与人工智能技术的突破与应用,将会出现多种公共链、联盟链和私有链相互连接的格局。不同类型的链条之间还可以通过侧链的方式相互补充,形成一个庞大而多元的教育数据网络。全市乃至全国区块链教育网将成为各种校园数据与学习场景数据的统一平台。通过区块链技术,学校可以将学生的学习成绩、课程表、教学材料等数据

---

[1] 张鹏.基于云教室的信息技术应用创新设计与实践思考[J].新疆广播电视大学学报,2015(2).

信息上链，实现数据的实时共享和更新。同时，数字资源建设将得到进一步加强，教育资源，如数字化教学资源、示范课件、虚拟实验室等也可以以智能合约的形式存储在区块链上，为全市和全国范围内的学校、教师和学生提供便利的获取途径。这样一来，无论是城市还是农村，优质教育资源都将更加普及和平等地分布，实现教育的公平与共享。总之，区块链技术的应用将推动全国教育向数字化转型，促进教育生态的发展和优质资源的共享。这不仅将为学生提供更广阔的学习空间和更丰富的教育资源，也将为教育工作者提供更多的创新机会和发展空间，推动教育事业迈上一个新的台阶。

五、法律和伦理挑战

（一）个人隐私

在推动教育生态发展的同时，区块链需要平衡数据上链的需求与个人隐私权之间的关系，确立相应的法律规范和伦理准则。为此，教育机构和技术提供商应共同合作，采取一系列措施加强个人隐私保护。比如，技术层面可采用加密技术保障数据传输和存储安全，避免未经授权的访问和篡改。同时，设立严格权限管理机制以确保只有授权人员可访问和使用数据，减少数据滥用风险。

此外，制定相关法律法规也是重要方法。政府部门可制定和完善法律规范，明确教育机构和技术提供商在数据收集、存储和使用中的义务和责任。比如：建立独立监督机构，监督和审阅教育数据的使用，保护个人隐私权。同时，加强教育从业者和相关人员的伦理和法律教育对学校来说也至关重要。学校可定期举办培训和教育活动，增进教师、学生和家长对隐私保护的意识，引导正确使用和处理教育数据，共同维护个人隐私权和数据安全。

（二）数据造假

在学生数据和教学资源管理中，造假和伪造是一个不容忽视的问题。常见情况是学生学习成绩和考试成绩可能被擅自篡改或伪造，这将直接损害教育评价的公正性和准确性。尽管区块链技术拥有防篡改特性，若数据在上传之前就带有错误或虚假信息，这一错误将长期保存在区块链里，造成不良后果。因此，学校须建立一套完善的数据审核和溯源机制来担保数据的真实性和可信度。同时，为确保数据的安全性和完整性，学校需要加强技术手段，如多重认手段。

教学资源的质量和真实性对于教育质量至关重要。然而，一些教育机构或个人可能会有意伪造或篡改教学资源，以谋取不当利益或提升声誉。随着人工智能技术的进步，特别是深度学习技术的应用，教学资源伪造问题变得日益突出。利用深度学习技术可以轻松生成真实外貌的教学资源，但内容存在可能存在失真或误导。面对这一挑战，教育机构和监管部门有必要加强教学资源的审查和监管，搭建完备的管理系统，以确保教学内容质量和真实性。

（三）知识产权

在行迹上线数据上链的过程中，涉及到大量的教育资源，包括教学材料和教学设计等。如何保护这些知识产权并合理分配利益也是一个需要认真考虑的重要问题。在知识产权保护方面，应当建立专门的保护机制，以确保数据的合法权益不受侵犯，包括明确数据的所有权和使用权限，并制定相应的技术和法律手段来保护数据的合法权益。在利益合理分配方面，应建立公平的数据共享机制和利益分配机制，确保各方利益得到平衡和保障，包括制定合理的数据使用规则，明确数据的使用范围和目的，同时对数据使用行为进行监管和评估。采取这些综合性的解决方法，可以有效应对数据上链技术带来的伦理挑战，促进数据上链技术在教育领域的合理应用，推动学校教育教育改革的可持续发展。

（本章由葛琛静执笔。葛琛静：中学高级专业技术职称，上海市杨浦区铁岭中学党支部书记、校长）

第三章　物联数联智联"三联"并举创浸润式数字化学习环境

人类已经处在数字化时代，数字技术迅速发展已经渗透到各个领域，教育也不例外。传统的教学模式已经逐渐显露其局限性，难以满足现代学生多样化的学习需求，学校数字化转型迫在眉睫。

"物联、数联、智联"作为综合性的技术组合，在学校数字化转型中具有重要作用。通过物联技术，学校可以实现设备的互联互通，提高校园管理效率，为师生提供更便捷安全舒适的学习和生活环境。数联能够对大量数据进行分析，为教学决策提供数据支持。智联则通过模拟人类智能，更加灵活地创新教学模式，满足学生个性化学习需求。通过"物联、数联、智联"的综合应用，打造浸润式的数字化学习环境，是促进学生全面发展，提升学校办学品质的必由之路。

第一节　物联、数联、智联概念解析

一、"三联"的概念

"物联"即物联网技术，是一种通过互联网连接各种设备，使它们能够相互通信和交换数据的技术。这种技术的应用不限于传统的电脑和智能手机，还包括各种智能设备、传感器、无线网络以及其他能够连接到网络的设备。"数联"指的是通过收集、存储和分析大规模数据集，以获取有价值的信息和洞见的技术及方法。"智联"则代表一种模拟人类智能的技术和系统——通过计算机程序和算法来实现对人类智能的模拟和复制。

在学校向数字化教育转型的过程中，各种智能化的打卡、检测和教学设备等进入校园。大量学生行为数据、教师教学数据和教育资源使用数据也因此而产生。在这种情况下，我们需要应用"物联"技术来协调管理智能设备，并结合"数联"技术对快速产生的多样化数据进行清洗、质量评估等处理，以确保数据的真实性和可信度，为学校提供可靠的数据分析和决策支持。基于这些基础，引入"智联"技术对学生行为数据等进一步进行分析，建立个性化教学模式，更好地利用教学资源，帮助教师因材施教，提高教学效率并减轻师生负担。

二、"三联"的作用与影响

在学校数字化教学中，"物联"技术承担着基石角色，提供硬件互联支持；"数联"技术则是后端数据处理模块，用以过滤、筛选有效数据；"智联"技术则负责前端交互环节，提供更丰富、更个性化的功能与应用。这三者共同组成了数字化教育的技术支撑体系。

（一）"物联"的作用与影响

1. 实时监测和数据采集

"物联"技术可以实现对学校各种设备和环境的实时监测和数据采集。例如，学校可以安装温湿度传感器来实时监测教室的温度和湿度情况，以确保学生在舒适的环境中学习。这种实时监测和数据采集能够帮助学校及时发现问题，采取相应的措施予以解决，提高学校的运行效率和管理水平。

2. 智能校园管理

"物联"技术可以实现智能校园管理，为学校提供更高效的管理手段。例如，学校可以利用"物联"技术实现学生考勤系统的自动化管理，通过学生身份识别技术和感应设备实现学生考勤数据的实时采集和统计，提高学校考勤管理的准确性和效率。也可以实时监测学生的健康状况，帮助教师更好地了解学生的身体状况，及时发现异常情况并提供相应的救治。此外，"物联"技术还可以应用于学校的设备管理、安全监控、资源调配等方面，为学校提供全方位的智能化管理服务。

3. 智能化互动

"物联"技术还可以实现智能化互动，为学校提供更加智能、个性化的教学环境和服务。例如，学校可以利用"物联"技术打造智能教室，通过智能化的设备和系统实现教师和学生之间的互动与交流。教师可以利用智能教室的多媒体教学设备进行教学，学生则通过智能教室的智能学习系统学习和作业，实现教学过程的个性化定制和智能化辅助。学校可以实现家校合作，促进教育资源的共享和优化。例如，通过物联网设备收集学生的学习数据，为家长提供更加详细的孩子学习情况，帮助家长更好地了解孩子的学习情况。

4. 资源共享和优化利用

"物联"技术可以实现学校的资源共享和优化利用。例如，学校利用"物联"技术实现教室和设备的共享利用，通过智能化的预约系统实现教室和设备的灵活调配和管理，提高资源利用率。此外，"物联"技术还可以实现教学资源的个性化推荐和定制化服务，为教师和学生提供更加个性化、丰富多样的教学资源和服务。

（二）"数联"的作用与影响

1. 教学决策支持

"数联"技术可以对教学过程中产生的大量数据进行分析，发现学生的学习特点和教学规律，为教师提供科学合理的教学建议和指导，优化教学流程和方法。例如，通过分析学生的学习行为数据和学习成绩数据，可以了解学生的学习习惯和学习困难，为教师提供个性化的教学方案和教学辅导。

2. 个性化学习推荐

"数联"技术可以根据学生的学习行为和学习数据，为学生提供个性化的学习资源和学习推荐。例如，通过分析学生的学习兴趣和学习能力，可以为学生推荐最适合他们的学习资源和课程内容，提高学生的学习效果和学习满意度。

3. 教学质量评估

"数联"技术可以对教学过程和教学效果进行全面评估和分析，发现教学中存在的问题和不足，为学校提供改进和优化的方案。例如，通过分析学生的学习成绩数据和教师的教学反馈数据，可以评估教学的效果和质量，及时发现教学中存在的问题，并采取相应的措施加以改进和优化。

4. 学校资源优化利用

"数联"技术可以帮助学校实现教育资源的优化利用和管理。学校通过资源使用数据分析，可以了解教育资源的使用情况和需求，合理规划和配置教育资源，提高资源利用效率和节约资源成本。例如，通过分析学生选课数据和教学资源使用数据,可以合理安排课程编排和资源调配,提高课程的质量和效率。

(三)"智联"的作用与影响

1. 智能辅导与个性化学习

"智联"技术可以实现智能辅导和个性化学习,为学生提供个性化的学习指导和辅导。例如,智联系统通过分析学生的学习数据和学习行为,了解学生的学习特点和学习需求,为学生提供针对性的学习建议和辅导方案。

2. 智能化教学和个性化反馈

"智联"技术可以实现智能化教学和个性化反馈,为教师提供更加智能和个性化的教学支持和服务。例如,智联系统通过分析学生的学习数据和教学效果,提供教学建议,帮助教师调整教学方法和策略,提高教学效果和教学质量。例如,智联系统可以分析学生的学习表现和学习成绩,为教师提供个性化的学生评价和教学反馈。

3. 学生学习方式的变革

"智联"技术通过模拟人类智能,改变了传统的教学方式和学习方式,推动学习方式的创新和变革。例如,智联系统可以根据学生的自我需求,为学生提供更加丰富多样的学习资源和学习体验,激发学生的学习兴趣和学习动力,提高学生的学习效果和学习质量。

4. 教学智能化和个性化服务

"智联"技术可以实现教学智能化和个性化服务,为学校提供更加智能和个性化的教学支持和服务。例如,智联系统通过分析学生的学习数据和教学效果,为学校提供教学建议和反馈,帮助学校优化教学流程和教学策略,提高教学效果和教学质量。

数联、智联、物联各自具有独特的功能与特点,在数字化教育的进程中相互交汇、相辅相成,共同构建了一个完整的技术生态系统。物联技术作为基础支撑,构建了校园内部设备的互联互通网络,为数据的采集和传输提供坚实的基础;数联技术则负责数据的处理和分析,从海量数据中提取出有价值的信息,为学校决策提供重要参考;而智联技术则进一步将这些信息转化为个性化的教学应用,丰富教学资源,提升教学效果。这三者共同推动着数字化教育的发展,为教育的智能化和个性化提供了坚实的技术支持。

第二节 技术层面的"三联"应用

一、"三联"赋能教师高效教学

（一）助力教师备课

教师的备课工作是教学过程中不可或缺的重要环节。通过"三联"技术，教师可以更有效地收集、整理和利用教学资源。举例来说，历史教师可以通过"数联"技术分析学生对不同历史事件的理解程度，以此为依据选择合适的教学内容和教学方法。"物联"技术使教师可以利用智能化设备搜索和共享备课资源，例如在智能白板上直接查找历史影像资料，或者通过智能化笔记本电脑整理备课笔记。"智联"技术则提供了智能化的备课辅助工具，例如智能教学软件可以根据历史课程大纲和学生水平自动生成备课提纲和课件，为教师节省大量的备课时间。

（二）丰富课堂教学

在课堂教学中，教师需要根据学生的学习情况和课堂氛围及时调整教学策略。借助"三联"技术，教师可以实现对学生学习过程的实时监测和个性化指导。举例来说，在数学课堂上，教师通过"数联"技术可以实时监测学生解题过程，发现学生的解题思路和方法，及时给予指导和纠正。"物联"技术让课堂教学资源的实时共享成为可能，例如教师可以通过平板电脑应用将课堂练习题实时发送到学生的平板电脑上，促进课堂互动。"智联"技术则提供了智能化的教学工具，例如虚拟实验软件可以让学生在虚拟环境中进行实验，提高实践能力和学习兴趣。此外，智能化的课堂监测设备也可以实时记录学生的课堂参与情况和表现，为教师提供数据支持，从而更好地了解学生的学习情况，调整教学策略。

（三）掌握学生情况

了解学生的学习情况和需求是个性化教学的前提。通过"三联"技术，教师可以更全面地了解学生的学习特点和学习需求，为其提供个性化的学习支持。例如，在语文课堂上，教师通过"数联"接技术可以分析学生的阅读习惯和写作水平，制定个性化的阅读和写作训练计划。"物联"技术让教师可以实时监测学生的学习状态和反馈信息，例如通过智能眼镜或监测器实时记录学生在课堂上的注意力和专注度。"智联"技术则通过智能算法和人工智能技术分析学生的学习行为和学习特点，为教师提供个性化的学习建议和支持，例如通过智能学习分析软件提供学习进度报告和个性化学习计划。另外，智能化的学习评估系统还可以帮助教师更全面地评价学生的学习成绩和表现，为其提供有针对性的反馈和指导。

二、"三联"改变学生学习方式

（一）帮助学生更好理解知识

"三联"技术通过提供丰富多样的学习资源和智能化的学习工具，帮助学生更好地理解知识。"数联"技术让学生可以通过各种数字化平台和学术数据库获取大量的学习资料和学习成果，从而拓展其知识面和深化对知识理解，学生可以通过在线平台浏览最新的学科知识与学习方法，或者通过搜索引擎查找相关的优质精品课。"物联"技术则为学生提供了更丰富的学习体验，学生可以通过智能化实验设备进行实时的科学实验，或者利用智能化课堂设备参与虚拟实境教学。"智联"技术为学生提供了智能化的学习辅助工具，如智能化学习软件可以根据学生的学习习惯和水平，推荐个性化的学习资源和学习路径，帮助学生更高效地掌握知识。

（二）提升学生学习兴趣

"三联"技术通过提供多样化的学习资源和智能化的学习工具，能够提升学生的学习兴趣。"数联"技术使得学生可以通过多媒体、动画、游戏等形式丰富学习内容，增加学习的趣味性和吸引力，学生可以通过在线视频课程观看生动有趣的教学内容，或者通过虚拟实境技术参与沉浸式的学习体验。"物联"技术则实现了学习资源的实时共享和互动，学生可以通过智能化学习设备参与在线学习社区，与同学和老师分享学习心得和经验。"智联"技术为学生提供了智能化的学习辅助工具，智能化学习应用可以根据学生的学习兴趣和爱好，推荐相关的学习内容和学习活动，激发学生的学习热情。

（三）提高学生作业完成效率

"三联"技术通过提供智能化的学习工具和学术辅助软件，能够帮助学生提高作业效率。"数联"技术使得学生能够轻松查找和获取学习资料，节省查找资料的时间成本。"物联"技术则实现了学习资源的实时共享和互动，学生可以通过智能化的课堂设备实时提交作业和参与在线讨论，提高作业完成效率。"智联"技术为学生提供了智能化的作业辅助工具，智能化写作软件可以提供写作建议和修改意见，帮助学生提升作业质量和效率。另外，智能化学习管理系统还可以帮助学生管理作业进度和提醒作业截止日期，避免作业拖延和遗忘。

（四）支持学生跨时空学习

"三联"技术可以支持学生跨时空的学习，突破地域和时间限制，实现全球化学习。"数联"技术可以使学生随时随地访问学习资源和学术资料，无论是在学校、家里还是旅途中。"物联"技术可以实现设备的智能化和联网化，学生可以通过智能化的移动设备参与在线学习课程和活动，跨越时空学习。智能联接技术为学生提供了智能化的学习管理和支持，智能化的学习应用可以帮助学生管理学习进度，安排学习任务，提供实时的学习提醒和指导，使学生能够更加自由地安排学习时间和学习计划。

三、"三联"改善校园服务与生活

（一）校园管理

"三联"技术在校园管理方面发挥着重要作用。"数联"技术通过整合学校各个部门的数据，实现信息共享和数据分析，为学校管理者提供全面、实时的数据支持，帮助学校制定科学合理的管理决策。"物联"技术使校园设施设备智能化。智能化安防监控系统可以实现对校园安全的实时监测和管理。"智联"技术为校园管理者提供了智能化的管理工具。智能化校园管理软件可以帮助管理者实现校园资源的智能调度和管理，提高校园管理效率和服务质量。

（二）办公系统

"三联"技术也为学校提供了智能化办公系统，提高了办公效率和工作质量。"数联"接技术通过整合学校各个部门的数据，实现信息共享和统一管理，提高了办公系统的整体效率和协同能力。"物联"技术使办公设备智能化。智能化的办公设备可以实现远程管理和控制，提高办公效率和便捷性。智能联接技术为办公系统提供了智能化的办公工具。智能化的办公软件可以根据员工的工作习惯和需求，提供个性化的办公服务和支持，提高工作效率和满意度。

(三) 智慧生活

"三联"技术也为校园师生提供了智慧生活服务，提升了校园生活的品质和舒适度。"数联"技术通过整合校园生活服务资源，实现信息共享和统一管理，为师生提供个性化的生活服务和支持。"物联"技术使得校园设施设备智能化。智能化宿舍管理系统可以实现对宿舍环境的智能监测和管理，提高宿舍生活的舒适度和安全性。"智联"技术为校园生活提供智能化的生活工具。智能化的校园生活应用可以帮助师生实现生活服务的智能化调度和管理，提高生活品质和便捷度。

第三节 具体案例分析

一、区域"三联并举"视域下的教育教学实践

【上海市宝山区案例】

作为"全国人工智能助推教师队伍建设试点区"和"上海市教育数字化转型实验区"，宝山区在承担教育数字化转型的任务上作出了比较多的规划和实践。其主要开展了"六项工程"：推进数字基座建设，助力教育治理智慧升级；建设"智慧同侪课堂"促进教育资源优质均衡；打造智能教学助手，助推"双减""双新"变革教学；深入研究知识图谱，构建多维动态资源体系；推进数字画像普及，实现教育评价科学精准；建设应用生态体系，融合多场景数字化应用。通过这些技术手段，帮助整合名师资源，辐射更多学生，同时对学生进行减负、提效。

（一）物联技术应用情况及成效

宝山搭建了常态化的学生体育运动和体质监测平台，在一批试点学校部署了"智慧体育"场景，为学生提供"一档、一像、一方、一库、一空间"五个"一"的个性化教学与服务。

（二）数联支持下的数据应用案例

宝山区第二中心小学建立了二中心教育集团的数据分析驾驶舱，帮助 AI 平台进行数据分析，辅助实现数字化教育。

（三）智联在学校中的成功经验

宝山区第二中心小学建设了指向五育的集团学生综合评价平台——AI智教育，运用教学智能软件实现了智慧课堂转型；美兰湖中学借助 unote 打造智慧作业本；吴淞中学参与两轮高中生物学科基于知识图谱的智适应学习系统实践。

二、学校"三联并举"视域下的教育教学实践

上海市鞍山初级中学作为"创智云课堂""数字教材"等教育信息化应用项目试点院校，打造了较为完善的创新性数字化教学环境，拥有多个数字化创新实验室，如"梦想工程师综合理科数字实验室""基于云课堂的翰墨流芳特色课程建设的科技人文创新实验室""基于 MR 混合现实数字化 STEAM 课程创新实验室"等。学校在数字化教学中实现了物联、数联和智联的有机结合。通过创新性的物联应用，打破了传统的学习方式，引入了更具互动性和创造性的教学模式。学校打造"物联、数联、智联"以大数据平台为支撑的智慧校园，实现对人和物智慧管理，实现无处不在的网络学习、融合创新的网络科研、透明高效的校务治理、丰富多彩的校园文化。

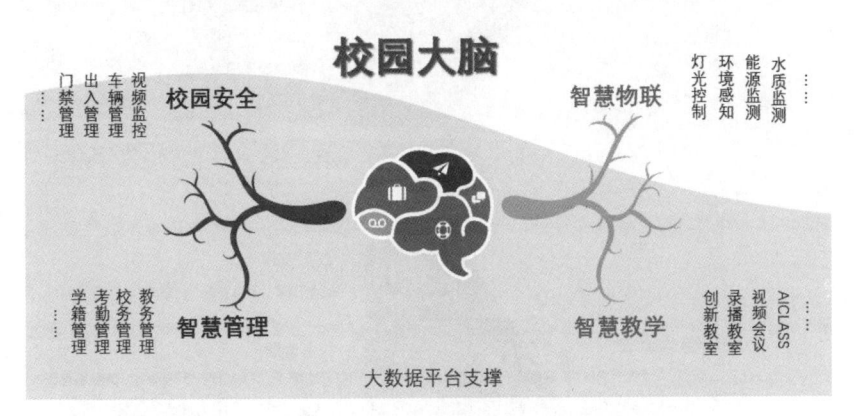

[1] 徐倩《加快教育数字化转型构 建教育大脑和未来学校》《上海教育》2022-10-20

（一）借助物联网技术，打造智慧物联

智慧校园环境建设，包括校园网络系统、绿色节能监控平台、一卡通系统、校园视频监控系统、数字广播系统、门禁管理系统等。智慧管理系统是智慧校园教学管理平台软件。

绿色校园

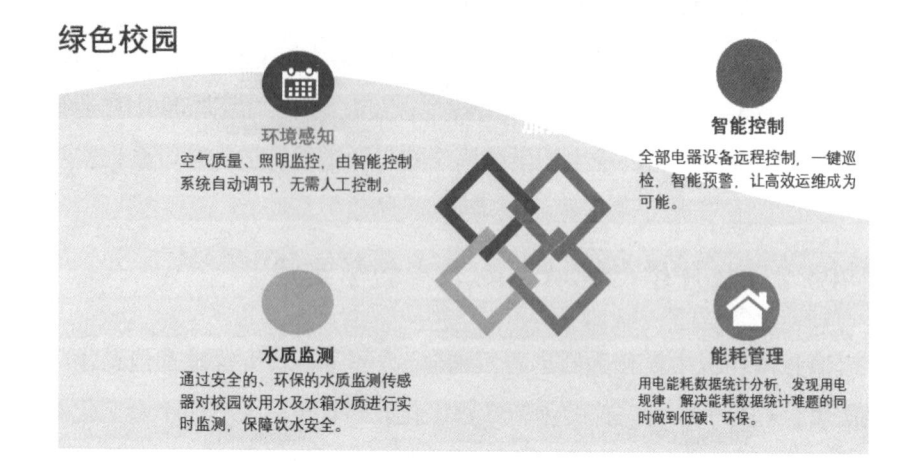

环境感知
空气质量、照明监控，由智能控制系统自动调节，无需人工控制。

智能控制
全部电器设备远程控制，一键巡检，智能预警，让高效运维成为可能。

水质监测
通过安全的、环保的水质监测传感器对校园饮用水及水箱水质进行实时监测，保障饮水安全。

能耗管理
用电能耗数据统计分析，发现用电规律，解决能耗数据统计难题的同时做到低碳、环保。

通过绿色节能监控平台，实现绿色校园管理。

- 智慧校园环境建设
- 智慧教学系统
- 智慧管理系统

校园网络
创造稳定、快速、全覆盖的校园网络环境，为信息化服务学校各项工作加强基础保障。

绿色校园
建设校园节能监控平台，积极促进校园节能减排工作，为建成节约型绿色校园提供信息化保障。

一卡通系统
一卡走遍校园，实现信息共享、集中控制。

视频监控系统
提升平安校园安防监控系统的监控能力。

……

- 智慧校园环境建设
- 智慧教学系统
- 智慧管理系统

教务管理
智能排课、考务管理、自动阅卷、质量分析等。

校务管理
行政管理、人事管理、财务管理、考勤管理等。

学籍管理
建立数字档案，管理在籍学生、学籍变动及学生日常管理。

家校沟通
建立学校和家长学生高效的沟通桥梁，相互配合，形成教育合力，让孩子健康成长。

……

借助物联网技术建设门禁系统功能，将监控与门禁数据综合应用于校园安全、后勤管理等工作，对校园环境、资源进行集成化综合管理，极大提升了平安校园建设水平和质量。校园节能监控平台，积极促进校园节能减排工作，为建成节约型绿色校园提供坚实的信息化保障，也极大节约了人力成本。引入这些系统后，对全体教师和学生进行培训，将学校内的所有工作纳入工作平台，把学籍管理、学校常规管理、学生成绩管理、教师教学工作等全面系统整合，进一步提升教学效率和教育质量。

（二）充分利用数联，建立统一的数据管理

1. 梳理数字画像数据源，建立适合学段育人特征的数字画像指标体系

根据学校发展、学段要求及学生成长特征，从学生的德、智、体、美、劳以及学习环境影响因素等方面出发，帮助学校构建描述学生成长的指标框架，以记录、挖掘、应用学生的成长数据。

2. 数字画像场景化模型构建和可视化分析

构建学生个体、群体的数字画像场景化应用模型，以可视化方式对学生的数字画像进行生成并呈现，以满足学生成长监控预警、分类教学、个性发展等需要。

在各项目校数字画像应用实验的基础上，实现跨校际数据的规范管理和互联互通，加强各校在同学段范围内的比较与挖掘，以可视化方式对跨校际的学生数字画像进行生成并呈现。

3. 数字画像自动推送与预警服务

针对学生的学习情况，自动为学生、教师和学校推送个人及群体的数字画像服务，并及时为学生、教师、学校提供发展预警。通过数字画像服务进行学校教育教学数据分析，推动数据支持下的大规模因材施教。学生发展分析报告能够反映真实的学生成长现状，在思想品德、学业水平、身心发展、艺术修养、兴趣特长或社会实践等多维度建立数据综合评估的分析模型。

学校在实践过程中，不断检验数字画像的真实性、有效性和安全性，不断修正数字画像系统及配套支持服务的质量，尤其是采集数据的准确性和安全性、跨平台数据交互的通畅性等方面，确保数据管理的安全与规范和稳定运行。

基于学生数字画像的综合素质慧评价打通学校现有各个平台的数据与综合素养评价平台，运用学生思想品德评价模块、学业水平评价模块、身心健康评价模块和艺术素养评价模块多模块结合，进行学生、教师等在校活动中的数字化管

理。以后台大数据挖掘为基础进行统计分析，形成学生在校生活中的个性成长图谱，从而实现对学生个体学习的效果动态评估和针对性跟进，使教育教学的各环节设计更有针对性、合理性。对师生提出更加恰当的教育教学计划，最终促进学生的个性化发展，形成数字化的学生个人成长档案册。综合素质评价系统通过数据采集、标签指标体系建立、数据建模、数据分析、数据应用、数据可视化展现和数据应用服务的实现全流程管理。

建立个性化的学生数字画像，从学生的学习能力评估、学习兴趣分析、学业状况预警、心理状况预警、身体素质分析、德育素养分析等多个方面综合分析学生情况，以发掘潜质、激发兴趣为基础，开展基于大数据的大规模个性化学习支持和教学指导，促进学生综合素质多元评价体系的发展。

（三）数据驱动的智能教学方法

学校优化信息化平台，把现有的教育、教学、科研资源重新整合，逐步充实教学资源。发展图书馆信息化资源库，组合学校现有多媒体、音视频资源信息存储，与学校资源平台整合，为师生提供快速查询下载的服务。

运用学校信息化平台，通过相应的管理模块，实现学校各管理部门利用网站后台管理，及时发布、提供学校公共基础数据查询、信息检索等服务，学校教育行政管理自动化，提高协作效率。实现具有校本特色的网上存储、网上交流平台，使课件管理、文件传输、师生交流的网络化变为现实，提高教育效益。上对接市、区公共服务平台，下接学校特色资源应用。

智慧教学系统，包括智慧课堂、电子班牌系统、网络直播系统、数字图书馆系统等。学校依托人工智能＋大数据技术、知识图谱技术及大量优质教学资源，通过智慧课堂基于对学校日常考试、测练、练习作业等全场景学业数据的采集和

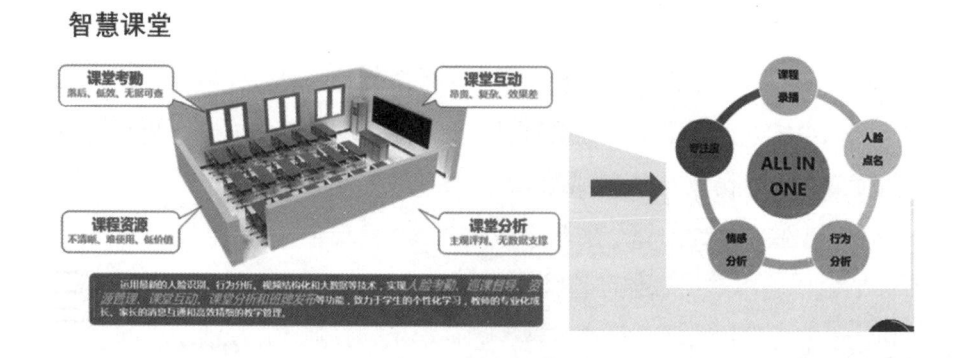

- 智慧校园环境建设
- **智慧教学系统**
- 智慧管理系统

智慧课堂
智能慧课堂可以帮助上课老师实现人脸识别点名、行为分析、情感分析、专注度分析和课程录播。

网络直播
课堂直播、视频会议、高效分享和沟通。

电子班牌
用于展示教室特色和教室相关信息，以及发布信息。

数字图书馆
拥有多种媒体内容的数字化信息资源，能够提供方便、快捷、高水平的信息化服务机制。

精准分析，为教师讲评、备课、教研，为学生个性化学习提供有力数据支持。实现学生的个性格化学习、教师的专业化成长、实现高效精细的教学管理。借助智慧课堂，使得书法和足球特色课程与信息技术深度融合，推动学校足球、书法工作持续、健康发展。

三、学科"三联并举"视域下的教学实践

学科"三联"改革视域下的教学探索与实践案例[2]

（一）"物联"——满足实际需求，拓展发散思维

传统物理实验室以及配套的实验器材，可以满足学生实验的基本操作，但可能会限制学生的思维，不利于学生创新能力的发展，而且某些相对陈旧的实验器材，对于生长在信息化时代缤纷多彩环境中的学生来说也较难提起学习兴趣。相关研究指出，自信心和学习兴趣是促使学生主动学习，获得知识，从而利用知识去解决实际问题的重要内生动力。现在对实验器材的需求已经不限于是否可以完成实验，还在于这些器材是否可以激发学生的学习兴趣和探究欲，是否可以为学生提供举一反三的机会，是否可以减少实验过程中的时间消耗，器材的设计是否有科技感可以抓住学生的眼球等等。

1. 以初中物理探究凸透镜成像的规律学生实验为例

可以看出，传统器材和改进器材之间的不同点在于光源的设置。传统器材（图1）中使用的光源是蜡烛，改进器材（图2）使用的是用发光二极管做成的字母"F"光源。用传统器材已经可以完成对凸透镜成像规律的探究，那为什么还

要使用"F"光源呢？首先从安全角度考虑，点燃的蜡烛在移动的过程中可能存在一定的安全隐患。其次，烛焰的内焰通常会呈蓝色，所以单凭眼睛分辨光屏上像的大小时，感觉像的大小往往比实际情况小，对于规律的探究会带来一定的困扰。在凸透镜成像规律的探究过程中，仅要求学生能够分辨所成像的大小、正倒、虚实，但是很多教师会被学生问到：像是上下颠倒的，会不会有左右替换的情况？这个时候教师就会发现，由于烛焰本身的形状特点以及其形状的不稳定性，传统器材已经满足不了师生的需求，此时更新光源，就成为很好的突破口。"F"光源的出现，可以让教师在通过理论来解释学生问题的同时，还利用实际现象来进行验证。对于没有提出此问题的学生，也能通过对"F"光源的观察，产生疑惑，从而潜移默化地将像与物的相关特征进行联系，跳出基本规律的框架，提升基于实际现象去探索新问题的能力。

图 1　传统光源（烛焰）　　图 2　改进光源（"F"光源）

2. 以电路实验配套导线为例

如图 3 所示，传统导线插接头有接线片、鳄鱼夹、接线插等不同的方式，而目前用于电路实验的电流表、电压表、滑动变阻器、电池盒等接口也没有统一标准，导线与用电器接口往往不配套，有时还会出现接触不良。改进后的导线使用带有弹性钢片的直插接头，其他用电器接口统一采用插孔式结构，与导线的插接头配套，而且在连接端设计了多个插孔，可以在一定程度上减少连接电路的时间与操作上的难度，同时也可以使整个电路的连接看上去更简洁清晰（图 4）。导线具有设计感，不论是颜色还是手感，都优于传统导线，相对来说，学生更容易出于对新事物的好奇心而更主动积极地投入实验活动中去。

可以看出，这些器材的更新并未完全跳出传统器材的用途，而是与传统器材互"联"，在保留传统器材的功能上进行进一步的优化，优化的侧重点则是根据

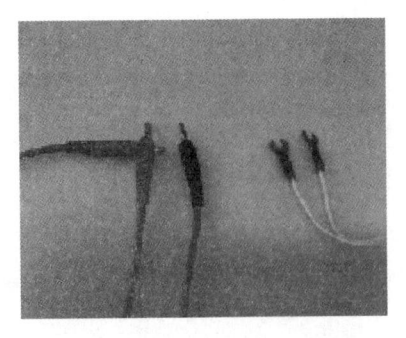

图 3　传统导线（左）和改进导线（右） 　　图 4　用改进导线连接较复杂电路

师生不同的实际需求，提升实验教学效率，也为构建高质量的实验教学体系提供一定的硬件支撑。

（二）"数联"——实现减负增效，提供公正评价

"双减"政策落地以来，教师迫切地想要寻求减负增效的方法。实验教学除了实验结果以外，教师可以在实验器材的选择与使用、实验步骤操作的规范性等方面，及时获取相关信息，及时呈现、分析、评价、反馈与归类相关问题，及时指导，从而实现良性循环。从减负增效的角度看，既科学又高效。

1. 以某智慧校园建设校的课堂应用为例

学生通过 App 模拟电路连接（图 5），完成后通过网络上传至教师端。教师可以浏览、筛选并展示学生连接的电路图（图 6），同时也能及时获取学生在连接过程中是否存在问题、存在什么问题等相关信息。虽然学生的实际动手操作必不可少，但是如果出现实验器材无法及时到位，或者课堂类似活动重复性较高的情况，通过模拟实验教师就可以节省大量的时间，对学生的情况也能更加全面地了解。而课堂的形式也会变得更为多样，更容易吸引学生且容易被学生所接受，同时通过面对面指导与对话获得更好的效果。

图 5　模拟电路操作台（Pad 端）界面 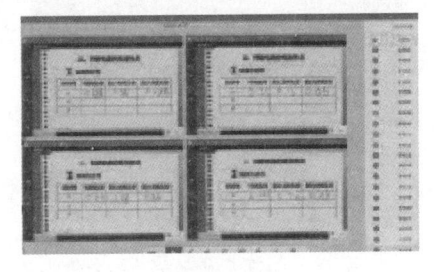　　图 6　实时数据采集终端界面

同样，如果要进行实验课的相关练习，对于简单的选择题和填空题等题型，依然可以利用 pad 等设备进行数据采集、上传和分析，为教师筛选整合出接下来所要分析解答的重点。这样的尝试与实践，为构建高质量的实验教学体系提供了一定的软件支撑。

2. 以弹簧测力计和 U 形管压强计的使用操作视频为例

有时候需要通过视频来对学生的实验操作能力进行评价，这也是初中物理教师需要具备的能力之一。在阅览过程中，视频清晰才能使评价公正，但有些情况下学生和摄像头的视角正好相反，这给阅卷时的"可视化"带来了困难。在用弹簧测力计测力这个实验中，教师所要关注的要点通常有：测力计是否调零、学生读数的方法和结果是否正确等。如果弹簧测力计采用双面刻度盘及指针（图7），相较于传统弹簧测力计（图8），可以从前后双面同步显示拉力的大小。同理，在探究液体内部压强的规律实验中，如果在微小压强计的正反两面都刻上刻度（图9），从两面都能同步看到 U 形管液面的高度差，摄像头视角就能够与学生一样观察到相关的现象，且并未改变学生对于 U 形管压强计的传统使用方式（图10）。

图7　视频评价设计改进的弹簧测力计　　　图8　传统弹簧测力计

图9　视频评价设计改进的 U 形管压强　　　图10　传统 U 形管压强计

这一设计，可以减轻教师对学生进行评价的难度，将实时操作与及时评价互"联"，让进行视频评价的教师有据可依，从而得出公正的评价。

3. "智联"——培养数据习惯，感悟信息赋能

在进入信息化时代以后，随着信息技术的高速发展，人们的学习、工作和生活都发生了翻天覆地的变化，也引发了更深层次的思考，那就是人工智能能否为实验教学带来新的变革。

部分学校已经实施了智慧校园建设，走入校园的科学实验室，可以看到人脸识别访客管理、大数据展示终端、阅卷仪、学生全景摄像头、常态化互动教室、AI 录课工具、数字化设备、人工智能机器人等充满科技感和未来感的硬件和软件。长期处于这样环境中的学生，通过智能化氛围的熏陶，能够逐渐具备一定的数据意识、数据思维和数据习惯，会慢慢读懂数据的可视化结果，这也进一步推动着物理课堂实验教学模式向更加灵活智能的方向发展。

以直流电流表和直流电压表为例。在电路实验中，传统的直流电流表和直流电压表的表盘坡度较大（图11），摄像头从正面无法清晰而准确地捕捉指针所指的刻度，因此，需要降低表盘的坡度，既能让学生从侧面直视表盘，又能让摄像头从正面清晰地采集数据（图12）。同时，为实现智能化赋分，还可以在直流电流表、直流电压表内部安装传感器和蓝牙通信模块，采用无线方式将数据传输到计算机并进行处理以后，直接在误差允许范围内对上述要点进行智能分析，这样的设计可以大大减少现场评价所耗费的人力和物力，为构建高质量的实验教学体系提供了一定的智能支撑。

图 11　传统的电流表和电压表　　图 12　人工智能评价设计改进的电流表和电压表

智慧赋能，是借助"物"——改进后的实验器材、"数"——配置数据采集器和传感器，上传至云端并进行分析反馈，将其互"联"成回路，从而在更大程度上实现高效减负。

从初中物理实验教学的改革与发展来看，本文涉及的教育技术变革虽然是管中窥豹，但也可见一斑。日趋成熟的"物联、数联、智联"，三者独立成"联"，

各有侧重点，又相互"联"系，相辅相成。"物联"是"数联"的硬件基础，"智联"是"物联"和"数联"的有力推进、整合与发展。若这三者能通过即时互动、远程协同、全程辅助和智能评价进行"再联"，那么一定能够进一步推进课堂实验教学的变革。

由区域到学校再到学科的案例来看，"物联、数联、智联"三联并举，对区域教育的均衡发展，对学校教育教学质量的提升，对学科教学核心素养的落地，都起到了积极的助推作用。三联并举推动教育教学发展势在必行。

四、可行性方案探讨

（一）提高学生参与度的方法

学校可以利用数字化技术，提高学生在学习过程中的参与度和积极性，营造一个活跃、互动的学习环境。通过引入虚拟现实（VR）、增强现实（AR）、在线协作平台等技术，实现课堂互动、虚拟实验、在线讨论等多种形式的参与方式，激发学生的学习兴趣和主动性。

1. 虚拟实践体验

（1）利用虚拟现实技术，开发一系列与课程内容相关的虚拟实践场景，如化学实验室、物理实验等。

（2）学生可以通过 VR 头显和手柄等设备，在虚拟环境中进行实验操作，观察实验现象，并与虚拟实验室中的物品进行互动。

（3）每个虚拟实践场景都设计有交互式引导和实验步骤说明，以便学生能够按照正确的流程进行实验，并获取实验结果。

2. 增强现实课堂

（1）在课堂中应用增强现实技术，将课本内容、三维模型等投影到实际环境中。

（2）学生可以通过手机或 AR 眼镜等设备，观看并与虚拟内容进行互动，例如观察三维模型的不同角度、交互式图表等。[1]

（3）教师可以在课堂中设计互动环节，让学生通过 AR 技术解答问题、参与

---

[1] 以上案例均见陈懿怡【装备内刊】"物联、数联、智联"改革视角下初中物理实验教学的探索与实践，2022-09-27。

讨论，增加课堂互动和学生参与度。

3. 在线协作平台

（1）建立一个在线协作平台，允许学生创建个人账户并加入不同的课程组或学习小组。

（2）学生可以在平台上查看课程资料、参与课堂讨论、提交作业、共享学习资源等。

（3）平台设有实时消息系统和在线会议功能，方便学生与同学和老师进行交流和讨论，促进学习互动和合作。

4. 个性化学习路径

（1）基于学生的兴趣、学习能力和学习历史，通过人工智能技术为每个学生定制个性化的学习路径。

（2）学生可以在个人学习账户中查看个性化学习计划和推荐学习资源，根据自己的需求和兴趣选择学习内容。

（3）系统会根据学生的学习表现和反馈，不断调整和优化个性化学习路径，确保学生能够高效地学习并保持学习动力。

5. 实时互动评价

（1）在课堂和在线学习环境中引入实时互动评价系统，通过投票、问答、小测验等形式实时评估学生的学习情况。

（2）学生可以通过手机或平板电脑参与实时互动评价活动，回答问题、提交答案，获取即时的评价结果和反馈。

（3）教师可以根据学生的实时表现和反馈，调整教学内容和节奏，提高课堂互动和学生参与度。

（二）激发学生创新力的数字化手段

为了激发学生的创新力，学校可以通过创新的教学方法和数字化技术，激发学生的创造力和想象力，培养学生的创新意识和创造能力。通过引入虚拟现实（VR）、编程教育、创客空间等技术和资源，营造一个鼓励学生探索、实践和创造的学习环境，培养学生的创造性思维和解决问题的能力。

1. 虚拟创意工作坊

（1）建立虚拟创意工作坊，利用虚拟现实技术模拟各种创意空间和工作场景，为学生提供一个自由、开放的创作环境。

（2）学生可以通过 VR 设备进入虚拟工作坊，与同学共同探讨、分享创意，进行头脑风暴和合作创作。

2. 编程与创意

（1）引入编程教育，教授学生基础的编程知识和技能，让学生通过编程实现自己的创意和想法。

（2）利用编程语言和编程工具，学生可以设计和开发自己的程序、游戏、动画等作品，发挥创造性和想象力。

3. 创客空间与实践

（1）建立创客空间，配备各种创意工具和设备，如 3D 打印机、激光切割机等，为学生提供实践和制作的场所和资源。

（2）学生可以在创客空间中进行手工制作、DIY 项目等活动，将自己的创意变成实物。

4. 艺术与表现

（1）通过"三联"并举，加强艺术教育，为学生提供丰富多彩的艺术课程和活动，丰富学生的想象与审美等。

（2）学生可以通过"三联"尽情地进行艺术表达和创作，发挥想象力和创造力，表达自己的情感和思想。

5. 创新项目与比赛

（1）组织创新项目和比赛，鼓励学生参与创意设计、科技发明等活动，挑战自我、展示才华。

（2）学生可以在项目和比赛中提出自己的创意方案，团队合作、解决问题，培养创新意识和团队精神。

（本章由潘道浩执笔。潘道浩：中学高级专业技术职称，上海市建设初级中学党支部副书记）

第四章 数智赋能突破信息孤岛 打开学校育人广阔空间

随着信息技术的发展,区域数字校园已经开始尝试多种技术的集成和应用,如云计算、大数据、物联网、人工智能等。大多数区域已经尝试了数字化基础设施建设,包括校园网、多媒体教室、智能安防系统等。大量的教育资源已经被数字化并存储在云端或本地服务器上,方便师生随时随地进行访问和学习。学校作为培养下一代的摇篮,这些技术的应用使得校园管理更加智能化和高效化,区域内学校与学校之间的互通资源更加方便。然而,尽管数字校园取得了显著的进展,区域内学校与学校之间仍然存在信息孤岛现象,严重影响了教育管理的效率和教育教学质量的提高。如何有效利用数字技术突破区域内学校与学校之间的信息孤岛,进一步提升区域学校与学校育人的质量和效率,成为教育领域面临的重要课题。

第一节 学校信息孤岛现象及其挑战

一、何谓信息孤岛

学校信息孤岛,也叫学校数据孤岛或数据烟囱,是指在区域内各个学校在信息化建设中,由于各种原因导致各个信息系统之间无法实现有效的数据共享和流程协同,形成了相互独立、信息不联通的"孤岛"现象。这些"孤岛"还包括学校本身个体以及学校与学校的一些信息数据无法进行有效的数据交换和整合。如教务系统、学生管理系统、财务系统、人事系统等,它们各自为政,缺乏统一的数据标准和接口规范,导致数据无法有效整合和共享。造成区域内学校与学校以及本身学校的"信息孤岛"数据壁垒的原因有很多,值得探究。

二、学校信息孤岛所带来的问题

1. 资源无法共享形成数据壁垒。信息孤岛导致学校与学校以及学校自己的各个部门、教师之间以及学生之间的信息资源无法有效共享形成信息孤岛。例如,不同学校不同部门可能各自拥有独立的数据库或信息系统,但这些系统之间缺乏连接和互通性,使得数据和信息难以流通。

2. 重复劳动和资源浪费。由于信息形成数据壁垒,不同的学校和部门人员需要重复收集和处理相同的数据,这不仅增加了工作量耗费时间,还可能导致资源的浪费。

3. 决策效率低下。区域上级部门以及学校管理者需要准确、全面的信息来做出合理的决策。[①] 然而,信息孤岛的存在使得决策者难以获取到完整的信息,从而影响了决策的效率和准确性。

4. 阻碍创新和发展。随着教育技术的不断进步和创新,各个学校需要与时俱进,采用新的教学方法和手段,但信息孤岛的存在会阻碍这些创新和发展的步伐,因为新技术的应用往往需要跨学校以及部门的协作和整合。

5. 影响教学质量和学习体验。教师和学生是学校的主体,他们的学习和教学效果直接关系到学校的发展。信息孤岛可能导致教学资源和信息的分散和不一致,从而影响教师的教学准备和学生的学习效果。[②]

6. 安全和隐私风险。信息孤岛可能增加学校和师生的信息安全和隐私泄露的风险。[③] 由于缺乏统一的安全管理和监控机制,各个孤立的系统可能成为安全漏洞的源头。

7. 管理难度增加。对于区域上级部门以及学校管理者来说,维护和管理多个孤立的信息系统是一项艰巨的任务,这不仅增加了管理的复杂性,还可能导致管理成本的上升。

综上所述,校与校以及个体学校形成信息孤岛所带来的问题和挑战是多方面

---

① 阮湘婷;胡福良.从蜜蜂群体管理沟通视角思考人类团体合作行为[J].蜜蜂杂志,2022.
② 高秀娟.关于中职数学课程改革的新理念[J].新教育时代电子杂志(教师版),2019.
③ 张新刚,田燕,孙晓林,刘妍,马翩翩.大数据环境下高校信息安全全生命周期协同防御体系研究[J].信息技术与信息化,2020.

的，包括资源浪费、决策效率低下、阻碍创新和发展、影响教学质量和学习体验、安全和隐私风险以及管理难度的增加，等等。因此，学校应该积极采取措施打破信息孤岛，构建数据要素市场，做到校校通、校内通、全网通，实现信息的有效整合和共享，以促进学校的整体发展和进步。

三、学校信息孤岛突破面临的挑战

（一）学校规划不足

1. 数据系统独立。学校在数字信息化建设的初期，各个学校分别引入了多个独立的信息管理系统，如：学生信息管理系统、教职工信息管理系统、图书管理系统和财务管理系统等。这些系统在设计和实施时，由于缺乏统一的数据标准和接口规范，导致它们之间无法有效地进行数据交换和共享形成数据壁垒。

2. 数据难以统一。随着时间的推移，各个学校需要将这些分散的系统进行集成，以便能够更全面地了解区域学校的运营状况和资源使用情况。不过，由于之前缺乏数据共享的考虑，在这一集成过程就变得异常复杂和困难，因为不同的系统采用不同的数据结构、编码规则和存储方式，这使得数据整合变得非常繁琐。其次，由于缺乏统一的数据标准，不同系统中的相同数据可能存在差异和不一致性，这进一步增加了数据整合的难度。此外，由于各系统之间缺乏有效的通信机制，当某个系统的数据发生变化时，其他系统往往无法及时获取到最新的信息，从而导致数据的准确性和实时性受到影响形成"信息孤岛"。

（二）技术匹配度不高

1. 技术多样性与标准不统一。在数字化初期，各个学校引入了多种不同的技术和系统来满足不同部门或课程的需求。这些系统可能由不同的供应商提供，采用不同的数据格式和标准，导致数据之间难以兼容和整合，形成了数据壁垒。

2. 技术人员能力有限。数字信息化建设需要专业的技术支持和维护。然而，各所学校可能面临技术人员能力不足的问题，无法有效地管理和维护现有的信息系统。这可能导致系统出现故障或数据丢失等问题，进一步加剧了数据壁垒的形成。

3. 数据安全与隐私保护考虑不足。随着数字信息化的发展，学校面临着越来越多的数据安全和隐私保护挑战。如果在建设过程中没有充分考虑这些问题，会导致数据泄露或被滥用等风险,从而阻碍数据的共享和使用。

4. 资金投入不足。数字信息化建设需要大量的资金投入,包括硬件设备、软件许可、人员培训等方面的费用。[①] 如果各个学校在这方面的投入不足,可能会影响系统的稳定性和可靠性,进而影响数据的采集、存储和分析等方面的工作。

(三)缺乏统一的平台

区域学校缺乏一个统一的平台进行校园信息的汇总和管理,各个系统之间的数据缺乏有效的连接互通,导致信息无法及时传递,造成"信息孤岛"。

1. 区域间沟通不畅。区域内,各个学校本身不同,缺乏有效的沟通和协作机制。一些学校根据自己的需求独立选择和实施数字化解决方案,导致数据标准不统一、系统不兼容等问题,最终形成"信息孤岛"。

2. 技术选型多样性。在数字化初期,各个学校可能面临多种技术和系统的选择。由于缺乏统一的技术标准和规范,各学校可能采用不同的技术和系统来解决问题,导致数据格式不一致、难以整合。

3. 资金和资源限制。一些学校可能受到资金和资源的限制,无法一次性投入大量资源建设一个统一的数字化平台。因此,他们可能采取分阶段实施的方式,逐步推进数字化进程。然而,这种方式可能导致不同时期建设的系统之间存在兼容性问题,形成"信息孤岛"。

4. 对数字化理解不足。部分学校领导或教师对数字化的理解和认识可能不够深入,未能充分认识到统一平台的重要性。这可能导致他们在决策时忽视统一平台的建设,从而形成"信息孤岛"。

(四)习惯人工的工作方式

1. 传统工作习惯的惯性。许多学校员工在长期的工作中已经形成了依赖纸质文档和人工处理的工作模式。这种传统的工作习惯使得他们在面对新的数字化工具时可能会产生抵触心理,更倾向于维持原有的工作方式。

2. 对新技术的不熟悉和不信任。数字信息化建设涉及到一系列的新技术和系统,如数据库、云计算等。如果学校员工对这些技术不熟悉或者不信任,他们会担心使用这些新技术会导致工作效率下降或出现错误,因此更愿意坚持使用人工方式。

---

① 过奂颖,李剑华.高校档案管理信息化建设的现状及对策[J].黑龙江科技信息,2009.

3. 培训不足。学校在推进数字信息化的过程中，如果没有为员工提供足够的培训和支持，员工可能无法充分理解和掌握新技术的使用方法。这种情况下，员工可能会因为缺乏技能而倾向于继续使用他们熟悉的人工方式。

4. 数据安全和隐私保护的担忧。随着数字化进程的推进，学校需要处理和存储大量的个人信息和数据。如果员工对数据安全和隐私保护存在担忧，他们会担心自己的个人信息被泄露或滥用，从而不愿意使用数字化工具。

5. 各个学校以及学校本身部门间协作不畅。如果学校与学校之间或者学校内部不同部门之间的沟通和协作不畅，会导致各个学校或者学校各部门各自为政，形成"信息孤岛"。例如，一些学校或者学校有些部门可能认为其他学校或者学校内部门的数字化工具与自己的工作流程不兼容，因此选择继续使用人工方式。

第二节 "行迹上线，数字上链"突破信息孤岛的关键路径

一、收集各类信息数据

（一）学生信息的收集

学校收集学生相关数据信息的方式多种多样，这些方式旨在确保学校能够全面了解学生的学习表现、个人发展和社会背景，建立数据基础信息。

1. 入学注册时填写表格。新生在入学时通常需要填写一份详细的个人信息表格，包括姓名、年龄、家庭住址、联系方式等基本信息。此外，还可能包括学生的兴趣爱好、特长、既往学习经历等内容。这些信息为学校提供了了解学生的初步数据。

2. 定期考试和成绩记录。学校通过组织定期的考试（如期中考试、期末考试）来评估学生的学习成果。每次考试的分数和等级都会被记录在案，形成学生的成绩报告单。这些成绩单不仅反映了学生的学术水平，也是评估教学质量和学校整体教育效果的重要依据。

3. 课堂表现和出勤率统计。教师在日常教学中会观察学生的课堂表现，如参与度、回答问题的准确性等，并记录下来作为评价学生学习状态的依据。同时，学生的出勤率也会被严格统计，以了解学生的学习态度和身体状况。

4.调查问卷和访谈。为了更深入地了解学生的心理状况、学习需求和生活环境,学校可能会定期进行问卷调查或安排专门的访谈。这些调查通常涉及学生对课程的满意度、对教师的评价、对未来的规划等方面。

5.家长会议和家长反馈。学校会定期组织家长会议,与家长面对面交流学生的情况。此外,家长也可以通过电子邮件、电话等方式向学校提供关于学生的反馈信息,如学生在家中的表现、遇到的困难等。

6.校园活动和参与情况记录。学校通常会举办各种校园活动,如运动会、文艺比赛、社团活动等。学生参与这些活动的情况也会被记录下来,作为评估学生综合素质和兴趣爱好的重要依据。

7.在线学习平台和资源使用统计。随着科技的发展,越来越多的学校开始采用在线学习平台。学生在这些平台上的学习进度、完成作业的情况、访问资源的频率等数据都会被自动记录和分析,为学校和教师提供更全面的学生学习数据。

(二)教职工信息的收集

1.问卷调查。设计包含各种问题的问卷,如教职工的基本信息(年龄、性别、学历等)、工作经历、教学科研情况、培训需求等。通过在线或纸质形式发放给教职工填写,然后整理和分析数据。

2.人事档案管理。更新和完善教职工的人事档案,包括个人简历、学历学位证书、职称证书、获奖情况等,这些信息可以反映教职工的专业素养和成就。

3.考勤记录。通过打卡、签到等方式记录教职工的出勤情况,了解他们的工作态度和效率。

4.绩效评估。定期进行教职工的绩效评估,包括教学质量、科研成果、学生评价等方面,这些数据可以帮助学校了解教职工的工作表现和进步情况。

5.培训和发展活动参与情况。记录教职工参加的培训、研讨会、进修课程等活动的情况,以评估他们的职业发展和学习意愿。

6.反馈和建议收集。鼓励教职工提供对学校政策、工作环境、福利待遇等方面的反馈和建议,以便学校更好地满足他们的需求并改进管理。

7.教学管理系统。使用教学管理系统来跟踪和管理教职工的教学任务、课程安排、学生成绩等信息。

8.科研项目数据库。建立科研项目数据库,记录教职工参与的科研项目、发表的论文、获得的专利等情况,以评估他们在科研领域的贡献。

（三）教学资源信息的收集

1. 教室相关数据收集。学校对校内的每个教室进行实地测量，记录教室的面积、座位数量、黑板/白板的大小和位置等数据；列出每个教室内所有的教学设备（如投影仪、电脑、音响系统等），并记录其品牌、型号和使用状态；通过课程安排表统计每个教室的使用率，分析哪些时段教室资源紧张，哪些时段则相对空闲。

2. 实验室相关数据收集。学校需对实验室内的所有设备进行详细盘点，包括设备的名称、规格、数量、购置日期、维护记录等。记录每个实验室的使用情况，包括每次实验的参与者、实验内容、开始和结束时间等，以评估实验室的利用率。定期对实验室进行安全和合规性检查，确保实验室的设备和管理符合相关标准和规定。通过调查问卷或访谈的方式收集教师和学生对实验室的意见和建议，以便改进和优化实验室的管理和服务。

3. 图书馆藏书相关数据收集。学校定期对图书馆的藏书进行清点和分类，更新图书目录，确保图书信息的准确性。通过图书馆的借阅系统统计每本书的借阅次数、借阅者信息、借阅时间等数据，分析读者的阅读偏好和需求。向读者发放调研问卷，了解他们的阅读习惯、需求和对图书馆服务的评价。记录图书馆新购进的图书信息和接受的捐赠图书信息，包括书名、作者、出版社、购买/捐赠日期等。

（四）财务信息的收集

1. 预算编制。学校应该有一个财务部门或专门的预算制定小组，负责根据学校的教育目标、发展计划以及预期的收入来编制年度预算。预算编制过程中会考虑各种费用，如教职工薪酬、教学材料费、设备购置费、维护费、水电费等。预算草案完成后，通常会提交给学校管理层审查，并在必要时进行修改和完善。

2. 经费筹集。学校可能会通过政府拨款、学费收入、捐赠、基金投资等多种渠道筹集资金。这些资金的流入会被详细记录，并分类为不同的收入来源（如政府补助、学费、其他收入）。

3. 经费使用跟踪。一旦预算被批准，学校将开始按照预算分配资金。每个支出项目都需要经过审批流程。财务部门会定期跟踪并记录每项支出的实际金额和用途，确保它们符合预算计划。这可能包括发票验证、核对银行交易记录、更新账目等步骤。

4.财务报告与审计。定期（通常是每月、每季度或每年）编制财务报告，展示学校的财务状况、收入和支出详情。这些报告可能会被提交给学校的管理层、董事会、政府部门或其他利益相关者。有时，学校还会聘请外部审计机构进行财务审计，以确保财务数据的准确性和合规性。

5.数据分析与优化。通过分析收集的财务数据，学校可以了解哪些方面的支出过高或过低，从而调整预算分配。这种分析还可以帮助识别潜在的浪费区域，提出节约成本的建议，或者发现新的资金来源。

（五）行政与后勤管理信息的收集

1.调查问卷。定期向学生、教职工和校园工作人员发放问卷，了解他们对校园安全、卫生条件、食堂服务和宿舍环境的看法和建议。这些问卷可以是纸质或电子形式，通过在线平台或扫描二维码进行填写。

2.实地检查与审计。组织专门的团队对学校各个区域进行实地检查和审计，包括教室、实验室、图书馆、食堂、宿舍等地方。检查人员可以记录发现的问题和不足，并与相关部门合作制定改进措施。

3.监控系统。安装和维护校园监控系统，对学校的关键区域进行实时监控。这不仅可以提高校园安全性，还可以记录和分析人流量、活动模式等信息。

4.健康记录和报告。要求学生在入学时提交健康检查报告，并在学期中定期更新。同时，建立学生因病缺勤追踪制度，以监测可能存在的传染病或其他健康问题。

5.反馈渠道。设立多种反馈渠道，如意见箱、电子邮件地址、在线论坛等，鼓励学生、教职工和其他人员积极提供关于校园安全、卫生保健等方面的意见和建议。

（六）教学与科研活动信息的收集

1.课程设置与教学计划。向学生和教师发放问卷，了解他们对现有课程的满意度。学校教学委员会会议：定期召开教学委员会会议，讨论课程设置的合理性、调整需求以及新的教学计划。教师反馈：鼓励教师提供对课程设置的看法和建议，他们通常直接参与课程设计，有宝贵的实践经验。

2.教师授课安排。主要包括:（1）排课系统。使用电子化的排课系统来分配教室和教师资源，记录每门课的上课时间、地点和教师信息。（2）课程表公示。将课程表通过校园网站、公告板等方式公示，方便学生和教职工查看。（3）教师日志。要求教师在学期开始时提交授课计划和进度表，以便跟踪和管理他们的授课安排。

3. 科研项目进展。主要包括：（1）定期报告。要求科研团队或项目负责人定期提交项目进展报告，包括已完成的工作、遇到的问题和解决方案等。（2）项目管理系统。采用项目管理软件来追踪项目的进度、预算和资源使用情况。（3）研究成果展示。组织定期的科研成果展示会或研讨会，让研究人员有机会分享他们的研究成果和进展。

4. 学术交流。（1）学术会议参与，如记录和统计学校师生参与的国内外学术会议的数量、级别和影响力。（2）与其他学术机构或企业签订的合作协议，记录合作内容、期限和预期成果。（3）实施学者互访、交换生计划等，促进不同文化和学术背景之间的交流。

（七）设备与资产管理信息的收集

1. 固定资产登记。为每个固定资产（如教室桌椅、电脑、实验器材等）分配唯一的识别码。每当有新的固定资产购入时，相关负责人员需要在系统中录入资产的详细信息，如名称、型号、购买日期、价格、供应商等。定期对资产进行盘点，确保系统中的数据与实物相符，并更新任何变化或损坏情况。

2. 折旧管理。根据资产的种类和使用年限设定不同的折旧率。每年或每季度计算折旧金额，并在资产管理系统中更新资产的净值。生成折旧报告，用于财务审计和决策分析。

3. 资产报废处理。当固定资产达到预定的使用年限或因其他原因需要报废时，由专门的部门进行评估和处理。在评估后，如果确定资产无法继续使用，将其从资产管理系统中移除，并记录报废原因和时间。对于可回收的部分，进行环保处理或出售给有需要的机构。

4. 重要设备使用和维护数据记录。为重要设备制定详细的使用规范和安全操作指南，确保使用者能够正确、安全地使用。每次使用后，要求使用者填写使用记录表，包括使用时间、用途、运行状态等信息。定期对设备进行维护和保养，并记录维护的时间、内容、结果及负责人信息。如果设备出现故障，及时记录故障现象、维修过程和费用，并分析故障原因，防止类似问题再次发生。

5. 数据分析与报告。对收集到的数据进行定期的分析，了解固定资产的分布、使用情况、折旧进度以及设备的运行状况。基于分析结果生成报告，为学校管理层提供决策支持,例如优化资产配置、提高设备利用率、降低维护成本等。

（八）其他相关数据

根据区域具体需求和实际情况,可能还需要收集其他相关数据,如校园环境监测数据、学生心理健康调查数据等。

二、建立数据标准和规范

1. 数据定义和分类标准。要明确每个数据类型、格式和标准。例如,学生信息应该包括哪些字段（如姓名、学号、出生日期等）,并且这些字段的格式应该如何统一。

2. 数据采集和输入规范。规定数据采集的来源、方法和流程,确保所有数据都按照统一的方式进行采集和输入。此外,对于手动输入的数据,应提供明确的指导或培训,以减少错误的可能性。

3. 数据验证规则。设置一系列规则和算法来验证数据的准确性。例如,可以使用正则表达式来验证电话号码或电子邮件地址的格式是否正确;使用范围检查来确保某个数值在合理的范围内。

4. 数据清洗和维护流程。定期检查和清理数据库中的旧数据、重复数据和不一致数据。这可以通过自动化脚本或人工方式进行。

5. 数据安全性和保密性措施。确保只有授权人员可以访问敏感数据,并采取措施防止数据泄露或被篡改。这可能包括数据加密、访问控制和审计日志等。

6. 数据备份和恢复计划。为了防止数据丢失,应定期备份所有数据,并制定详细的恢复计划以应对可能的数据灾难。

7. 数据质量监控和报告机制。通过定期生成数据质量报告来监控数据的准确性和一致性。如果发现任何问题,应及时进行调查并采取纠正措施。[1]

8. 培训和意识提升。为教职工和学生提供关于数据准确性和重要性的培训,提高他们对数据质量的重视程度。

9. 与第三方数据交换的协议和规范。当学校需要与外部机构进行数据交换时,应制定明确的协议和规范来确保数据的准确性和一致性。确保数据的准确

---

[1] 杨麟. 基于大数据技术的人口数据分析平台设计与实现[J]. 2018.

性和一致性需要学校在多个层面制定严格的数据和规范，并持续地进行监控和优化。

三、"行迹上线"——选择合适的技术工具

区域上级部门以及根据各个学校根据需求和预算，选择合适"行迹上线"数字处理工具，如数据库管理系统、数据分析工具和 API 管理工具等，可以有效的打破"信息孤岛"、打通数据壁垒。区域上级部门和学校要确保这些技术和工具能够满足学校的实际需求，并具备可扩展性和安全性。

（一）数据库管理系统

MySQL、Oracle 或 PostgreSQL 等，这些系统可以帮助区域上级部门和学校个体有效地存储、管理和查询大量的学生、教职工、教学资源等数据，以 Oracle 数据管理系统为例。

1. 学生信息管理。使用 Oracle 来存储学生的个人信息，如姓名、年龄、性别、联系方式等。通过设置合适的索引和查询优化，可以快速检索特定学生的信息或进行批量数据处理。

2. 课程与成绩管理。Oracle 可以用来维护学校的课程和成绩数据。教师可以录入学生的成绩，系统可以自动计算平均分、最高分、最低分等统计信息。学生和家长可以通过在线查询功能查看成绩和课程安排。

3. 教职工信息管理。使用 Oracle 系统来管理教职工的档案，包括职务、学历、工作经历等。系统还可以支持工资计算和发放，以及社保公积金的管理。

4. 资源管理。Oracle 可以用于跟踪和管理学校的固定资产，如教室、实验室、图书等。可以记录资源的采购、使用和维护情况，提高资源的使用效率。

5. 安全管理。通过 Oracle 系统的权限管理功能，可以控制不同用户对数据的访问权限。系统还可以记录用户的操作日志，以便在出现问题时进行追溯和审计。

6. 数据分析与决策支持。利用 Oracle 的数据分析工具，可以对各个学校的数据进行深入挖掘和分析。例如，通过分析学生的学习成绩和出勤率，可以发现教学上存在的问题并采取相应的措施。

7. 在线报名与缴费。结合 Web 技术，可以开发一个在线报名和缴费的系统。

学生和家长可以在网上完成报名和缴费流程，提高了工作效率和便利性。

（二）数据分析工具

Tableau、PowerBI 或 R/Python 等工具，它们可以帮助区域上级部门和学校之间进行数据清洗、数据挖掘和可视化分析，从而发现隐藏在数据中的有价值的信息，以 Tableau 数据分析工具为例。

1.学生成绩分析。利用 Tableau 收集和分析学生的成绩数据。通过创建可视化图表和报告，学校可以识别出哪些学生在哪些科目上表现优秀，哪些学生需要额外的支持。此外，学校还可以比较不同班级、年级或课程之间的成绩差异，以便更好地了解学生的学习情况。

2.学生参与度分析。通过 Tableau 跟踪学生参与度的数据，例如出勤率、课堂参与度和课外活动参与度等。这些数据可以帮助学校了解学生的兴趣和需求，以及他们在学校中的整体体验。通过分析这些数据，学校可以采取措施提高学生参与度，从而提高学生的学习成果和满意度。

3.教职工绩效分析。利用 Tableau 评估教职工的绩效，包括教学质量、科研成果和学生评价等。通过创建可视化图表和报告，学校可以识别出哪些教职工在教学和科研方面表现出色，哪些教职工需要改进。这些信息可以为学校的招聘、晋升和奖励决策提供有力支持。

4.资源分配分析。利用 Tableau 分析资源分配的情况，例如教学设备、图书馆资源和体育设施等。通过收集和分析相关数据，学校可以确定哪些资源得到了充分利用，哪些资源存在浪费现象。这有助于学校优化资源配置，确保资源得到合理分配和利用。

5.学生流动性分析。利用 Tableau 跟踪学生的流动性数据，例如新生入学率、毕业生留存率和转学率等。这些数据可以帮助学校了解学生的流动趋势和原因，从而采取相应的措施来提高学生的留存率和满意度。

（三）API 管理工具

MuleSoft、Apigee 等管理工具，可以帮助区域上级部门和学校个体管理和整合来自不同系统和应用的数据，实现数据的互通互联。以 MuleSoft 为例，其强大的数据整合和管理功能可以应用于学校环境。如今大多学校会使用多个不同的系统来管理其日常运营，包括学生信息系统（SIS）、教职工管理系统、财务系统、图书馆管理系统等。这些系统各自独立运行，导致数据分散且难以统一管理和分析。为了解决这个问题，可以采用 MuleSoft 作为数据整合工具。

1. 数据连接与适配器开发。首先，区域上级部门和学校个体需要确定要整合的所有数据源和目标系统。然后，利用 MuleSoft 提供的连接器或自定义开发适配器，将这些系统连接到 MuleSoft 平台上。这些连接器允许平台从各个系统中提取数据，并将其转换为统一的格式。

2. API 管理。通过 MuleSoft 的 API 管理平台，区域上级部门和学校个体可以创建和管理用于数据传输和应用间通信的 API。这使得不同系统之间可以通过标准的接口进行数据交换，提高了系统的互操作性。

3. 数据流设计与实施。在 MuleSoft 中，区域上级部门和学校个体可以设计和实施复杂的数据流，以满足特定的业务需求。例如，当学生在 SIS 系统中注册课程时，相关信息可以自动同步到财务系统以生成学费账单，并同步到图书馆管理系统以便更新借阅权限。

4. 数据转换与标准化。由于各个系统可能采用不同的数据结构和标准，MuleSoft 提供了强大的数据转换功能，可以将这些数据转换为统一的格式和标准。这样，区域上级部门和学校个体就可以在一个统一的视图中查看和分析所有数据。

5. 实时监控与报告。MuleSoft 还提供了实时监控和报告功能，使学校能够实时跟踪数据流动情况，并在出现问题时迅速定位和解决。此外，通过定期生成报告，学校还可以对整体数据进行深入分析，为决策提供支持。

6. 安全性保障。在处理敏感的学生数据时，安全性至关重要。MuleSoft 提供了一系列安全特性，如数据加密、访问控制、审计日志等，以确保数据在整个整合过程中的安全性和完整性。

7. 持续优化与扩展。随着学校业务的发展和数据量的增长，可能需要不断优化和调整数据流以满足新的需求。MuleSoft 的灵活性和可扩展性使得这一过程变得简单高效。

（四）数据集成工具

ETL（Extract，Transform，Load）工具，用于从多个源系统中提取数据，进行转换并加载到目标数据库中，以 ETL 工具中的 Apache NiFi 开源数据流管理工具为例。

1. 数据源配置。首先，区域上级部门需要为学校的各个源系统（如学生信息系统、教学管理系统、图书馆系统等）在 NiFi 中设置相应的处理器（Processor）。这些处理器负责连接到对应的源系统并获取数据。例如，对于 REST API 的数据源，可以使用"InvokeHTTP"处理器；对于文件系统的数据源，可以使用"GetFile"或"PutFile"处理器等。

2. 数据抽取。配置好数据源后，通过 NiFi 的流程定义（Flow Definition），将这些处理器连接起来形成一个数据流。这个数据流会按照定义的顺序自动从各个源系统中抽取数据。

3. 数据转换。在抽取数据的过程中，可能需要对数据进行一些预处理和转换以满足目标数据库的格式要求。NiFi 提供了多种转换器（Transformer），如"Update Attribute"、"Replace Text"等，可以对数据进行清洗、格式化等操作。

4. 数据存储。经过转换后的数据需要通过适当的方式加载到目标数据库中。[1]这可以通过使用"Put Database Record"处理器来实现，该处理器支持将数据写入各种关系型数据库或非关系型数据库。

5. 监控和优化。在整个数据传输过程中，NiFi 提供了丰富的监控功能，可以查看每个处理器的状态、性能等信息。根据这些信息，可以优化流程定义以提高数据传输的效率。

6. 调度与自动化。NiFi 还支持定时任务的功能，可以根据学校的实际需求设定数据抽取、转换和存储的频率，实现数据的自动化处理。

（五）前端展示框架

React、Vue 或 Angular 等，用于构建直观易用的用户界面，使用户能够方便地查看和分析数据。以 React 为例，React 是一个流行的 JavaScript 库，用于构建用户界面。学校可以利用 React 来构建一个直观简易的用户界面，以改善师生体验和交互性。

1. 学生信息管理系统。使用 React 创建一个表单，允许管理员输入学生的基本信息（如姓名、学号、班级等）。利用 React 的状态管理功能，实时显示已输入的数据，并提供预览或编辑功能。通过 React 的路由功能，实现不同页面之间的导航，比如学生列表页、详情页等。应用 React 的生命周期方法或 Hooks 来处理数据的加载和更新。

---

[1] 白果，贾玉文. 数据仓库中 ETL 技术的研究与改进. 甘肃科技［J］. 2012.

2. 课程安排与展示系统。设计一个课程表格组件，使用 React 的列表渲染功能动态生成课程信息。添加拖拽功能来调整课程顺序，利用第三方库如 `react-beautiful-dnd` 来实现这一点。为每门课程添加详细信息页面，包括教师介绍、教室位置等。

3. 在线考试系统。构建一个计时器组件，使用 React 的状态和生命周期方法来控制时间的流逝。创建选择题、填空题等多种题型组件，并绑定答案选择事件。实现自动提交和成绩展示功能，通过状态管理和条件渲染来展示不同的结果。

4. 图书馆预约系统。创建一个图书搜索栏，利用 React 的事件处理和数据处理能力来过滤和显示搜索结果。设计一个日历组件，让用户可以选择预约日期和时间。实现预约状态的更新，通过改变组件的状态来反映预约是否成功。

5. 区域或校园活动发布平台。使用 React 构建一个活动卡片组件，展示活动的标题、时间、地点等信息。创建一个无限滚动的列表，当用户滚动到页面底部时自动加载更多活动。集成互动元素，如点赞、评论等，提升用户的参与感。

综上所述，以上工具都可以作为"行迹上线"的运用平台工具，在选择这些技术工具时，学校需要考虑到自身的业务需求、预算和技术团队的能力。同时，也要关注这些工具的稳定性、安全性、可维护性以及未来的扩展性。

四、"数字上链"——实现共享互通

（一）整合资源数据

区域上级部门或者学校个体在整合数据源并建立数据标准后，可以开始构建数据分析层。这一层负责处理和分析数据，为决策者提供决策支持。例如，可以通过数据挖掘发现学生的学习习惯、兴趣爱好等信息，为个性化教育提供支持。建议可以构建以下数据分析层：

1. 学生学术表现分析层。这一层主要收集和分析学生的考试成绩、作业完成情况、课堂参与度等学术相关数据。通过深度挖掘这些数据，教师可以更准确地了解每个学生的学习进度和难点，从而为他们提供更加个性化的教学方案和学习资源推荐。

2. 学习行为模式分析层。此层级关注学生的学习习惯、偏好和行为模式。例如：通过分析学生在不同时间段的学习效率、偏好的学习方式（如独立学习或合作学习）以及常用的学习资源，教师可以为学生提供更加符合他们需求的学习环境和学习策略建议。

3. 情感与社交能力分析层。除了学术成绩，学生的情感和社交能力也是个性化教育中不可忽视的部分。通过评估学生的情绪状态、人际交往能力等，教师可以更好地了解学生的全面发展情况，并在必要时为他们提供心理支持和社交技能培训。

4. 反馈与适应性调整分析层。在个性化教育的实施过程中，持续的反馈和调整至关重要。这一层级负责收集学生和教师的反馈意见，分析教学效果，并根据实际情况及时调整教学策略和方法，确保个性化教育方案的持续优化和完善。

5. 技术集成与创新应用分析层。随着技术的发展和创新应用的不断涌现，区域各个学校可以利用先进的技术手段来增强数据分析的准确性和效率。例如，利用人工智能和机器学习算法对大量数据进行高效处理和分析，或者引入虚拟现实、增强现实等技术为学生提供更加丰富多样的学习体验。

（二）开发学校应用程序

为了让校与校师生员工更方便地使用统一数据平台，需要开发者整合合适的技术工具，然后开发易于操作的用户界面和应用程序。这些界面和程序应该能够提供直观的数据展示、查询和分析功能。"校园智慧管家"应用程序，为所有学校员工提供了一个集中、统一的界面，用于访问和管理各种与学校运营相关的数据，以"校园智慧管家"应用程序为例。

1. 一站式数据管理。校园智慧管家整合了多个学校的多个信息系统，如学生信息管理系统、教职工管理系统、教学资源管理系统等。通过这个应用，区域主管部门可以在学校与学校之间切换查看数据，学校员工无需在不同的系统之间切换，即可在一个平台上查看和编辑所需的数据。

2. 实时更新与通知。当某个系统中的数据发生变化时，例如学生的成绩更新或课程调整，校园智慧管家会立即显示这些变化，并通过推送通知提醒相关员工。这样，学校员工可以始终掌握最新的信息，避免因为数据不同步而导致的错误决策。

3. 数据分析与报告生成。校园智慧管家内置了强大的数据分析工具，可以帮助学校员工对收集到的数据进行深入挖掘和分析。此外，它还提供了丰富的报告模板，员工可以根据自己的需要快速生成各种类型的报告，如学生成绩分析报告、教学资源使用情况报告等。

4. 移动办公支持。随着移动设备的普及，越来越多的学校员工需要在外出时处理工作事务。校园智慧管家支持移动端访问，使得学校员工可以在手机或平板电脑上随时随地查看和管理数据，大大提高了工作效率。

5. 权限管理与数据安全。为了确保数据的安全性和准确性，校园智慧管家采用了严格的权限管理机制。每个学校以及每个学校员工的账号都有相应的访问权限，只能查看和操作自己权限范围内的数据。同时，该应用还采用了多种加密和安全防护措施，确保数据的传输和存储安全。

类似于"校园智慧管家"这样的应用程序有很多，学校可以根据自身需求、以及预算需求进行定制应用程序的开发，这样可以有效地帮助学校员工更方便地使用统一数据平台，提高工作效率和数据安全性。

五、推广和培训

完成统一数据平台的建设后，需要进行广泛的推广和培训。通过宣传和推广活动，让学校所有师生员工了解平台的功能和价值。同时，组织培训课程和操作指导，帮助他们熟悉和掌握平台的使用方法。

1. 明确培训目标。首先，需要明确培训的目标是什么。是为了让教职工更好地理解和使用数据平台，还是为了提高学生和家长对数据平台的认知度？明确了目标后，可以更有针对性地设计培训内容。

2. 制定培训计划。根据目标受众的不同，可以制定不同的培训计划。例如，对于教职工，可以进行更为深入的技术和操作培训；对于学生和家长，则可以通过简单的演示和介绍来让他们了解数据平台的功能和作用。

3. 组织培训课程。可以为教师和管理人员提供培训课程，详细介绍这个平台的功能和优势。这些课程可以包括平台的基本操作、数据分析技巧以及如何利用这个平台来改进教学和管理工作。

4. 制作宣传材料。除了直接的培训课程外，还可以通过其他方式来宣传和推广数据平台。例如在学校官网、公众号平台上发布相关信息和教程；在校园内设计并分发一些易于理解的宣传材料，如海报、手册或视频教程，以解释平台的用途和好处。

5. 示范展示。在学校内部举办一些示范活动，展示如何使用这个平台来解决实际问题，比如提高教学效率、优化学生管理等。

6. 邀请外部专家讲座。请相关领域的专家来校进行讲座，分享他们在使用类似平台方面的经验和成果，以此激发教师和学生的兴趣。

7. 设置奖励机制。为了鼓励教师和学生积极使用这个平台，可以设置一些奖励机制，比如最佳应用案例奖、创新使用奖等。

8. 建立反馈渠道。在推广过程中，要建立一个有效的反馈渠道，以便收集用户对这个平台的意见和建议，从而不断完善和优化平台的功能和服务。

9. 与其他系统整合。如果可能的话，可以将这个平台与学校的其他系统进行整合，比如教务管理系统、学生信息系统等，以提高工作效率和数据共享能力。

10. 定期更新和维护。确保平台的稳定性和安全性是非常重要的。因此，需要定期进行系统的更新和维护工作，并及时解决用户在使用过程中遇到的问题。

第三节　数智赋能突破信息孤岛的无限可能

一、人工智能赋能

学校可以将抽象的概念和知识具象化、生动化，提高学生的学习兴趣和理解能力。同时，这些技术赋能手段还可以提供个性化的学习路径和反馈机制，从而突破学生个人的"信息孤岛"，让学生对自身的学习状态有一个更全面的认知，让学生更加自主地掌握知识和技能。

1. 智能推荐系统。基于学生的学习过程、成绩和兴趣，人工智能可以构建一个智能推荐系统，为每个学生推荐适合他们的学习资源、练习题或课程。这样，学生可以更加高效地学习，避免在大量信息中形成自身的孤岛而迷失方向。

2. 自适应学习平台。通过人工智能赋能，学校可以开发自适应学习平台，这些平台可以根据学生的掌握程度和学习速度调整教学内容和难度。例如，如果学生在某个概念上遇到困难，平台会提供更多的练习和相关解释，直到学生完全理解为止。

3. 情绪识别与反馈。通过分析学生的语音、面部表情和文本输入，人工智能可以识别学生的情绪状态，如焦虑、困惑或兴奋等。这有助于教师及时发现学生的问题并提供相应的支持和帮助，同时也可以鼓励学生保持积极的学习态度。

4. 智能导师系统。这种系统可以模拟人类教师的行为，为学生提供一对一的指导。它可以回答学生的问题、提供解题思路和策略，并在必要时给予鼓励和反馈。这样的系统特别适用于远程教育和自主学习的情况。

5. 学习进度跟踪与分析。人工智能技术可以实时跟踪学生的学习进度，为教师提供详细的分析报告。[1] 这不仅可以帮助教师了解每个学生的学习情况，还可以帮助他们发现潜在的问题并制定针对性的教学策略。

6. 虚拟实验室。利用虚拟现实（VR）和增强现实（AR）技术，学校可以为学生创建虚拟实验室环境。在这样的环境中，学生可以进行各种实验操作而不用担心安全问题或设备限制。同时，人工智能还可以提供实时的数据分析和反馈，帮助学生更好地理解实验结果和原理。

二、大数据分析

学校可以利用大数据分析来预测学生的学业发展潜力和职业倾向，从而为他们提供更加个性化的教育服务。

1. 学业成绩分析。学校可以收集学生的历次考试成绩、作业完成情况、课堂表现等数据，通过大数据分析来评估学生的学习能力和潜力。例如，通过分析学生在不同科目上的得分情况，可以发现他们在哪些领域具有优势，以及在哪些方面需要更多的支持和帮助。这有助于教师制定更加针对性的教学计划，为学生提供更有效的辅导和指导。

2. 学习行为分析。除了学业成绩，学生的学习行为也是重要的数据来源。学校可以通过分析学生在课堂上的互动频率、在线学习时长、学习资源使用情况等数据，来了解他们的学习习惯和偏好。这些信息可以帮助教师更好地了解学生的学习风格和学习需求，从而调整教学策略，提高教学效果。

3. 职业兴趣分析。学校还可以利用大数据来分析学生的职业兴趣和倾向。例如，通过分析学生选择的课程、参与的课外活动、实习经历等数据，可以推断出

---

[1] 谢忠杨.网络环境下的课程建设工具及其应用研究[J].2008.

他们对哪些行业或职位感兴趣。这样，学校就可以为学生提供更加精准的职业规划和就业指导，帮助他们找到适合自己的职业发展方向。

4. 学生成长轨迹分析。学校可以将学生在校期间的各种数据进行整合和分析，形成每个学生的成长轨迹。这有助于学校和学生本人更全面地了解学生的优势和不足，以及在不同阶段的发展变化。基于这些分析结果，学校可以为学生提供更加个性化的教育服务和支持，促进他们全面发展。数智赋能可以提升教师的教学效率和质量。数字化和智能化的教学工具可以帮助教师更加高效地进行课堂教学和管理，减轻教师的负担，提高教学效率。同时，这些技术手段还可以为教师提供更加全面和准确的学生数据和分析报告，帮助教师更好地了解学生的学习情况和需求，从而制定更加科学和有效的教学计划。

三、物联网助力

物联网技术在校园设施智能化管理有着很多的可能性，随着技术的发展，为学校智能化管理带来了更多的便利和价值。

1. 智能照明系统。通过安装传感器和控制器，学校的教室、走廊和操场等区域的灯光可以根据实际需要自动调整亮度和色温。例如，当教室内没有人时，灯光可以自动调暗或关闭；当有人进入时，灯光则会自动调整到合适的亮度。这不仅可以提高学生的学习舒适度，还可以有效节约能源。

2. 智能安防系统。通过在校园内布置各种传感器和监控设备，如摄像头、烟雾报警器和门窗传感器等，学校可以实时监控校园的安全状况。一旦有异常情况发生，系统会立即发出警报并通知相关人员进行处理。这样可以大大提高校园的安全性，减少意外事件的发生。

3. 智能环境监测系统。学校可以在各个教学楼、实验室和图书馆等场所安装温湿度传感器和空气质量监测器，实时监测室内的环境状况。根据这些数据，系统可以自动调节空调和通风设备的运行参数，确保师生们在一个舒适的环境中学习和工作。

4. 教学辅助系统。利用物联网技术，学校可以为每个教室配备智能化的教学设备，如互动白板、智能音响和投影仪等。教师可以通过手机或平板电脑等设备远程控制这些设备，实现更加便捷和高效的教学。同时，学生也可以利用这些设备进行自主学习和互动交流。

数智赋能对于学校育人的可能性是巨大的，但也需要在实践中不断探索和完善。未来，我们期待看到更多数字化和智能化的教育应用和创新实践，为教育事业的发展注入新的活力和动力。

（本章由陆言侃执笔。陆言侃：中学高级专业技术职称，上海市复旦实验中学副校长）

第五章　数智融合再造课堂教学新场景赋能小学教学"三个助手"使用

数智技术的出现将持续推动教育领域的深刻变革。在数智技术赋能教育数字化转型的背景下，智慧教育代表着未来教育发展的趋势。借助数智技术的力量，小学课堂教学跨越传统教学的界限，向全新的学习模式和教育观念转变[①]。通过先进的数字技术，小学教学不再是单一的"老师讲、学生听"的模式，而是转变为多元化、互动性强的教学模式。数字工具、在线资源和智能平台等元素的融入，助力创建生动的教学场景，实现个性化教学，也提升了课堂互动性和参与度，让课堂变得丰富多彩，为课堂注入了新的活力与可能性。

第一节　"三个助手"作为上海市中小学教学数字化转型重要经验

一、背景与意义

2021年，上海成为首个全国教育数字化转型试点区，出台教育数字化转型实施方案[②]。为深入贯彻市委市政府《关于全面推进上海城市数字化转型的意见》，落实《上海市教育数字化转型实施方案（2021—2023）》，为师生提供更均衡、更精准、更充分、更公益的教育资源，上海市教委依托上海智慧教育平台（上海微校），建设中小学数字教学系统，研发备课助手、教学助手以及作业辅导

---

① 祝智庭，张博，戴岭.数智赋能智慧教育的变与不变之道［J］.中国教育信息化，2024，30（03）：3—14.
② 卜洪晓，夏冬杰.应急在线教育何以加速教育数字化转型［J］.教育传播与技术，2023（02）：4—11.

助手（简称"三个助手"）的数字教学服务平台。"三个助手"的运用就是为了应对教育数字化转型中的挑战，如教师专业发展、学生数字素养提升、教育公平等问题，更好地实现资源共享、因材施教，提高学生的学习兴趣和学习能力，实现教育的现代化与创新。

二、角色与功能

《上海市中小学教学数字化转型三年攻关行动方案（2022—2024学年）》对"三个助手"的应用提出明确工作要求。借助"三个助手"赋能教师专业发展，围绕"课前、课中、课后"核心教学场景，有效提升教师数字意识、数据思维、数据应用能力和数字化创新实践能力[①]。

（一）备课助手：提供丰富多样教学资源

上海市数字教学服务平台"备课助手"设置数字资源、教案设计、课件编辑、任务设置等功能模块，主要供教师课前备课使用。一是提供优质数字资源，包括课标解读、教材分析、单元设计等，帮助教师更好地理解和把握教学内容、要求、方法。二是推送高质量课时教学设计，包括教案、课件、任务等，在较大程度上减轻教师的备课负担与压力。三是设置各类应用功能，如修改、重写、导入、生成等，便于教师进行编辑加工，充分体现个性化、创新性特征。此外，正在研究如何采集教学风格与学情数据，根据结果有差异性地推送教学资源，以更

---

① 上海研发"三个助手"助推中小学教学数字化转型. 中国教育报. https://baijiahao.baidu.com/s?id=1752698643649074998&wfr=spider&for=pc.

好满足教师个性化的教学需求①。

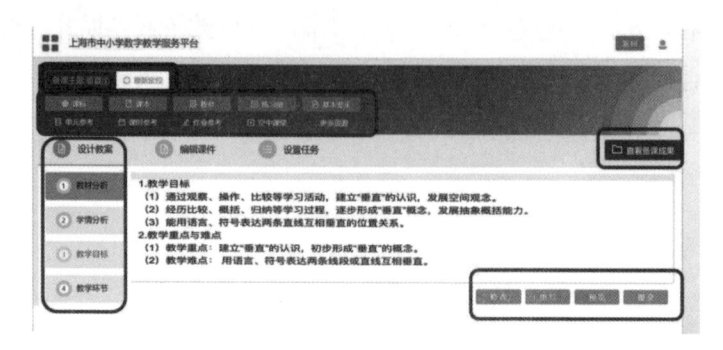

借助备课助手，优化整合资源，提前设计教学

（二）教学助手：提升教学效率与质量

"课中"教师可以通过上海市数字教学服务平台轻松发布课件、布置作业，实时掌握学生的学习进度。平台还具备智能分析功能，为教师提供学生的学习数据，帮助教师更精准地制定教学计划。课堂教学形式更为丰富，自主学习和互动交流方式不断创新，教学模式创新、技术融合、课堂技术应用等能力均获得极大提升。平台支持在线互动、答疑等功能，也使得教学更加生动有趣。平台借助"教学助手"的交互体验功能，促进学生进行自主探究、信息传输、互动交流与资源运用，实现教师对学生学习的精准指导和学生开展个性化学习。

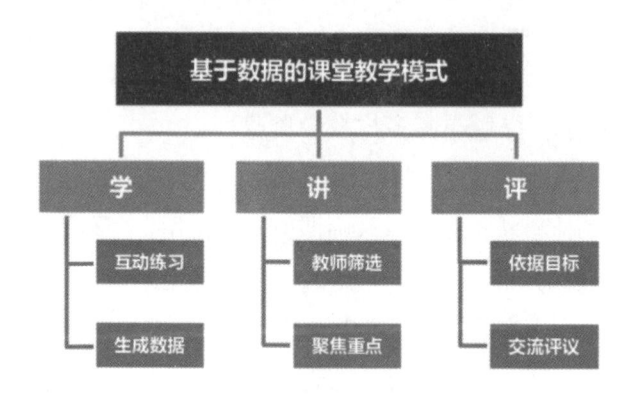

妙用教学助手，关注互动和数据，实现精准教学

（三）作业助手：教学评价的智能化与精细化

上海市数字教学服务平台课后"作业助手"，利用数据精准布置作业，加强

---

① 上海教师教育学院.以"三个助手"推进中小学教学数字化转型[J].人民教育，2023（23）：71.

对学生课后学习的把控，有效提升学生的学习能力。作业辅导助手包括教师端与学生端，提供课后作业、数据统计、错因分析、智能推送、人机对话"等功能模块，学生端主要供学生在课后服务、居家学习时使用，教师端则可在课内外各场景应用。一是提供纸质拍照、在线练习、音频视频等多种作业形态，以及系统自动批改、教师在线批改、学生自评互评等多种批改方式，实现线上线下作业方式的融合。二是即时生成多样数据统计，提高反馈及时性，如呈现个体数据统计以促进学生把握各自学习特征，呈现整体数据统计以促进教师把握班级总体学习情况。三是依托智能算法，针对不同问题归因，即时推送辅导讲解、微课视频以及相匹配的跟进作业等，体现对学生的个性化辅导。此外，正在抓紧建构诊断算法、错题溯因算法与推荐算法，以期为不同学生推荐针对性的学习内容，帮助学生选择个性化的学习路径，逐步实现自适应学习。借助"作业助手"的数据分析，促使教师更精准地把握学情，科学进行后续教学设计，学生亦可获取针对性的跟进练习与资源，提高学习效率[①]。

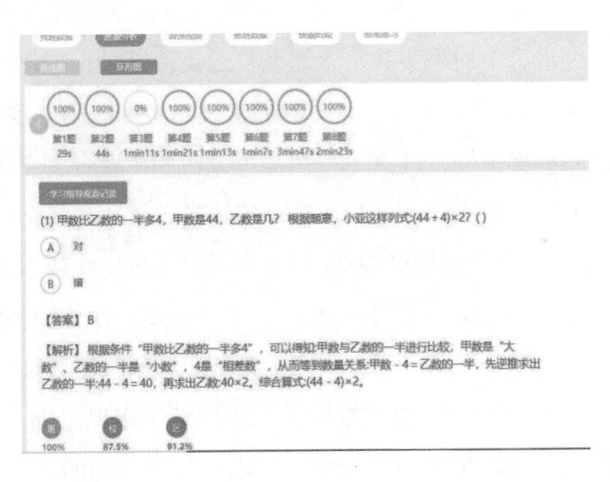

依托作业助手，开展作业诊断，实现个别辅导

三、实践与发展

上海市各区在"三个助手"赋能下的精准教学实施路径的实践中积极探索。杨浦区确立了"三个助手"推进思路，明确了实践方式和实施策略；成立协作小

---

① 周倩. 刍议"三个助手"平台赋能下数学课堂教与学的变革[J]. 现代教学，2023（19）：55.

组,制定了推进方案,分阶段推进(初试阶段、应用阶段、优化阶段),同时开展教学实践,包括项目组成员校介绍推进情况、线上实践课展示、教师评课等。长宁区天山第一小学作为区域唯一试点学校,自行解决了部分终端设备,开设专用网络教室;团队组建包括技术团队和学科团队,参与了多次培训和分享;在居家学习期间,探索了与"三个助手"相融合的数字化课堂教学场景。宝山区试点学校共27个,试点教师137名,试点教学班216个。区域建立了层级管理群组,有序推进试点,开展了试点校内部的项目研讨;罗店中心校基于"未来宝"平台融合"三个助手"助力在线教学,确立了目标和制度保障。普陀区及时共享实践经验,由点及面,开展云端教研活动。曹杨区实验小学和管弄新村小学参与试点,利用"备课助手"充实教学资源,提升互动效率。黄浦区在上海实验小学和上师大附属卢湾实验小学推进试点工作。通过项目研究共建共享资源,构建新的课堂模式和师生关系。浦东新区加强培训,从基于经验教学转向基于数据的教学;调整策略,从学校线下教学转向居家线上教学,实现数字化转型再升级。徐汇区启动阶段包括组建团队、落实任务、加强信息技术培训;实施阶段改变形式,在线实施,推进三个助手实践。青浦区打通支持路径,聚焦问题解决,提升教育教学质量;指导团队完成三个助手内容建设,协助教师修改课堂教学设计。虹口区以曲阳第四小学为例,进行了"切片"分析和"融合"应用的实践;通过备课助手、教学助手和作业助手,实现了有效的教学设计和课堂互动。

《上海市教育委员会关于做好2024年上海市教育数字化转型工作的通知》从提升教育教学数据治理能力和服务能级、推进教育数字化转型整体性实践探索、深化教育数字化重点场景示范应用、全面提升师生数字素养与技能、改善教育数字化应用与发展环境等方面对加强教育数字化转型工作提出进一步指导要求[①]。目标直追:让信息技术所带来的"新鲜感"走向数字应用的"常态化",从"简单应用"走向"深度融合",让学校教育从多数人的标准化转向多数人的个性化,实现公平而有质量的学校教育,是基础教育不断努力的方向。

---

① 上海市教育委员会.《上海市教育委员会关于做好2024年上海市教育数字化转型工作的通知》公布[EB/OL].(2024-3-29).沪教委信息〔2024〕4号.

第二节　小学生认知规律与小学育人目标

一、基于儿童认知发展规律

瑞士著名认知心理学家皮亚杰（Jean Piaget）对人们从婴儿到成人是如何学会认识事物的非常感兴趣，因此在对儿童认知发展研究的基础上建立了学习理论。他认为儿童认知发展有两大规律，一是发展的阶段性，共分为4阶段，即儿童的智力发展大约经过感知运动阶段（0—2岁）、前运算阶段（2—7岁）、具体运算阶段（7—11岁）和形式运算阶段（11—15岁）。二是结构的多样性，虽然儿童认知发展有一定的阶段性，但是每个阶段发展结构是多样的。小学生的认知发展处在具体运算阶段和形式运算阶段的前期。具体运算阶段，认知结构发生重组和改善，思维已具有可逆性，能凭借具体事物或从其中获得的是非曲直的表象进行逻辑思维，但思维过程仍需具体事物的支持。这个阶段的儿童思维活动已超出具体的、感知的事物，使形式从内容中解放出来，儿童能凭借演绎推理、对规律的归纳分析解决抽象问题。从皮亚杰的儿童认知发展规律不难看出，具体运算阶段的儿童，其思维具有可逆性，但其逻辑思维能力仍然以具体事物或从其中获得的是非曲直的表象为基础，所以这一时期对儿童的教育教学还得以直观的、形象思维为主，从小学生认知发展规律出发建构小学教学模式：创设情景，自然习得；游戏活动，激发兴趣；赏识教学，树立信心，方能探索出有效的教学方法，使课堂教学收到事半功倍的效果[①]。

二、小学生认知的年级差异

小学阶段学生认知方面也存在较为明显的年级差异。一年级学生的认知特征开始逐步形成直观、具体、形象的逻辑思维能力。他们开始适应小学生活，对新知识充满好奇，但注意力难以长时间集中，需要老师和家长引导培养学习习惯和兴趣。二年级学生的认知能力进一步提高，能够进行简单的抽象思维。他们开始

---

① 廖顺萍，张淑燕.从儿童认知发展规律探析小学英语教学模式［J］.教育教学研究，2011（8）：74—76.

形成自信，但情绪不稳定，容易冲动。因此老师和家长需要关注孩子的学习态度和行为习惯，及时纠正不良习惯。到了三年级，学生开始出现马虎大意、做作业磨蹭等不良习惯，需要耐心纠正。他们情感发生变化的转折时期，从情感外露、浅显、不自觉向内控、深刻、自觉发展。但学习和人际交往中，情绪控制能力有限。四年级是儿童成长的一个关键期，大脑发育正好处在内部结构和功能完善的关键期。学生开始从低年级向高年级过渡，是培养学习能力的最佳时期。老师和家长需要关注学生的变化，提供必要的支持与引导。五年级学生在注意力、记忆力、思维等方面都有不同程度的发展。通常学生求知欲和好奇心增强，开始独立思考、追求与探索。面对学校和社会的信息开始选择性接受，有自己的见解，但容易被影响。

教师需要从学生的真实需求和认知起点出发，教学设计和课堂推进应符合学生的心理特点和认知规律；要努力营造独立思考、平等对话的氛围，积极又和谐，热烈又有序，在这样一种真实、自然、和谐的课堂形态里，学生才有可能成为最好的自己[①]。

三、小学生学习方法

小学阶段学生的认知规律表现为从直观、具体的思维方式逐渐向抽象思维发展，情感和个性也在逐步形成。小学生的学习方法也以观察学习、实践学习、合作学习、循序渐进学习、游戏化学习为主，小学生通常更喜欢有趣的学习体验。根据小学生的认知规律和学习方法，教师可以采取相应的教学策略和方法，为学生提供必要的支持与指导，以提高学生的学习效果。人工智能在教育中的应用，追求的是个性化、智能化的高质量学习。个性化、高质量的学习能够根据学生的学习需求、已有基础、学习环境、个性心理特征、元认知水平和学习状态等，结合具体的教育目标，量身定制个性化的学习内容、学习活动、学习路径、学习伙伴乃至学习评价[②]。

根据小学生的认知规律和学习方法，教师可以采取相应的教学策略和方法，以提高学生的学习效果。例如，教师可以组织实践活动，让学生亲自动手操作；

---

① 郑英.课堂教学的三重境界：见教材，见自己，见学生[N].中国教育报，2022-10-9.
② 陆青琳.人工智能时代的中小学生学习方式探讨[J].教育观察，2021（9）：42-44+72.

通过故事、游戏等形式引导学生进行观察学习和合作学习；循序渐进地讲解新知识，并适当引入竞争性游戏，激发学生的学习兴趣等。同时，教师也需要根据学生的个体差异和特点，灵活调整教学策略，以适应不同学生的需求。

四、小学育人目标

（一）全面发展

强调学生的全面发展，包括知识学习、能力培养、情感态度和价值观的塑造，旨在培养德智体美劳全面发展的社会主义建设者和接班人。

（二）核心素养

注重学生核心素养的培养，如批判性思维、创新能力、合作精神、沟通能力等，以适应未来社会的需求。核心素养是21世纪的学习者实现自我终身发展并促进社会发展所必备的品格和关键能力；是学习者在真实情境中灵活运用不同学科知识、技能和态度，有效满足情境需求并灵活地解决复杂问题的综合能力。

（三）个性化发展

尊重学生的个性差异，提供个性化的学习路径和资源，鼓励学生根据自己的兴趣和特长进行学习和探索。

（四）社会责任感

培养学生的社会责任感和公民意识，使其能够积极参与社会活动，为社会的发展和进步做出贡献。

（五）科学态度

培养学生严谨求实的科学态度，鼓励学生在学习和研究中追求真理、讲求实际、追求完美。

（六）人文关怀

在人工智能时代，强调教育过程中的人文关怀，关注学生的情感和心理需求，促进学生身心健康发展。

（七）伦理道德

伦理道德重视学生的伦理道德教育，引导学生树立正确的价值观，遵守社会规范，尊重他人权利。

第三节 再造小学数智融合课堂教学新场景

一、场景定义及要素

（一）场景定义与提出

"场景"一词原属于戏剧和影视范畴，指在特定时间、空间背景下由一定人物行动或人物关系所构成的具体的画面。2014 年出版的《即将到来的场景时代》预言场景是互联网未来发展的趋势。传播学者梅罗维茨将对场景的阐释深化，赋予其新的内涵。梅罗维茨认为场景不仅指具体的时空环境，还包括行为与心理构成的环境氛围，不仅是空间指向，还包括感觉范围。清华大学教授彭兰认为，与 PC 时代的互联网传播不同，"移动时代场景的意义大大加强，场景成为继内容、形式、社交后移动媒体的另一种核心要素"。

（二）场景要素

在场景所涵盖的要素方面，夏蜀提出数字化时代的场景是物质空间与信息空间通过数字技术进行相互连接、切换与融合，人、物品、时空环境、文化与情感、数字生态构成场景的五个要素。尹西明等指出全新创新范式，场景驱动的创新以场景为载体，场景是指某特定时间的特殊复杂性情景，所提供的场域包括时间、空间、过程和文化情感维度。上述场景构建要素可以通过移动设备、大数据、传感器、社交媒体和定位系统五种技术获取，称为"场景五力"[①]。

综上，场景是根据所在领域的特点，由时间、空间、对象等物理空间要素和经验、背景等信息空间要素融合的。场景的作用是界定信息使用边界，实现知识确定性表示及精准应用。

二、数智赋能课堂教学场景概念界定与特征提取

（一）课堂教学场景

1. 概念与核心

数智赋能课堂教学场景是利用数字化技术和智能化手段，将传统课堂教学模

---

① 陆泉，陈静宇，陈帅朴，姚苏梅，陈静. 场景化知识图谱及构建方法 [J/OL]. 情报科学. https://link.cnki.net/urlid/22.1264.G2.20230915.1111.011.

式进行创新和升级，形成一种全新的、数字化的、智能化的教学环境。在这个新场景中，数字化技术和智能化手段被广泛应用于教学的各个环节，包括教学设计、教学资源开发、课堂教学实施、学生学习评估等。通过这些技术的应用，可以实现教学资源的数字化、教学过程的智能化、教学评价的数据化，从而极大地提高教学效率和教学质量。其核心在于实现技术与教学的深度融合。学校搭建在线教学平台，研发智能教学工具，整合数字化教学资源，将其应用于教学的各个环节，打破传统教学的时空限制，实现教学的个性化和精准化。

2. 特点

数智赋能课堂教学新场景强调以学生为中心，注重学生的个性化学习和自主学习能力的培养。通过智能化手段，可以实时掌握学生的学习情况，提供个性化的学习建议和反馈，帮助学生更好地理解和掌握所学知识。

数智融合再造教学场景注重教学场景的创新与再造。利用数字技术，可以构建出更加丰富、多样的教学场景。如通过虚拟现实技术，学生可以身临其境地体验历史事件、探索科学奥秘；通过在线协作工具，学生可以跨越地域界限，与全球伙伴共同开展项目式学习。

数智融合再造教学场景还关注数据在教学中的应用。学校通过收集、分析学生在学习过程中的各类数据，可以精准地掌握学生的学习情况[①]，为教师提供有针对性的教学建议，还可以用于评估教学效果，为学校的教学改革提供决策支持。

3. 应用

华为发布的智慧教室 3.0 解决方案，为数智教育注入新动能，打造智能交互的教学环境，这也体现了数字化技术在教育教学场景中的深度融合和应用。《中国智慧教育蓝皮书》指出，智慧教育将融合物理空间、社会空间和数字空间，创新教育教学场景，促进人技融合，培育跨年级、跨班级、跨学科、跨时空的学习共同体，实现规模化教育与个性化培养的有机结合。

（二）数智赋能课堂教学核心框架

基于 5G 智慧场景，以大数据、云计算、5G、物联网、人工智能和 VR/AR 等核心技术为支撑，数字技术平台形成一种全新环境，共同构成了"新场景"的

[①] 上海深化推进教学数字化转型 赋能基础教育优质均衡发展．https://edu.sh.gov.cn/xwzx_bsxw/20230531/30c3f104bf854cd99acc605e28d349de.html．

核心框架，通过构建智慧化的学习环境，打造泛在学习、云学习和无缝学习的学习空间，建立高效的 5G 快速网络教学体验，激发学生的学习兴趣，打造沉浸式课堂场景，使教学形式更多样，教学效果更有效，从而呈现全新的教学新生态。

1. 虚拟仿真平台

借助"5G+"虚拟现实教育应用场景，通过自然的交互方式，将抽象的学习内容可视化、形象化，构建虚拟空间、构造虚拟场景，用户可以在其中自由探索、学习和交互[1]。它超越了物理世界的限制，允许用户进入虚拟环境，体验各种可能性的世界。通过虚拟探索平台，用户可以模拟各种真实或想象的场景，进行科学实验、历史重现、文化体验等，为学生提供传统教学无法实现的沉浸式学习体验，提升学生获取知识的主动性，实现更高的知识保留度。基于 VR/AR/MR 技术打造虚实联通的新型教学平台，可创设更加沉浸、真实、友好的教学场景，学习者在沉浸式体验中开展深层次认知活动，主动建构知识[2]。教师借助 3D 仿真、VR 沉浸体验虚拟现实、AR 增强现实等技术开展小学科学等学科实验教学，创设任务情境，让学生明确任务自主探究，并在师生互动与生生互动过程中反思、改进。这不仅可以突破时空限制，而且可以赋予学生更大的自由度，激发学生更深层次的创造潜能。

2. 面向学业发展的人机协同

这种场景下，人工智能技术与教师共同工作，以提供个性化的学习和教学方式，提高学习效果。例如，通过机器学习和深度学习技术，人工智能可以实现感知、决策等功能，并应用于人机协同教学中，以精准获取学情、确定教学目标、设计教学资源和进行教学干预[3]。此类平台不仅提供学习资源，还通过个性化的评估和反馈机制，帮助用户发现自身的优势和不足，并引导他们进行有针对性的提升。

3. 区块链技术

数智时代所有与教育教学相关的信息都将被记录下来并以数据的形式保存，区块链突破了传统中心式系统架构的缺陷，具有去中心化、去信任、匿名、防篡改的安全特性，能够在大规模网络环境下实现分布式的高效共识，建立安全可信

---

[1] 葛苏慧，高凤毅，胡鑫，白成杰.5G+ 赋能智慧教学场景的沉浸式教学创新研究与实践［J］.信息科技·计算机软件及计算机应用.2022（04）：71—75.
[2] 张治.大热的教育元宇宙将给学校带来哪些变化？［N］.文汇教育.2022-11-13，https：//mp.weixin.qq.com/s/lJRYhmFGz0LBFB21ESMuXQ.
[3] 人机协同教学：基于虚拟化身、数字孪生和教育机器人场景的路径设计.https：//metatopnews.org/article？id=25380.

的数据存储系统,并通过智能合约机制实现大规模可信的分布式计算能力。这一方面使教育教学相关数据能被完整储存且不被篡改,另一方面使教学资源的共享更为便捷、安全[1]。数字资源汇集了丰富的数字资源,为用户提供便捷的信息获取和知识分享服务。无论是学习资料、专业文献还是生活指南,用户都可以找到所需的信息。数字资源平台还提供了强大的搜索和推荐功能,帮助用户快速定位所需资源,并发现与其兴趣相关的内容,在学术研究、职业发展、日常生活等方面发挥着不可或缺的作用。

4. 混合式教学模式

利用5G智慧场景及合作企业的优势资源,打造线上、线下、企业授课的混合式教学模式,解决校内实训条件与教学目标之间的矛盾。基于5G智慧场景建立虚拟学习环境,可让学习者足不出户便可身临企业环境,这种沉浸式的教学场景让枯燥乏味的课堂教育、在线教育变得生动,让抽象的知识触手可及,使学生获得与企业真实工程项目一样的体验,实现多种资源共享、多媒体互动、集中管理、互联互通、灵活智能、共享开放的教学模式[2]。

5. 跨平台互动空间

"跨互动"是指不同元素或实体能够在各种平台或界面上进行互动的能力。它意味着不同系统、设备或用户之间可以无缝交流信息、沟通和合作。在智能教学环境的建设中,跨互动的能力可以通过多个平台或技术使学生与学习材料、教师和同学进行互动,从而增强学习体验[3]。

随着技术的不断进步和应用场景的不断拓展,这些技术的应用为用户不断提供全新的体验、学习和发展机会。实时掌握学生的学习情况,提供个性化的学习建议和反馈,帮助学生更好地理解和掌握所学知识。通过数智融合课堂教学新场景的应用,可以实现教学资源的数字化、教学过程的智能化、教学评价的数据化,从而极大地提高教学效率和教学质量。

(三)元宇宙重大应用场景+教育

上海市"元宇宙"重大应用场景项目评审第一个达标的"元宇宙校园"——

---

[1] 黄英杰,廖彬宇.元宇宙时代教育的全新形态、基本特征与发展趋势[J].成都师范学院学报,2024(1):1—14.
[2] 肖成林.高职院校"三教改革"内涵发展的几点思考[J].文学教育(上),2020(8):156—157.
[3] 彭燕凝,师启航.元宇宙背景下数字技术均衡教学资源应用研究[J].大众文艺,2024(02):208—210.

上海市浦东新区福山外国语小学将为学生和教师提供一个创新的沉浸式个性化学习社区，致力于构建混合式、合作式、体验式、探究式的学习场景，将学科／跨学科，课内／课外，学校／社会融合为一个"以学为中心"的宏大的学习场，充分利用生成式人工智能技术，实现场景式、规模化因材施教，以元学习驱动学生提升元认知能力，全面提升学生的思维能力，激发学生创新意识，有效促进学生全面均衡发展。

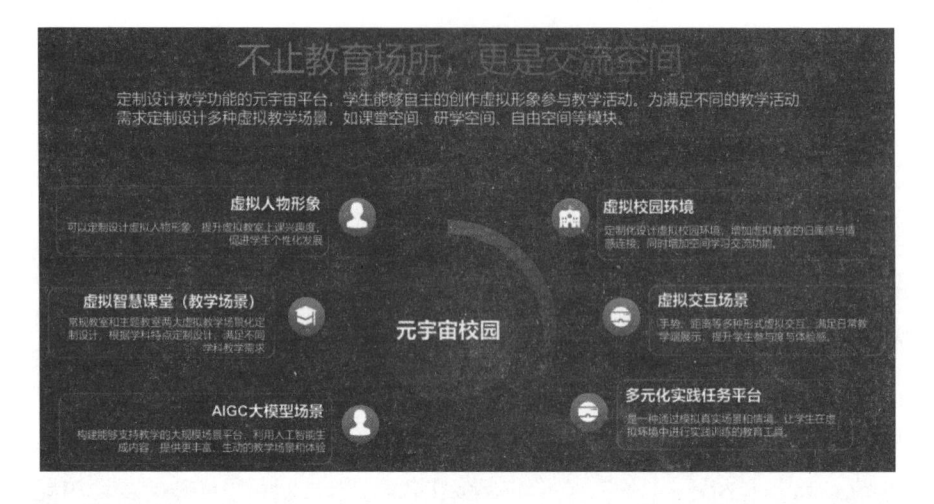

1. 元宇宙研讨室

元宇宙研讨室复制传统化教室场景、讲台、媒体区、课桌、黑板等基础设施配备，根据学科特征，定制化设置情境教室，为学生提供不同场景下的话题探讨，例如文学作品的情节赏析、幼儿绘本阅读、道法与安全问题等，可以促进学

生深度思考与语言表达能力，学生可选择语音或文字的方式交互，并且支持中英文双语。

2. 元宇宙自修室

教师可以线上出题进行课堂随测，选择题、问答题等多种形式，后台智能改卷，统计学生答题情况，支持课堂随测、线上考试等多种形式。元宇宙自修室为学生提供不同学段、不同学科的作业辅导，通过作业即时评价与反馈，帮助学生提升解决学业问题的能力①。

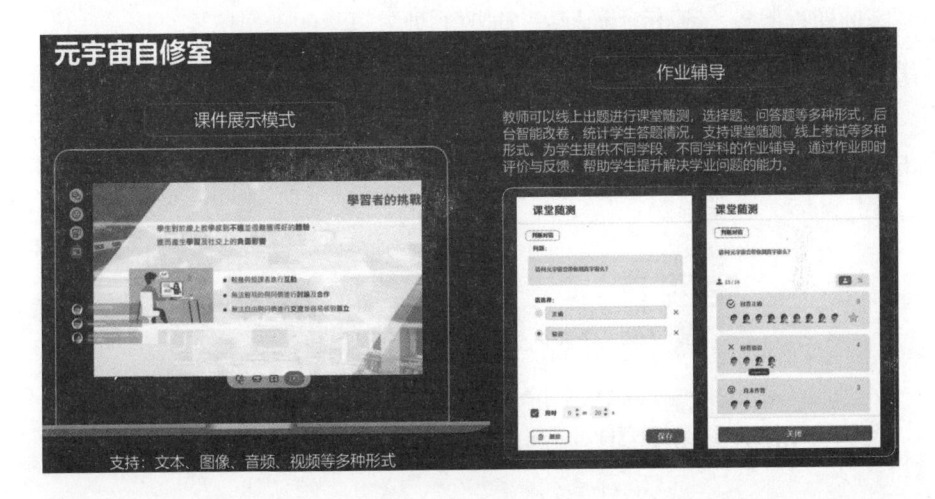

3. 元宇宙冒险岛

---

① 上海市第二批元宇宙重大应用场景张榜 共40个重大应用场景. https://mp.weixin.qq.com/s/9jjeTroG2gurz5XJFsS0sA.

元宇宙冒险岛将为学生提供不同地域，不同时空、不同职业背景的多元化实践任务，通过特定情境问题的设置，提升他们的解决问题的能力。

4. 元宇宙学习设计中心

元宇宙学习设计中心为教师提供元宇宙场景下的教学评一体化服务，帮助教师优化学习设计，改善教学策略，加强教师间的交流与合作，通过场景化研讨式的培训实现全方位的专业能力的提升。

可见，基于教育元宇宙，虚实融合的校园将会出现，基于人工智能自适应学习系统的课程服务，真正满足人人、时时、处处可学的理想境界。技术迭代、技术融合和内容的创生，以及情节的设计和数字孪生构成了教育元宇宙的进化路径。沿着这样的路径发展，在不久的将来就可以实现在虚实融合的校园，在"元宇宙"世界里面生成第二个学习空间。

第四节 "三个助手"的使用、案例分析与实践成果分享

一、"三个助手"的使用

（一）备课助手的运用

1. 提升教材理解力

浦东新区孙桥小学数学项目组教师共同学习平台推荐教学设计，对照单元教材分析、教学基本要求、本体性知识、教学设计说明等内容，在观看空中课堂教学视频切片后，实现教师与平台、教师与教师之间的对话，理解、领悟"教什么""怎么教""为什么这么教"等问题。因为内容与每位教师的教学有关，慢慢吸引了整个教研组教师一起参与进来，共同提升对课标、教材和课堂教学的理解，这样的学习让教师们走近了课标与教材，更好地理解了教学内容。

三年级传授"面积"一课，教师们通过对"备课助手"提供的教学资源学习后，明白了教材中出示方格纸中图形的深意，用方格纸作为"单位面积"，以此来比较不同平面图形的大小。而不是一上来就要数方格的个数。为此明确了本课时拟解决的主要问题以及教学重点和难点。首先要知道"面"在哪里？然后感受"面"有大小，再探究如何比较大小、统一单位的必要性，最后数单位的个数。

由此可见，就认识面积而言，确定单位的个数固然重要，但是作为起始课，知道面积的概念更为重要，这也是形成"量感"的重要载体。

2. 关注学习基础和需求

徐汇区求知小学构建了基于"三个助手"开展数学课堂精准教学的路径。教师可以借助平台的数据实时统计和交互功能，既能在课前关注到学生的学习基础和需求，使教学始终以学生为中心，也能在课中和课后快速精准地把握教学实时成效，及时采取措施调整教学，从而有效提高教学效果。

3. 调整共享的备课内容、生成教案 立足"生成"的教学研磨

建设小学老师在备课教研时从关注拍照上传、提交音频、投票点赞等工具的"怎么用"向"为什么用"过渡，让"三个助手"为在线教学中教学策略的精细使用、练习作业的精准推送赋能。

4. 形成多样化的教学课件

不同学课教师在备课时可以根据学情和教学所需，丰富教学课件内容。语文可以使用口语训练，支持自动的朗读评分，并统计错字；语文、道法等学科可以生成常用工具的"词云"；数学可以用于学生的口算练习，可查看正确率及订正。美术学科可以支持取色，学生根据选择相应的场景，并生成自己的作品。徐汇区求知小学三个助手教师团队在"备课助手"提供的数字资源的基础上考虑学生的群体和个体的差异，对共享的备课内容做相应调整，生成教案，再运用"备课助手"创设问题情境，围绕问题解决设计自主探究、小组合作等促进学生认知和能力发展的多样化教学课件。

（二）教学助手的运用

1. 聚焦互动任务研发

浦东新区明珠小学曹心颖老师执教四年级《点到直线的距离》一课，前期备课组团队共同研究，多次打磨课程时，创设了"奇怪的人造路""烦人的音乐喷泉"和"节约的消防栓"这样三个生活情境，引导学生在解决问题的过程中逐步感知、触摸、观察、描述、运用"点到直线的距离"。曹老师注重知识的由来和严谨的验证，借助"三个助手"数字化平台，提供给学生多样化的操作探索空间。利用平台上过程性数据的回放功能，再现了学生的思维路径，引导学生借助操作工具来进行严谨地说理，加深学生对知识的理解，体会数学思维的科学理性。

2. 推进上课的"精准"把脉

宝山区行知小学管晶老师执教《3A M4U1（P2）Knowing more about the insects》一课时，运用三个助手平台和希沃白板辅助课堂教学，切换熟练，精准把控课堂节奏，合理整合三个助手平台中的课件资源和习题资源，设计了符合学情的情景故事和学习活动，引导学生仔细观察、发现问题、寻找答案，正确描述昆虫的特征和习性，感受昆虫世界的奇妙，激发对大自然的热爱之情。教学助手和课堂的融合帮助教师通过发布实时任务，让学生在学习终端上不脱离语境就自主完成学习活动，并且迅速得到参与率和正确率的反馈，帮助老师及时掌握学生的习得情况，提高了教师的工作效率和学生的学习兴趣。

浦东新区观澜小学青年教师邱依萍使用"三个助手"平台进行了《5A M3U1P1 Places around my home》的课堂教学展示。邱老师上的是新授词汇课，在学习语音和词汇的过程中，她设计了不同的学习任务，通过选择、填空、判断等形式，以多元互动任务促进学生有效学习，通过"三个助手"的实用性，数据反馈的精准性，教师指导的高效性，借助平台功能，让学生的学习更扎实、课堂活动更丰富，有效提升了课堂教学的有效性。

杨浦区平凉路第三小学探索"教学助手"可以利用DIS传感器实时展示实验数据，帮助学生更好地理解实验现象和原理。例如：在进行实验时，DIS传感器可以实时采集温度、压力、声音等参数的变化，并将这些数据以图表或曲线的形式展示在屏幕上，从而帮助学生直观地观察到实验过程中的各种变化，加深对科学原理的理解。

3. 增强高效互动课堂

杨浦区建设小学英语教师张冬梅结合"腾讯课堂"和"三个助手"两大应用场景的联合使用主要创设了线上课堂三大互动环节。在语音巩固环节，张老师利用腾讯课堂举手功能和讨论区功能的互动为其他学生做语音发音和音标再认的引导，再通过平台发布口语练习来收集其他参与本次实践课学生的语音学习情况。在重点归纳环节，张老师利用了腾讯课堂的答题卡功能，通过这个方式快速了解学生对"Peter's family"和"from Monday to Friday"用法的掌握度。穿插其中的答题卡功能不仅是选择题题型的呈现，还为学生课堂自评提供了依据。这也是学校各学科线上教学中的一大亮点功能。朗读复述环节中，"三个助手"的练习题为学生提供了人人参与的机会，张老师从平台的评价系统和统计系统的反馈中及时了解了学生朗读的熟练度和单词拼写的正确率。

4. 可视化评价

打虎山路第一小学范誉园老师执教数学学科课例《轴对称图形》时，通过创设趣味游戏情境，引导学生关注生活中的对称现象，并激活学生在美术课上《对称剪纸》的已有学习经验，初步感知轴对称图形的特征；借助"三个助手"平台的即时评价功能，学生在人机互动中经历"想象——猜测——验证"的学习历程，发展空间观念。这节课的最后一个活动：学生拖动色块，表达对折过程，范老师充分挖掘三个助手的特点，精心设计了学习活动。当学生选择完毕后，可以点击检查的按钮来进行"人机互动"，也可以查看班级其他学生的上传截图成果进行点赞进行"生生互动"，这样的一种多样化的数字化评价方式，能够将学生的思维、评价的结果更加可视化呈现。

（三）作业辅导助手的运用

1. 分析作业数据，提升校本化的有效性

教师用基于平台前期相关课时的练习和作业产生的历史数据，找准教学的学生起点，及时调整自己的教学设计。以"小数点的移动②"一课为例，根据数据反馈，学生课后练习整体完成的正确率仅为76.2%，平均用时7分11秒，从每题的错因分析来看学生利用规律正向思考解决问题较好，但逆向思考、整合其他知识灵活运用能力较弱。

2. 易错点学习数据，发布针对性课前作业

求知小学"三个助手"试点学科教师进行教学设计时关键是立足于学生的学习起点，通过"作业辅导助手"采集全班学生解题过程中自己圈和涂的"过程性"动态痕迹，获取历届学生本阶段"易错点"学习数据，再发布针对性课前作业。通过前测数据统计汇总，把握现阶段学生学习基础和教学重难点。借助"作业助手"平台，能辅助教师更精准地把握班级整体和学生个人的知识与技能掌握

状态、存在的共性以及个性的学习问题,从而对教学的有效实施做出更精准的干预,以期达到更好的教学效果。

3. 实现减负增效

杨浦区建设小学"三个助手"研修团队在常态化运用中,贯通"空中课堂""市作业资源包""三个助手之作业助手""校浦江智慧源"等三级四类练习资源,开发"5+5+1"分层作业模式,即5道客观题型的基础练习,5道对应不同学习水平的可选择的跟进练习,1道拓展练习,形成矩阵式的作业资源集合。数学教师杨艳妮借助作业设计中的"客观题",不仅快速判断学生答题的对错,更为自己分析学生具体的学习状态提供了依据。例如,她在设计"作业助手"练习题时,先精准拟定题干,再根据教学经验,对选择题设计了不同的选项,每个选项的背后都指向不同的思考方式。通过学生对客观题的作答,杨老师不仅能从正确率判断教学目标的达成度,更能通过学生的作答情况诊断分析学生错误成因,进而实现作业的诊断、指导功能。

宝山区行知小学管晶老师在上课《3A M4U1(P2)Knowing more about the insects》一开始,就用了有一个作业点评,这正是上一课时发布的课后朗读作业,学生登录平台提交口语作业,平台会将学生练习的数据快速反馈给教师。由此,教师能运用语音功能,更精准地纠正学生的发音。

图 – 1

二、区域综合案例分享

《义务教育数学课程标准(2022年版)》中指出要"促进信息技术与数学课程融合",即"合理利用现代信息技术,提供丰富的学习资源,设计生动的教学活动,促进教学方式的变革"。"三个助手"赋能的教育教学,为提升教学质量、效率、效果起到积极作用，转变传统课堂"学习单＋投影"、教师主导的学习模式，拓宽了师生、生生的互动场域，激发了同伴示范，生生互学。本节依据通过杨浦区"三个助手"部分试点小学教师们开展的教学工作案例来展示数字化转型下的课堂教学场景再造和学生学习的融合实践效果。

（一）杨浦区复旦大学第二附属学校小学部英语学科马艳蓓老师的教学案例

【案例背景】

本案例内容为《英语（牛津上海版）》四年级第二学期 Module 1 Unit 3 Period 1 In the park，主要整合自教材 Look and learn 板块。通过教学，学生能听懂、读懂核心词汇 hill，path，lawn，bench，shadow，并能借助图片及语言结构尝试介绍公园里的事物。整堂课的主要教学流程为：

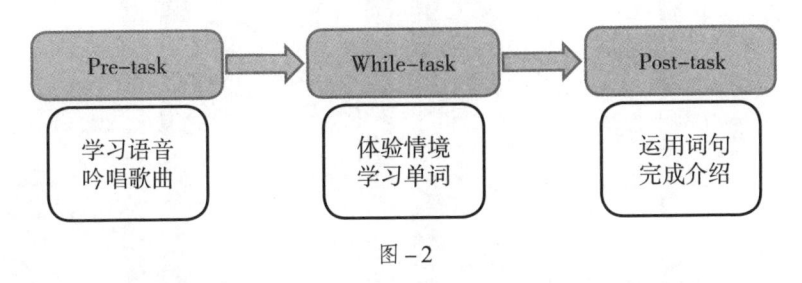

```
Pre-task  →  While-task  →  Post-task
学习语音      体验情境       运用词句
吟唱歌曲      学习单词       完成介绍
```

图–2

课堂练习与课后作业是教师和学生了解学习情况、改进教学策略、提高学习效率的有效手段。在传统课堂教学中，由于时间、人数、技术等的限制，教师往往只能依据个别学生的反馈来预估整个班级的学习情况。此外，在课后独立完成作业时，学生也无法及时获悉自己的问题所在，从而实现自主学习及自教师改进。

【案例分析】：

1. 利用课中练习，提高课堂效益

课堂练习是教学过程中不可或缺的一部分，它可以帮助教师了解学生的阶段学习成效。"三个助手"平台资源中，每个课时都含有若干课中练习，可以实现人机互动，并通过平台数据收集及分析，让教师即时了解全体学生在规定时间内完成练习的人数比和正确率，从而及时调控教学进程。

例如在本堂课中，教师使用了"三个助手"练习资源中的课中练习 Look, read and match（图–3）学生需要仔细观察图片、阅读文字，读懂核心词汇及相关句子，然后才能将图文进行正确配对。在完成第一段语篇的学习后，教师向班级学生推送此项练习，希望以此检测他们是否已能认读、理解核心词汇 hill，path，lawn，bench。在练习进程中，学生完成并提交作业的同时，教师端能及时显示学生的完成数量和完成情况，第一时间快速捕捉学生的各种反馈信息。借助平台数据反馈，教师发现部分学生在看图上存在一些障碍，导致图 2 和图 4 的错误率较高，因此教师立刻调整教学节奏，带领学生仔细观察四幅图片、并复习巩固图中标注的公园事物的英文表达等教学改进活动。通过实施数据报告能让教师有的放矢地进行跟进指导或及时调整课堂教学节奏，也为课后作业的布置做参照，提升学生的学习效率。

图 – 3

"教学助手"支持教师在课堂中随时调用本课时的相关资源、工具和任务来组织教学。而且，教学助手还能够实时统计学生的学习状态，帮助教师实现对每个学生学习过程的关注。[①]"教学助手"可以分为两个大模块：第一个模块支持在线播放课件，提供便捷的工具栏，帮助教师随时调用相关资源；第二个模块则主要是关于数据的统计与管理，帮助教师更好地了解学生的学习状态，提高教学质量。教学助手可以帮助教师实时了解每个学生的学习状态，方便教师及时发现学生的学习问题。"教学助手"作为本课的辅助工具，帮助教师在教学过程中更加灵活地运用不同的教学资源，不断提高教学水平。同时，教学助手还能够从数据角度上帮助教师更加了解学生的学习状况，更好地开展教学工作。

2. 优选课后作业，提升学习能力

课后作业是课堂教学的延续，高质量的作业设计能够巩固所学，帮助师生了

---

① 本案例来自复旦大学第二附属学校小学部英语学科马艳蓓老师执教的《英语（牛津上海版）》四年级第二学期 Module 1 Unit 3 Period 1 In the park.

解学习过程中仍然存在的问题，从而促进学习。"三个助手"平台包含丰富的课后作业资源，它们指向单元核心语言知识和听、说、读、写等多项语言技能，并且，借助平台信息技术，学生可以及时了解自己完成作业的情况，发现问题，尝试自主学习，起到提升学习能力的作用。如在设计本课时课后作业时，教师选用了"三个助手"资源里 Listen and choose 作业（图 -4），要求学生听句子，选出相应的词汇将句子补充完整。该作业指向对核心词汇的拼读和理解，与课时目标相一致。学生在作业助手平台完成该项练习后，教师端和学生端都能及时得到后台的反馈和评价。学生能即时了解自己的正确率，若有错误，可以立即查看相应题目，辨析选项中几个类似单词的拼写，通过翻阅教材或再次思考得出正确答案、巩固对核心单词的学习。而这一发现问题、反思问题、解决问题的过程，也有助于促进其学习能力的提升。

图 – 4

"作业辅导助手"能够有效地帮助教师和学生实现个性化学习和教学目标的达成。在本节课的教学实践中，教师需要根据学习内容和教学目标，在作业平台上选择相应的作业和诊断目标，让学生在课后进行解答。作业辅导助手则通过对学生完成练习情况的科学分析和反馈，对学生进行错题解析和知识点讲解，并结合学情推荐个性化的练习，帮助学生再训练、再巩固，实现个性化学习。这不仅可以有效提高学生的学习效果，增强学生对知识点的理解和掌握，还可以提高教师的教学质量和教育效果的实际效果。同时，作业辅导助手还可以通过平台的数据统计和反馈，让教师及时了解学生存在的问题与困惑，针对性地开展个别线上辅导，提升学生的学习质量，进一步增强学生的自信心和自主学习能力。

【案例反思】

本课时重点是能听懂、读懂核心词汇 hill, path, lawn, bench, 难点为能运用核心词汇，借助图片及语言结构尝试介绍公园里的事物。教师在课堂教学及课后作业中，较好地利用了"三个助手"中的练习资源，借助平台反馈功能，实施课堂评价和作业评价，精准把握学习情况，有效提升学习效率。

在利用练习资源的过程中，教师关注了资源与目标的一致性。课堂教学中所用的来自"三个助手"课中练习的 Look, read and match 练习，以及课后作业里选用的 Listen and choose 练习，都指向单元核心词汇的掌握情况，两者的学习水平分别是理解和知晓，符合课时目标中"听懂、读懂核心词汇"的要求。

此外，教师还关注了作业资源对教学内容的延续性。作业是课堂的延续，也是用以巩固学生知识、培养学生能力的一种手段。案例中，教师选择 Listen and choose 为课后作业，其听力文字内容与本课时的话题和语篇内容具有相关性，都是围绕公园内的事物展开，考查的知识点也与课堂教学内容一致，有助于学生于课后在相似情境中巩固所学。正是由于练习资源与学习目标相一致，作业资源与教学内容相延续，教师才能利用资源在课堂中及时了解学生学习情况，学生才能借助平台自主学习并加以改进，从而有效提高学习效率。

教师在使用平台感受到有些功能还有进一步优化的空间。例如平台能够为学生提供口语练习的实时反馈和纠正错误的功能，但现有的实现方式仍有一定的局限性。目前采用的一问一答的形式，无法真正满足学生自由表达的需求，而且预设答案的方式也会对教学效果带来一些影响。建议技术方能增设开放性问题的对话，在允许更多的语言自由度的同时，提高学生口语表达的兴趣和积极性。通过增设开放性问题的对话，Alix 就可以更好地帮助学生锻炼口语表达的能力。让教师可以设置多种口语话题，例如生活经验、文化背景等，引导学生进行批判性思考和自由表达。在学生作答时，Alix 能够自动识别语音和语义，对学生的答案进行分析和评估。同时，在学生自己的回答中，Alix 还可以为学生提供更准确的语音纠错和建议，帮助学生更好地纠正自己的发音和语调。通过这样的方式，学生将会更自由、更主动地参与口语练习，在表达能力、思维能力、语言自信心等方面获得进一步提高。

"三个助手"将小学英语课堂与信息技术深度结合在一起。通过使用平台的课中练习，教师能根据"评价报告"及时发现教学中的问题，对症下药，提高课堂效益。通过优选平台作业，学生能及时"查缺补漏"，学会学习，提升学习能力。学校英语组教师将继续开展对"三个助手"平台的研究和实践，积极探索与思考如何根据评价报告进行归因分析，更有效地改进教学；如何引导学生根据反馈查找问题、解决问题，尝试自主学习，提高学习效率。

（二）上海市市光学校小学部数学学科马惠老师的教学案例

【案例背景】

1. 教学内容分析：《位置的表示方法》是沪教版小学数学四年级第二学期最后一个单元"整理与提高"中数学广场的内容，隶属图形与几何领域。在小学阶段，图形与几何领域包括两大板块：一是"图形的认识与测量"，二是"图形的位置与运动"。本节课的内容属于"图形的位置与运动"板块，要求学生能结合实际情境判断物体的位置，探索用有序数对表示平面上点的位置，增强空间观念和运用意识。涉及的核心素养包括空间观念和几何直观。

学生通过过去的学习对物体位置的表示方法已有一定的知识储备（图1）：一年级时学生学习了几个与第几个，感知了有关序数的概念，知道可以使用一个序数表示在一条直线上人或物体的位置；之后，学生认识了数射线，建立起了数（自然数）与数射线上的点之间的对应关系。在二年级第二学期，学习了东南西北，为后续直角坐标系的学习铺垫。

有学者提出：大单元之大不排斥单元教学，也不在大难度和大容量，而是倡导"高站位、大格局"，大单元教学的主要目的是把点上的课时研究，放置于面的知识体系框架下，帮助学生以知识网络或者概念域的形式学习，从而促进学生自主意义的构建。

因此，本节课的设计中结合大单元的理念，从学生的基础出发，让学生在有层次的探究活动从线（数射线）到面（平面）地建构其前后知识之间的联系，掌握平面中物体位置的表示方法。

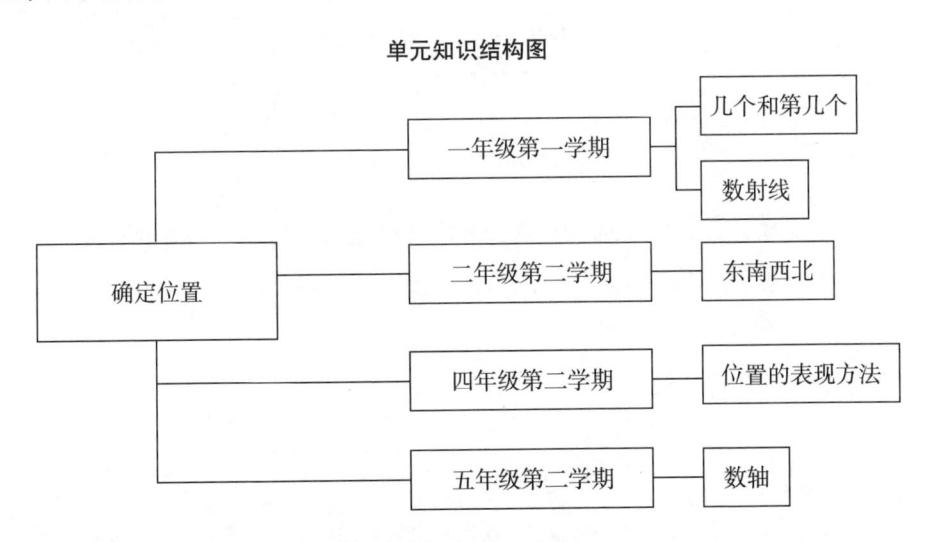

单元知识结构图

```
                        ┌─ 几个和第几个
          ┌─ 一年级第一学期 ─┤
          │             └─ 数射线
          │
确定位置 ─┼─ 二年级第二学期 ─── 东南西北
          │
          ├─ 四年级第二学期 ─── 位置的表现方法
          │
          └─ 五年级第二学期 ─── 数轴
```

2.学生情况分析

马老师所任教的四（1）班自 2022 年 9 月起成为三个助手的试点班，该班的教室里配备了班级专用的一套平板设备。目前，该班学生具有良好的平台操作能力，已经在平时的学习中实现了每周两至三次的常态化使用。本节课主要使用的功能及其作用如下：[①]

（1）拍照上传功能：学生能够即时反馈课堂上所思所想。

（2）截图推送功能，提升师生、生生交流效率，拓宽师生交流场域。

（3）动画推送功能，激发学生学习的兴趣，呈现多元化的观点。

（4）投屏功能：教师捕捉学生无法呈现的即时生成。

（5）投影功能：呈现学生课堂的实时操作过程。

（6）课后作业上传功能，弥补课内时间的不足，便于后续学生交流和教师诊断。

【案例描述】

（一）片段 1：引入部分课件出示下图：

师：说一说小青蛙在数射线上怎么跳的，跳到了哪里？

生：小青蛙从从 0 开始向右跳，4 格一跳，跳了 1 次，跳到了 4。

课件出示下图：

小青蛙又向正上方跳

师：小青蛙又向正上方跳，应该如何准确描述它在这个平面上的位置呢？先独立思考，再和同桌说一说你的想法，然后在学习单上标一标，最后拍照上传。

学生活动，教师巡视。

[①] 本案例来自上海市市光学校小学部数学学科马惠老师执教的沪教版小学数学四年级第二学期最后一个单元《位置的表示方法》。

师：谁想来交流？（点开一位学生的反馈，如图1所示）你的3厘米是怎么来的？

生：我是量出来的，我从小青蛙的位置出发画了一条垂线段，量出是3厘米。

师：你为什么用两个数描述小青蛙的位置呢？

生：因为小青蛙先向右跳4格，又向上跳了3厘米

师：有哪些小朋友的想法和他一样的？（根据学生说的再点开两个小朋友的反馈图）

原来你都发现这条数射线上一个单位长度是1厘米，所以量出了3个这样的单位长度。

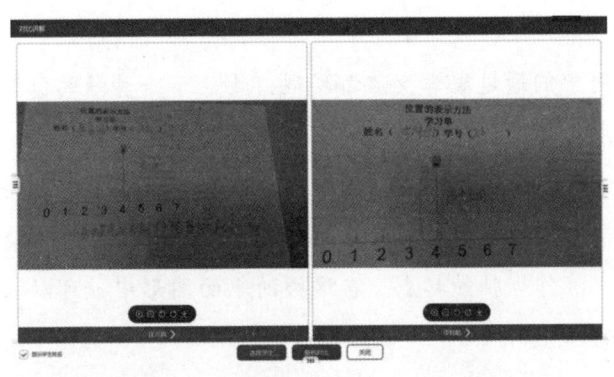

图-1

师：你们在浏览时有没有发现有谁的想法和他们不一样的？

生：蒋XX同学和张XX同学的方法和其他人不一样（图2），蒋同学画了表格，张同学标了刻度。

师：这两种方法能否看清小青蛙的位置呢？

生：可以，也能看出向上跳了3格

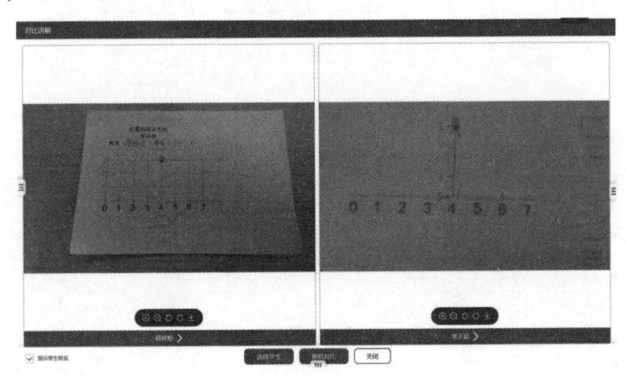

图-2

师：老师发现有位小朋友在和同桌讨论时这样摆（图3），你知道为什么吗？

生：他想用他同桌的数射线量出小青蛙向上跳了几格。

图-3

师小结：同学们通过思考交流都发现，要表示小青蛙的位置，可以再画一条竖着的数射线，并标上单位长度（课件演示，如图4）。现在我们看到的这幅图中，横着的这条数射线我们叫做横轴，竖着的这条数射线叫做纵轴，这里的两个0既可以看作横轴的起点，也可以看作纵轴的起点。在这样的平面图形中，可以很快找到小青蛙的位置。

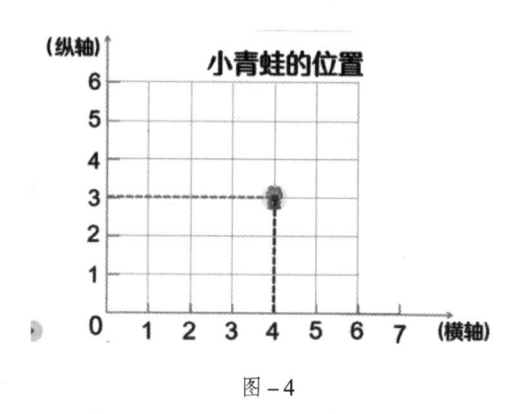

图-4

（二）片段2：新授部分

师：通过刚才的学习我们知道了小青蛙的位置可以用数对（4，3）来表示，小熊乐乐和小兔欢欢也在这个平面上，你能把他们的位置也用数对表示吗？请你写一写。

教师推送，学生在图中书写后上传（图5）。

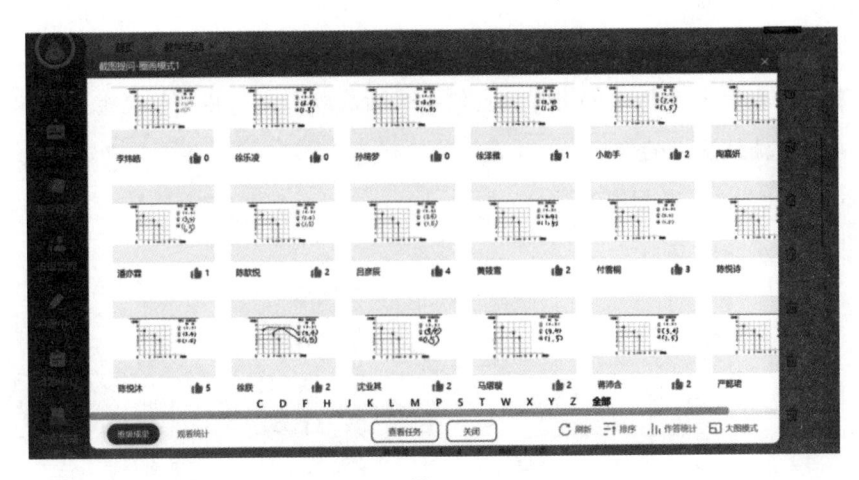

图-5

师：谁想来交流？

生：我用数对（1，5）表示小熊乐乐的位置，用数对（3，4）表示小兔欢欢的位置。

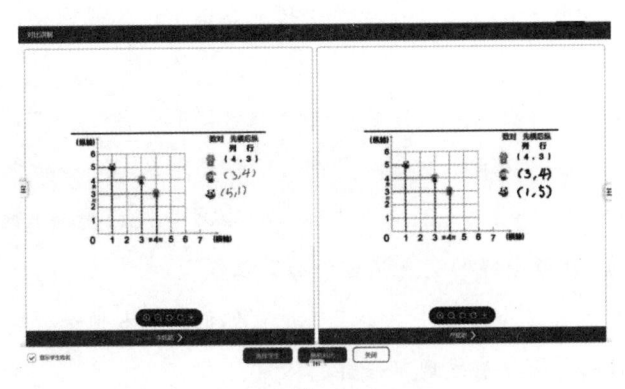

图-6

师：老师从大家上传的图片中发现，大部分同学都同意他的观点，有没有谁的答案你认为需要修正的？

生：我认为李XX的答案不对（图6），他写反了。

师：请这位同学自己来说一说。

生：是的，我写错了，写成数对（5，1）了。

师：（点开这位同学的上传的图片）那你能告诉大家，数对（5，1）表示的点在图中哪里吗？

生：（学生到屏幕前标注）应该在这里，横轴上是5，纵轴上是1的这个点。

师：在用数对表示平面中物体位置时，你想提醒大家注意什么呢？

生：用数对表示物体位置时，我们要先横后纵，先看横轴位置上的数，再看纵轴位置上的数。

（三）片段3：巩固提升部分

课件出示（图7）：

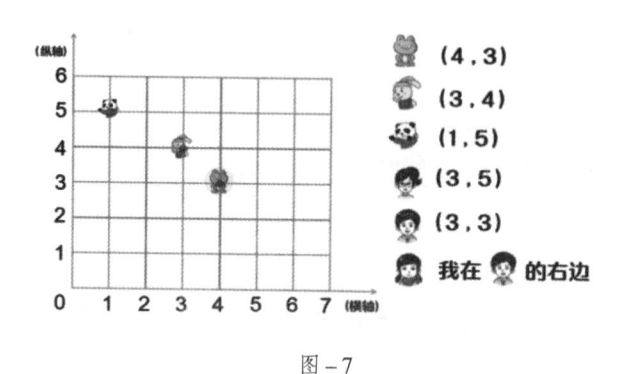

图-7

师：我们的小伙伴小丁丁、小亚、小巧也在图中。你能根据信息找出他们所在的位置吗？

教师推送动画，学生操作（学生在平板上进行拖曳）。

师：谁想交流？（点开一位学生的图片）你是怎么找到小巧所在位置的呢？

生：小亚的位置用数对（3，5）表示，所以我先找到横轴上的3，再找到纵轴上的5，两条线的交点就是小巧的位置。

师：先横后纵真是个好方法。小丁丁位置你们找的和他一样吗？大家在浏览同学作品是有没有发现不一样的答案？

生：都一样。

师：同学们知识掌握得真不错，请同学们观察一下图中小亚（3，5）、小兔子（3，4）和小丁丁（3，3）的位置，你有什么发现吗？

生：他们在同一条竖线上。

师：谁能从数对间的关系来解释一下吗？

生：我发现表示他们位置的数对，第一个数都是3，说明他们都在横轴刻度3的这条线上。

师小结：原来数对间的规律也反映在了物体的位置上。

师：老师发现小巧的位置同学们有不同的标法（图8），你同意谁的想法？

生：我发现夏XX同学把小巧的位置标在了小青蛙上，也就是数对（4，3）。

师：你认为可以吗？

生：我认为可以的，因为这样标小巧是在小丁丁的右边。我觉得小巧的位置可以用数对（5，3）表示，也在小丁丁右边。

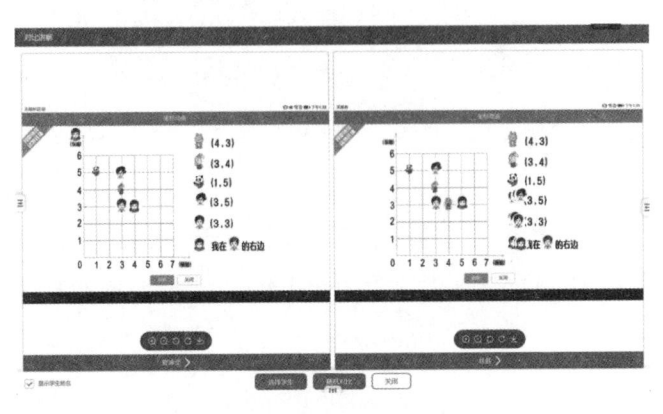

图-8

师：除此之外你们认为小巧的位置还可以在哪里（学生一边反馈，一边出示媒体如图9）？

生1：数对（6，3），数对（7，3）。

生2：格子多一点的话数对（8，3）也可以。

生3：在横轴刻度3的这条线上都可以。

师：那能不能用一个数对表示出小巧所有可能的位置情况呢？在小组里讨论一下。

生：只要这个数对的第二个数是3就行了。

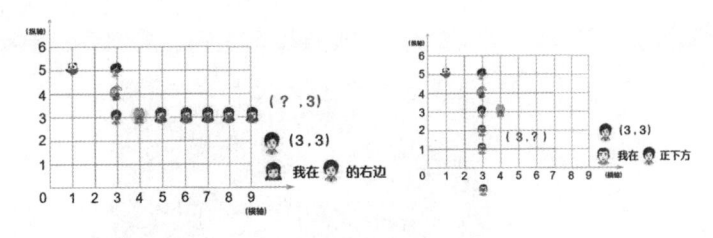

图-9

（四）片段4：课后作业

（书本P83）小伙伴们去动物园春游，请你根据地图设计一条游玩路线（图10）。

图 – 10

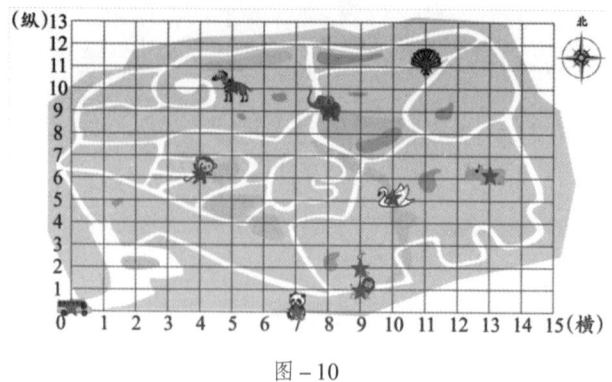

由于时间关系，这个活动没有来得及在课堂上开展。因此，学生在课后点击教学助手界面，下拉后找到未完成的课内练习，完成后拍照上传（图11—图16）。

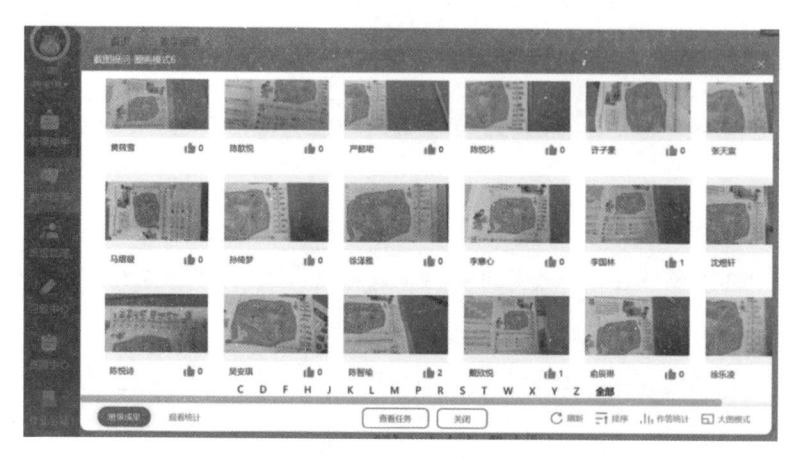

图 – 11

图 – 12

图 – 13

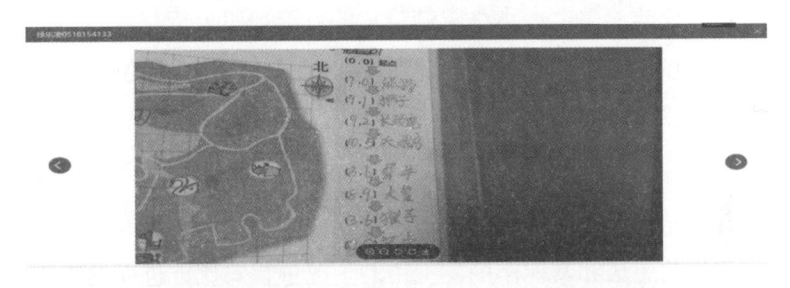

图 – 14

图 – 15

图 – 16

【案例分析】

1. 优化反馈方式，丰富课堂资源

"三个助手"中教学助手的功能之一就是能对学生课堂的即时数据进行收集，包括语音、图片、文字等，借助这些手段，过往无法收集的课堂生成现如今都可以一一呈现，一方面节省了教学时间，另一方面丰富了课堂资源。

在本节课的引入部分，学生发现当小青蛙在数射线上跳时，可以用语言准确描述出它的位置；但当小青蛙再往上跳到一个平面之后，学生产生了困难，在小组讨论中他们意识到仅用一个数不能准确描述物体在平面中的位置。探究活动中，学生将自己在学习单上表示小青蛙位置的方法拍照上传，有的学生从小青蛙所在的点出发直接作一条垂线段量出 3 厘米，有的标出三个单位长度，还有的画出了表格；除了学生上传的资源外，本节课非常惊喜地抓住了一名学生的生成，这位学生在和他同桌讨论的过程中将两个人的数射线叠放在一起进行度量，这个生成在过去的课堂上是很难捕捉的，但在本节课中通过拍照投屏，在讨论环节中可以将这位学生的想法和其他小朋友上传的情况进行对比，进而发现不同的方法背后都是大家希望增加一根竖着的数射线。

2. 拓宽交流渠道，促进互学互鉴

同伴互学互鉴是学生思维发展的重要途径，在三个助手的助力下，本节课的多个学习环节中学生都通过拍照上传、截图上传、标注等功能在全班范围内呈现自己的观点并了解他人的想法，让课堂讨论基于学生的思考、发现、自主选择而真实发生。

例如，在本节课的巩固提升环节中（图 17），过去老师会选择将某几位学生的学习单投影，全班围绕几位学生的作品进行讨论，而其余大部分学生究竟如何思考的、有没有不同的认知方式和解决方法等则被忽略了；而在三个助手支持下的课堂，学生查看"班级作品"后选择自己想要讨论的同学作品——"某某的观点我不同意，原因是……"、"我觉得谁的做法跟大家不一样，但是我认为他是对的，因为……"，三个助手让学生从讨论的被动接受者转变为主动选择者，不再是"老师希望我们讨论……"而是"我们希望讨论……"。在这个过程中，从个人思考，到生成共享，从查看学习，到共同研讨，学生在不同思维的碰撞中深化了对知识的理解，实现了知识的内化。

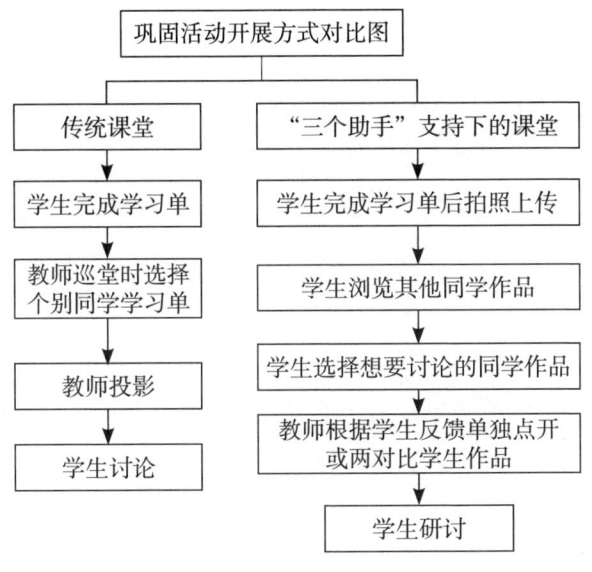

```
                    ┌─────────────────────┐
                    │ 巩固活动开展方式对比图 │
                    └──────────┬──────────┘
                ┌──────────────┴──────────────┐
        ┌───────┴───────┐            ┌────────┴────────────┐
        │   传统课堂    │            │ "三个助手"支持下的课堂 │
        └───────┬───────┘            └────────┬────────────┘
        ┌───────┴───────┐            ┌────────┴────────────┐
        │ 学生完成学习单 │            │ 学生完成学习单后拍照上传 │
        └───────┬───────┘            └────────┬────────────┘
        ┌───────┴────────┐           ┌────────┴────────────┐
        │ 教师巡堂时选择  │           │  学生浏览其他同学作品  │
        │ 个别同学学习单  │           └────────┬────────────┘
        └───────┬────────┘           ┌────────┴────────────┐
        ┌───────┴───────┐            │ 学生选择想要讨论的同学作品│
        │   教师投影    │            └────────┬────────────┘
        └───────┬───────┘            ┌────────┴────────────┐
        ┌───────┴───────┐            │ 教师根据学生反馈单独点开 │
        │   学生讨论    │            │   或两对比学生作品    │
        └───────────────┘            └────────┬────────────┘
                                     ┌────────┴────────────┐
                                     │      学生研讨       │
                                     └─────────────────────┘
```

图 – 17

3. 灵动呈现方式，助力素养达成

小学数学中图形与几何板块的学习一直是学生的一大难点，小学生思维多具象而几何知识对抽象思维有着较高的要求，四年级的学生又正处于从具体运算到形式运算的过渡时期。传统课堂上难以对图形的位置与运动进行动态演绎，但现在借助三个助手的动画功能，不仅能够激发学生的学习兴趣，更能化静为动，帮助学生在具体和抽象之间构建起桥梁，建立几何直观，发展空间观念。

在本节课的巩固环节中，学生根据给出的信息，通过拖曳小伙伴的头像标出他们在平面上的位置。学生一边拖曳一边观察小亚（3，5）、小兔（3，4）、小丁丁（3，3）的位置关系，先从"形"的角度发现他们都在同一列上，再从"数"的角度发现三个数对的第一个数都是3，从而将数对规律和物体位置建立起了联系，渗透了数形结合的思想。之后，在讨论小巧位置在哪里时，学生通过互相查看上传的图片，找出有些同学标在和小青蛙的同一位置，也就是数对（4.3）；大部分标在现有的格点上如（5.3）、（6，3）、（7，3），还有少部分标在现有的格点外如（8，3）、（9，3），接着根据学生找出点的位置，动态展示连点成线的过程，学生进一步感知了图形和数对之间的联系，为中学学习函数等相关内容作铺垫。

【案例反思】

1. 活动设计反思

（1）相比"上下左右"，用"东南西北"来描述物体在平面中的位置更加确切也更符合生活实际，这是未来教学中需要修正的。

（2）课上学生呈现了不同的小青蛙向上跳后位置的表示方法，虽然引导学生进行了讨论，但是讨论的深度还可以进一步挖掘，除了引导学生讨论有哪些不同的表示方法外，还可以追问"你们认为哪种方法更直观、更简洁、应用起来更方便"，激发学生思考增加一根竖着的数射线的必要性，以及使用"格子"的便捷性，尤其是当平面上的物体增加后，不需要每次再重新画一根竖着的数射线，让学生在讨论中进一步感知平面直角坐标系的价值。

（3）本节课的最后请学生再找一找生活中数对的应用，这不够规范。学生已经从小青蛙的跳跃中抽象出了平面直角坐标系的模型，那么到了课程最后再回到生活中就不够严谨了，原因是生活中的例子如教室座位、电影院座位都不是等距排列，而数对的概念是在数学家笛卡尔建立了直角坐标系后才产生的。

2. 平台功能优化建议

（1）教师在本课中捕捉到了一个学生的即时生成，用教师平板拍照后希望在学生操作结束后呈现在大屏幕上。但是打开投屏功能后，需要先任意拍摄一张其他照片，再按取消，最后才能选择自己刚拍摄的照片投屏，非常不方便。希望以后课中拍摄的照片能直接存入课中活动或者可以直接在投屏界面选择。

（2）建议支持学生端多图片共享，比如某学生觉得 A 生和 B 生的方法都不错，他在自己的客户端上把几个学生的图片点赞后，老师反馈时可以直接点击"他的点赞"，在屏幕上对比分析他找到的同学或者他自己的不同方法，既能节省上课时间，也能提升点赞功能的应用价值。也希望增加学生端的文字输入，让学生可以在图片上点击后直接打字。

（3）学生无论在图中寻找物体所在位置还是将物体所在位置用数对表示，三角尺都是非常重要的辅助工具，希望在学生界面增加随时可以调用的尺规。

（三）上海市杨浦区平凉路第三小学体育学科王忠老师的教学案例

【案例背景】

本案例教材内容"攀登绳架"是沪少版小学《体育与健身》课程基本内容 I "攀登与爬越"类教材中的一项主要教学内容。教学环境为学校室内体育馆，技术支持环境是在区级 Aischool 平台进行，利用 pad 进行教学实践。本课运用信息技术创设了"蜘蛛侠"英雄挑战的主题情景激发兴趣。运用图片、视频让学生掌握几种不同路线的攀登，然后引导学生查看 PAD 电子书，并利用 Aischool 的绘图功能设计攀登路线。课中学生可以结合 pad 领取奖章完成自主评价。

【案例设计】

攀爬类的教材本身相对较为枯燥，因此本课将学生喜爱的绳架搬入课堂，并充分运用信息技术开展教学。这样不仅能激发兴趣，引导学生快速掌握动作技能，更能促进学生创新思维的锻炼，让学生不仅"身"动，而且"悦"动，"慧"动！

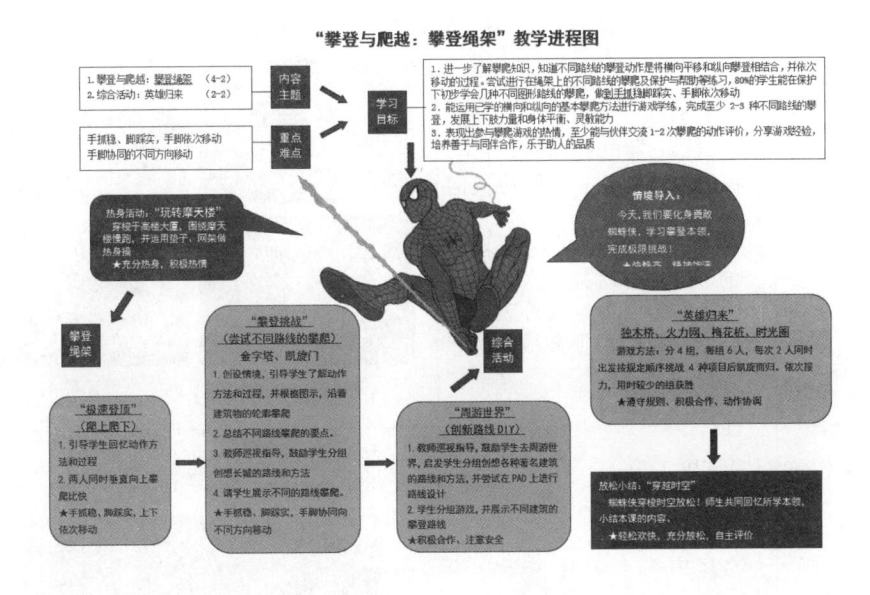

本课以情景化、游戏化的教学手段提高学生学练兴趣，整合场地、器材、媒体等资源，尝试突破重点，解决难点。通过"急速登顶"、"攀登挑战"、"周游世界"等活动，让学生体验各种不同路线的攀登，并且结合信息技术引导学生自主创编和设计不同的攀登路线，促进学生创想思维和能力的培养。本课的第二项教学内容是"综合活动：英雄归来"。包含了"独木桥"、"火力网"、"梅花桩"和"时光圈"等环节的比赛，将走、跑、爬、攀登等活动有效结合，培养学生灵活攀爬的能力，进一步培养对攀爬活动的兴趣。①

---

① 本案例来自上海市杨浦区平凉路第三小学体育学科王忠老师执教的沪少版小学《体育与健身》课程基本内容Ⅰ"攀登与爬越"类教材中的《攀登绳架》。

【案例分析】

素材名称	素材内容说明	素材形式 （文本/图片/视频/动画/平台等）
"急速登顶" （哈利法塔）	1. 运用动画创设情境"急速登顶"，引导学生了解动作方法和游戏过程，并以音伴练习。 2. 通过游戏和比赛，快速复习巩固第一课次学习的爬山爬下练习。	图片+动态箭头
"攀登挑战" （金字塔、凯旋门）	1. 学生观看"金字塔"动画路线和教师的示范后，体验金字塔的攀登。 2. 学生观看"凯旋门"的动画路线后，自主尝试攀登。做到手抓稳、脚踩实，手脚协同向不同方向移动。 3. 练习过程中运用Aischool平台的"PPT图片拖拽"功能，让学生结合"英雄评价表"开展自主评价，积极挑战、争夺徽章。	1. 图片+动态箭头 2. 视频拍摄+投影
"周游世界" （建筑图册）	1. 运用Aischool平台的"电子书"功能和"绘图"功能，以建筑图册启发学生创想各种攀登路线，为学生搭建创编支架。 2. 以平台的"四分投影"功能，反馈各组创编成果，促进自主评价。	1. PAD电子书+绘图 2. 成果展示+四分投影

（续表）

素材名称	素材内容说明	素材形式（文本/图片/视频/动画/平台等）
"游戏归来"（综合游戏）	1. 以微视频的形式代替讲解和示范，让学生快速了解"英雄归来"的游戏方法和规则，从而促进学生自主学习的能力。	游戏方法微视频
"英雄徽章"（评价表）	制定评价量规： 1. 英雄章为自主评价。按规定顺利完成任务，且互相保护即可获得。 2. 比赛章为自主评价与相互评价结合。遵守规则，取得第一名得4枚章，第二名3枚，第三名2枚，第四名1枚。 3. 奖励章为教师评价，即教师在课堂中对表现好的学生和小组评价，一次可得1枚徽章。	PAD电子书（拖拽功能）

【案例反思】

1. 技术融合，促进目标达成

本课融合运用了多元的信息技术开展教学。这样不仅能激发兴趣，引导学生快速掌握动作技能，更能促进学生创新思维的锻炼，让学生不仅"身"动，而且"悦"动，"慧"动！从而帮助教学目标的达成，主要做法如下：

（1）利用图片、视频、动画创设"蜘蛛侠"的主题情景，激发兴趣。以动态箭头演示攀登的基本路线，如金字塔和凯旋门。

（2）利用Aischool的电子书功能，引导学生了解各国建筑的，尝试攀登；同时运用绘图功能，鼓励学生设计创编攀登路线。同时，通过四分投影功能分别展示各组的设计的不同攀登路线。

（3）使用Aischool的PPT图片拖拽功能，领取徽章，让学生在各主要环节学习过后即时完成自主评价。

（4）课中通过PAD拍摄功能记录攀登过程，并通过网络实现课堂回放，帮助学生直观评价。

2. 搭建支架，培养创新思维

体育学科是身体表现与思维活动的紧密结合。信息化时代，为学生的知识技能学习创造了有利的条件，更为学生思维发展搭建了良好的环境。因此，在课的设计中，我尝试了结合信息技术，开展创编活动，来激发思考，培养学生的创新意识和能力。在课前，以小任务的形式激发兴趣，让学生先去搜集了解一些国家的国旗和著名建筑，并分辨其特征。在课中，学生已经掌握基本的攀爬动作，具备了创编的基础。我让学生浏览 IPAD 中的风景图册自主选择各国建筑，自主地设计一条喜欢的攀登路线。学生们兴趣盎然地忙于设计、讨论和尝试，设计的路线难度越来越高，攀爬技能也大大提高了。最后，以同屏展示的形式呈现各组的设计成果，进一步提升了学生创编的自信心。

通过实践老师发现，合理运用信息技术能打破固定学习模式产生的学习疲劳，为学生搭建学习支架，引导学生开展创编，打开思路，提升兴趣！在实践中也遇到了些许问题，如部分学生对设备的操作还不够熟练，影响到学练效果，因此适当对学生进行简单的操作培训也是十分必要的。其次，多次的展示和投影花去了较长的时间。当课堂展示内容较多时，可根据实际情况，利用设备将内容保存在移动设备中，或上传到共享平台，便于课后欣赏和改进。

数智技术与教育深度融合是我国推进教育数字化转型的战略要求，也是我们重新思考未来教育发展的契机。在过去的几十年中，"知识为本"、目标导向的教育曾经是教育的主流，而站在数智技术赋能学校课堂教学的十字路口，我们有机会思索"教什么""怎么教""教育要往哪里去"等问题。人工智能的强大功能也许可以带来突破性的变革，让教育更为开放，让教育者重新关注教育中更加互动、生成的部分，以及不可测量的价值、道德、情意等方面，关注杜威式的"交流"，回归"以人为本"的"素养"培育，推进核心素养教育改革的深入。

（本章由万锐执笔。万锐：中学一级专业技术职称，上海市江浦实验学校副校长、杨浦区教育学院附属中学副书记）

第六章　数智融合再造课堂教学新场景　赋能初中教学"三助手"使用

2023年5月，教育部办公厅印发的《基础教育课程教学改革深化行动方案》明确提出推进"数字化赋能教学质量提升"行动，强调构建数字化背景下的新型教与学模式。其中，作为教与学主阵地的课堂，其数智化改革对于提高教学效率与质量具有重要作用。然而，何为数智融合的初中课堂？数智融合的初中课堂实践逻辑和典型样态是什么？如何借助"三助手"赋能数智融合课堂？这里将从理论和实践两个层面论述数智融合如何再造初中课堂教学的场景，探讨如何有效地使用"三助手"来提升教学效果，从而帮助教师认识和实现数智融合的初中课堂。

第一节　数智融合下初中课堂教学的理论明示

一、数智融合下初中教学的理论逻辑

（一）育人目标

初中课堂数智化改革是一场以学生发展为中心，以育人为本，以核心素养培育为重点的教育变革。这种价值取向的转变，更强调教育的本质——育人为本以及对学生核心素养的培育。

1. 育人为本

教育数智化改革的核心目标是利用技术推动教育的优质发展，有效地提升课堂教学的效率和质量，以及增强课堂教学的育人价值。因此，初中课堂的数智化改革，首先应确定以育人为本的根本遵循，以促进每一个学生全面发展和个性化

发展为价值导向。

初中课堂的数智化改革进程中，应将学生的发展和学习需求置于首位，确保课堂中数智化技术的应用能够真正服务于学生的全面发展和个性化需求。这一目标的实现，需要从以下三个方面进行考量：首先，深入理解学生的学习需求和发展目标。其次，充分利用数字化技术的优势，为学生提供个性化的学习体验。最后，建立一个开放、包容、支持的学习环境，让每个学生都能在其中找到属于自己的学习方式，实现自我发展。在这样数智化课堂的教育环境中，教师的角色也相应发生深刻的转变，他们不再仅仅是知识的传授者，而更多地成为学生学习的引导者和支持者。

与此同时，也要注意防止数字化技术过度使用可能带来的问题，关注学生的心理健康，为他们提供必要的指导和支持。例如，学生可能会过度依赖数字化技术，而忽视了自我探索和独立思考，导致他们在没有技术支持的情况下无法有效学习。因此，教师需要引导学生正确、适度地使用数字化技术，鼓励他们在利用技术的同时，也能独立思考，培养自我学习的能力。学生还可能会因为数字化技术的复杂性和难度而感到焦虑。因为学生对新技术的接受和适应需要时间，他们对技术的使用也许不够熟练，导致学习效果不佳。因此，教师需要提供足够的技术培训和指导，帮助学生熟悉和掌握数字化技术，关注学生的心理状态，及时发现和解决其学习焦虑问题。

2. 核心素养

基础教育新一轮课程改革中，核心素养的培养被赋予了更为重要的地位，成为学科教学的基本任务，数智化课堂是以培养学生核心素养为根本宗旨的。这意味着，初中的数智化课堂，教学的着力点不再仅仅是学科知识的传递，还核心素养发展作为智慧培养的前提条件。

在数智化课堂中，教师可以通过数智化的手段更好地了解学生的学习需求和水平，为他们提供个性化的学习路径。同时，数智化学习环境可以提供更多样化、实践性的学习资源。此外，在新的课程实施，数智化课堂可以更灵活地组织学习活动，注重学生的参与和合作，培养团队协作能力和沟通技巧。这些都是核心素养的一部分，而在传统的教学模式中可能难以得到充分发展。最终，通过在数智化课堂中实现核心素养的落地，可以更好地引导和激发学习者的智慧生成。学生将不仅仅是知识的接受者，更成为了能够主动思考、解决问题的能动者。

（二）初中生的认知规律和学习方式特点

初中课堂数智化改革，应建立在遵循初中生学习规律的基础上。初中生正处于从儿童到青少年的过渡阶段，了解和掌握初中生的学习规律，对于我们设计与实施数智融合下的初中课堂教学具有重要指导作用。其中，多感官参与、主动性学习、个性化发展和合作性学习是初中生的四个突出认知和学习特征。

1. 多感官参与

初中生的思维发展已经从具体运算阶段转变为形式运算阶段，认知能力逐渐发展更为复杂化和抽象化。然而，其大脑发育尚未成熟，对于多感官的刺激更为敏感，他们更容易通过视觉、听觉、触觉等多个感官渠道来获取信息。这一认知特点对初中教师提出了要求，教师应该通过充分利用多感官参与的教学方式，从而激发初中生的学习兴趣，提高学习效果。

因此，教师可以在数智融合的课堂教学中，使用多媒体教学、虚拟实验等能够激发多感官参与的教学方式，激发学生学习兴趣，提高学习效果。例如，在教授地理知识时，教师可以使用多媒体地图来展示地理位置和地形特征，使学生能够更直观地理解和记住这些知识。这样的教学方式不仅丰富了学科内容的表达形式，也更符合初中生对于多元感官体验的偏好。此外，虚拟实验是数智融合课堂的重要组成部分，可以让学生在虚拟环境中进行实验操作，通过视觉、听觉、触觉等多个感官来感知实验过程和结果。例如，在教授物理知识时，教师可以让学生在虚拟环境中进行力的平衡实验，使学生能够通过亲身体验来理解和掌握力的平衡原理。

2. 主动性学习

初中生具有强烈的好奇心和主动性，他们是知识探索的积极参与者，渴望通过自己的努力去理解这个世界。这种好奇心和主动性在学习过程中，体现为对知识的主动追求和对问题的主动提出。他们希望能够亲身体验，通过实际操作和互动来深入了解学科知识，而不仅仅是被动地接受教师的灌输。

在数智融合的教育环境中，教师应该充分认识和尊重这些特性，以激发初中生的学习积极性。例如，通过在数智融合课堂中引入虚拟实验，学生可以在虚拟环境中进行实验操作，模拟真实场景，通过亲身体验来理解和掌握知识。这样的实践性学习方式能够激发学生的好奇心，让他们更主动地投入到学习中。另外，数智融合课堂中采用的交互式学习方式也能够更好地满足初中生的学习需求。通过操作和参与，学生可以更主动地获取和处理信息，从而更深刻地理解学科知识。此外，教师可以设计一些探究性学习的任务，让学生使用数智化工具和资源主动参与到知识的发现和构建中。例如，在科学课上，教师可以设计一个项目，让学生利用互联网和大数据资源调查研究一个实际科学问题，从而引导他们提出问题、制定假设、收集数据，并通过数智化工具进行分析和展示。

3. 个性化发展

初中生正处于身心发展的关键阶段，个体差异显著。在这一阶段，学生的身体、认知、情感等多个方面都发生了明显的变化，这使得每个学生都呈现出独特的学习需求和个性差异。具体而言，学科兴趣在初中阶段开始显现，不同学生对数学、语文、科学等学科的兴趣程度存在差异；学生在学习上表现出不同的学习风格，有的偏好视觉学习，有的更适应听觉学习，还有的可能更喜欢实践性学习；学生在认知能力方面存在差异，有的学生更具有逻辑思维和抽象思考的能力，而有的可能更偏向直观和感性的认知方式；学生在初中时期开始形成个性的兴趣和抱负，对未来的职业和学科方向有初步的思考。

有鉴于此，初中数智化课堂应充分彰显对于学生个性化学习需求的满足，这需要包括对学生数据进行收集和分析，以及为学生设计个性化的学习路径。首先，教师可以运用大数据分析技术，收集学生的学习数据，包括学科成绩、学习进度、学习行为等，并对所收集的学生数据进行深入分析，从而识别个体学生的学科兴趣、优势、困难点、学习风格等信息。其次，依据以上数据的分析，教师可以利用人工智能技术为学生设计个性化的学习路径。

4. 合作性学习

青春期带来的荷尔蒙波动和身份认同的探索，使得初中生在情感和社交方面经历了较大的波动。他们渴望与同龄人建立更深厚的友谊，同时对于自己在社会中的角色和地位有了更多的思考。因此，在这一阶段，初中生具有了合作性学习的需求，这不仅是由其身心发展阶段特点决定的，更是其增强团队协作能力，适应未来社会的必然要求。

对此，在数智化的初中课堂中，教师可以充分利用在线教育平台发布问题，学生在课后就该问题进行线上的实时讨论，共同寻找答案。此外，利用在线平台，教师可以创建一个学科社群，鼓励学生相互交流、学习。同时，教师也可以通过在线教育平台，实时掌握学生的讨论进度，及时了解学生的理解程度和困惑点,进而能够提供即时的反馈和指导,帮助学生更好地理解问题。

二、数智融合下初中课堂的内涵特征

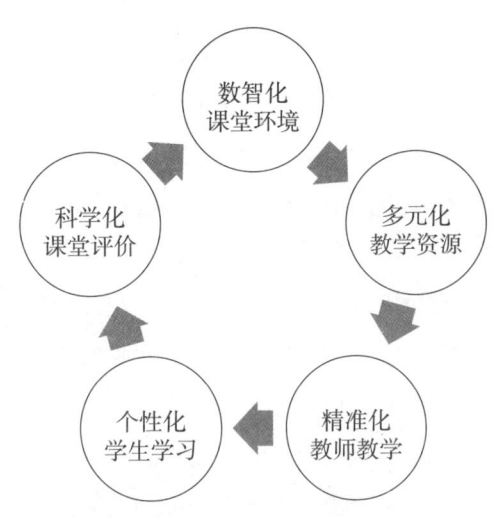

图1 数智融合下初中课堂教学的特征

（一）数智融合下初中课堂教学的内涵

数智融合是指数字技术与智能应用的结合,对数据信息进行全面的采集、存储、处理和分析。[①] 课堂教学的数智化转型,不是一种或多种数智技术支持下的课堂改革,而是以课堂多模态数据融通与流转为核心,[②] 从根本上对课堂教学的系统性和深层次变革,从而重构初中课堂教学新生态。

在初中教育阶段,学生的认知能力、思维方式和学习习惯正在形成和发展,这是一个关键的转变期。基于此,初中课堂教学的数智化转型应注重培养学生的自主学习能力和创新思维,同时也要考虑到学生的年龄特点和学习需求。数智融合下的初中课堂教学,是一种以数字化和智能化为手段,以提高教学质量和效率为目标,以满足学生个性化学习需求和培养学生综合素质为核心,以课堂多模态数据融通与流转为基础,全面推进课堂教学改革的新型教学模式。这种模式将有助于构建初中课堂教学新生态,提高初中课堂教学的效率和质量,更好地适应和

---

① 胡志飞.数智融合支持下高职课堂教学改革的形态表征、内在机理和转型路径[J].教育与职业,2023(24):90—95.
② 余胜泉,刘恩睿.智慧教育转型与变革[J].电化教育研究,2022,43(1):16—23,62.

引领未来教育数字化发展的新趋势。

(二) 数智融合下初中课堂教学的特征

明晰数智融合下初中课堂教学的特征,对于我们探索初中课堂数智融合转型的理论和实践具有重要意义。[①] 作为一场教育变革的浪潮,数智融合不仅改变了传统的课堂环境和教学资源,更引领了教师教学和学生学习方式、评价方式的革新,呈现出数智化课堂环境、多元化教学资源、精准化教师教学、个性化学生学习、科学化课堂评价的标志特征。这些特征不仅是技术发展的产物,更是教育理念的演进成果,共同构成了当前全新的数智化教育生态。

1. 数智化课堂环境

初中数智化课堂环境是指在初中教育中,充分应用数字技术、智能化工具和信息化手段,以提升教学效果、拓展学生学习方式为主要特征的教学环境。当前,初中数字化课堂环境主要表现在以下三个方面:一是在线教学平台的广泛运用。教师通过在线教学平台高效获取教学资源、设计课堂教学方案,实现教学内容的灵活呈现;学生也能够通过这一平台获取学习资料、参与在线讨论,实现个性化学习。二是学习数据的实时生成与流转。学生在教学过程中产生的各类学习数据,包括答题情况、学习进度等,都能够通过智能化系统进行收集和分析,这使得教师能够及时了解学生的学情,为个性化教学提供有力支持。三是虚拟实境(VR)和增强实境(AR)技术的引入。数智化初中课堂引入虚拟实境和增强实境技术,能够为学生提供更具沉浸感和现实感的学习体验。例如,在地理课上,学生可以通过 VR 技术"亲临"各大洲,深刻理解地理知识;在生物课上,AR 技术可以将人体结构投影到真实场景中,使学生更直观地掌握解剖学知识。

2. 多元化教学资源

数智融合下的多元化教学资源是指在数字化技术的支持下,为初中教育阶段教学提供的各种类型教学资源。目前,多元化教学资源主要从以下几个方面呈现:一是数字化教材资源。数字化教材通过整合多媒体元素,如图像、音频、视频等,使教学内容更加生动、直观。这样的元素能够激发学生的视觉和听觉感知,增加对知识的兴趣和理解。例如,在地理学科中,数字化教材可以通过地图、卫星图像和实地视频等多媒体展示,提供更具体的地理概念。二是虚拟实验

[①] 谢幼如,罗文婧,章锐等."双减"背景下课堂教学数字化转型的理论探索与演进路径[J].电化教育研究,2022,43(09):14—21.

室的实践性学习。学科知识的实践性学习对于初中生的认知发展至关重要，虚拟实验室通过数字技术模拟实际实验的过程，学生可以在虚拟环境中进行化学实验、物理实验等，观察实验现象并理解实验原理。这种方式既弥补了实验设备的不足，又提供了更广泛的实验场景，使学生能够在更多方面应用和巩固所学知识。三是教师不在场的实时答疑和辅导。数智技术能够提供实时的课后学习资源，支持学生可以随时随地获得疑惑解答和辅导。例如，"作业辅导助手"依托智能算法，针对初中生作业中不同问题的归因，即时推送辅导讲解、微课视频等，实现对学生课后的"1对1"答疑和辅导。

3. 精准化教师教学

数智融合下的精准化教师教学是指在数字技术、智能工具和信息化手段的支持下，教师通过收集、分析学生的个性化信息，利用智能化系统提供的数据和工具，为每位初中生量身定制个性化教学方案和学习体验的教学方式。这种精准化教学模式强调个性化、即时性、多元性，旨在更好地满足学生个体差异，提高教学的精准度和效果，具有以下特征：一是建立个性化学生画像。数智化技术通过收集大量关于学生的学科水平、学习风格、兴趣爱好、学科偏好等个性化数据，建立每位学生的个性化学生画像。这些个性化学生画像是精准化教学的基础，教师可以利用这些画像了解每个学生的学习特点和需求，从而更好地制定个性化的教学计划。二是即时反馈和精准化辅导。数智融合的教育系统通过对在线测验、课堂互动、作业提交等数据的智能分析，即时向教师反馈学生潜在的学科难点、学习习惯、反应速度等信息。基于这些信息，教师能够提供更具针对性的个性化辅导，例如对于某个学科的难点，教师可以通过定向解答、提供额外练习材料等方式进行辅导；而对于学习进度较快的学生，可以提供更有深度的拓展内容。

4. 个性化学生学习

数智融合下的个性化学生学习是指在数字技术支持下，为每位初中生打造独特的学习体验，满足个体学生的学科需求、兴趣和学习风格。具体表现在：一是多样化的学习方式。数智融合使得学生可以通过多样的在线学习平台获取丰富的学习资源，学生可以根据自身的学科需求和学习兴趣，选择数字化教材、在线视频课程、模拟实验软件、互动学习游戏等最适合自己的学习方式。例如，对于文字理解力较强的学生，阅读电子书或在线文章可能是一个合适的选择；而对于视觉型学习者，观看图文并茂的在线视频可能更为有效。二是智能化的学习推荐。通过收集和分析学生的学科水平、学习速度、学习风格、兴趣爱好等个性信息，算法和模型为每位初中生制定独特的学习路径，智能推送适合的学习资源和任务，帮助学生提高学习效果。三是个性化的反馈与评估。通过大数据和人工智能技术，系统实时监测初中生的学习表现，建立全面的学生数据档案，包括学科成绩、学习风格、认知能力等，帮助初中生改进学习方法和策略，提高学习效率。

5. 科学化课堂评价

数智融合下的初中科学化课堂评价，是一种以提高教师教学效果和学生学习效果为目的，融于教学全过程的伴随式评价。这种评价方式在当前表现为以下三个特征：一是无感式数据采集与多模态数据融合处理。利用数字技术，在无需干预学生正常学习过程的情况下获取学生的大量学习数据，并对文字、图像、音频、视频等多模态数据进行融合处理，全面展现学生的知识结构、能力表现和内在潜能[①]。二是智能化诊断分析与即时性精准反馈。智能诊断分析能够精准找出学生的优势和弱点，为进一步开展教学提供有力的支持；即时性精准反馈则能够使学生在短时间内对自身的问题有更清晰的认识，及时调整学习策略。三是教育评价模型的全方位、动态化更新。借助人工智能技术，能够进行智能精准的指标筛选和权重计算，实现教育评价从简单叠加的指标思维转向系统完整的模型思维，从而更全面、更准确地评估学生的学习和发展情况。此外，评价模型不再是静态的，而是具有动态更新的能力，以更好地适应当前教育环境的变化，及时吸收新的教学理念和方法，不断提高评价的针对性和有效性。

第二节　数智融合下初中课堂教学的实践向度

一、数智融合下初中课堂的实践逻辑

世界数字教育大会上指出，"数字技术是提高教育质量的阶梯"，通过发展数字教育，"撬动课堂教学发生深层次变革，创新教育教学和人才培养模式"。在数智融合的初中课堂实践逻辑中，数据赋能、技术支撑、数字转型、智能升级是四

---

① 新课程背景下，初中数学课堂教学如何实施教学评一体化. https://news.zxxk.com/article/804738.html.

个关键要素（如图2）。数据赋能是关键的第一步，技术支撑是实现数智融合的重要手段，数字转型是数智融合的重要环节，智能升级是数智融合的最终目标。这四个要素相互关联，共同推动初中课堂教学的数字化、智能化转型，为提高教学效果、满足学生的个性化学习需求提供了强大的支撑。

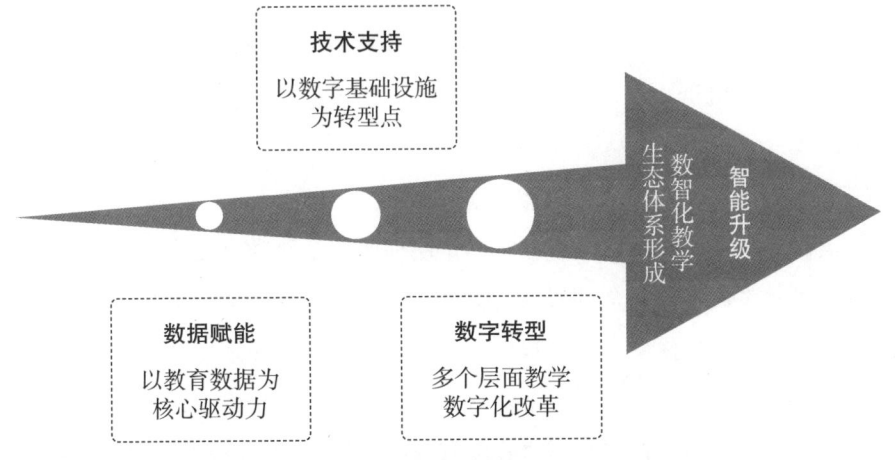

图2 数智融合下初中课堂的实践逻辑

（一）数据赋能：以教育数据为核心驱动力

在数智融合的环境下，教育数据成为推动教学改革的核心驱动力。人工智能技术、机器学习和深度学习，可以从大量的教育数据中学习和提取有用的信息和知识，从而实现对数据的深度理解和感知。通过分析教育大数据的相关关系，可以进行深度挖掘，从而使教育决策变得更为准确和科学。例如，教师可以通过分析学生的学习数据，了解学生的学习情况和需求，从而制定更有效的教学策略和方法。此外，教师也可以通过分析教学资源的使用数据，了解哪些资源更受学生欢迎，从而优化资源的分配和使用。这些教育大数据的应用，对课程建设、教学环境塑造、教资力量的提升，起到良好的支持作用。

（二）技术支撑：以数字基础设施为转型点

数字基础设施是数智融合的基础，它包括硬件设施、软件平台、网络环境等，这些设施和平台为教学活动提供了必要的技术支持。课堂数智化转型是一个持续发展的过程，它离不开数字技术的运用，需要我们不断探索和实践，以实现教学的数字化、网络化、智能化，提高教学效果，满足教育的发展需求。在课堂数智化的早期阶段，学校主要依靠计算机、多媒体和局域网等技术，构建了信息化的课堂教学环境,并开发了一系列工具,如计算机辅助教学系统、多媒体课件、微课和教学管理信息系统等,以满足信息化教学的需求,这标志着教学数字化进程的发轫。随着互联网、云计算、移动互联网等新一代信息技术的发展,形成了网络化、数字化的教学环境,使教学数字化进入了整合应用阶段。目前,教育领域正在利用人工智能、大数据、虚拟现实、5G等智能技术,建设国家智慧教育平台,构建区域智慧教育云、智慧校园、智慧课堂等智能化学习环境,研发智慧学伴、教学机器人、AI学习机等智能学习工具,推动教学数字化进入转型发展阶段[①]。

(三)数字转型:多个层面教学数智化改革

教学数智化转型涉及到课堂教学多个层面的改革,数字技术与课堂教学的结合使得数据能够赋予教学全过程新的可能性,这包括基于数据进行精准的学习情况分析和灵活的教学预设,利用技术支持创建适当的教学环境和进行多维度的课堂互动,以及基于资源推荐进行个性化作业分配和数字化教学评估,从而改变课堂教学的流程和结构。首先,通过收集和分析学生的学习数据,教师可以了解学生的学习情况,进行精准化的学情分析。根据分析结果,教师可以进行弹性化的课堂教学预设,例如,调整教学内容、教学方法、教学进度等,以满足学生的学习需求。其次,数字技术可以支持教师创设适切的课堂教学情境,例如,使用虚拟现实技术创设仿真环境,使用多媒体技术创设丰富的教学内容等。同时,数字技术也可以支持立体化的课堂互动。此外,通过资源推荐系统,教师可以为学生提供个性化的作业、进行数智化的教学评价。通过上述方式,数字技术与课堂教学的融合,使课堂教学流程和结构发生了变化。教学不再是单向的知识传授,而是变成了多元化、互动化、个性化的学习过程。

(四)智能升级:数智化教学生态体系形成

教学数智化转型的本质在于通过技术支持,推动教与学从传统模式向智能化模式的创新演变。这个过程涉及到教育教学的各个方面,包括教学目标、教学内容、教学活动、教学方法、教学评价、教学管理等,其目标是运用技术支持的手段,实现教与学突破传统模式,向智能化模式的迭代演进。在传统模式下,教学活动主要依赖教师的专业知识和经验,学生的学习主要依赖教师的指导和反馈。

---

① 刘邦奇. 数据驱动教学数字化转型:机理、场域及路径[J]. 现代教育技术,2023,33(09):16—26.

而在智能化模式下，教学活动可以通过技术支持实现自动化和智能化，学生的学习可以通过技术支持实现自主化和个性化。当下，ChatGPT等生成式人工智能的快速发展，正在对教育领域产生深远影响，对人才培养目标提出新的要求，因而初中数智化教学生态体系也正在呼之欲出、即将形成。

二、数智融合下初中课堂的关键环节

党的二十大报告强调"推进教育数字化"，这要求我们通过教育的数字化转型来达成数字教育的目标，"促进教育机构在教学范式、组织结构、教学过程、评价方式等各个方面进行创新和改革"[①]。课堂教学的组成部分也称为课堂结构，由教学目标、教学内容、教学活动和教学评价构成。因此，为促进初中课堂的数智融合转型，教学目标、教学内容、教学活动和教学评价便成为了其四个关键环节（如图3）。这些环节在数字技术和智能化应用的支持下，经历了深刻的变革，使得课堂结构向着更高效的方向发展[②]，为提高教学效果、培养学生核心素养提供了新的可能性。

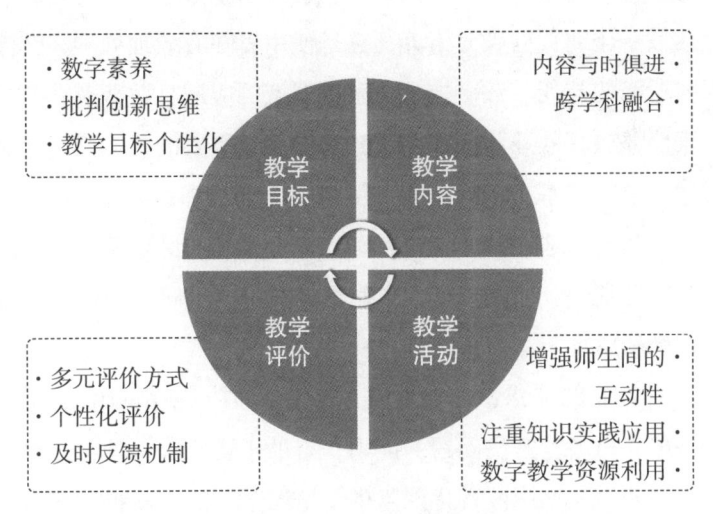

图3 数智融合下初中课堂的关键环节

---

① 祝智庭，胡姣.教育数字化转型的本质探析与研究展望［J］.中国电化教育，2022（04）：1-8+25.
② 谢幼如，罗文婧，章锐等."双减"背景下课堂教学数字化转型的理论探索与演进路径［J］.电化教育研究，2022，43（09）：14—21.

（一）教学目标

1. 教学目标数智化转型的必要性

课堂教学的目标构成了教学活动的起点和最后的评价准则。如何精确地确定目标路径，以及如何设定具有大量个体差异的个性化目标，是传统课堂教学一直需要解决的问题，也是提升课堂教学质量和效率的关键所在。传统教学目标往往未能充分考虑到学生的个体差异，忽视了他们在学科水平、学习风格、兴趣爱好等方面的截然不同。一些学生可能需要更深入的挑战，而另一些学生可能需要更多的支持，传统目标难以满足这些差异化的需求。此外，传统教学目标的设计通常与学生的实际表现、学习进度脱节。教育者在实施教学活动后，可能需要一段时间才能获取学生的学习结果，导致评价和反馈的时效性不足。

2. 数智融合课堂中教学内容的关键点

数智融合下的初中课堂教学目标需要更加明确、具体，并贴近学生的个性发展和社会需求。不仅要关注学科知识的传授，还强调培养学生在数字时代所需的核心能力，包括数字素养、批判创新思维等，并且注重满足学生的个性化需求。

（1）数字素养

数智融合下初中课堂的教学目标，应包含对学生数字素养的培养。数字素养主要反映了在数字化时代的媒介素养，它是使用者在有效地处理和交流各种数字信息、知识时所需的技能。数字技术在教育领域的应用日益普及，使得具备数字素养的初中生能够更有效地利用数字工具学习。最重要的是，当今社会已经进入了数字化时代，数字技术在各行各业中得到广泛应用，了解和掌握数字技术、具备数字素养，是初中生适应社会变革、参与职业发展的必要条件。因此，教师在数智融合的初中课堂中，应注重培养学生运用数字技术解决问题的能力。

（2）批判创新思维

未来社会对人才的需求，越来越强调创新能力。培养初中生的创新批判思维，使其具备独立思考、解决问题的能力，有助于适应未来社会对复杂问题和新情境的要求。因此，在初中数智化课堂中，培养学生的创新批判思维是一个重要的教学目标。在数智化课堂中，教师可以为学生提供更丰富和多样化的在线学习资源，如视频教程、在线课程和互动游戏等，帮助学生从不同的角度理解和掌握知识，拓展学生的知识面，从而激发他们的创新思维。

（3）教学目标个性化

数智化下的初中课堂能较好地弥补传统课堂中教学目标个性化和灵活调整的不足。例如，利用数据进行精确的学习情况诊断、情绪态度识别、知识状态评估、学科能力跟踪等，有助于教师进行多角度的学生特性分析和灵活的教学目标设计[1]。此外，人工智能、大数据等技术支持的教学过程数据伴随式采集，能够对学生知识掌握情况、课堂表现行为等进行精准的事实分析，从而为教师提供教学的实时反馈，帮助教师根据学生的实际表现迅速调整教学目标，增强教学目标的灵活适应性。

（二）教学内容

1. 教学内容数智化转型的必要性

传统教学内容常常过于陈旧，无法反映当代社会的发展和需求。这使得学生在学习过程中难以获得最新的知识和信息，导致教育滞后于社会变革。其次，由于教材更新周期相对较长，最新的研究成果和科技进展往往未能及时融入教学内容，使得学生与前沿知识脱节。因此，对传统教学内容进行改革以满足社会数字化发展的需求，显得格外紧要。

在数字技术的支持下，教学内容正经历由固定、结构化知识向更为动态、开放、非结构化的多元化课程演变，系统化、高质量、充满活力的数字化开放教学资源逐渐成为教学内容的关键供应源[2]。

（1）更灵活的表达方式

数字技术为教学内容提供了更灵活的表达方式。传统的教学内容通常是静态的文字、图表和图像，而数字技术引入了多媒体元素，包括音频、视频、互动模拟等，使得知识更生动、直观。这不仅增加了学习的趣味性，也更好地适应了不同学生的学习风格。

（2）更丰富的教育资源

数字技术推动了开放教育资源的充实和优化。教师和教育机构可以通过数字平台分享和发布各种教育资源，包括在线课程、教学视频、电子书籍等。这使得学生能够更广泛地获取教育资源，同时也促进了全球范围内的教育合作和共享。

---

[1] 刘邦奇.智慧课堂引领教学数字化转型：趋势、特征与实践策略[J].电化教育研究，2023，44（08）：71—79.

[2] 程建钢，崔依冉，李梅等.高等教育教学数字化转型的核心要素分析——基于学校、专业与课程的视角[J].中国电化教育，2022，（07）：31—36.

（3）更个性的教学内容

数字技术赋予了教学内容更多的个性化和定制化可能性。通过学习管理系统和智能化教育工具，教师可以根据学生的兴趣、水平和学习风格提供个性化的学习内容和路径，提高了教学的针对性和效果。

2. 数智融合课堂中教学内容的关键点

数智融合的初中课堂应注重将传统学科知识与数字技术有机结合，使之更加贴合实际应用和学生的兴趣。在这种教学模式下，教学内容的关键点主要体现在内容与时俱进和跨学科融合。

（1）内容与时俱进

融入数智化技术的教学内容，能够与时俱进。教师可以通过在线平台轻松地修改、替换或添加教学内容，确保学生能够迅速获取到最新的研究成果和实践经验。这有助于将最新的行业趋势、科学发现和实际案例融入教学，使学生对所学知识始终保持与现实世界的紧密联系。其次，教师可以在教学内容中轻松地嵌入各种多媒体元素，如视频、音频、模拟实验等，以更生动、直观的方式呈现最新的知识。这种多元化的教学资源有助于激发学生的学习兴趣，提高他们对新知识的吸收和理解能力。此外，教师还可以通过在线平台共享教学资源、教学设计和实践经验，从而形成一个共享学术社区。这种合作有助于教师相互学习，及时获取同行的反馈，从而不断改进教学内容，提高教学质量。

（2）跨学科融合

跨学科融合能够将不同学科的知识进行有机整合，从而激发学生跨学科思维，形成更为全面的认知结构。而数智化技术，便为初中课堂教学内容的跨学科融合，创造了可能性。教师可以通过大数据分析，了解学生的学习情况和兴趣点，从而明晰应该设计什么契合学生已有经验和学习兴趣的跨学科教学内容。例如，如果数据显示学生对科学和艺术都有兴趣，教师就可以设计一些结合科学和艺术的跨学科教学内容。其次，利用在线教育平台，教师可以便捷地获取来自不同学科的教学资源，包括数字化教材、在线课程、模拟实验等。通过整合这些资源，教师可以更容易地设计跨学科的教学内容，为初中生提供更全面、多元的知识体验。

（三）教学活动

1. 教学活动数智化转型的必要性

课堂教学活动以教师和学生间的关系为纽带[①]，在本质上是教师激发学生进行学习探究和问题解决等各种活动的集合。然而，传统课堂往往以教师为中心，这种单向的传授模式使得课堂缺乏足够的互动性，学生参与度不高，难以积极思考和深度理解知识。再者，传统课堂教学活动较为偏向理论知识的传授，较少强调实际应用和实践。学生可能缺乏将理论知识应用于实际情境中的机会，导致对知识的实际运用能力不足。此外，传统课堂的教学资源主要依赖于教科书和一些基础设施，受限于物理教室的条件。这可能导致学生接触的信息相对有限，难以迅速获取丰富的学习资源。

总体而言，传统初中课堂的教学活动存在一系列问题，包括互动性不高，缺乏实践应用、教学资源应用等。数智化课堂的引入有望在这些方面带来改善，提升教学的效果和学生的学习体验。

2. 数智融合课堂中教学活动的关键点

在数智化融合的初中课堂中，教学活动应更加多样化和灵活化，教学活动的关键点在于增强师生间的互动、注重知识的实践应用、数字教学资源的充分利用。

（1）增强师生间的互动

数智化技术的引入可以为学生创造更丰富、更生动的学习环境，增强学生与教师之间、学生与学生之间的互动性。例如，教师可以充分发挥虚拟仿真、AI助手等数字技术和智能技术的核心优势，基于课堂交互行为数据链，创设符合教学实际和发展需求的真实情境，以及通过在线平台、互动式工具等方式促进课堂上与学生的实时互动。此外，数智化课堂可以提供各种在线合作工具，如论坛和项目管理工具，让学生在解决问题的过程中进行合作，培养学生的团队合作精神。

（2）注重知识实践应用

在初中数智化课堂中，应注重学生对知识的实际应用，培养他们的实际问题解决能力。元宇宙技术即为学生提供了模拟真实问题解决的机会。学生在虚拟实

---

① 冯向东. 从"主体间性"看教学活动的要素关系[J]. 高等教育研究，2004（5）：25—30.

验和模拟场景中面对各种挑战，需要运用已学的知识进行解决，这种实践培养了他们的实际问题解决能力，包括分析问题、提出解决方案以及实施和评估解决方案的能力。此外，元宇宙技术提供高度交互性和沉浸感的虚拟环境，学生通过在虚拟实验和模拟场景中进行学科实践，可以将抽象的理论知识转化为实际应用，从而加深了对学科知识的理解和记忆。

（3）数字教学资源的充分利用

数智融合的初中课堂为教学活动提供了丰富的数字教学资源。教师应当善于挖掘、整合并合理利用这些数字教学资源，包括课程资源共享平台、在线教育平台、模拟软件、虚拟实验室、数智图书馆等，为学生提供多样化的学习材料，包括视频、图表、模拟实验等，在增加教学活动灵活性和趣味性的同时，满足学生个性化的学习需求。

（四）教学评价

1. 教学评价数智化转型的必要性

课堂教学评价是教学过程中的关键环节，它既是调整教学活动的重要手段，也是检验教学目标是否达成的有效工具。传统教学评价因其固定、单一的评价方式，无法全面反映学生的多元能力和个性发展，以及为学生提供及时的反馈。首先，传统教学评价主要依赖于考试和测验，以分数为主要衡量标准。这种单一的评价方式忽视了学生在其他方面的发展，如创造力、批判性思维、实际问题解决能力等。其次，每个学生的学习风格和能力水平不同，传统评价无法精准地捕捉到这些个体差异，难以为每个学生提供个性化的反馈。此外，传统评价通常需要一段时间来完成和分析，学生在获得反馈时可能已经进入新的学习阶段。

2. 数智融合课堂中教学评价的关键点

数智融合下初中课堂的教学评价，能够突破传统教学评价中缺乏多元能力、个性发展和及时反馈的限制。数字技术能够全面收集学生的学习数据，通过数字化处理这些数据，进而抽取出反映学生特性和行为表现的标签集，从而从多个角度构建出学生在教育环境中的数字画像[1]。

（1）多元化评价

初中数智化课堂为学生的多元化评价创造了新的可能。在学生评价数据的获

---

[1] 崔佳峰，阙粤红. 智能技术支持下的学生数字画像：困境与突破[J]. 当代教育科学，2020（11）：88—95.

取上，可以通过数据驱动实现对学生课堂行为表现情况的伴随式采集，为过程性评价和增值性评价奠定评价数据基础；借助各类智能化学习平台、学习和管理工具，教师可以实现对学生各种多模态学习数据的动态收集，例如作业数据、课堂实录、项目任务、实验报告、小组讨论等等，以全方位、多角度地获取学生的学科知识水平、实际应用能力、团队协作能力等方面的表现数据。在评价数据的分析上，教师可以学生在课堂上的学习成果和行为产生的多模态数据进行整合和分析，以实现对学生的认知、能力和情感状态进行立体、综合和科学的建模分析和评估。

（2）个性化评价

利用数智技术，教师可以根据学生的学习数据快速提供个性化的反馈。例如，上海市"三个助手"的作业辅导助手，即可为学生提供答题错误的解析、对作业的评价，以及生成对学生的精准化学习建议等。通过这些即时的个性化反馈，在减轻教师负担的同时，也使得学生可以更加迅速地了解自己的学习情况，及时调整学习策略。

（3）及时反馈机制

数智融合课堂可以实现对学生学情的实时监控、分析和反馈。教师能够随时查看学生的学习进度，了解哪些知识点掌握得好、哪些需要加强，从而更及时地调整教学策略。学生也可利用数字化评价平台查看自己的电子档案、综合分数、学习出勤、课堂互动、作业完成等具体信息，不断调整学习进度，提高学习效果。此外，在评估数据的呈现中，教师可以采用数智技术的可视化优势，通过图表和视频动画等方式，将评估结果高效、清晰地反馈给学生。

三、数智融合下初中课堂的典型样态

面对数字化赋能教学质量提升的教育改革的紧迫需求，本书基于数智化赋能课堂教学变革的逻辑要义和实践向度，结合当前初中课堂教学的实际情况，总结归纳了四种典型的高质量初中课堂样态（如图4）。通过对这些样态的深度剖析，旨在为规模化打造高质量的数智融合课堂提供有益借鉴和参考。

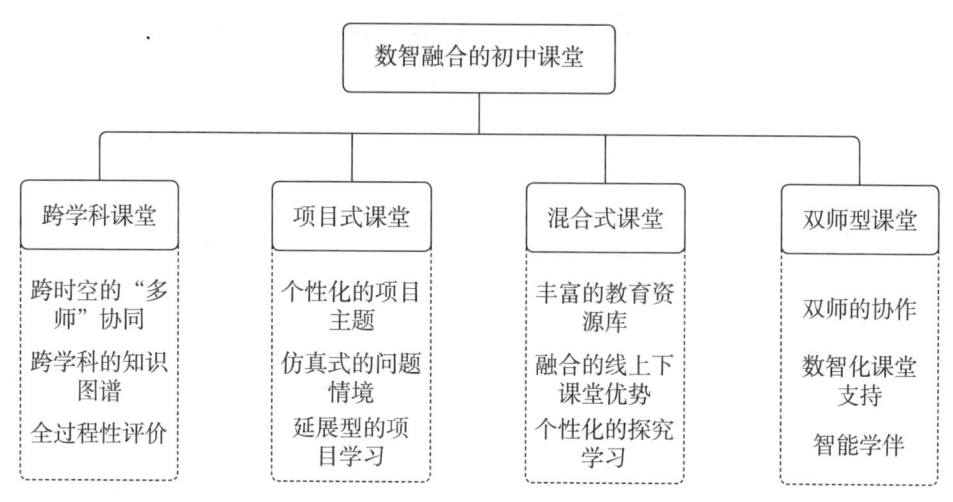

```
                    数智融合的初中课堂
                            │
     ┌──────────────┬───────┴───────┬──────────────┐
  跨学科课堂      项目式课堂      混合式课堂      双师型课堂

  跨时空的"多      个性化的项目     丰富的教育资     双师的协作
  师"协同         主题            源库
                                                  数智化课堂
  跨学科的知识     仿真式的问题     融合的线上下     支持
  图谱            情境            课堂优势
                                                  智能学伴
  全过程性评价     延展型的项       个性化的探究
                  目学习           学习
```

图 4 数智融合下初中课堂的典型样态

（一）跨学科课堂

跨学科是一种运用两个或两个以上学科解决问题的方式，即将来自不同专业的知识适当地结合起来，作为一种解决实际问题的手段。跨学科课堂是以多元智能理论为基础，以落实五育并举、促进学生全面发展为目标，围绕一个学科中的中心题目，运用不同学科知识进行加工和设计教学[①]，培养学生整合多学科的观念、方法与思维方式以解决真实问题，产生跨学科理解的课堂。

1.跨时空的"多师"协同

数字化智能技术助力打破时空界限的多学科教学，利用智能设备将教育工作者与校内伙伴、校外同行以及专业人士联结起来，实现跨领域、跨学校、跨地区的协同教学。首先，数智技术使教师能够轻松地访问和整合来自各种学科的教学资源，帮助教师设计跨学科课堂。其次，数字技术使教师能够轻松地与校内同事、校外同行和专业人员进行交流，他们可以共享教学资源，讨论教学策略，甚至进行远程协作。此外，通过数字技术，教师可以与来自不同领域、不同学校、甚至不同地区的教师进行协同教学。

2.跨学科的知识图谱

知识图谱技术作为一种高效知识关联工具，可以帮助教师和学生实现多个学科知识点之间的关联，以及知识点与应用情境之间的关联。第一，知识图谱技术

[①] 杜惠洁，舒尔茨.德国跨学科教学理念与教学设计分析［J］.全球教育展望，2005，34（08）：28—32.

可以帮助教师和学生将来自不同学科的知识点整合在一起，形成一个基于大概念的知识图谱。例如，它可以将生物学、化学和物理学的知识点整合在一起，形成一个关于"能量"的大概念知识图谱。第二，通过知识图谱技术，可以高效获取不同学科知识点之间的关联。例如，它可以建立生物学中的"光合作用"与化学中的"化学反应"之间的关联，以及这两个知识点与物理学中的"能量转换"之间的关联。这种关联可以帮助学生理解知识点之间的内在联系，提高他们的理解和记忆能力。第三，知识图谱技术还可以将知识点与实际应用情境联系起来。例如，可以将物理学中的"力"的概念与工程建设中的桥梁设计联系起来，帮助学生理解"力"的实际应用，激发他们的创新思维和问题解决能力。

3. 全过程性评价

在数智融合的初中跨学科课堂中，可利用多模态数据实现切片级、步骤级孪生映射，开展数据支持的循证评价。多模态数据包括了各种类型的数据，如文本、图像、声音、视频等，这些数据可以从多个角度反映学生的学习情况。通过收集和分析这些数据，教师可以更全面、更深入地了解学生的学习过程和成果。其次，切片级、步骤级孪生映射是一种数据分析方法，它可以将学生的学习过程分解为一系列的步骤或切片，然后对每个步骤或切片进行详细的分析。这种方法可以帮助教师了解学生的学习策略，发现学生的学习难点，从而提供针对性的教学反馈。如此，学生的跨学科学习过程可以被追溯，使得教师能够根据学生逐步改进并提交的作品进行表现评估和增值评估，重点关注学生在跨学科学习中的素养展示和实际进步。

（二）项目式课堂

项目式教学法是一种创新的教学模式，最初由美国的教育专家克伯屈在1918年提出。这种教学方法通过以任务为驱动力，鼓励小组成员之间的交流与合作，共同完成实际的项目任务。项目式课堂的目标是推动学生在学习状态、学习内容、学习方法以及学习成果等各个方面的改变，它通过面对真实的情境来确定项目的问题，重塑教学内容，进行以任务为驱动的探索活动，完成项目的任务并产出项目的作品，以此来促进学生的知识构建和高阶思维能力的发展。

1. 个性化的项目主题

数智融合的初中项目式课堂能够将真实问题案例库和问题表征数据库与学生学情画像进行匹配融合，数智协同确定项目主题及资源约束。首先，数智协同可以帮助教师更准确地了解学生的学习需求和能力。通过收集和分析学生的学习数据，教师可以了解学生的学习进度、知识掌握情况和学习难点，从而从大量的问题案例库和问题表征数据库中，为每个学生定制适合的项目主题和任务。此外，数智协同可以帮助教师有效地管理和分配教学资源。通过数字化技术，教师可以实时监控每个项目的进度，及时调整资源分配，确保每个项目都能在资源约束下顺利进行。

2. 仿真式的问题情境

利用虚拟仿真、混合现实等技术，数智融合的初中项目式课堂能够为学生呈现真实问题情境。学生能够沉浸在模拟的真实问题情境中，使得抽象的概念变得具体而直观。同时，它也为学生提供了问题解决的工具或支架，辅助学生进行认知建构与协作探究。例如，教师可以提供各种在线的教学资源，如视频教程、在线教科书和互动式的学习软件，帮助学生解决问题；教师也可以提供各种协作工具，如在线讨论板、共享文档和视频会议，帮助学生进行团队合作。这种仿真式的问题情境，为学生提供了一个真实、富有挑战性和支持协作的学习环境。

3. 延展型的项目学习

项目学习是一种深度学习的方式，它需要学生在一段时间内，对某个主题进行深入研究和实践。这种学习方式的周期通常较长，因为它涉及到多个学科的知识，需要学生进行大量的阅读、研究、实践和反思。然而，课堂的时间是有限的，每个学科的课程时间也是固定的，因此，仅依赖于课堂的时间是不足以完成所有的项目学习任务的，这就需要学生在课外投入更多的时间和精力，通过自我学习和团队合作，来完成项目学习的各个环节。

在这个过程中，数智化的学习交流平台和资源起着至关重要的作用。首先，这些平台和资源可以提供丰富的学习材料，帮助学生获取所需的知识和信息。这些资源极大地丰富了学习内容，拓宽了知识的广度和深度，提高了学生的学习兴趣和动力。其次，它们可以提供一个在线交流和合作的平台，让学生在课外与教师、同学进行有效的沟通和协作。最后，智能学习平台还可以提供一种有效的学习管理工具，帮助教师实时了解学生的学习情况，及时调整教学策略，同时也可以帮助学生了解自己的学习进度和问题，进行自我调整。

（三）混合式课堂

混合式课堂通过在课堂教学中有效地整合面对面的教学和在线学习两种形

式，围绕特定的单元、主题或项目重新设计教学内容，进行线上线下的混合教学活动，提升学生学习成果的课堂[1]。将线上和线下的教学方式混合，可以最大限度地利用各自的优点，打破传统课堂教学的时间束缚、空间约束、固定的学习模式和单一的学习对话形式。在混合教学环境中，师生之间的互动更加灵活，教育教学过程更加自由。

1. 丰富的教育资源库

混合式课堂利用丰富的在线教学资源来建立教育资源库，借助网络的巨大信息容量，能够提供与传统教学相关的扩展信息，在丰富的图文和全息影像展示下，知识的三维结构得以呈现。首先，混合教学模式由多种教学方式交融而成。这包括传统的面对面教学，也包括在线的自主学习、小组讨论、远程讲座等，这种多元化的教学方式可以满足不同学生的学习需求。其次，线上教学资源丰富，可以构建教育资源库。这些资源包括电子教科书、在线课程、教学视频、互动式学习软件等。学生可以根据自己的学习进度和需求，随时随地访问这些资源，进行自主学习。此外，依托网络的庞大信息量，混合教学模式可以提供与线下教学有关的拓展信息。最后，混合教学模式可以在图文并茂、全息影像下展示知识的立体结构，帮助学生更好地理解、掌握复杂的知识和技能。

2. 融合的线上下课堂优势

混合式课堂既能发挥虚拟时空的便利性，又能充分利用传统课堂的优势，为学生提供更丰富的学习体验。在传统课堂中，时间往往被规范为钟表时间，成为学生一致化行动的尺度，忽略了个体自身的时间体验和自主建构。相较之下，社会建构时间理念强调尊重个体的内在时间体验，注重个体在时间上的差异性和多样性。在教学活动的安排上，社会建构时间追求宽松、弹性和适应性，允许学生更自由地安排和利用时间。混合式课堂中的虚拟时间，作为社会建构时间的延续，为学习时空带来了全新的可能性。在虚拟时间的框架下，学习不再受限于传统教室的墙壁，而是能够在课堂外和线上的虚拟世界中进行。学生可以根据自己的时间安排，在任何地点参与学习，实现学习时空的真正扩展，获得了更多样的学习体验和学科选择的机会。这样线上线下混合学习模式不仅在时间上更加灵活，还能够保留传统课堂的面对面交流和实践环节。

---

[1] 谢幼如，夏婉，邱艺等.数字化转型赋能高质量课堂：逻辑要义、实践向度与典型样态[J].中国电化教育，2023（09）：50—58.

3. 个性化的探究学习

数智融合的初中混合式课堂，能够促进学生的个性化探究学习。在传统的课堂模式中，教师通常提出问题，所有学生集体回答。这种模式可能会导致学生因为受到外界的干扰而失去或隐藏自己的真实想法，很难实现个性化学习，更难实现真正地自主探究。在混合式课堂中，教师可以在课前提供导学单和大量学习资源，让学生先行探究，这种方式可以激发学生的主动性和创新性，让他们在学习过程中发挥主导作用。此外，通过学习分析和自适应技术，教师可以为学生的个性化学习进行精准支持。例如，根据学生的学习进度和理解程度，提供不同难度和深度的学习资源。课后，教师可以提供课堂视频回放，让学生可以在课后复习和巩固所学知识。

（四）双师型课堂

联合国教科文组织（UNESCO）在《教育中的人工智能：可持续发展的机遇和挑战》中明确提出，开展人机协同教学，实施"双师"课堂的融合策略[①]。双师型课堂教学作为人类智能和人工智能紧密结合的新型教学方式，体现了人机协作教学在智能课堂中的应用，同时也是智慧教育在课堂教学中的实际执行。"双师型课堂"是指在课堂教学中人工智能教育机器人与教师携手合作，其中人工智能教育机器人负责部分教学职责，并为学生提供定制化学习服务的新型课堂模式（如图5）。

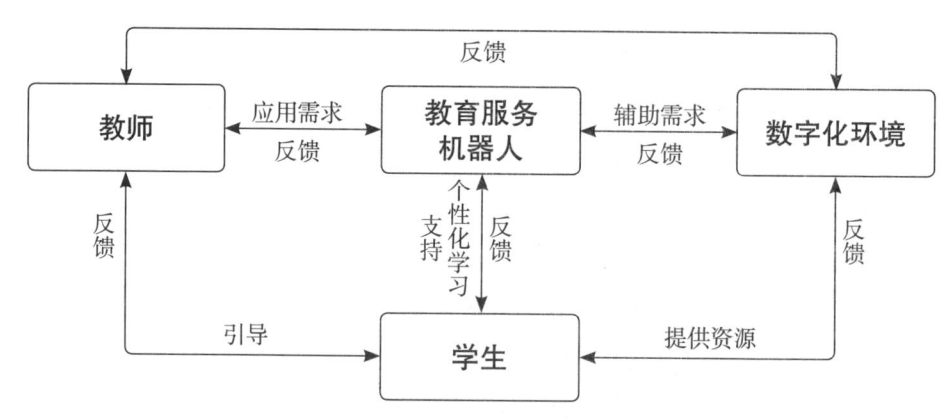

图 5 人工智能教育机器人支持下的"双师型课堂"模式

---

① 柳晨晨，宛平，王佑镁等.智能机器人及其教学应用：创新意蕴与现实挑战[J].远程教育杂志，2020，38（02）：27—36.

1. 双师的协作

双师型课堂不是仅仅"人类教师＋智能教师"的简单组合，而是两者按照特定的教学逻辑进行有效的角色分配和协调合作。智能机器具有"代具性"，即机器能够代替人类完成一些认知任务。这种代具性能够弥补人类教师的认知缺陷，比如处理大量信息的能力有限，记忆力有限，注意力有限等。因此，人类教师可以将一部分的认知任务外包给智能机器人。在这种模式下，教师和机器各自发挥自己的优势，实现互补性智能交互。例如，教师可以负责设计教学策略，提供个性化的指导，而机器智师智师主要扮演引导学生学习基础知识与基本技能、个性化教学辅导、学习障碍诊断分析、学习反馈答疑等"教书"角色[①]，帮助人类教师减轻资料准备、管理课堂秩序、作业批改等负担。这种人机协同可以提高教学效率，使得教师可以将更多的精力放在教学设计和学生互动上，而不是被繁琐的任务所困扰，同时也能提供给学生更加个性化的学习体验。

2. 数智化课堂支持

双师型课堂不再仅仅存在于传统的静态和物理空间，而是包含了由智能技术支持的网络化和虚拟化环境，这为数智融合的初中双师型课堂教学提供了适应性的教学资源、精确的教学支持，增强了师生的积极教学体验。首先，是物理场域的双师型课堂教学支持。"双师"课堂教学活动通常在被视为"主战场"的教室中进行，智能化课堂系统通过物联网技术将各种教学资源连接起来，对影响课堂的生态环境、教室布局、教学设施等因素进行感知和优化，为双师型课堂教学的有效执行以及学生的智能化学习创造了适宜的教学氛围。其次，是虚拟场域的双师型课堂教学支持。教学活动可以超越时空的限制，扩展到更广大、开放和无处不在的虚拟环境。例如，数字多媒体可以构建在线网络环境，虚拟现实技术可以创建仿真环境。这些环境提供了教与学所需的资源、工具、平台和交互等多种元素。此外，在虚拟环境中，教师、学生和人工智能可以共同创建、分享和使用优质的教学资源，这些资源可以是教学内容、教学方法、教学工具等。通过共建、共享和通用这些资源，可以满足双师型课堂中大部分教学活动的需求。

3. 智能学伴

AI学伴作为一种人工智能技术，可以根据初中生的学习情况进行个性化的指

---

① 余胜泉. 人工智能教师的未来角色 [J]. 开放教育研究，2018，24（01）：16—28.

导和反馈。它通过收集和分析学生的学习数据，了解学生的学习进度、理解程度和学习风格，然后根据这些信息提供个性化的学习资源和指导。这种方式可以帮助学生更好地理解和掌握知识，使得教学过程更加个性化，更能满足学生的个性化学习需求，从而提高学生的学习效率和成效。认知大模型可以理解和生成人类语言，它型通过大量的语言数据训练，学习人类语言的规则和模式，然后根据这些规则和模式生成语言。这种方式可以为学生提供更深度的学习支持，帮助学生在与智能伴学教师的对话、互动、辩论、反思中完善认知，从而真正实现意义建构。

第三节 数智融合下初中课堂教学"三助手"应用策略

一、巧用"备课助手"，提升备课能力

在"三个助手"平台中，备课助手部分包含了丰富多彩的资源，如数字教材、在线课堂以及市级优秀资源等。这一平台为初中教师提供了一个便捷而全面的工具，使其能够快速定位与单元目标、课程标准等相关的备课资源。通过利用这些资源，初中教师能够更有效地策划教学内容，提高备课的效率，为初中学生提供更富有深度和广度的学习体验。这个综合性的备课助手平台为教学工作提供了强大的支持，促使教育资源的更好整合和教学过程的更加顺畅[①]。

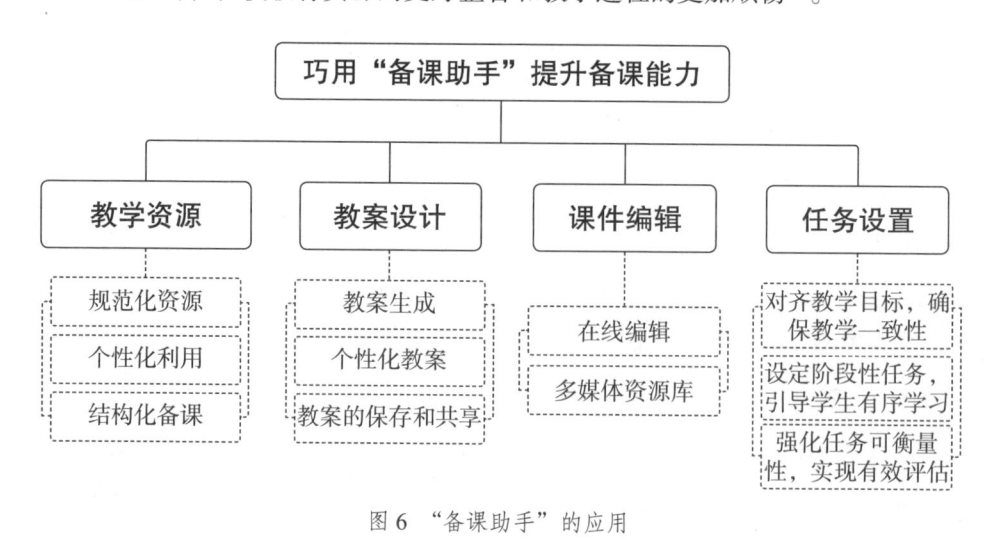

图 6 "备课助手"的应用

---

① 郑小燕. 用好"三个助手"平台，赋能线上教学更有效 [J]. 上海教育，2022（Z2）: 55.

（一）教学资源：标准化与创新相结合，实现备课的结构化

1. 规范化资源

备课助手涵盖了经过市级专家严格规范化后的备课资源，包括详实的整体单元参考、课时参考、生动的课件、富有挑战的任务包以及引人入胜的微课视频等。这些资源的规范性不仅在于其内容的权威性，还体现在其在教学标准和质量方面的一致性。备课助手旨在为初中教师提供标准化且高质量的备课基础，确保教学内容达到统一的水平和标准。

2. 个性化利用

在备课助手的支持下，初中教师创造力和灵活性得以充分发挥。教师可以选择直接使用规范化资源，根据自身的实际需求进行适度修改，或者进行全新的创新性运用。这种个性化利用使得备课更贴近实际教学场景，符合不同学科、学段和学生特点的差异，为教学提供了更多元化和个性化的可能性。

3. 结构化备课

备课助手的资源整合功能以单元整体框架为核心，与"单元目标"和"课时目标"紧密相连。这种结构化的备课方式有助于教师更有条理地进行备课，保证备课内容的层次分明、脉络清晰。借助这样的结构，教师能够更好地掌握教学进度，提高教学的连贯性和深度，使初中课堂教学更为有序和高效。

（二）教案设计

1. 教案的生成

首先，备课助手会帮助初中教师分析教学目标，理解课程大纲和学科标准。这包括弄清楚课程的核心概念、所需的技能和期望的学习成果。备课助手通过整合各种教学资源，包括数字教材、在线课程、市级优质资源等，为教师提供广泛而多样的教学素材，这些资源经过专业规范化，确保了教学内容的质量和标准，之后将这些素材有机融合，以达到初中教师最想要的效果。根据教学目标和资源整合，备课助手从庞大的教学材料库中智能提取相关的教学材料，涵盖了整个课程所需的内容，以供初中教师选择。生成的教案通过可视化的方式呈现，包括清晰的教学目标、详尽的教学步骤、丰富的教学材料链接等。这样的可视化呈现方便初中教师直观地了解整个教案的结构和流程。

2. 个性化教案的适配

备课助手可通过算法深入分析不同学科的知识结构、思维方式和教学规律。

这确保生成的教案在教学目标和内容上不仅符合学科的独特性，还能够在特定学科领域中发挥最大的教育效果。考虑到初中学生在不同年级的认知水平和学科理解能力的差异，算法会智能适配，确保生成的教案既能够挑战学生，又不过于超出其理解范围。这个适配过程还会根据特定年级的教育标准和课程要求进行调整。备课助手尊重初中教师的专业判断和自主调整，生成的教案不仅考虑到学科和学生，还保留了教师在教学设计中的灵活性，以适应不同教师的个人教学风格。此外，备课助手利用算法智能匹配教学目标和提取的教学材料，确保生成的教案与教学目标紧密契合。这样的匹配不仅提高了教学的针对性，还使得教案更加符合实际教学场景的需求。通过以上的细致考虑和匹配过程，备课助手能够为特定的教学场景生成高度定制、符合实际需求的教案，为教育教学提供更加精准和高效的支持。

3. 教案的保存和共享

通过将教案保存在云端，初中教师们能够轻松地实现跨设备的访问，克服了传统保存在本地的限制。这不仅保障了教案的安全性和可靠性，也提供了更便捷的备课体验。在同一个课题组内，备课助手的云端功能使得初中教师们能够实时编辑和分享教案。这项特性大大促进了初中教师之间的交流互动。不论初中教师们身处何地，都能够即时地对教案进行修改和补充，实现了协作备课的无缝衔接。这种实时编辑和分享机制不仅提高了备课的效率，还加强了教师群体之间的沟通，促进了共同的教学理念和经验的分享。总体而言，通过云端保存和实时编辑分享，教师们能够更好地协同合作，共同提升教学质量，形成更加紧密的教育专业社群。

（三）课件编辑

1. 在线编辑

备课助手提供了方便的在线编辑功能，同时还实现了实时保存，为初中教师们带来了极大的便利和效率提升。通过这一功能，初中教师们能够随时随地利用互联网平台对课件进行修改，无需受限于特定设备或地点。这为备课工作带来了灵活性，使得教师能够更好地根据实际需要即时调整课件内容。实时保存是备课助手在线编辑功能的重要组成部分，确保初中教师在编辑过程中的每一步，都能够得到及时而可靠的记录。无论是在修改文字、调整格式，还是插入多媒体资源等操作，这一实时保存机制都保障了教师的智力投入不会因意外情况而遗失。先进的在线编辑和实时保存特性，促使初中教师能够更专注于提升教学质量而非受限于繁琐的编辑流程。

2. 多媒体资源库

备课助手还提供了一个广泛而丰富的多媒体资源库，涵盖了图像、视频等多种形式。丰富的资源选择，让初中教师在教学设计中拥有更多的创造性空间。无论是丰富课件内容、解释抽象概念，还是激发学生的学习兴趣，备课助手的多媒体资源都能够起到画龙点睛的作用。图像资源可以通过直观的形象呈现丰富的信息，帮助学生更容易理解抽象难懂的概念。初中教师可以选择适当的图像来强化教学内容，使得学生对知识点有更清晰的印象，提高学习效果。视频资源则能够为课堂注入更生动有趣的元素。通过引入生动有趣的视频内容，教师可以为学生呈现真实案例、实地考察或精彩实验，从而使得教学更具趣味性。这种互动性的学习方式有助于激发学生的好奇心和学科兴趣，提升教学的吸引力和效果。备课助手提供的多媒体资源库为教师提供了更多选择，使得他们能够更灵活、更创新地设计教学内容，提升课堂的生动性和教学效果。

（四）任务设置

1. 对齐教学目标，确保教学一致性

任务设置模块将学习任务与教学目标无缝对齐，确保整个教学过程的一致性和有效性。通过这一模块，初中教师能够将抽象的教学目标转化为具体、可操作的学习任务，从而使学生更容易理解和实施。首先，任务设置模块为教师提供了明确的任务设定选项，让教学目标能够以更具体的形式呈现。其次，通过从教学目标中直接衍生出学习任务，教师能够更好地理解任务背后的教学意图，确保每项任务都有助于实现更宏观的教学目标。此外，这种对齐也为教学评估提供了有力支持。初中教师能够根据学生在任务完成中的表现评估其对教学目标的掌握程度，从而更好地量化学生的学习成果。这种直接对齐的做法有助于教学目标的贯通性，提高整体教学的效果。

2. 设定阶段性任务，引导学生有序学习

任务设置模块允许初中教师设定阶段性的学习任务，有助于引导学生有序、渐进地学习。通过将整个教学过程分解成逻辑清晰的阶段，每个阶段对应一个明确的学习任务，初中教师能够更好地引导学生深化对知识的理解。阶段性任务设计的优势在于它建立了一个渐进式、系统性的学习路径。每个阶段的任务都被精心设计，以确保学生在逐步完成任务的同时逐渐拓展知识面。这样的有序学习路径不仅有利于学生更好地吸收知识，也有助于教师更好地掌握学生的学习进展。在实际操作中，初中教师可以通过任务设置模块合理规划每个阶段的任务，确保学生在学习过程中能够踏实、有序地前行。这种任务分解的策略为学生提供了清晰的学习路线图，使其更容易理解、吸收和应用所学的内容。

3. 强化任务可衡量性，实现有效评估

任务设置模块通过具体而明确的任务设定，强化了任务的可衡量性，能够帮助初中教师更精准地监测和评估学生的学习进展。任务设置模块使得教师能够更容易地制定评估标准，以衡量学生在任务完成中表现的优劣。任务的可衡量性使得教师能够更精确地了解学生的掌握情况，从而更有针对性地进行后续教学。其次，通过任务设置模块，初中教师可以实施形式和内容多样的评估方式。这有助于全面了解学生的学习状况，而不是仅仅局限于传统的考试评估。初中教师可以通过观察、作品展示、小组讨论等多种方式获取学生的表现数据，从而形成更为全面的评估视角。

"备课助手"应用案例[①]

李慧慧以八年级上学期语文的第二单元为例，阐述了"备课助手"如何协助教师进行备课。这个单元涵盖了阅读、写作和综合学习三个部分。当教师打开课程资源包，"单元参考"模块中，他们可以查看由市级优秀教师编制的单元规划和教学设计，这些包括单元规划表、教学目标、课时建议、活动设计、作业设计、评价设计和资源设计等文本资源。单元课时建议不仅明确了各课时的目标，还建立了单元目标与课时目标之间的联系，并对实施单元教学的课时提出了相应的建议。

在备课过程中，这些数字资源可以帮助教师更好地理解和掌握教学内容、要求和策略，有助于教师提高教学内容的结构化，从而促进学生掌握结构化的学习内容。此外，教师还可以通过"任务设置"推送预习作业。平台则能通过分析、评估学生的预学数据，形成学习者画像，进行学情诊断，为教师的精准教学提供参考。

---

① 李慧慧.数字教学系统支持下指向深度学习的初中语文单元教学——以八年级第一学期第二单元为例[J].中小学数字化教学，2023（6）：15—19.

二、活用"教学助手",促进学生深度学习

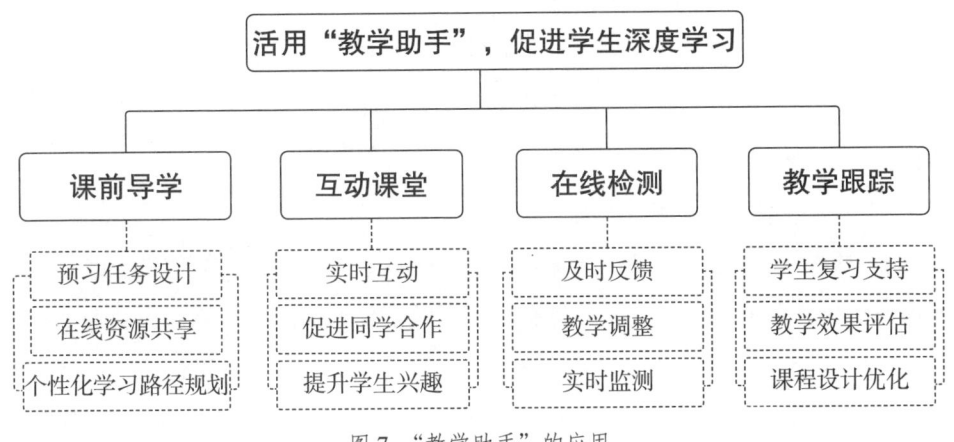

```
活用"教学助手",促进学生深度学习
├── 课前导学
│   ├── 预习任务设计
│   ├── 在线资源共享
│   └── 个性化学习路径规划
├── 互动课堂
│   ├── 实时互动
│   ├── 促进同学合作
│   └── 提升学生兴趣
├── 在线检测
│   ├── 及时反馈
│   ├── 教学调整
│   └── 实时监测
└── 教学跟踪
    ├── 学生复习支持
    ├── 教学效果评估
    └── 课程设计优化
```

图7 "教学助手"的应用

（一）课前导学

1. 预习任务设计

预习任务设计通常以问题为导向，要求初中学生在课前通过解答一系列问题来探索新的知识点。这有助于引发初中学生对问题的思考，培养他们主动提问、解决问题的能力，从而促进深层次的学习。这个过程强调初中学生的自主性，让他们在探索中形成对知识的理解。通过自主学习，初中学生能够更深入地了解所学知识，培养独立学习的意识和能力。预习任务可以采用多种形式，包括阅读文章、观看视频、完成练习题、参与小组讨论等。这种多元化的任务形式有助于满足不同学生的学习风格和兴趣，提高任务的吸引力和可操作性。教学助手帮助初中老师制定每个预习任务都对应明确的学习目标，使学生清楚自己预期在任务中应该达到什么水平。部分预习任务可以联系实际应用场景，让学生将所学知识与实际情境相结合。这有助于培养初中学生的实际问题解决能力，使他们更好地理解知识在现实生活中的应用价值。此外，教学助手能够为教师提供及时反馈，为教师调整教学策略提供信息。通过分析学生的预习表现，教师可以更好地了解学生的学习进展，调整教学策略，提供更有针对性的教学。

2. 在线资源共享

教学助手中的在线资源共享平台涵盖丰富的多媒体学习资料，包括图像、音

频、视频等形式。在学习具体的知识之前，初中学生通过查阅多媒体资源，可以提升自己的学习兴趣，将抽象的概念一定程度上具象化，更便于课上的理解。在线资源分享平台提供评论和讨论功能，学生可以在学习资源上留下自己的看法、问题和心得，与其他同学互动交流，通过了解他人可能存在的疑问以及讨论自己的疑问，从而更明确自己在上课的时候更应该掌握什么。此外，教学助手中的在线资源共享平台可以实时更新学习资料，这有助于学生获取最新、最有权威的学科性知识。

3. 个性化学习路径规划

教学助手首先会分析学生的学习历史，包括过去的学科成绩、参与课堂活动的情况、偏好和弱点等。这种分析有助于了解学生的优势和劣势，为制定个性化路径提供基础。基于学习历史，教学助手会对学生的学科水平进行评估。这可能包括对知识点的理解程度、掌握程度以及解决问题的能力等方面的评估。此外，通过学生过去使用教学助手的学习风格和偏好、学习兴趣等，可以了解到对他们来说最优的学习方式和方法。通过分析学生过去的弱点和改进点，教学助手可以确定需要重点关注的知识点和技能。这有助于制定有针对性的学习计划，帮助初中阶段的学生克服困难，提高学科水平。教学助手可以在课前导学中为每个学生制定定制化的学习目标。这些目标应该具体、可测量，并能够反映学生的个性化需求，既考虑到弱点的改进，也充分利用学生的优势。同时，个性化学习路径是一个动态的过程。教学助手应该不断监测学生的学习表现，根据实时数据调整学习路径，确保学生在学习中得到最大程度的支持。

（二）互动课堂

1. 实时互动

在教学助手参与的互动课堂中，教师可以随时提出问题，而学生可以立即作出回答。这种实时的互动机制让学生更积极地参与课堂，从被动接收到主动回应。这有助于提高学生对教学内容的理解和记忆。另外，互动课堂提供了实时的讨论平台，学生可以在教师的引导下展开讨论，分享彼此的观点和看法。这不仅促使学生之间的思维碰撞，也有利于培养他们的批判性思维和表达能力。通过教学助手中的投票功能，学生可以即时表达自己对某一问题或观点的看法。这不仅提供教师一个了解学生整体理解水平的途径，也让学生感受到自己的声音在课堂上得到重视，增强他们的参与感。

2. 促进同学合作

教师可以通过教学助手布置的任务，将同学们组织成小组，共同解决问题或完成特定项目。这样的小组讨论不仅使同学们有机会共同思考和探讨，还通过任务的目标明确了合作的方向。这种任务导向的合作让初中阶段的同学们更专注于团队目标的达成，培养了团队协作的紧迫感和目标导向性。教学助手可以引导学生参与一些协作项目，要求他们在团队中合作完成特定任务。这不仅锻炼了同学们在团队环境中的协调能力，还提高了他们的问题解决能力。任务的实施过程中，同学们需要相互协作，分工合作，培养了相互信任和责任心。通过以上方式，教学助手引导同学间的合作与交流不仅局限于讨论问题，更强调了任务的目标性和实际性。这样的设计使得初中阶段的同学们在合作中更具有目标感和效果感，从而更好地培养他们的协作精神和团队合作意识。

3. 提升学生兴趣

在传统的教学中，老师仅仅采用提问这种最简单的方法与学生进行互动，而教学助手则提供了更多样的方法使得互动更加高效。教学助手可以设计各类教育游戏，如知识竞赛、角色扮演游戏等，以增加课堂的趣味性。通过游戏，学生在轻松愉快的氛围中学习，促使他们更积极地参与讨论和解决问题。教学助手的游戏化设计可以包括有奖问答、学科挑战等，通过竞争和奖励机制激发学生的竞争意识和学科兴趣。利用教学助手，教师还可以设计各种实践性的学习活动，例如实地考察、实验模拟等。通过实际动手操作，学生能够更深入地理解抽象概念，提高学习的实效性。教学助手可以为这些活动提供指导和资源，使教学更具体、贴近实际，激发学生的学科热情。另外，教学助手可以在互动课堂中运用各种教学道具，如模型、图表、实物等，以直观形象的方式呈现教学内容。通过触感、视觉等多种感官的参与，学生更容易理解和记忆知识。这种多元化的教学手段不仅能提升互动性，还激发学生对知识的兴趣，使课堂更加生动有趣。

"教学助手"应用案例 1[①]

在延安初级中学的数字化教室里，数学教师利用点阵笔在课堂环境和作业场景中的两大模式进行了演示。当进入"互动课堂"时，通过对比点评和实时互动，教师的教学变得更加灵活，思维再现功能能够回放学生的答题过程，使学生

[①] 延安初中：3个数字教学"小助手"赋能活力课堂！ https://m.163.com/dy/article/IP0L22GA0514C79Q.html.

的思维过程和解题难点一目了然。在作业场景中，各种错题统计图展示了学生的知识掌握情况和答题难点，学生的作答分析板块将学生的答题情况进行了对比，提示教师重点关注那些需要提高的学生。在智慧平台的帮助下，教师能够实时了解学生的课堂参与度、知识掌握程度以及解题思维过程，为备课和出题提供了强有力的支持。这实现了从经验教学到数据驱动的精准教学的转变。

数学组的李老师介绍说，教学中的数字化技术提高了学生的学习效率，也促进了教师的专业发展。在陈老师的《藤野先生》语文讨论课中，AI 智慧录播基于教育学理论的课堂捕捉和智能分析提供了更多的课堂回顾视角和方式。通过捕捉师生和生生的互动比例、教师讲授时间的长短、关键词频率来划分课堂类型；根据师生的表情、肢体语言以及教师的行动轨迹，判断师生的配合程度。最后，一份围绕课堂概要、互动交流、学生和教师表现的 AI 课堂观察报告呈现在语文组老师们面前，为他们了解学生的听课状态、改进教学设计、调整教学策略提供了参考。

"教学助手"应用案例 2[①]

2023 年 4 月 27 日的下午，上海市徐汇区教育学院附属实验中学举办了初中英语学科数字化转型项目"三个助手"资源与平台的试用调研活动。

在教学演示环节，徐教院附中的英语教师赵嘉悦展示了《英语（牛津上海版）》七年级下学期第 8 单元第 1 课时 Reading: My ideal school 的教学现场。在这堂课的设计和实施过程中，赵老师依靠"三个助手"平台，设计了符合学生学情的互动任务，如"归纳题""拍照上传""分组对话"等功能，丰富了课堂活动的形式，提高了互动教学的效率，反馈了全面的学生数据，充分展示了数字化教学的优势。

（三）在线检测

1. 及时反馈

在线检测为初中教师提供了一个快速获取学生学习情况的渠道。通过学生参与在线测验，教学助手能够立即分析学生的答题情况，揭示他们对特定主题或知识点的理解水平。这种即时的学习反馈不仅使学生能够及时了解自己的学习状态，也使教师能够在课程进行中及时调整教学方向，满足学生的学习需求。

[①] 初中英语学科数字化转型项目"三个助手"资源与平台试用调研活动纪要 https: //jy.xhedu.sh.cn: 5050/cms/data/html/doc/2023–05/08/40693/index.html.

2. 教学调整

"教学助手可"以记录学生的学习过程，收集学习数据，并以图表形式呈现统计结果。对于那些已经掌握知识点的学生，可以提供更高难度的学习内容，以满足他们的学习需求；而对于在某些知识点上表现较差的学生，可以提供额外的辅导资源或特别设计的教学活动，帮助他们克服困难。这种个性化的教学调整有助于最大程度地满足学生的个体差异，提高整体学习效果。

3. 实时监测

在线检测不仅关注个体学生的学习情况，还能够汇总和分析整体教学效果。教学助手通过追踪学生的学习进度，了解课程的难易程度，可以及时发现课堂中可能存在的问题。这种实时监测机制有助于教师及时调整课程设计，提升整体教学效果。

（四）教学跟踪

1. 学生复习支持

对于初中生的要求而言，相比于小学生，他们应该具备更多自主学习，自主总结的能力，而教学助手具备记录学习过程的功能，学生可以在自己的节奏下复习学过的知识，深化对教学内容的理解。学生可以通过观看录像回顾老师的讲解、课堂互动以及解题过程，从而更好地掌握学科知识，提升学习效果。

2. 教学效果评估

教学助手通过收集学生在课堂上的表现数据，为教师提供了教学效果的评估依据。教师可以根据学生的参与度、答题表现等数据分析学生的学习情况，及时发现问题和改进空间。基于这些数据，教师能够调整教学策略，优化课程设计，提高教学效果，使教学更加贴近学生需求，达到更好的教学效果。

3. 课程设计优化

教学助手提供了及时的课堂反馈机制，帮助教师了解初中学生的学习情况和反馈意见。教师可以根据学生的表现情况和反馈信息调整教学内容和方法，提高教学效果。同时，教学助手还可以收集和分析学生的反馈数据，为教师提供改进教学的参考依据，促进课堂教学的持续改进和提升。

三、善用"作业辅导助手",助力分层跟进教学

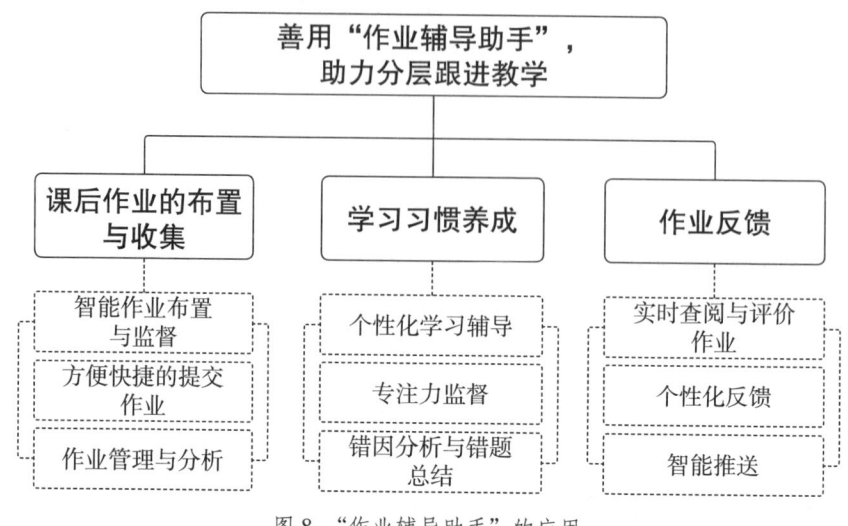

图 8 "作业辅导助手"的应用

(一)课后作业的布置与收集

1. 智能作业布置与监督

在传统课堂模式中,初中教师会在课堂结束时为同学布置统一的作业,而作业辅导助手具备智能作业布置功能,教师可以根据教学目标和学生实际情况,灵活地设置作业内容和难度。同时,该助手还能监督作业进度,确保学生按时完成作业,并提醒学生和家长提交作业的截止时间,从而养成学生良好的学习习惯。

2. 方便快捷的提交作业

作业辅导助手提供了便捷的在线提交渠道,初中阶段的学生无需受制于时间和地点的限制,在任何时间、任何地点均可通过网络平台提交作业。相比传统的纸质作业,这种在线提交方式省去了学生交作业的繁琐步骤,提高了提交作业的便利性和效率。作业辅导助手通常支持多种终端设备,包括电脑、平板电脑和手机等,学生可以根据自己的设备选择合适的方式进行作业提交。无论是在家里、学校还是在其他场所,学生都能轻松地完成作业提交,方便灵活。另外,作业辅导助手通常会及时反馈学生的作业提交状态,学生可以在提交后立即得知提交是否成功,并且在系统中查看作业提交记录。这种实时的提交状态反馈有助于学生

及时发现问题并及时解决，确保作业提交的准确性和及时性。

3.作业管理与分析

作业辅导助手还拥有作业管理和分析功能，初中教师可以轻松管理和查看学生的作业记录、成绩统计和学习进度。通过系统生成的作业分析报告，教师可以深入了解学生的学习情况和表现，及时调整教学策略，个性化地辅导初中阶段的学生，提高教学效果。这些强大的功能可以有效地减轻了教师的工作负担，提高教学效率和质量。教师可以更加专注于教学内容的设计和教学方法的改进，为学生提供更优质的教育服务。

（二）学习习惯养成

1.个性化学习辅导

作业辅导助手为学生提供了个性化的指导和解答服务。无论初中学生遇到的问题涉及数学、语文、英语还是其他学科，作业辅导助手都能提供相应的解答和解决方案，帮助学生理清思路、解决困惑。作业辅导助手具有在线的特点，学生可以随时随地通过电脑、手机等终端设备获取作业辅导，不再受时间和空间的限制。学生可以在任何需要帮助的时候，及时向作业辅导助手求助，提高了作业完成的效率和质量。

2.专注力监督

对初中生而言，由于思维还不像成年人那样成熟，所以在做作业的过程中，仍然会出现开小差、不够专注的情况。而作业辅导助手提供了互动性强的学习环境，包括在线视频讲解、实时答疑等功能。学生可以在与作业辅导助手的互动中获得实时反馈和指导，增加学习的趣味性和参与度，从而提高专注程度。另外，作业辅导助手为学生布置的作业通常具有明确的任务目标和要求。学生在完成作业的过程中，能够清晰地知道自己需要达到的目标，这有助于他们集中注意力，专心投入到作业中去。如此这样，作业辅导助手能够帮助学生在做作业的过程中提高效率，从而提升学习效果。

3.错因分析与错题总结

通过对错题进行总结归纳，初中学生可以更加深入地理解知识点的要点和难点。总结归纳可以帮助学生将零散的知识点整合起来，形成系统性的认识，从而提高对知识的整体理解程度。此外，错题总结归纳能够帮助初中学生发现自己学习中存在的问题和薄弱环节。通过总结归纳，学生可以清晰地了解自己在哪些方面容易犯错或理解不透彻，有针对性地进行重点训练和提高。在总结归纳的过程中，学生可以提高逻辑思维能力、分析问题的能力和解决问题的能力。而作业辅导助手能够帮助学生对做错的题目进行分析，找出错误的原因，查找错因，初中阶段的学生可以深入了解自己的学习状况和问题所在，有针对性地进行针对性的学习和提高。作业辅导助手能够将学生做错的题目进行归纳整理，形成错题集或错题本。这样，学生可以将错题集作为复习的重点内容，有针对性地加强训练，提高对相关知识点的掌握程度。作业辅导助手还可以帮助学生对错题进行总结，归纳出共性问题和易错点。通过总结，学生可以更好地理解知识的薄弱环节，加深对知识点的理解，从而提高学习效率和成绩水平。综上，作业辅导助手在错因分析、错题归纳与总结方面为初中生提供了有针对性的帮助，帮助他们更好地理解知识、提高学习效率，实现知识的深度掌握。

（三）作业反馈

1. 实时查阅与评价作业

教师可以通过作业辅导助手实时查阅学生提交的作业，包括文本、图片、视频等形式的作业内容。教师可以针对每个学生的作业进行评价、批改和评分，并在平台上直接记录评语和建议，以便学生查看和借鉴。这种实时的作业评价方式，使得教师能够及时了解学生的学习情况，及时反馈和指导学生，有利于学生及时纠正错误、提高学习效果。

2. 个性化反馈

教师可以根据学生的作业表现，针对性地给予个性化的反馈和指导。针对初中阶段学生的错误或不足之处，教师可以提供具体的改进建议和学习方法，帮助学生更好地理解和掌握知识点。通过个性化的反馈和指导，更好地满足学生的学习需求，促进他们的学习提高。

3. 智能推送

对于学有余力并且想要自身提高的同学来说，作业辅导助手根据其作业完成情况可以为其提供作业之外丰富多样的学习资源，包括视频讲解、练习题目、参考资料等，帮助学生更全面地理解和掌握知识点。学生可以根据自己的学习需求选择合适的学习资源，有针对性地进行学习和作业辅导。

（本章由李枫执笔。李枫：中学高级专业技术职称，上海市控江初级中学党支部书记、校长）

第七章 数智融合再造课堂教学新场景 赋能高中教学"三助手"使用

在信息技术飞速发展的今天,数字化与智能化的结合已经成为教育领域创新和发展的重要驱动力。特别是高中教学,面临着知识更新快、学生需求多元化、教学质量要求高等诸多挑战。如何有效利用数智融合技术,再造课堂教学场景,提升教学质量和效率,已成为学校关注的焦点。

第一节 数智融合新理念的注入

一、以数智融合背景为主导的新理念表征

(一)数据驱动的决策

数智融合强调应用人工智能技术进行数据分析,从而替代了传统的人工处理数据,在海量数据中提炼有价值的信息,以支持决策过程。然而,数据驱动起到的决策效果有时不尽人意,但从目前可控领域中的实践经验来看,人们已能根据数据驱动决策,以此准确地把握市场需求、优化资源配置、提高生产效率,从而为学校教学决策提供借鉴。

(二)智能化的服务和产品

在数智融合的背景下,各行各业(第二产业与第三产业体现更为明显)均在此背景下带来技术红利,所以都致力将智能化技术应用于各类衍生的产品服务中,以提升用户体验和满足个性化需求。例如以建筑衍生的产业为例,衍生出了智能家居这种智能服务产品,又如医疗产业衍生出的智能医疗(涵盖远程医疗这种带有跨越时空的服务),又或是交通运输产业当中衍生出的智能交通产业,被

用于交通指挥、交通流量最佳规划领域的发展，教育亦是如此。

（三）跨界融合的创新

数智融合鼓励不同领域之间的跨界融合与合作，以创造更具创新性和竞争力的解决方案，其中一个指导方向便是数字技术与传统产业的融合，可以带来智能制造、智慧物流等新型产业模式的发展。教育也有跨界、跨学科问题，跨界融合创新值得探索。

（四）数据安全与隐私保护

在推动数字化转型的过程中，数智融合也强调数据安全隐私保护，充分利用数据同时，需加强数据管理和安全技术的应用，保护用户的隐私和信息安全，这一点本书的很多章节都有所提及。

二、数智融合背景下的新技术

（一）核心算法

1. 机器学习与深度学习

机器学习与深度学习作为当前数智融合背景中核心算法所在，是支持数智应用性能得到指数型增长的牵引力。从基层原理来讲，机器学习与深度学习本质上就是借鉴于人脑的神经元运行原理，将信息段与人脑配备信息接收端契合起来，从大规模数据中学习规律，应用于各种领域，由于应用领域之广泛，由此衍生出了自然语言处理、图像识别、推荐系统等领域。但相较于机器学习，深度学习当前应用模型更为完美一点，尤其在处理复杂数据和任务上表现突出，值得高中教师在课堂教学中进行一些尝试与探究。

2. 数据挖掘与知识发现

数据挖掘与知识发现，采用的算法核心均在于"特征提取"，其中特征提取即设定算法，将其与数据表征在外的信息进行整合，使算法能从大量数据中发现隐藏的模式、关联、趋势，由此能起到事先预测、总结归纳等作用，提供对决策有用见解。而从具体技术展开来说，根据应用目的的要求，还能并列出数据挖掘技术包括聚类、分类、关联规则挖掘等方法策略，助力企业发现市场趋势、用户行为模式等，值得学校的关注。

3. 自然语言处理（NLP）

NLP 技术使计算机能够理解、解释和生成人类语言。在数智融合的背景下，NLP 算法被广泛应用于文本分析、情感分析、语义理解等领域，以提供更智能的语言处理服务，从而为教育软件的开发提供了技术支撑。

4. 图像处理与计算机视觉

图像处理与计算机视觉算法核心应用原理也在于"人类视觉"的应用，基于此种应用，将算法实施在解析理解图像与视频数据上，识别其中对象、场景和动作。在数智融合的环境下，图像处理和计算机视觉技术被应用于医疗影像分析、智能监控、自动驾驶等领域，学校的一些教育教学场景中同样能用上。

5. 强化学习

强化学习是一种通过与环境的交互来学习最优行为策略的算法。在数智融合的背景下，强化学习技术被广泛应用于智能控制、自动化决策等领域，以实现自主智能系统的发展。这些核心算法在数智融合的背景下相互交织、相互促进，推动着数字化技术和智能化应用的不断演进与发展。强化学习技术原理也可以用来支持高中学生的学习过程跟进。

（二）基层原理

1. 数据采集与处理

新技术的基础是数据的采集和处理。通过各种传感器、设备和系统，大量的数据被实时或定期地采集到系统中，这些数据可能包括用户行为、环境指标、生产过程中的参数等。在采集后，数据需要进行清洗、整理和存储，以便后续的分析和应用。这一技术同样适用由学校课堂教学管理。

2. 人工智能与机器学习

人工智能（AI）和机器学习（ML）是数智融合背景下的重要技术，技术由大数据学习分析衍生而出，因此配备了相关功能，能使机器从中发现模式、趋势、规律，进行预测、分类、优化任务。相关技术发展能使系统不断从数据中学习改进，实现智能化的高级决策应用。这一技术值得学校及教师的关注。

3. 数据安全与隐私保护

在新技术的应用中，数据安全与隐私保护是至关重要的基础原则。新技术需要采取各种技术手段，包括加密、权限管理、身份验证等，保护数据的安全性和完整性，同时保障用户的隐私权利，这一点对学校来说同样不可忽略。

4. 云计算与边缘计算

云计算和边缘计算是支撑新技术应用的重要基础设施。云计算提供了强大的计算和存储能力，使得大规模数据的处理和分析成为可能。而边缘计算则将计算资源移到数据产生的地方，实现了数据的实时处理和响应，减少了数据传输延迟和带宽消耗，为学校数字化转型提供了强有力的技术支持。

5. 开放式平台与生态系统

新技术往往建立在开放式的平台和生态系统之上。通过开放 API、标准化的数据格式和协议，不同的系统和服务可以相互连接和交互，实现功能的扩展和整合。这种开放性的平台和生态系统促进了创新和合作，推动了技术的快速发展，也为学校数字化平台建设提供了技术支持。

（三）应用途径

1. 数据分析与预测

随着信息技术的不断进步，大数据分析已经成为机构和企业决策制定中不可或缺的一部分。技术的应用使得海量的数据得以充分利用，并且通过数据挖掘、机器学习和人工智能等技术手段，这些数据得以被加工、分析和挖掘出其中隐藏的规律和趋势。通过对数据的深入分析，决策者能够更加全面地了解变化趋势和需求变化，从而为学校教师课堂教学数据分析与预测提供科学依据。

2. 智能决策支持

新技术所提供的智能化决策支持系统，是现代决策过程中的关键利器。其关键是它能够基于实时数据和智能算法，为决策者提供多种方案的评估和优化建议，从而协助他们做出更为准确和迅速的决策。这些系统不仅仅是简单地提供数据，更是通过智能算法对数据进行深度分析和处理，为教师课堂教育决策者呈现出全面、准确的决策方案。

新技术所提供的决策支持系统还可以根据不同的决策场景，灵活调整算法和模型，以满足教师课堂决策的特定需求，能根据历史数据与实时情报，进行预测和模拟，可以帮助教师在课堂教学中做出最优决策。

3. 个性化服务与产品

新技术在数据分析和智能算法方面的应用为企业提供了更深入的用户洞察，使其能够更好地了解用户的需求和偏好。基于这些数据分析和智能算法，能够提供个性化定制的产品和服务，从而提升学生学习体验和满意度。

4. 数据安全与隐私保护

随着科技的迅速发展，新技术的应用已经成为各行各业的必然趋势。然而，新技术的应用也伴随着数据安全和隐私保护的挑战。为了应对这些挑战，迫切需要加强数据管理和安全技术的应用。首先，加强数据管理是确保数据安全的基础。建立完善的数据管理体系，包括数据收集、存储、处理和传输等环节，确保数据流动的透明性和可追溯性。其次，安全技术的应用是保护数据安全和隐私的关键。采用加密技术是防止数据被非法获取和篡改的有效手段，通过对数据进行加密可以有效地保障数据的机密性。同时，建立严格的访问控制机制也是确保数据安全的重要举措，只有经过授权的用户才能够访问和操作相关数据，有效防止了内部人员滥用权限的风险。定期进行数据备份也是应对数据安全威胁的有效方式，即使发生意外情况，也能够迅速恢复数据，确保业务的连续性和稳定性。这些都是学校教师在课堂教学数据管理中必须高度关注的问题。

三、"三助手"的加持

（一）"三助手"核心应用理念

"三助手"概念代指能助力当前教育中生成有利帮扶的三项助手，具体指研发备课助手、教学助手、作业辅导助手。三项助手分别能助力于课堂教学的前端、中端、后端，形成帮扶有力的全面覆盖体系，简称"三助手"。

就课堂教学前端而言，备课助手聚焦于教学资源、教案设计、课件编辑、任务设置、课堂互动方面的内容，起到一个为课堂中端赋能的结果，即要为课堂中端赋予强力帮扶，让课堂中端内容达到预期效果。而大部分能让课堂中端内容达到预期效果的工具，往往是要在课堂开展前所准备，具备系统化、组织化性质，因而将其引申为课堂前端较为恰当。

在课堂前端充足准备后，课堂中端运行大方向将会较为固定下来，但课堂运行状态存在"不确定性"，诸如课堂中端中存在的师生互动、结果呈现、案例演示等内容，均要求根据课堂教学状态而定。尽管前端做出了较大的方向质量限制，但在细支上的变动尚且不能完全控制，因而需要中端进行进一步修正，让中端结果更好为后端服务。

课堂后端大多是用于对于课堂前端和中端的补充，起到一个"补充说明"作用。在课堂前端、中端原局完美的情况下，课堂后端起到的作用则会影响教学成果能否实现"展现"的效果。因而将作业辅导助手助力其中，能让中端知识传授能得到助力，进而形成一个"合化"作用，形成调配得当的反馈机制。

因此可以从助力分工的角度认知"三助手"，即"三助手"便是分别立于前、中、后段，分别对于课堂前、中、后段助力的帮扶结构，让其得到助力的同时，形成相互流通的教学机制，进而能将课堂教学成果得以更加完美地呈现出来。

（二）"三助手"背后的宏观与微观背景分析

从宏观环境角度来看，"三助手"背后的宏观环境主要在于国家政策层面上的引导，例如数字化教育、科教兴国战略。尤其从2024年政府工作报告来看，我国在2024年加强了科教兴国战略的落实与布局，这从侧面证明了科技技术力量在教育事业当中起到的引导作用。报告还明确指出，要加强高质量教育体系建设，建设高素质专业化教师队伍，推动教育现代化，夯实国家富强基础。而"三助手"在此背景下，充当的角色则是推动教育现代化发展、实行人才强国建设的一项主导因素。

从微观背景来分析，"三助手"背后的逻辑是第一生产力提升衍生出来的具体结果，从我国强化乡镇学校基建设施到目前将"三助手"智能服务工具应用到建设当中，这既是教育水平提升的侧面反映，又是教育事业改革发展的一大背后推手。"三助手"的制定、推出、应用，均是经过了长期教育实践、教育认证得出的最佳产物，奉行温和经验主义，因而将其应用在各阶段教育事业中，则是一种最优化路径选择。

（三）"三助手"在高中教学中的应用适宜性分析

高中教学不同于小学、初中，高中教学可以看做是自主学习和引导学习的最佳平衡时期。但随着教育在不断改革，教师仅依靠经验尚不能完成高质量的对标学习，而让学生自主学习，又未免缺乏一定"自制能力"。

在此背景下，"三助手"的推出则为解决高中教学困境提供有效的解决之道。"三助手"能直接作用于课堂教学的前、中、后端口，能以智能技术加持来提升"课堂生产力"，弥补了部分教师专业技能知识跟不上社会发展的缺点。但同时，教师介入"三助手"与学生学习之间，则能提供更为良性的引导方向，帮助学生排除不恰当的资料内容，选择符合学习大方向的资料。

从学习模式角度来说，高中教学中传统教学模式侧重是对于大部分学生的照顾,对于部分具备自主学习能力的学生来说,传统教学有可能致这部分学生只能跟随群体学习路径,不易实现自主发展。但"三助手"介入下,只要这部分学生自制能力配备恰当,自然能做到自主学习,从根源上提升其学习上限,而对学习能力较差的学生来说,"三助手"也能解决"收集笔记""整理知识重心"的繁琐工作,解放学生在学习上花费的不必要时间,从这一点来说,"三助手"与高中教学间形成了较为闭合的体系模型。

第二节 新学习场景的构建背景分析

一、虚拟与现实的融合趋势

学习场景中虚拟与现实的融合趋势代表着教育领域在数字化时代的发展方向,其主要表现在以下几个方面:

当前,随着科技的不断进步,增强现实(AR)和虚拟现实(VR)技术在教育领域的应用日益受到重视。这两项技术的融合将虚拟信息与真实世界相结合,为学习者提供了前所未有的学习体验。以增强现实技术为例,学生可以通过 AR 应用将学科知识融入到现实场景中:历史课上,学生能利用 AR 应用在实际场景中观察古代建筑的三维模型,加深对历史文化的理解;生物课上,学生能通过 AR 应用观察真实环境中的植物或动物,实时获取相关信息,提升学习效率。虚拟现实技术则更进一步,它可以完全模拟各种场景,为学生提供丰富多样的学习体验。举例来说,在化学课上,学生可以通过虚拟实验室进行化学实验,无需担心安全问题,同时可以反复尝试,加深对实验原理的理解。综上所述,AR 和 VR 技术的应用为教育带来了革命性的变革,为学生提供了更加生动、直观、深入的学习体验,助力他们更好地理解和掌握知识。

在线教育平台的发展:近年来,随着信息技术的飞速发展,在线教育逐渐成为教育领域的热点。为了更好地满足学生的学习需求,许多在线学习平台不断探索创新,将虚拟和现实元素相结合,开发出了一系列具有前瞻性的学习工具和资源。这些平台充分利用增强现实(AR)和虚拟现实(VR)技术,为学生打造出栩栩如生的学习场景,使得学习过程更加生动和具体化。

通过 AR 技术,学生可以通过手机或平板电脑,将虚拟信息叠加到现实世界中，实现对学习内容的直观感知。在虚拟现实环境中，学生可以沉浸于各种模拟场景中，与虚拟对象进行互动，加深对知识的理解和掌握。比如，学生可以通过虚拟实验室进行化学实验，避免传统实验可能存在的安全隐患，同时提高实验效率和灵活性。

混合式教学的实践：混合式教学能作为当前教育改革大趋势所在，能将其视作为适应未来教育发展必然选择。因此，教育工作者应积极探索混合式教学模式，不断创新教学方法，提高教学水平，为学生提供优质教育资源与学习体验，促进教育事业的可持续发展。

实践性学习的强化：虚拟与现实的融合是当今教育领域的一大创新。通过将虚拟仿真技术、增强现实技术和虚拟现实技术与教学相结合，使学生身临其境地进行实践性学习。举例而言，工程类课程可以通过虚拟仿真软件模拟实际工程操作，而艺术设计类课程则可以利用虚拟现实技术进行立体模型设计。二者相融合从安全性质和体验感上，让学生们均能在安全、环保虚拟环境中进行实际操作与实践训练，避免传统实验中拟存的安全风险。在虚拟与现实融合的教学环境下，学生能够在真实场景的模拟中不断实践、反思和改进，从而不断提升自己的技能水平和应用能力。这种学习方式不仅能够增强学生的学习兴趣，激发他们的创新思维和团队合作精神，还能够更好地满足不断变化的就业市场需求。

个性化学习的支持：伴随教育领域的持续变化，个性化学习在未来将会成为一项重要趋势，将起到充分发掘各学生潜能，满足其个性化学习需求。但当今教育环境尚不能满足这一点，其中虚拟与现实融合为此目标实现提供了强大支持，虚拟平台辅助下，学生能在自主自由环境中进行学习，在应用智能化数据分析与个性化算法基础上，系统能深入了解各学生学习习惯、学科偏好、学习效率，精准地为其量身定制学习路径内容。

与传统教学相比，个性化学习更加贴近学生的需求和兴趣，能够激发他们的学习动力。针对不同学生的学科能力水平和学习节奏，虚拟平台可以提供相应难度和节奏的学习任务和练习，以确保每个学生都在适宜的学习状态下进行知识的获取和掌握。通过不断积累和分析学生的学习数据，系统还能够及时调整和优化个性化学习方案，以确保与学生的实际学习情况保持同步。

虚拟与现实的融合为个性化学习带来了广阔发展空间，在相关技术支持下，深度挖掘学生的学习特点和需求，个性化学习将成为未来教育发展方向，为培养具有创新思维和终身学习能力的优秀人才奠定坚实基础。学习场景中虚拟与现实的融合趋势将促进教育模式的创新与转型，为学生提供丰富、生动、个性化的学习体验。

二、互动式学习环境的构建要素

（一）多媒体教学资料

多媒体资料中，文字、图片、音频、视频等形式的多媒体资源正丰富教学内容呈现方式，让学生脱离传统课堂教学的单感官感受，转而能基于多种感官途径获取知识，由此加深学生对于知识的理解掌握度。从生物学规律来讲，多感官的应用利于形成神经元上的永久记忆。其中：文字资料作为基础，提供了系统、逻辑的知识框架；而图片和图表则通过视觉的方式直观展示了抽象概念和复杂数据，有助于学生形成清晰的概念和思维导图；音频和视频则通过声音和影像的传达方式，生动展现真实场景与具体案例，激发学生的情感共鸣和兴趣探索。

（二）实践与应用机会

在教育实践中，提供学生实践和应用的机会是至关重要的。这样的机会不仅仅是为了让学生更深入地理解所学的理论知识，更重要的是将这些理论知识转化为实际能力，使其具备解决现实问题的能力和技能。

因此，教育者应该积极探索各种方式，如实验、项目和案例分析等形式，来为学生提供这样的机会。实验是其中一种常见的实践机会。通过实验，学生能够亲自动手操作，观察现象，探索规律，从而加深对理论知识的理解。例如，在化学课程中，学生可以进行化学实验，通过操作化学试剂，观察反应过程，从而理解化学反应的原理和规律。

项目实践形式相较于常规实践，其情境应对能力当中将会在循序渐进的变化中变得强力，基于参与项目，学生能在实际情境中运用所学知识，解决真实问题，培养解决问题能力与团队合作精神。如工程类课程中，学生能参与设计和制作一个小型机械装置，从而将课堂上学到的机械原理应用到实际中去。

当然学习过程中，案例分析方法也不能被忽视，案例分析方法同样能为学习提供有效的"经验库"，只不过此"库"的打开需要教师引导。在教师引导下，分析真实或模拟的案例，大多学生能据此形成知识理论的重构，将抽象理论知识与实际情境相结合，思考问题解决方案，逐步学会分析问题各方面。这样的教学方法，在一些偏向于应用性质的学科中应用较为广泛，如商学院课程，学生需要基于案例分析公司经营管理中的挑战和机遇，并将其应用到实际管理实践中去。

（三）小组合作学习

鼓励学生进行小组合作学习是一种被广泛采用的教学策略。小组合作学习不仅仅是简单地将学生放在一起完成任务，而是一种有组织的活动，是要通过团队合作来解决问题、完成任务，从而实现多方面的教育目标。小组合作学习能有效促进学生之间的互动与交流，小组内，学生需要共同讨论、协商、协同努力完成共同的任务，这样的互动过程能够增强学生之间的沟通能力，拓展他们的视野，培养他们的团队意识。

小组合作学习有助于培养学生的团队合作能力，也是促进学生思维发展的有效途径，与他人合作与交流可以促进学生不同角度思考问题，学会倾听他人的意见，提高自己的问题解决能力和创新能力。

（四）实时反馈与评估

提供实时反馈与评估能帮助学生了解自身学习进度和表现。从教学角度来看，即时反馈机制既能作为教学工具，也能起到引导学生自主学习，让学生及时了解自己的学习状态，调整学习策略，不断提升学习效果。参考当前已有的反馈评估模式来看，其中在线测验较为常见，它能帮助学生快速检验自己的理解程度和掌握情况。通过在线测验，学生可以及时发现薄弱环节，并有针对性地进行弥补和加强。

在搭配在线测验的基础上，还能配备有相关的作业反馈，在作业反馈机制作用下，教师能针对学生作业及时给予指导建议，帮助其理解错误，提供改进方向。作业反馈自然能融入教师评语等额外内容，也能为学生提供宝贵的反馈信息，鼓励他们在学习中不断进步。

在此基础上，建立起实时的反馈和评估机制，基于在线测验、作业反馈和教师评语等方式，学生可以更好地了解自身学习状态，及时调整学习策略，提高学习效果，实现个人学业目标，促进学生自主学习能力，也有助于建立积极的学习氛围，推动教育的持续发展。

（五）个性化学习路径

学校教育目标在于满足学生多样化学习需求，但现有教育资源尚不能满足这一点。为实现此目标，应当从根本层面上意识到学生都有独特个性与学习方式，教育者应当采取措施，以满足不同学生学习需求。从路径搭建角度而言，应当从提供多样化学习路径资源角度出发，确保学生都能够在最适合自己的学习环境中充分发展。建立个性化学习路径关键在于了解学生个性化需求，需要一系列方法来构建起个性化学习路径，定期评估个性化学习计划，让教育者深度了解各学生学习风格、兴趣爱好和学习目标，为学生量身定制适合其需求的学习路径。在此基础上，提供多样化学习资源，从基础资源出发，以教科书、教学视频、在线课程、实验室设施等多种形式教学资料为基点逐渐展开，广泛整合学习工具，培养适合自身学习偏好的学习方式。

（六）教师的引导与辅导

教师在互动式学习环境中担负着引导者的使命，是在原有传授知识角色的基础上，又被赋予了激发学生学习兴趣、培养其自主学习能力、引导其解决学习中遇到挑战等角色职责。在职责影响下，教师需提供精准指导，确保学生学习过程中不偏离正确的学习轨道，制定清晰的学习目标与计划，向学生传授有效的学习方法与技巧，助力其高效获取和消化知识。教师需善于倾听学生的声音，及时解决其学习中遇到的问题、困惑，为其排忧解难，与学生有效沟通和互动，更好地了解学生的学习需求和困难，有针对性地提供帮助和支持，促进他们的全面发展和成长。老师及时的肯定与奖励优秀表现，及时的纠正和指导不足之处，能给学生提供强力的情绪价值，能以此有效调动学生学习的积极性与主动性。

（七）技术支持与设施建设

从此前教育案例的综合分析来看，学习环境的技术支持与设施建设会从根本上影响学生学习。网络设施作为现代学习环境中构建中偏"硬件"方面的内容，能起到获取信息、交流思想、参与在线学习的作用。是建设稳定高效的网络设施，须从硬件设施上满足相关要求。还应当配备具体的电子软件，"三助手"是要基于电脑、平板等基础软件的。

三、成功的数字化教学场景分析

（一）教学场景详细信息分析

以《文汇报》2024年1月22日刊登的胡晓明老师的《我教 AI 读古诗》作

为具体教学案例，具体信息如下所示：

第一问：

以下两首题画诗的风格、意境有何不同？

第一首诗：

心通造化扣幽扃，笔下山河袖里青。不用抚琴山已响，松风谡谡正堪听。

第二首诗：

心通造化扣幽扃，笔下山河袖里青。无弦琴作山河响，莫使人从指上听。

（我这个题目其实里面埋有两个"地雷"：一个是，如何理解诗歌的意境？意境是中国诗歌美学的重要标准，情与景的交融，虚与实的结合，AI 能做到鉴赏其中的奥妙吗？另一个是，这两首诗其实是饶宗颐先生一首名为"题南田画"的定本与稿本，我当然不会告诉"他"哪一个才是定本）

ChatGPT4 回答：

这两首诗虽然在字面上有相似之处，但在风格和意境上存在一定的差异。

第一首诗："心通造化扣幽扃，笔下山河袖里青，不用抚琴山已响，松风谡谡正堪听。"这首诗表现了一种与自然界深度融合的境界。诗人通过心灵与自然的交融，达到了无需外在动作即可感受到大自然之声的境界。"不用抚琴山已响"表明诗人的心境已经与自然界融为一体，即使不弹琴，也能感受到山的回响。最后一句"松风谡谡正堪听"强调了在这种心境下，即使是微风吹过松林的声音也显得格外动听。

第二首诗："心通造化扣幽扃，笔下山河袖里青。无弦琴作山河响，莫使人从指上听。"这首诗在前两句与第一首相似，但后两句有所不同，更强调了一种超脱于物质世界的精神境界。"无弦琴作山河响"暗示了一种超越物理形态的音乐，即使没有实体的琴，也能表现出山河的声音。最后一句"莫使人从指上听"则提醒人们不要只关注表面的技巧，而应更深入地体会内在的意境和情感。

总的来说，两首诗都强调了与自然的和谐共生和心灵的深度触碰，但第一首诗更侧重于自然界的直接体验，而第二首诗则更侧重于内心世界和精神层面的超然境界。

（我没有增减一个字，他的语言如此规范流畅。请注意 ChatGPT4 准确地区分两首诗的各自特点：第一首是人心与自然的"直接体验"，第二首是精神的"超然境界"。如果更学院派的回答，第一首即是情景合一，第二首是象外之理。

ChatGPT4 的感觉不错。还应注意的是，ChatGPT4 根本没有掌握关于"无弦琴"和"众山皆响"的复杂典故，也能凭第一感觉分辨出两首诗的共同意旨及不同特点，这一题的回答应该能在诗歌业余爱好者的学习班上得到高分数。有时候，专业训练在知识学习上太过于繁琐，以至于钻牛角尖，反而失去了珍贵的诗感。但是，我还想了解 ChatGPT4 对中国诗的整体有没有了解。于是再继续对话）

第二问：

你认为上面的哪一首诗歌艺术性更高，更加含蓄，也更加能够表达中国诗歌的美妙的意境？

ChatGPT4 回答：

选择哪一首诗的艺术性更高、更加含蓄，并且更能表达中国诗歌的美妙意境，这在很大程度上取决于个人的审美和对诗歌的理解。

从传统中国诗歌的特点来看，诗歌的美学价值往往在于其意境、含蓄和深远的哲理。在这两首诗中，第二首诗："心通造化扣幽扃，笔下山河袖里青。无弦琴作山河响，莫使人从指上听。"似乎更加符合这些特点。

第二首诗在表达上显得更加深邃和含蓄。它通过"无弦琴作山河响"这样的意象，传达了一种超越物质形态的音乐美学，体现了一种不依赖于外在形式的内在美。最后一句"莫使人从指上听"不仅是对技艺的超脱，也是对精神境界的追求，这种追求是中国古典诗歌常见的主题。

然而，这种评价是非常主观的。不同的读者可能会因为个人的经历、文化背景和个人偏好，对同一首诗歌有不同的感受和解读。因此，两首诗各有其独特之处，都能够以不同的方式体现中国诗歌的美妙意境。

（看来，ChatGPT4 还是比较套路，他所说的美妙意境、常见主题与美学价值，都比较根据显性的信息，即文本中明白的提示——如"无弦琴"、"莫使"句，看来他不懂得单纯的景语，可能更为含蓄，他也不懂得七绝的诗歌文体学，因此才会果断选择了第二首比第一首更符合意境与含蓄的标准。我于是再追问下去——）

第三问：

五七言绝句的最后一句一般是以景结情，而第二首以议论为结尾，并不是含蓄的表现手法，所以不如第一首，如何解释？

ChatGPT4 回答：

您的观点非常中肯。在中国古典诗歌，特别是绝句的创作中，最后一句通常用于"以景结情"，通过自然景物或情景来寄托或映射诗人的情感，这种方式往往更为含蓄、优雅。

第一首诗的最后一句"松风谡谡正堪听"很好地体现了这一特点。这句话通过描述松风的声音，不仅营造了一种宁静而深远的自然氛围，而且隐喻了诗人内心的宁静与深沉，通过景物来表达情感，符合绝句的创作特点。

相比之下，第二首诗的最后一句"莫使人从指上听"虽然深含哲理，但它更倾向于直接的议论，少了一些通过景物来寄托情感的含蓄和优雅。这种直接表达方式虽然也有其独到之处，但在传统绝句的艺术审美中，可能不如第一首诗的最后一句来得符合绝句的精髓。

因此，从传统绝句的创作角度来看，第一首诗在结尾的处理上更贴近传统艺术风格，更能体现中国古典诗歌的含蓄与深远。

（ChatGPT4 的学习与自我校正能力令人惊叹！真是从善如流呵。但是，他是真的改正了么？）

第四问（略）

（我重复第一个提问，只是将"意境""风格"换为"艺术特色"）

ChatGPT4 回答（略）

（他大致重复第一个回答。但是，在第一次回答中，认为第二首"更为含蓄"，这里改口为："最后一句'莫使人从指上听'则以一种较为直接的方式表达了对于艺术和感知的深层思考。"这表明：他毕竟从人脑这里学到东西了！）

我再问 ChatGPT4 最后一个问题：

请问：以议论入诗的手法是宋诗的特点，以景结情是唐诗的特点，如果不以含蓄为标准，以唐宋诗不同为分析角度，如何评价这两首诗的艺术性？

我的这个问题问得并不高明。因此他的回答不出我的意料之外：几乎是重复回答我什么是宋诗的议论特点、什么是唐诗的以景结情特点，完全没有新意，看得出来是做了很多自考题目之后的答题套路。

最后，我应该公布诗中"地雷"的真相：饶宗颐先生的《题南田画》，表彰南田画风的简淡高逸，所以要用松风作琴来喻人为艺术的多余，画家高明正是在于尽量减去绘画技巧，让观者沉浸于超笔墨的意境。因此，以松风作琴结尾的第一首是定本，第二首是稿本。定本的另一个理由也很重要：稿本不仅过于直白，而且三、四句意思也重复了。言少意多，韵味悠然，才是意境的本然。

又如：复旦附中语文特级教师王希明有一次去校外听鲁迅《记念刘和珍君》一文的语言风格课。赶去听课前，王希明老师问了AI：此文与鲁迅的另一篇文章《为了忘却的记念》在语言风格上有何不同？

AI的回答不仅明晰地总结出两篇文章各自在语言风格上的特点，还将作者透过语言风格传递的情绪与态度"讲"得明明白白。看到这样的回答，王希明老师感到"绝望"，"我已经预感到老师和同学的讨论不会超出这些"。

"面对AI，语文教学的尊严可在？"王希明老师扪心自问。一方面，他并觉得自己比AI更"博学多才"；另一方面，他发现还有一些问题更为棘手，"如果学生在回答问题或者写作之前先问了AI，然后略加润色后作为自己的作业上交，作为老师，我们可以分辨得出来吗？我们如何指导学生进一步向前？"王希明老师经过深思，感觉面对AI"未来已来"。AI作为学生学习的好帮手，确实能够给予学生的学习问题非常好甚至几乎完美的答案，但它们不能替代老师与学生课堂上情感上的交流与体验，人文性的一面是所有AI无法取代的，这正是AI时代语文教学的尊严所在。①

（二）教学场景成果应用带来的启示

用ChatGPT4进行古诗词教学，其分析手段、分析模式、分析方法是类似于人脑思维存在的，它借助了神经网络算法实现了精准的分析模式。由于当前这种类似于人脑的思维模式还存在不足之处，这种人脑思维模式需要更多的数据层建设才能进一步发展，实现替代人脑的作用。因此可以得出的结论是，当前ChatGPT4软件能用于简单的场景分析，例如搜集资料，简单的诗句分析，由简单的诗句分析我们还能将其延展到生物实验、化学实验的实验现象总结，又或是思维导图的构建上，但要求ChatGPT4进行极其复杂的模拟试题分析，自然达不到预期效果。

不过，从应用效果看，还能延展出一项思路，将复杂的问题简单化，拆分为若干个小问题，再让简单的小问题用ChatGPT4进行分析，在此分析基础上，将分析结果、分析数据整合到一起，也能起到一定效果，但还是与人类分析结果存

---

① 参阅解放日报记者柳森：《AI潮涌，更要相信课堂的力量》。解放日报。2024.0506.第11版。

在差异。

第三节　基于数智结合构建课程教学路径

一、颠覆传统教学模式

（一）翻转课堂在高中的应用

最初的是翻转课堂概念，即颠覆传统的教学模式，将理论内容放到课堂外完成，强调学生在课堂上进行实践和讨论。翻转课堂是一个对传统课堂模式的颠覆，转变学生和教师在课堂的主次地位。

就翻转课堂实施方式而言，实施翻转课堂过程中，教师需要精心设计课程内容，确定教学目标，包括选择合适教材资源，根据学生学习需求与水平差异，灵活调整课程内容，确保教学实施过程中的有效性与适用性。

为有效地"呈现"理论知识，在翻转课堂作用下，教师需要脱离传统教学内容，利用带有"自学性质"的多媒体技术或在线平台，基于视频、幻灯片、网络课件等形式，生动展示知识点，激发学生学习兴趣，为其提供丰富的学习资源。在安排课堂时间时，教师需要充分考虑实践和讨论环节的安排。这些环节不仅能够帮助学生将理论知识应用到实际中，还能够培养他们的解决问题和合作的能力。通过实践活动，学生可以亲身经历加深对知识的理解。讨论环节则为他们提供了交流和思想碰撞的平台，促进思维的开拓和深化。

翻转课堂作为创新的教学模式，在目前的高中教育中已展现出显著效用。基于翻转课堂应用，大部分学生已不再被动接受知识，而是主动地参与学习。不少学生已在预习阶段便接触到新知识，为课堂上深入讨论、实践奠定了坚实基础。在数字化教育作用下，不少学生能在课前通过视频、阅读等方式预习相关知识，在课堂上与同学和教师讨论互动，加深知识理解。

翻转课堂还能够培养学生自主学习能力，因为此种课堂本身就强调学生自主学习，学生被鼓励提出问题、展开讨论，鼓励通过实践应用所学知识。独立自主的学习方式不仅使其在知识掌握上更自信，还激发出批判性思维与问题解决能力。比如，学生可以通过小组合作、探究式学习等方式，共同解决现实生活中的问题，从而培养出解决问题的能力和创新思维。

（二）个性化学习路径的设计

个性化学习路径的重要性日益凸显。学生之间的差异是不可避免的，他们在兴趣、能力和学习节奏方面的多样性使得统一的教学方法难以满足各个学生的需求。因此，个性化学习路径成为数字化教育背景下，提高教育质量与学习效果的一项可实现的路径。

个性化学习路径设计首先需要充分了解学生的个体特点。对学生的兴趣进行调查和分析，可以发现他们的喜好、爱好以及潜在的学科偏好，进而为其量身定制相应的学习内容和任务。学生能力水平的评估，可以根据其知识掌握程度和学习能力调整难度和深度进行，以确保学习任务既具有挑战性又不至于过于困难。此外，还需考虑学生的学习节奏，合理安排学习进度和时间分配，避免过快或过慢的学习进度对学生学习效果的影响。在此过程中，个性化学习的分析环节，需要借助"三助手"具备的数据分析和智能化技术功能才能实现。在借助于相关功能服务应用基础上，能收集分析学生学习数据，收集已有的学习行为、学习成绩、反馈信息，将其"量化"分析，不断优化个性化学习方案，及时调整学习内容和策略，满足学生不断变化的学习需求。

智能化技术的运用，如人工智能和机器学习算法，能精准预测学生学习偏好与行为模式，提供针对性的个性化学习方案，进一步提高学习效果和学习体验。在"三助手"软件的作用下，个性化学习路径设计已脱离了传统的个性化学习，不只是简单根据学生个体差异进行调整，还能基于数据分析、智能化技术，实现对学生学习过程的深度理解和个性化指导，促进全面发展和成长。

（三）创新教学方法的实践案例分析

以收编在2021年全国数字教育智慧型课堂的教学典范为案例（具体信息来源于《中国教育报》2022年1月10日内容），该案例成果运用了数字化工具，成功对传统教学课堂内容进行了重组，最终完成了有效教学，具体信息如下：

案例简介

本教学设计依托智慧教育环境，合理利用教学工具，通过"比较过氧化氢在不同条件下的分解"的探究实践，说明酶在细胞代谢中的作用。本案例采取教学互动分屏显示、课前课中课后习题作业交互、教师演示实验与学生自主实验直播、习题游戏及刮奖奖励等特色方式，增强课堂教学的吸引力，提高学生自主学习的积极性。

实施过程

1. 故事导入

视频展示斯帕兰札尼实验，学生思考并回答将肉块放在金属笼内的原因及使肉块消失的物质。

2. 图片回忆

学生辨别三种细胞器模型图结构，回忆其反应和功能；观察反应式得出都需要酶参与的共同点；引出细胞代谢定义和细胞代谢与酶的关系。

3. 跨学科联系，总结预习

回忆初中化学过氧化氢分解反应；介绍本实验原理，提问设置哪些不同条件；展示智学网优秀预习作业，并鼓励其他小组；展示教师的表格设计，学生完善课前设计的表格。

4. 教师演示

使用希沃授课助手进行实时直播，学生可通过 LED 显示屏或平板学生机清晰捕捉实验细节。

5. 学生实验

深入各小组答疑解惑、指导分工；直播分享操作中的亮点和不足，及时鼓励和提醒。

6. 总结分析

小组汇报实验结果；归纳过氧化氢在不同条件下的分解速率不同；举例介绍控制变量和对照实验设计原则；小组讨论其他组相关变量及对照设计思路，发布畅言智慧课堂互动。

7. 构建概念

提问加热为什么可以促进过氧化氢分解，得到加热使过氧化氢分子得到了能量的结论后，构建活化能概念。启发思考：为什么没有加热的两个实验组现象更加明显？

8. 动画演示

动画演示四种实验条件下的原理，各小组派代表总结，教师归纳提炼：酶能降低化学反应的活化能，且作用更显著，催化效率更高。

9. 巩固提升，评价奖励

全班作答习题；利用希沃白板开展习题小游戏；对预习作业、小组实验、讨论、汇报、习题检测等情况，进行小组评价反馈；使用希沃白板设计刮奖活动，对优秀小组进行奖励。

案例反思

通过多媒体交互辅助课堂互动及作业布置，实时反馈课上讨论情况及掌握程度，实现课前课后多时间维度的动态监测；通过屏幕直播形式，实现演示实验的身临其境和细节抓取，以及学生实验的实时评价和反馈；通过习题及刮奖等游戏，让学生在新鲜多样的环境下进行评价。从学生对知识接受形式、反馈形式及参与方式的需求出发，合理应用软硬件资源，更加灵活、实时、全面地掌握学生学习情况，构建具有可操作性、互动性和趣味性的高中生物理论和实验课的融合教学模式。

（四）案例启示

虽然从案例看，上述案例采用的信息技术与"三助手"所使用的核心技术间存在技术差异性，但二者所呈现的结果大体一致，即利用数字化技术实现教育的赋能。案例采用的数字化技术为前几年所热门的信息技术，虽与AI技术间存在差异性，但依旧实现了课堂教学的全新赋能，颠覆了传统教学课堂，让教学前中后段能有足够的力量予以了帮扶，解决了传统教学中课后复习效果差、课中互动不足、课前资料不完善、教学质量取决于教师等教学困境。从此案例来看，当基于AI技术为支持时，将"三助手"用于课堂教学中，取得的效果可能优于上述案例中的效果，起到对教学效果强力的帮扶作用。

二、以创新教学方法为基点分层注入

（一）翻转课堂与"三助手"的结合路径构建

翻转课堂模式的核心理念是将课堂内外的学习活动重新安排，使学生在课堂外预习相关内容，在课堂上进行问题讨论、案例分析等互动性更强的学习活动。这种模式能够激发学生的学习兴趣，促进深度学习和思考。"三助手"技术则是指借助现代科技手段，为学生提供个性化、即时化的学习辅助服务，能基于"三助手"基层逻辑功能衍生出来的智能问答系统、在线学习资源平台等。而当"三助手"能成功应用于课堂教学中，学生自然能随时随地获取到所需的学习资料，获取相应知识，不受时空因素限制。

将这两种方法结合起来，自然能构建出灵活多样的教学路径，让学生在课堂之外利用"三助手"获取学习资源和指导，为课堂上的深入讨论和实践活动提前做好准备，进而提高了课堂学习的效率和质量。从教师层面来说，教师能根据学生在"三助手"上的学习情况进行针对性辅导，满足不同学生的学习需求。结合翻转课堂模式和"三助手"附带的技术应用，能丰富教学内容，提升教学质量，培养学生自主学习能力与创新思维，值得推广。

（二）基于"三助手"如何实施"智教融合"

智能辅助教学工具的作用既要融合智能算法和教学资源，又要为教师和学生提供全面而个性化的教学服务。在"三助手"作用下，对学生学习行为与表现进行深入分析，其背后的服务系统——智能辅助系统能准确洞察到各学生的学习需求和特点，为其量身定制适宜的学习资源与学习策略。

诸如上述此种个性化教学服务，既能提高学生学习效率，也能增强其学习动力和自信心，促进学生学习层面上的成长，为全面发展奠定核心基础。智能辅助教学工具还能够帮助教师更好地进行教学管理和诊断。通过收集和分析学生的学习数据，系统可以为教师提供及时的反馈和建议，助力发现学习困难，深度剖析其存在的具体问题，及时调整教学策略、方法，满足学生学习需求。

三、常见"AI 语言 & 视频大模型"在高中教学中的应用比较

（一）"ChatGPT"在高中具体教学中的场景应用

"ChatGPT"是一款由 Open AI 开发的基于人工智能的生成式语言大模型，其核心技术由最开始的神经网络模型扩展到了今天拥有的自然语言处理、深度学习和大数据分析等技术。从语言模型本身角度进行分析，作为一种先进的智能系统，"ChatGPT"具有模拟人类对话的能力，并且具备问答、解释和创作等多种功能。其强大的语言理解和生成能力使得它能够准确理解用户的提问，并以自然流畅的方式进行回答。在教育领域，特别是高中教学中，"ChatGPT"能充当一名智能助教，能为学生提供个性化学习支持与答疑服务（由于"ChatGPT"是以单个智能账号存在的，因而具备个性化服务的基础条件）。无论课堂内外，学生在学习过程中遇到的问题，均能与 ChatGPT 交流来获得及时解答。而就当前"ChatGPT"3.5 和 4.0 所配备的数据库来看，数据库已掌握了截止到 2019 年 9 月

和 2023 年 4 月的数据库，这意味着此软件能作为一个大型的百科全书。百科全书加上配备个性化学习方式，则能激发学生学习兴趣，让学生不只停留在课内教学中，还推动整体学习效果提升。从近几年高考形势来看，高考题目中也出现了一些课外内容，如维也纳雕像等，百科全书的应用则能进一步填补好课堂教学尚未覆盖的内容，健全学生学习体系。"ChatGPT"还可以根据学生的学习情况和需求，提供针对性学习建议与资源推荐，分析学生学习数据与行为模式，为各学生量身定制学习计划，推荐相应学习资料与教学资源，助力其更好地掌握知识和提升能力。

（二）"文心一言"的教育应用价值解析

了解学生的情感和心理状态能从侧面上提升教学质量。在此背景下，"文心一言"作为一款专业的情感分析工具，具备着较强的不可替代性。"文心一言"能准确捕捉学生的情绪波动，包括喜怒哀乐等多种情感状态。相关情感数据隐射而出的内容自然也会不同，对相关情感数据进行分析，教师自然能根据相关分析结果，洞察学生学习过程中出现的心理变化，及时发现并解决相关问题，进而针对性地指导学生。

除情感分析外，"文心一言"还可以深入挖掘学生的心理状态。它可以通过分析学生的言行举止、文字表达等多种方式，全面把握学生的心理状态，例如焦虑、自信、专注等。诸如上述的全面心理状态分析，有助于教师细致了解学生的个性特点和学习特点，为个性化教学提供有力支撑。通过"文心一言"的应用，教师可以及时调整教学策略。了解了学生的情绪和心理状态之后，教师能针对性调整教学内容和方法，满足学生学习需求，提高教学效果。关注学生的心理健康也是"文心一言"所强调的重点，通过及时发现和干预可能存在的心理问题，有助于培养学生的健康心态，促进其全面发展。

（三）基于"盘古 Chat"特点在教学中的运用

"盘古 Chat"由华为公司开发。作为一款中文智能对话系统，其服务宗旨是致力于为用户提供多方面的智能服务。从具体服务内容来看，其拥有智能问答功能，能回答用户提出的各类问题，能根据用户提问进行深度理解与准确回答，帮助用户解决问题。与前两项 AI 软件不同点在于："盘古 Chat"更擅长于中文的深度理解，因此将其用于中文学习更有应用价值。盘古系统在具备应答能力基础上，还具备了知识图谱构建能力，能在整合基础上，组织大量知识信息，以图谱形式展现出来，使用户能直观了解各种知识间的层次关联，最为经典的图谱形式便是"思维导图"形式，这是上述两项 A i 软件尚未不能做到的。

"盘古 Chat"还支持自动问答功能，能够根据用户的需求自动提供相关信息，极大提高用户使用便利性。在高中教学领域，"盘古 Chat"的应用潜力巨大。作为在线学习平台的一部分，能为学生提供多样化学习资源，代替传统教辅资料，能进行教材解读、题目讲解、知识点梳理。与传统教学模式相比，"盘古 Chat"能根据学生的个性化需求和学习进度，提供定制化的学习指导，帮助学生更好地理解和消化所学知识。学生与"盘古 Chat"的互动学习，只要应用恰当，自然能提高学习效果，还能激发学习兴趣和积极性，取得显著的学习效果，较好提升成绩，对教育教学模式的创新提升产生指导性启示。

（四）"Sora"软件应用优势在高中教学中的呈现

"Sora"做为 OpenAI 推出的文字视频模型，不同于"ChatGPT"这种文字图像模型，前者文字视频模型强力的点在于可视化功能更强，能强化抽象概念的转化，形成信息的有效归纳和收集。从功能上来讲，该模型能创建长达 60 秒视频，能以现存数据库中的软件数据，来不断细节现有丰富场景，实现已有的复杂摄像机动作与情境角色扮演。该软件能将文本描述转化为生动视频，为各阶段教育带来可视化可能性，帮助学生加快理解复杂概念，将其融入课堂活动。

1. 可视化复杂概念

"Sora"能将抽象文字描述转化为可视化视频，帮助学生理解复杂科学或历史概念。以高中生物中的教学为案例，该软件能基于已有输入文本中描述的光合作用过程，生成视频展示植物如何将光能转化为化学能，将抽象概念形象化，搭建起由可视化概念组成的思维导图，进一步将复杂概念具体化。除简单的可视化模拟外，该软件还能实现复杂教学内容的可视化，将数学物理这种带有相关性的学科融为一体，实现可视化概念的进一步加强。

2. 创建适应高中教学的学习材料

"Sora"能将文本提示转换为视频，创建具备吸引力的学习材料，尤其是应用于带有情景化特征的教学学科中，如历史课教学中能根据软件配备技术，制作一些历史场景再现，模拟历史环境中的重大决策场景。

3. 软件使用过程中的注意事项

就目前数字化教学场景来看，尽管当前"Sora"应用充满较大应用空间，但教育者也应当考虑不能只依赖于此项软件进行教学。重要的是确保生成视频内容适合课堂教学，能与教学内容形成互动环节，共同构建课堂教学影响力。与上述所提出的任何 Ai 技术如出一撤，教育者在应用"Sora"时应仔细规划，与相关教育目标紧密结合，确保其支持有效学习。

（五）"浦语 2.0"在高中教学中的优势互补

相较于前面所讲述的生成式智能大模型，"浦语 2.0"更像是一种智能技术的"集大成者"，其开发是建立在已有智能技术基础上得出的结果，根据此前官方发布的技术报告来看，联合团队提出了新一代的数据清洗过滤技术，主要发展了以下几个方面的技术方法：① 多维度数据价值评估：基于语言质量、信息密度等维度对数据价值进行综合评估与提升；② 高质量语料驱动的数据富集：利用高质量语料的特征从物理世界、互联网以及语料库中进一步富集类似语料；③ 针对性的数据补齐：针对性补充语料，重点加强现实世界知识、数理、代码等核心能力。

在上述三项核心技术加持下，"浦语 2.0"当前已能一次性独立自主处理 30 万字的文档，能根据输入的信息提取要求、特征收集准则来完成大量的数据收集工作，完成既定工作。从这一点来看，"浦语 2.0"能用于阅读收纳整本教材的重点内容，形成知识点的归纳收集，例如收集历史、政治、地理这种知识点较为密集的学科，帮助教师与学生快速完成教学或学习工作。但对工作量小、困惑性较高的工作，"浦语 2.0"的效能就不如此前提到的几款软件。不过，高中教学可以用"浦语 2.0"搭配其他软件一同应用，来实现复杂工作与简单工作的平衡，求得一个较为平均的工作效果。

（六）常见"AI 语言&视频大模型"的优劣分析

"ChatGPT""文心一言""盘古 Chat""Sora""书生·浦语 2.0"同为 AI 性质的辅助软件，其优势面较为统一，主要体现在提高教学效率与个性化学习支持上。从提高教学效率角度来说，"三助手"解决了传统教学中的搜集资源环节，能以高效率模式来搜集资料，大大减少教师教学、备课环节中的时间成本；而对学生而言，则能减少课后复习的知识整理时间，让整理环节能以"精细化"模式得以运行。

但不得不指出的是，"三助手"虽然已经衍生出一系列附带高应用价值功能，局限性依然需要重视：主要体现在技术成熟度、隐私保护、人机交互体验方面上。在技术方面，目前上述智能辅助教学工具在语音识别、自然语言处理等方面仍存在局限性，并非像电影场景所呈现的那样，只需要告知一声就能实现全自动智能服务，还需要不断的技术改进创新，以此来完善在各个场景中的应用；在隐私保护上，此前曾透露 ChatGPT 软件窃取用户资料信息的报道，虽然窃取信息是用于生成更佳的回答内容，但使用"三助手"可能涉及个人敏感信息，需制定严格隐私政策保护用户隐私权；在人机交互体验上，当前虽然开放了一系列有关人机接口的 API 接口，但在人机接口体验上，用户友好界面与交互方式上存在不足，要求用户能以方便、流畅的要求使用此工具。

总的来说，就当前"三助手"的优劣分析来看，还需要进一步完善，需要技术研发人员、教育工作者和政策制定者的共同努力，不断改进技术，加强隐私保护，提升用户体验，以推动智能辅助教学工具的发展。

四、构建"三助手"融合应用的基础框架

（一）尊重教学客观规律

构建"三助手"融合应用的基础框架时，首要之务是需深入理解，严格遵循教育教学的客观规律与原则。教师学校群体在构建过程中，需充分考虑学生认知发展水平、学科特点、教学环境等方面因素。在掌握相关层次点基础上，尊重教学客观规律，在客观规律作用下，合理设计教学内容方法，使之与学生学习需求与能力水平相契合，从根本上提高教学的有效性。构建基础框架时需要关注教学活动的可持续性，教师学校群体不仅要关注教学活动的短期效果，还应当考虑对学生长期学习发展的影响，对相关信息进行持续性假设和思考。

（二）纳入"四个相统一"原则

教师教学过程中，应当确保知识传授与价值引导相统一，还要进一步引导学生树立正确的价值观念，将知识融入实际生活中；显性教育与隐性教育也应相统一。除显性教育，即表面上的教学内容外，教师还要注重隐性教育，即潜移默化的教育，注意利用榜样力量与情感因素产生的影响，不要让数字化教育、教学太过于机械化，而是要综合考虑，要注意更多问题。要统筹协调与分类指导相统一，要有整体规划，也要根据不同情况进行分类指导，以满足不同学生的需求。总结传承与创新探索也应相统一，既要总结前人的经验，传承已有的知识，又要鼓励学生创新探索，推动学科发展。

1. 知识传授与价值引导相统一

在教学实践中，教师的责任不只是简单地传授学科知识，更重要的是在知识的传授过程中，引导学生树立正确的人生观、价值观和世界观。这意味着教师应该注重培养学生的思想品德，使其具备积极向上的人格特质和道德修养。因此，教学活动不应局限于课堂内的学科知识传授，还应该融入对学生思想品质的培养和塑造。为达到这一目的，教师应基于课堂讨论、案例分析、角色扮演等多种教学手段，引导学生思考、辨析，培养其批判性思维和道德判断能力。同时，教师的榜样作用也会潜移默化影响学生所作所为，教师应以身作则，成为学生良好品德的榜样和引领者。在此大前提下，学校和社会也应该共同努力，提供良好的教育环境和社会氛围，以促进学生全面发展。家庭教育也不可忽视，家长应该与学校密切合作，共同培养出品德高尚、知识渊博的新一代。

2. 显性教育与隐性教育相统一

显性教育与隐性教育相统一，要从深入探讨教育目标与本质角度出发，教育并非只是为传授知识而存在，更是要塑造学生整体素质与人格。隐性教育的重要性在于它对学生的思想品德、情感态度等方面起到潜移默化的影响。教师的言行举止、课堂氛围的营造、教育环境的塑造等方面对学生都有潜移默化的影响，相关影响会逐渐渗透到学生的心灵深处，对其态度、情感和行为习惯产生深远的作用。

在此过程中，教育者在进行隐性教育时需要注意相关问题，教育者应该具备良好的职业道德和人格魅力，以身作则；关注课堂教学方式和教育资源的优化，以提升隐性教育的效果。之所以要将两项教育相统一，其根本原因还在于，在知识爆炸的时代，学生的综合素质更加受到重视，而隐性教育恰恰可以培养学生的综合素质，使其在面对复杂多变的社会环境时能够正确应对。

3. 统筹协调与分类指导相统一

在教学组织和管理中，需要统筹协调各种资源和教学活动，也需要注重分类指导，以确保教学目标的顺利实现。教学组织和管理是教育教学工作中不可或缺的环节，直接关系到教学质量和效果，良好的教学组织能够充分包括但不限于师资、教材、设施等基层工作，为教学活动提供有力支持，提升教学效率。

从教学组织管理角度来说，分类指导学生学习是学生在养成学习方法、构建知识体系、全面发展的核心内容。在此指导方案影响下，教师应根据学生所具备的不同特点与学习需求，采取灵活多样的教学方法，在"个性化"原则基础上，进行教学设计、指导，促进学生个性化成长。确保教学目标的顺利实现，需要教师在教学过程中及时调整教学策略和方法，关注学生的学习情况和反馈，及时进行评估和反思，不断优化教学方案和实践，以达到最佳的教学效果。

4.总结传承与创新探索相统一

教育教学工作者应当认真总结过往的教学实践经验，分析成功案例与失败教训，从中提炼出可供借鉴的教育教学策略。教育工作者也要不断更新教育理念、教学方法和教育技术，积极探索符合时代潮流和学生需求的新型教学模式和手段，以适应社会的发展变化。

当前，我国社会发展呈现出多样化、个性化趋势，与全球化大趋势不谋而合，因而教育教学模式也应当做到与时俱进，注重个性化教育、综合素养培养、创新能力培养等方面，以培育适应未来社会发展需要的人才。

（三）分场景应用当个性化应用途径

在教育实践中，针对多样化的教学场景和学生群体，选择合适的教学策略至关重要。针对不同年龄段学生，教师需根据他们的认知发展水平和兴趣特点，量身定制相应的教学方式。在中学阶段，则可适度结合抽象理论与实际案例，帮助学生建立系统的知识体系。针对不同学科的特点，需要灵活运用不同的教学方法，数学这类抽象性较强的学科，可以通过解决问题的方式培养学生的逻辑思维能力；而对于语言类学科，则可通过大量的实践和模仿，提升学生的语言表达能力。

（四）以"讲"代"学"，强调费曼学习法应用

教学过程中，理解知识同掌握知识之间是两项不同的概念。二者不同的关键在于，前者要求建立在透彻清晰讲解的基础上，复杂概念与知识点呈现给学生，助力其建立起正确的认知框架。但仅依靠这种方式，只能让学习能力较强的学生掌握相关知识，对于其他学生而言，还需要借助复述所学内容、分享知识的方式，深化对已有学习知识的理解应用。

教师之所以能讲述好知识内容，将其传授给学生，是因为教师在教学过程前，已经掌握了相关知识点。倘若不明确相关知识点，教师自然不能进行详细教学。这期间就涉及到"费曼学习法"这一具体概念。费曼学习法核心理念是基于简单明了方式向他人解释所学知识，从而检验自己对知识的理解和掌握程度，将

知识以自身语言表达出来，从而加深自己理解，提高自身表达能力和逻辑思维能力。这其实与我国已有的"教学相长"概念有一定相通之处。教师可引导学生运用费曼学习法，基于讲解分享方式，不断提升自身学习水平，实现知识内化应用，以"讲"代"学"，实现更为深层次的知识学习。

（五）人工智能+跨学科融合课程群实践案例

以《解放日报》记者龚洁芸与上海市卢湾高级中学校长何莉的访谈来作为具体案例（具体信息来源于《解放日报》2024年4月5日刊登的《拥抱人工智能，激发创造性学习——卢湾高级中学全面创设人工智能+跨学科融合课程群》），具体信息如下：

"开放办学"重塑教学结构

记者：科学教育一直以来都是卢湾高级中学的特色。2018年，学校率先探索将人工智能作为科学教育在新时期的新发展点，是出于怎样的考虑？

何莉：我们学校的科学教育特色已经有20多年。2001年，学校在延续理科见长的办学特色下，提出了"培养有高度科学素养的高中学生"，开始实施"加强科学教育，提升学生科学素养"的办学实验项目。科学教育的内容需要根据社会前沿科技的发展而进行调整和更新。2018年，学校将人工智能元素引入科学教育中，是学校在传承办学特色过程中，科学教育的迭代和更新。

刚开始的时候，人工智能对于学校而言还是一个相对陌生、崭新的领域。所以我们就想到了"开放办学"：我们走访了一些高校，也和业界独角兽合作，从让教师先"学习"开始，进行内部教学结构的重塑。为此，我们成立了人工智能"火花学院"，这是一个跨学科的团队，聘请高校企业的专家进行指导，尝试将人工智能融入各个学科中，并打造多元化、个性化的人工智能特色课程群。

改变"我说你听"教学模式

记者：打造以人工智能为特色的科学教育，在实施过程中，有怎样的教育教学创新实践？

何莉：首先是让学生感觉到人工智能无处不在。这几年，我们打造了人工智能的应用场景，覆盖了教学楼三个楼层：人工智能创新孵化实验室、机甲大师实验室、无人驾驶实验室、无人机实验室、智能足球机器人实验室、智能篮球机器人实验室、智能救援实验室、无人快递实验室、元宇宙……在这里，学生可以感受生活中无处不在的人工智能场景，有一种对于 AI 的"亲近感"。

除了空间的打造，课程是最重要的载体。学校构建了基于 AI 的研究学习平台，开发了 18 个跨学科项目化学习课程包。我们通过市级课题"人工智能+课程群的开发与实践研究"，引导教师将人工智能运用到我们各个学科中，围绕"体验、实践、创新"三个层次、"基础、学科、城市、审美、情感、创意"六大领域，全面创设人工智能+跨学科融合课程群，让学生了解人工智能，做好迎接人工智能时代的准备。

其中的基础课，有我们教师自己编写的校本读本，让全校的学生了解、认识人工智能的基础，这是一个普及的过程。学科方面，则鼓励所有教师用"AI+"尝试教育教学模式的改变，改变以往"我说你听"的教学模式。

比如，化学教师徐金金借助 5G+AI+XR 技术，构建了虚拟现实实验系统，通过 SLAM-AR 技术，复原了氯碱生产工厂车间的真实场景，带领学生在虚拟空间中沉浸式体验氯碱生产的过程；又如，体育教师许皓强的网球课通过北极贝智能体育系统，实时捕捉同学们打网球的细节动作，根据不同学生的特点，提供智能化个性化指导，从而帮助学生及时纠正姿势，更好地掌握网球技能。

前不久，我们的一堂思政课，就是"AI+城市"跨学科的项目化学习和实践。在思政教师朱佳磊的带领下，学生们走进人工智能应用场景，通过了解 AI 在真实生活中应用，理解"新质生产力"这个热词的具体含义。我们了解、学习人工智能的最终目的，是让未来的城市生活变得更加美好。我们生活在中心城区，更需要亲身感受、创造这样的生活场景。

此外，我们还有三大课程：人工智能+审美、人工智能+情感和人工智能+创意。人类应该比机器更聪明，这就是我们培养人才的方向。我们要充分利用 AI 带来的便利，更要培养自己的思辨、交流和沟通能力，培育共情力和同理心，这些都是人类未来"战胜"人工智能的能力。

记者：人工智能科学教育这么多年来，学校有没有学生在这方面取得好成绩？

何莉：在"首届国际中学生人工智能交流展示会"上，学生程怿龙在老师指导下所做的《智能化个人舞蹈姿态评判系统》课题，获得了特等奖的殊荣；在 2021 世界人工智能大会上，黄瀚洋作为学生代表参会，并介绍其参加国际青少年人工智能交流展示会的项目成果。我们学校有不少毕业生，选择人工智能专业作为深造的方向。

记者：2024年2月，教育部集中公示了全国184个中小学人工智能教育基地名单，其中，上海共有6所学校入选，卢湾高级中学位列其中。我们怎样发挥自己的示范作用，带领更多学校走近人工智能？

何莉：作为基地，我们有义务也有责任起到引领辐射作用：第一，我们负责全区人工智能教师培训；第二，我们的课程资源、场地资源全部免费向全区中小学开放。比如，学校的节假日、寒暑假的免费课程，就由我们学校的教师和外聘的专业教师对全区中小学生公益授课。

培养必备品格和关键能力

记者：学校在实践人工智能背景下的科学创新教育过程中，希望培养怎样的人才？

何莉：我们的学生是人工智能时代的"原住民"。这种天然的"亲近感"是我们成年人所不能比拟的，只要创造条件和学习的机会，他们比我们更愿意学习。同时，我们的学生会有意识地去利用人工智能技术来改变自己的学习方式。

我们学校刚刚新建了"数智学谷"，这是在数字技术支持下学习时间和空间的一个改变。希望学生的学习，不再是班级授课制的形式下以灌输为主，而是实现真正的因材施教。教师通过简明扼要的核心导读课，把知识的结构提炼一下，以思维导图的形式呈现给大家，然后接下去应该是学生更多地自主研学。

自主研学将以"大社区"+"小部落"的形式完成，因为我们希望把知识转化为学生的必备品格和关键能力。这样的学习形式，应该是像在硅谷一样：学生不再是机械地学习，而是要体现创新精神。学生学习的不再是死记硬背的东西，而是对未来有用的知识，或是让他终身受益的某种能力。另外，创造性学习也是在鼓励学生，让他们提出对于眼下生活所遇问题的一些改进办法，或者是更好的畅想。

这样的一些改变和实践，就回到了我们人工智能背景下科学创新教育的初衷：无论是科学研究还是科学实验，都是通过学习知识促进自己对今后人生的思考，包括如何更好地去改变我们的生活——我们既要全面发展，也要与人工智能和谐相处，并且能够更灵活地用好人工智能。

第四节　学校在"三助手"应用背景下发挥的主观引导作用

一、学校层面

（一）整合全局资源，实现精细化管理

资源的合理利用和管理对于学校提高教育教学质量和整体运营效率至关重要。在当今信息化的背景下，借助"三助手"应用进行资源整合已成为一种切实可行的方法。"三助手"不同于传统的数字化教育资源，它在原有数字化教育资源基础上，还能整合教学、人力、网络资源，实现全局资源优化配置，使资源以灵活、高效方式运用于教学、学校管理各方面。基于"三助手"运用，学校能准确监测分析资源的利用情况和需求变化趋势。利用智能化技术，学校可以实现资源的动态调配，根据需求实时分配资源，最大限度地提高资源的利用效率。

数据分析应用也为学校管理提供了更为科学的决策依据，对数据的深度挖掘和分析，可以发现潜在的管理问题和优化空间，有针对性地制定改进措施，提升学校管理水平和服务质量。

（二）大力投入基层设施建设

"三助手"应用的介入为学校管理带来了前所未有的便利和智能化。借助先进的技术手段，学校管理者能够更加准确地了解基层设施的现状和需求，有针对性地制定规划和投入方案。例如，通过"三助手"收集的数据，学校可以了解到不同教学楼、实验室等设施的使用率、维护情况以及存在的问题，从而有针对性地进行改进和优化。

"三助手"应用还可以实现基层设施建设的智能化管理。"三助手"背后的基层逻辑是数字化技术，这与智能设备连接环节存在必然流通性，因而能将其作为实现设施远程监控与智能化调节的指导内核，及时发现设施存在的问题，提高设施利用效益。

在基层设施建设和改造方面，学校可以利用"三助手"应用提供的数据支持，结合实际需求，科学合理地规划和调配资源，确保基础设施的建设质量和效率，为师生营造安全、舒适、高效的学习环境，促进教育教学质量提升，提高学生学习体验满意度。

二、教师层面

（一）由言传身教转变为引导

当今数字化时代，在已有数字化教育经验基础上，教师能充分利用"三助手"等多项技术手段来开展具体的教学辅助工作。而"三助手"其中所配套的内容包括但不限于：互动式教学软件、在线学习平台、虚拟实验室等。这些教学软件的引入，自然促使教师要从传统教学课堂脱离出来，转变教学方法。教师需要摒弃传统教学的核心点，不局限于简单知识传授，通过"三助手"应用引导学生主动参与学习过程。如在数学课堂上，教师可以利用互动式教学软件进行数字游戏或解题竞赛，激发学生的数学思维；在语言课堂上，教师可以借助在线学习平台提供的语言学习资源，让学生通过阅读、听力等多种方式自主学习，提高语言表达能力。更重要的是，"三助手"应用能够培养学生的自主学习能力和解决问题的能力。学生在自主探究和解决问题的过程中，不仅能够独立思考和创新，还能够激发出对知识的探索欲望和学习动力。

（二）侧重学习方法注入

在"三助手"应用的支持下，教师得以将教学重心更加聚焦于学习方法的引导与培养上。这一应用的引入为教师提供了一个全新的教学视角和工具支持，使得他们能够更有效地辅导学生掌握学习的技巧与方法。教师可以针对不同学生的学习特点和需求，量身定制相应的学习策略，并通过"三助手"的功能将这些策略具体地传授给学生，通过应用内置的学习资源和工具，教师可以向学生介绍多种学习方法，指导他们在实践中灵活运用，从而提高学习效率与成果。更为重要的是，这种学习方法的引导不仅仅是为了应试，更注重于培养学生的学习能力和自主学习的意识，使其具备面对知识社会复杂需求的能力与素养。"三助手"应用的运用不仅使教学更加灵活和个性化，也促进了学生综合素质的提升，为其未来的学习和发展奠定坚实的基础。

（三）注重软能力提升

在现代教育中，教师的角色并非仅限于传授知识，应当顺应大的政策方向，以"五育并举"政策、"全面发展"策略为引导方向，引导学生全面发展。数字化教育的加入，让大部分教师能借助现代技术进步来降低对于"硬件能力"的要求。不少教师能借助于"三助手"为首的数字化教育工具来促进学生软能力培养。沟通能力是当今社会中不可或缺的重要技能。沟通能力的培养路径要从个体沟通来进行。例如，教师需要借助于数字化教育让学生加强与同学、教师的互动，让学生学会表达自身想法，倾听他人观点，学会不同情境下的有效沟通方法。在此，数字化教育扮演的角色是起到一个情境模拟的效果，借助于"三助手"的使用，模拟出经典的教学环境，让学生能在教学环境中以更佳效能交流。

除沟通能力外，团队合作能力则是另一关键软技能。高中教学并非让学生进行完全独立的个体学习，需要借助于团队合作以完成教学任务。教学中出现的经典实验、经典项目，均要求学生具备应有的团队合作能力，因此教师可借助"三助手"的应用，让学生参与团队项目与合作性任务，让学生学会与他人合作，共同完成任务，充分发挥每个人的潜力。

从高中核心素养的培养要求来看，上述能力偏向于"通识能力"层面，主要是用于强调一个基础能力的培养。在通识能力基础上，需要培养问题解决能力，培养学生创新思维能力。教师可以设计各种启发式的教学活动和情境，让学生在解决问题的过程中培养批判性思维和解决复杂问题的能力。在 AI 软件应用背景下，能据此构建出一系列此前课堂上尚未存在的教学方法，让教师能借助更强力量助力学生全面发展，提高其核心学科素养。

（四）实现"教学相长"

从"三助手"应用的具体功能和特点来看，"三助手"能从功能服务上颠覆传统的教辅软件，将其应用在实际教学环境当中。"三助手"能提供教学数据的收集、分析、反馈功能，支持教师间的交流与共享，让教师能以直观形式了解学生学习情况，为教师提供可供选择的教学策略方法。

对教师而言，"三助手"所具备的知识储备和功能服务，是当前大部分教师尚不能达到的层次，意味着教师在教学过程中，能借助于"三助手"应用来实现"教学相长"。教师能基于观察学生在应用上的学习表现，发现学生学习偏好与困难点，从而结合教学反馈进行针对性指导。在此过程当中，针对性指导的给出就需要借助"三助手"来实现。由于"三助手"所配备的庞大数据收集能力，教师自然还能借助"三助手",与其他教师交流教学心得和经验,共同探讨教学方法的优化与创新。

（本章由陈远磊执笔。陈远磊：中学高级专业技术职称,上海市民星中学副校长,主持工作）

第八章 数智融合再造课堂教学新场景赋能职校教学"三助手"使用

数智融合以数智技术的扩散为基本支点,以数据要素的使用为内在形态,它作为一类通用技术具有显著的外部性特征,在不同领域间表现出较强的共性和迁移性,能够适应多层次、多领域需求,实现在不同行业间的高效流动、转移和融合。数智融合正在重塑中等职业学校(下简称:职校)的课堂教学场景:丰富了课堂内容和形式,实现了个性化学习路径规划,提供了更多互动和合作的机会。这一切都为学生提供更丰富、更个性化的学习体验,促进中等职业教育的不断发展和进步。

第一节 职校数字化转型的背景与需求分析

一、职校的育人目标和教育特殊性

(一)培养职业素养是职校育人目标的重要方面

职校学生毕业后将面向职业生涯,培养职业素养是其育人目标的重要方面。当前,职校普遍开展的职业素养培育主要通过课堂教学、实训实操、顶岗实习、校园活动等来进行,虽然经由多途径、多渠道展开,但职业素养培育的实效性有待检验与反思。学生职业素养培育不仅要注重学校校内教育教学活动为学生奠定职业素养基础,还要注重引导学生在顶岗实习、实际职业活动中勤学苦练、自我修炼、主动提升,最终达到理想的境界。

随着"互联网+"时代的到来,学习环境不断改善,学习工具不断丰富,学习资源不断拓展,给职校培养职业素养带来了新的机遇与挑战。

（二）职校教育教学的特点

职校教育教学要求教学内容紧密结合职业需求，重视实践操作和职业素养培养；教学方法注重实践性和针对性，重视团队协作和创新能力培养；师资队伍具有丰富的实践经验和教学经验，重视与学生的交流和互动；学生具备一定实践经验和职业规划能力，有明确的就业目标。

1. 技能培育的特色

职校教育教学强调实践操作技能的培养，注重学生的动手能力和实际操作经验。学生在学校通过大量的实训活动，接触各类职业技术，培养实践能力和职业素养，为将来顺利就业打下坚实的基础。

2. 职业导向的设置

职校教育教学的核心目标是培养学生具备特定职业技能并能够适应职业发展的需要。学校设置多个不同专业方向，例如机电类、商贸类、信息技术类等，根据学生的兴趣和能力进行专业选择，这种专业设置行业针对性强，明显具有职业导向性。

3. 学校与企业的合作

职校教育教学注重与企业的紧密合作，通过与企业的合作办学、实训基地等形式，使学生能够接触真实的工作环境和职业实际。这种合作能够提高学生的实践能力，增强就业竞争力，并为企业提供合格的技能型人才。

4. 多元化的学习模式

职校教育教学不仅注重理论教学，还注重实践教学和技能培养。学生在中学校既要学习基础知识，也要进行实际操作和技能训练。多元化的学习模式能够满足不同学生的需求，培养学生的多方面能力和技能。

5. 毕业就业的导向

中职教育注重培养学生的就业能力和职业素养，毕业生具备一定的职业技能和实践经验，更容易适应社会就业的需要。学校会积极组织就业指导和实习实训，帮助学生顺利就业，促进社会的经济发展。

6. 个性化教育的关注

中职教育注重发现学生的兴趣和潜能，根据学生的个性化需求提供差异化的教育服务。学校会根据学生的特长和兴趣进行专业选择和课程安排，使学生在中职教育中获得更好的发展和成长。

二、中等职业学校学生认知普遍规律

（一）中职生的认知规律主要表现

中职生是一个相对特殊的群体，他们的认知特点和认知规律与同年人有所不同，因此需要特别关注和尊重。中职生认知规律主要表现在：通常以自己的经验和感受为主，对于他人的建议和指导往往不以为然，在教育中需要关注他们的情感需求，建立良好的师生关系；喜欢通过互动式学习来获取知识，对于单调的讲授和听课容易失去兴趣。因此，教育者需要采用多种教学方法，增加与孩子的互动。他们在认知方面通常容易被外界干扰，难以长时间集中精力完成任务。这可能与他们所处的环境有关，例如嘈杂的学校、家庭等；对于记忆的内容往往以机械式记忆为主，对于理解性的内容记忆较差。这可能与他们缺乏生活经验和知识有关；中职生往往有固定的思维模式，难以接受新的观点和方法。

以音乐职业教育中的钢琴课为例，钢琴集体课的教学瓶颈在音乐专业集体教学中具有普遍特征，其症结在于现有的钢琴集体课教学的主要模式依旧是脱胎于传统一对一的钢琴技能授课模式。而事实上，钢琴集体课在教学目标、教学内容上与一对一的钢琴技能小课是有差别的。传统一对一钢琴课，更多的关注纯粹的钢琴演奏技能的不断锤炼提升，而钢琴集体课的教学则是建立在学生掌握一定的钢琴基础演奏技能之上的音乐综合素养能力的提升。但钢琴技能的学习有其自身的特点，需要关注到个体生理条件的差异，需要把握视、听、奏三者的结合，在过程中还必须关注每个学生个体的发展。正是由于这些原因，现阶段钢琴集体课教学难以适应一对多的钢琴教学的需求。

在中职日常教学中往往有以下表现：

- 学生水平参差不齐，教师授课难以了解每位学生即时掌握的情况。
- 课后对学生练习的程度与进度不能及时掌控，在"还课"的过程中，检验所有同学作业会花费大量的时间与精力。
- 起点低的学生跟不上进度，不敢开口、动手，导致"恶性循环"差距变大的现象。
- 学生易错题"针对性纠错"不能实现"个性化"，降低教学实效。

（二）中职生的认知规律带来的个体差异

中职生通常处于青春期后期，这个阶段的学生在生理和心理上都发生了显著变化。他们开始形成独立的思考能力和自我意识，对外部世界充满好奇和求知欲。同时，他们的抽象思维能力和逻辑思维能力也在逐渐发展。在中职教学实践中，发现这些差异主要集中在四个方面：感知觉差异；记忆能力差异；思维能力差异和学习动机和兴趣差异。这种差异会影响他们的学习投入和学习成果。

如何既能关注到整体教学目标的达成，又能充分满足学生的个性需求，将课堂时间充分利用起来，最大限度地提升学生的自主学习能力呢？随着"互联网+"时代的到来，现代信息化技术手段能够突破时间与空间的限制，充分满足个性化的需求。因而，聚焦"互联网+"，积极推进现代科技与职业教育相结合，根据新课程要求和学生需求，运用信息化手段突破学生技能学习的瓶颈，优化职业教学，全面提升中职教育课教、学、评的有效性，是有效和重要的教学新模式。

三、职校数字化转型的迫切需求

（一）中职校教学中的痛点

1. 数量庞大而教学资源不足

中职校不少热门专业学生人数众多，导致教室容量不足，课堂拥挤，影响学习环境和教学质量。教学资源有限，如教科书、实验设备、计算机等，不能满足学生的学习需求，限制了教学内容的丰富性和多样性。部分学校基础设施老化，设备维护困难，教学设备的现代化水平较低，难以支持教学的需求。

2. 师资力量弱于教学实际

部分教师教学经验不足，教学水平有限，无法胜任教学任务，导致教学效果不佳。教师专业知识和技能水平参差不齐，无法满足教学内容的需求，影响了学生的学习效果和职业素养的培养。有些缺乏行业背景的教师，无法与行业接轨，影响了学生的职业技能培养和就业竞争力。

3. 学生学习能力普遍较弱

学生入学水平参差不齐，部分学生基础薄弱，学习能力较差，导致学习进度不齐。学生缺乏自主学习和解决问题的能力，依赖教师指导，影响了学习效率和学习成果的提高。学生学习动机不足，缺乏学习兴趣和主动性，影响了教学的积极性和效果。

4. 教学质量和效率有待提高

部分教学课程设置过于理论化，与实际职业需求脱节，影响了学生的职业能力培养和实践操作能力的提升。教学内容教学质量参差不齐，部分课程教学效果不佳，未能达到预期的教学目标，影响了学生的学习成果和职业素养的提升。教学管理不规范，教学评估和监督机制不完善，导致教学质量无法得到有效保障，影响了学生的学习效果和教学效率。如：在《钢琴基础训练》课程教学实践中我们发现，《钢琴基础训练》课程虽然是音乐专业的基础核心课程，是发展学生音乐听觉和音乐感受能力，建立正确的音准、节奏观念，培养独立的读谱能力与演奏能力，形成一定的音乐作品表演实践能力的基础课程，但《钢琴基础训练》教学作为音乐专业学生的必修课，目前仍以传统的课堂教学为主，由于受课时与硬件条件的限制，以及学生的音乐基础的差异，学生的分层学习与个性化练习很难得到保证、课后的有效练习难以监督，往往会出现以下瓶颈：

- 示范难：钢琴集体课通常采用一对多的教学模式，教师的教学示范难以让每位学生都看清楚，部分学生不能及时了解教学要求。
- 互动难：学生水平参差不齐，集体课教学中教师难以及时掌握个体学情，教学中难以进行有效的师生互动。
- 纠错难：音乐学习通常以主观评价为主要评价方式，学生学习过程中无法实现有效的"自我纠错"与"针对性纠错"。
- 评价难：钢琴集体课在"还课"的过程中，教师检验所有同学作业会花费大量的时间与精力，而评价只限于师生间单线联系，多元评价难实现。
- 贯通难：钢琴集体课教学中教、学、评三环节往往脱节，不能形成良性循环模式，教学评融合度不够。

因此在教学过程中就有必要实施个性化教学，关注学生的个体差异，采用灵活多样的教学方法和手段；加强教学管理，建立科学的教学评估和监督机制，提高教学质量和效率。

（二）数字化转型中带来的挑战和机遇

数字化转型是利用人工智能、云计算、大数据等新技术将服务内容、过程和方式数字化的过程，从而提高服务效率。在数字化转型中，能力发展是至关重要的一部分。一些学者将数字化转型的本质概括为满足用户需求和提供良好体验的能力。职业学校可以在已有的信息化基础上引入大数据、区块链等新一代信息技术，构建移动互联网、物联网、云计算等数字化平台，以打破教学过程中的时空限制，使教学的各个环节更加联通，为学生提供更完善的教学系统。

同时，职业学校还可以依托数字化和信息化的发展，逐步完善数字化转型制度，将教学内容、教学过程和教学评价向着数字化方向转变，从而使教学内容更加丰富、教学过程更加灵活、教学评价更加多元化[①]。此外，需要加强学校数据中心的建设，包括基础数据库，如办学条件、学校管理和科研管理，构建综合智慧平台用于学校管理和教育评价，提高数字化管理能力，推动人才培养模式的改革。

还可以采用更丰富的教学方法，激发学习兴趣。传统的单一教学模式已经被数字技术所取代。教师可以利用数字技术来设计课堂教学、管理和评价，推动教学改革和创新。通过数字技术的辅助，教师能够整合各种教学资源，实现多学科协作和交流，创造出更加生动具体的教学媒介，如多媒体教室和网络技术。这有助于激发学生的学习热情，丰富课程的教学方法，例如翻转课堂和混合课堂模式，让学生对课程学习的兴趣和积极性不断提升，为教育创新和改革带来更多可能性。

数字化转型带来机遇的同时，也让职业学校在实施过程中面临着各种挑战。

首先，信息基础设施建设滞后，相关设施建设需提速。要实施职业教育的数字化转型，首先需要建立数字化教育基础设施。然而，目前很多学校缺乏数字化建设的总体规划和计划，投入也有限，项目进展缓慢。其次，网络和校园资源尚未完全开放，共享机制尚未建立。目前，各地职业学校建立的智慧校园资源和其他网络资源相对独立，形成了"信息孤岛"。缺乏统一规划和部门间的衔接，校园数字化操作系统之间交互性不强。再次，教师的数字技术应用能力存在短板，影响了数字化教学目标的实现。缺乏对新形式教学的实践经验，导致数字化转型水平不高，需要加强教师的数字化培训和综合教学能力提升。

综上所述，现代职业教育的办学宗旨是以就业导向、服务导向和市场需求导向为核心，需要创新人才培养方式，灵活运用在线学习、远程教育等方式，提高

[①] 邵梦园，杨兰花，任胜洪.职业教育数字化转型的制度赋能：内容、特征及问题反思[J].中国职业技术教育，2023-12-21.

教育的针对性和灵活性。吸引社会力量参与数字人才培养培养，引入企业、行业协会等社会力量参与培养和培训工作，建立校企合作机制，将教育与实际工作紧密结合。职业教育需要深刻把握数字化转型的价值和方法路径，紧跟时代发展的步伐，不断适应新时代职业教育发展的需求，为劳动者提供持续的数字化技能培训和教育服务。

第二节　数智融合新理念在中职校中的应用

一、职校教学中数智融合新理念的价值

通过数字化引领教育理念、思想、方法和实践的全面变革，我们可以重构职业教育生态系统，以更好地服务专业（群）发展和技术技能人才培养。数字化技术不仅是一种工具，更是一种理念和思维方式的体现，它为教育提供了全新的可能性和路径。

（一）数智融合为重构职业教育生态系统提供新动力

随着新一代数字智能技术的不断发展和应用，数字化与智能化的融合正日益深化，这为职业教育的教学和治理带来了革命性的变革。新一代数字智能技术与职业教育教学与治理的融合，正在改变着传统的教育模式。过去，职业教育往往面向工业时代，以规模化和标准化为主导，教学组织结构较为僵化。然而，随着数智融合的兴起，职业教育正朝着面向数字时代的规模化个性化教学的新生态迈进。

在这个新生态中，数字智能技术与职业教育紧密结合，为学校教学和校园治理带来了新的可能性。通过人工智能、大数据分析、机器学习等技术，学校可以更好地了解学生的学习需求和特点，实现个性化的教学和辅导。同时，数字化技术也为教育管理提供了更高效、精准的手段，促进了教育资源的合理配置和教学质量的提升。

在职业学校教育教学中，抽象概念具象呈现，利于学生思维参与，达到"教"之有形。在过往的教学实践中，常常出现教师表达与学生理解无法形成共识的情况。例如，在音乐教育中，音乐是一种抽象的艺术，尤其是巴洛克时期的无标题复调钢琴作品更是个中翘楚。为了突破传统课堂教学中音响、音色、音

效、音乐形态等多方面资源的限制，引入专业音乐制作软件成为一种有效的方法。通过音乐工程搭建，教师可以将抽象的音乐色彩、音乐风格与演奏效果在课堂中具象呈现。这种具象呈现有助于学生更好地理解抽象的音乐理论，激发他们的创作热情，提升创作能力。值得注意的是，创作思维与能力的提升又会反哺到钢琴作品的理解与演奏中，形成了良性的循环。因此，利用制作软件等现代科技工具，将抽象概念具象化，不仅能够加深学生对抽象概念的理解，还能够促进他们的创作能力的发展，为他们的综合素质提升提供有效的支持。

由此可见，数智融合不仅为职业教育注入了新的活力和动力，也为教育体系的改革和升级提供了新的契机。在新的生态系统中，教学教师将更加灵活地应对时代的变化和学生的需求，为他们提供更具有针对性和前瞻性的教育服务。同时，学生也将在更加多样化和个性化的学习环境中得到充分发展和成长的机会。

（二）数智融合为深化职业教育校企合作提供新模式

数智融合为职校教育提供了基于"学校—虚拟工厂—企业"的校企合作新模式，为解决职业教育中存在的一系列难题提供了可行性和创新性的解决途径。传统的校企合作模式往往受到多方面因素的限制，包括学校资源匮乏、实践项目有限、实习安排不便等问题，而基于"学校—虚拟工厂—企业"的合作模式，可以有效地解决这些问题。

首先，通过建立虚拟工厂，学校可以模拟真实的工作环境和项目场景，为学生提供更加贴近实际的学习体验。这不仅可以丰富学生的实践经验，还能够增强他们的职业素养和技能水平。

其次，通过与企业合作，学校可以获取更丰富的实践项目资源，为学生提供更广阔的就业机会和职业发展空间。同时，企业也可以通过与学校合作，及时了解人才培养的需求和动态，为自身发展提供有力的支持。

最后，基于数智"合的技术支持，学校可以更加高效地管理和运营虚拟工厂，实现资源共享和优化配置，从而节省教育资源、降低教育成本。

综上所述，基于"学校—虚拟工厂—企业"的校企合作新模式，借助数智融合的技术手段，可以有效地促进职业教育的发展，为学生提供更优质的教育资源和学习环境，为企业培养更加适应市场需求的人才，实现教育与产业的良性互动与融合。

案例 1

原上海现代音乐职业学校专业教师聚焦"数智+教育"的资源，整合信息技术，尝试开发适合音乐职业学校学生的软件，力求形成以课堂教学为主，课外探究交互、线上线下交融的新型学习模式，凸显学生主体地位，满足学生的个性需求，提升视唱练耳教学的能效。

学校主动寻找与课程关联的网络平台——"乐王学院"，针对学校学生特点与课程需求"量身定制"专业APP，共同开发视唱练耳应用模块。学校的《曲谱制作》课程原先是学习Sibelius打谱软件的基础操作，通过校企合作项目，企业讲师参与课堂教学，传授更符合市场需求的专业制谱技能，提升了学生的就业竞争力。

《曲谱制作》课程的成果转化为校企共同研制开发专业应用软件的基础，视练应用软件进一步服务于专业核心课程《视唱练耳》，提升课程教学效率，专业教师也通过全程参与项目做到紧跟企业前端技术发展，切实提高实践操作能力。

同时，该视唱练耳应用软件也适用于大多数有志于报考艺术类高等院校的中等职业学校学生。学校从课程入手，密切校企合作，深化产教融合的模式在中等职业学校中有复制、推广的意义。

（三）数智融合为革新职校教育教学模式提供新方法

在数字数智融合时代，各种先进技术如"云资源+智能技术+虚拟现实"等的综合应用，促成了校企跨界融合、产学深度融合、工学场景融合、虚实环境融合以及科教交叉融汇等一系列创新教学模式的涌现[①]。这些新模式为教学带来了全新的面貌，使得教学更加丰富多彩、过程更具自主性、时间更具弹性、内容更加个性化、方法更为多样化。学生们能够在更为智能、更为开放的教学和实训环境中学习，实现了泛在学习和个性化定制学习的目标。

通过数智融合，职业教育进入了一个崭新的发展阶段。学校教学模式的多样化和个性化为学生提供了更为广阔的学习空间和更为丰富的学习体验。同时，学校教师也可以更灵活地运用各种教学资源和技术手段，提升教学质量，满足学生的学习需求，进而加快教育信息化进程。

---

① 中国教育在线.数智赋能、融合创新：数字化转型激发职业教育新动能［N］.2023-02-07 https://article.xuexi.cn/articles/index.html？art_id=9803711545799973496&item_id=9803711545799973496.

案例 2

数智技术与教学深度融合，让学习有迹可循，做到"学"之有度。复调钢琴作品的演奏学习属于过去钢琴集体课中的难点内容，但通过此次的课程学习，相较于过往年级，学生钢琴演奏能力均有明显进步，均能够基本把握住复调钢琴的演奏特点与风格。

① 示范动作清晰可见，学习效果得到改善。

课堂教学中，通过手部动作投影技术，学生能清晰看到教师的演奏示范细节，解决传统课堂集体教学示范难的瓶颈，提升了课堂效能。

② 信息技术辅助客观评价，克服主观评价有限性。

学生通过配重键盘练习，即时录入软件生成可视化图谱，从单一听觉辨识转向与视觉纠错相结合，将演奏基础要求从主观评价转向客观评价，形成了针对基础演奏实践的客观评价依据，突破了传统器乐学习以听感等主观感受为主的评价方式，促进学生的自我纠错与自学能力。

③ 突破课堂"一对多"困局，每位学生均能得到关注。

可视化图谱经学习平台大数据分析，能让教师即时了解所有学生的学习进度，有针对性地调整教学策略，提升教学效果。

二、数字化技术与职校育人目标的契合

（一）推进课堂教育教学过程数字化

教育教学变革的核心战场在课堂。数字化转型的关键在于重塑课堂教学，使其更具创新性和适应性。课堂教学的数字化转型不仅仅涉及到理论知识传授，还包括实践操作与理论知识的有机结合，实现理实一体的教学模式。

在数字化转型过程中，我们需要探索如何从教学内容、学习资源、教学过程、学习方式、师生活动等多个方面进行数据采集、分析和应用，实现学习过程和教学过程的数字化。依托数字技术，构建数字化学习生态系统，为精准化、定制化、个性化的教育和学习提供动能。这样可以使得课堂教学更加高效、灵活，并且更加符合学生的个性化需求。

(二)培养数字技术应用的新质能力

职业教育人才培养的重心正在从原先强调专业技术基本操作能力转变为更加重视数字技能和创新实践能力。这包括但不限于数字获取分享、数字沟通交流、数字技术应用、数字技术创造以及数字伦理与安全等方面的能力。这种转变意味着专业技术能力与数字技能和创新实践能力并重[①]。

在这一背景下，培养学生的数字化意识和数字化思维变得尤为重要。学生需要了解数字技术在现代社会中的重要性，掌握数字化工具和方法，并且能够灵活运用这些技能解决实际问题。此外，也需要关注数字化时代的伦理和安全问题，培养学生正确的数字伦理观念和安全意识。

教师在数字化转型中起着至关重要的作用。他们需要不断提升自己的数字化教学能力，掌握各种数字化工具和教学方法，以更好地指导学生学习和实践。只有这样，才能更好地实现面向未来的数字智能技术应用新型能力培养目标。

为了更好地实现这些目标，创新技术增强的教学模式也是必不可少的，包括利用先进的技术手段改进教学内容和教学方法，创造更加灵活、高效的教学环境，以及更好地激发学生的学习兴趣和创造力。通过这些努力，我们可以更好地适应数字化时代的发展要求，培养出更多具备综合能力和创新精神的职业教育人才。

(三)构建数字技术支撑的一体化教学平台

首先，构建数字技术支撑的一体化教学平台必须明确一体化教学模式的实施策略，形成实施框架。其中，明确教学设计是一体化教学模式的基础，在教学设计阶段，必须充分考虑到集体课的特性和学生的个体差异，在教学过程中充分的创设个人学习情境来激发学生的学习兴趣。而在教学过程中则要充分的重视教学互动，包括师生互动，和生生互动来提高教学效果。通过利用信息化教学工具，能很好地将以上这些关键要素整合落实。

其次，引入数字技术同专业课学生教学相结合，通过数据传输将学生操作转化为数字信号，形成可视化图谱。学生可将之利用数据库与标准图谱进行比对，同时也可进行复盘评价，对于基础较薄弱的学生，可在初学阶段，有效提升自我纠错能力与自主学习效能，既促进了学习效率也激发了学习兴趣，并便于教师观

---

① 舒万畅,李丹.新时代职业教育数字化转型的价值与实施路径研究[J].教育视界,2023-10-23.

察及有针对性记录学生练习情况。

目前,原上海现代音乐职业学校基于技术技能课教学评一体化教学模式已在实际教学中得到应用,并收到了积极反馈。

1.教师通过应用软件的平台数据汇总功能,能够清晰了解学生在钢琴课程中的学习程度与进展,能实时地掌握每个学生的进度,给予更精准、明确的学习建议。

2.学生则能突破空间的限制,在个性化的学习空间内进行有针对性的学习,即时有效地发现问题,改善问题、解决问题。

3.学生作品成为教学范例,极大激励了学生的学习热情,丰富了教学资源。同时在本次实践研究的基础上,还形成了系列微课与基于本课题的教学课例,形成了可推广应用的资源。

(四)完善数字技术赋能教育评价体系

利用新一代数字智能技术,我们可以创新教育评价的方式,使之更加全面、准确和有针对性。首先,我们需要制定数据采集标准,确保数据的收集具有系统性和操作性。这包括确定需要采集的数据类型、采集的频度和方法等。其次,我们可以推进学生综合素质数据的全方位采集,包括学习成绩,学生的思维能力、创新能力、沟通能力、合作精神等方面的数据。通过建立综合素质评价体系和标准,可以更加客观地评估学生的综合素质,促进他们全面发展。同时,我们还优化组合了基于数据的评价方式,将不同类型的数据进行组合,形成更加完整的评价结果。这样可以更好地反映学生的整体表现,并且促进评价过程与学习过程的紧密结合。评价不再是一个孤立的环节,而是与学习过程相互交织,为学生提供及时的反馈和指导。

对于学生的评价贯通课内外,全方位评价激发共同进步,实现"评"之有效。借助学习平台、专业软件技术与全息投射技术,将课前、课中、课后与课外整合成了一个整体,在不同教学阶段积极开展学生最佳创作评选。使用"最佳作品"为课堂教学范例,分享创作思路与实践心得,并将教师评价、生生互评贯穿始终。不仅打破课堂的限制,还打破班级的限制,积极发动组内教师甚至校外教师,参与学生作品的评价,激发学生的学习动力,明确学习方向,使学生在自主、合作、探究、实践中共同收获进步。

综上所述,利用新一代数字智能技术进行教育评价的创新,可以更好地了解学生的学习情况和能力水平，为他们的个性化学习和发展提供更有效的支持和指导。这有助于推动学生新型能力建设，培养出更加全面发展的未来人才。

三、"三助手"在职校教学中的定位与作用

（一）以研发备课助手打造教学共享平台

备课助手具有多项功能模块，包括设置数字资源、教案设计、课件编辑、任务设置等。这些功能模块可以帮助教师更好地准备课程，提高教学效率和质量。备课助手通过提供优质数字资源、教案设计、课件编辑、任务设置等功能，可以减轻教师的备课负担和压力，促进教学改革和发展。

对于职校教学来说，备课更加侧重于实践性和实用性。备课时需要选用与行业实践密切相关的案例和教材，设计具体的操作步骤和实践项目。备课过程中需要密切关注所教授的行业的最新发展趋势和要求，确保教学内容与行业标准和需求保持一致。教师可能需要与相关行业企业合作，了解行业的最新动态，并将这些信息融入到备课中。同时备课过程中需要整合各种教学资源，包括教科书、教学视频、实验设备等。教师可能会利用现有的教学资源，也可能会根据实际需要自行制作教学材料和资源。

因此，打造职校备课共享平台可以更好地促进教师之间的资源共享和合作，提高备课效率和教学质量。这个平台将集成资源整合与分享功能，让教师可以上传和下载各类备课资料，包括教案、课件、教学视频等。同时，可以以互动与交流功能，为教师们提供一个讨论问题、分享经验的平台。此外，教师备课时也可使用个性化定制功能，以满足不同教师的教学需求。

通过这个平台，可以实现备课资源的共享和交流，为教师们提供一个便捷的途径，让他们可以分享自己的备课资料，并从他人的经验和教学方案中获取灵感和启示。这样的平台有助于促进教师之间的合作和互助，打破了传统备课过程中的孤立性，形成了一个共同成长的社区。同时，通过共享优质的备课资源，可以提高备课效率和教学质量，让教师们更加专注于教学内容和方法的设计，从而提升学生的学习体验和成果。

（二）以教学助手辅助学生学习实操环境

教学助手包括教师端与学生端，其中包含了一系列功能模块，如教学课件、

互动工具、信息传输、数据分析、结果呈现等。这些功能模块主要为教师和学生提供支持，使他们能够在课堂中更加高效地开展教学和学习活动。教师可以利用教学助手设计和展示课程内容，与学生进行互动，传递信息，分析学生表现，并呈现学习结果。而学生则可以通过教学助手获取教学资源，参与课堂互动，接收信息反馈，以及查看学习成果。

职校更加注重学习实操环境，以教学助手为基础融入教学实操过程，可以为学生提供更加全面和贴近实际的学习体验。通过将教学助手与实操环境相结合，学生可以在实践操作中直接应用教学助手提供的功能，从而更好地理解和掌握所学知识与技能。

教学助手在学习实操环境中的应用可以具有多种形式，例如：

1. 实时指导与反馈。学生在进行实操操作时，教学助手可以提供实时指导和反馈，帮助他们纠正错误、改进操作方法，从而提高学习效果。

2. 虚拟模拟实验。教学助手可以提供虚拟模拟实验的功能，让学生在模拟环境中进行实操练习，降低实验成本和风险，并提供实验结果的分析与评估。

3. 数据记录与分析。教学助手可以记录学生在实操环境中的操作数据，并进行分析和评估，帮助教师了解学生的学习情况，及时调整教学策略。

4. 资源共享与协作。学生可以利用教学助手共享学习资源、交流学习心得，与同学进行合作与协作，促进学习共同进步。

5. 通过将教学助手融入学习实操环境，可以增强学生在实践操作中的学习动力和效果，提升他们的实际应用能力和解决问题的能力，从而更好地适应职业学校的教育目标和实践需求。

（三）以作业辅导助手完善课外指导形成教学闭环

作业辅导助手涵盖了教师端和学生端，旨在提供全方位的作业辅导和学习支持。教师端功能包括布置作业、数据统计、错因分析、智能推送和人机对话，以便教师进行作业管理、学生指导和互动交流。学生端则提供作业查看、提交、数据分析、错因分析、智能推送和人机对话等功能，帮助学生更好地完成作业、提高学习效率，并与教师进行在线沟通和交流。这样的辅导助手系统有助于提升教学质量，促进学生学习过程的个性化和智能化发展。

在职校教学中，课后练习是学生巩固知识、提高技能的重要环节。针对职业教育的特点，课后练习设计应当兼顾实践性、多样性和个性化。练习题目应以实际工作场景为背景，涵盖不同形式和难度的题型，以满足学生的学习需求。即时反馈和引导性指导也是至关重要的，能够帮助学生及时发现和纠正错误，引导他们更深入地理解知识点。通过这样的课后练习，学生能够更好地巩固所学内容，提高实践能力，为未来的职业发展奠定坚实基础。

作业辅导助手在职校教学中扮演着重要角色，它能够有效地完善课后练习指导，从而形成一个完整的教学闭环。针对职业教育的特点，作业辅导助手给学生提供多样化、实践性强的练习，涵盖学生所学内容的各个方面，并充分考虑到不同学生的学习需求和水平。通过作业辅导助手，学生可以在课后进行个性化的练习和复习，巩固所学知识，提高技能水平。

作业辅导助手还可以提供即时的反馈和指导，帮助学生发现并纠正错误，引导他们更深入地理解和掌握知识点。作业辅导助手也能为教师提供学生的学习情况和表现数据，帮助教师更好地了解学生的学习状态，及时调整教学策略，为学生提供更有效的指导和支持。

通过作业辅导助手，教师能够对学生的学习情况进行跟踪和评估，形成闭环式的教学管理模式。这种教学闭环将课堂教学、课后练习和教师反馈有机地结合在一起，为学生提供了更加全面、个性化的学习指导，提高了他们的学习效果，增强了学习动力

第三节　中职校教学新场景的再造

一、线上教学与线下教学模式混合

（一）线上线下融合教学模式的内涵和优势

线上线下融合式教学是在线上与线下深度融合的教学时空中，产生的一种新型教学模式，它将在线上和线下的教学资源、方法和环境进行有机整合，以提高教学效果和学生发展。线上线下融合教学模式更注重因材施教，即根据学生的不同特点和需求，采取灵活多样的教学方法和策略，使每个学生都能够得到个性化的学习指导。同时，线上线下融合式教学也体现了"五育并举"的理念，即注重学生的全面发展，包括智育、体育、美育、劳育和德育等方面，通过丰富多样的教学内容和活动，培养学生的多方面能力和素养。

线上线下融合教学模式,由于其自身特点,其最显著优势在于:(1)深度使用信息化环境;(2)融入各类多媒体资源、数据分析诊断等要素;(3)评价贯穿始终且伴随诊断改进;(4)不同教师的协同合作;(5)有效提高教学效益。

线上线下融合式教学的实施不仅改变了教学方式和学习环境,还深刻影响了教师和学生在教学中的角色定位和要求。传统的教学模式中,教师通常是知识的传授者和指导者,而学生则是被动接受和执行知识的对象。然而,在线上线下融合式教学中,随着数字化资源、数据分析诊断、评价伴随和教师协同等因素的引入,这种传统角色定位正在发生深刻的变化。

(二)中职校教学线上线下混合模式的关键要素

基于职校教学特点,职校的线上线下混合模式应包括以下几个关键要素:

1. 数字化教学资源为支持

提供丰富多样的数字化教学资源,包括教学视频、电子教材、在线习题等,以及在线模拟实验、虚拟实训平台、专业技术软件等。

2. 在线学习平台为基石

提供一个稳定可靠、用户友好的在线学习平台至关重要,这个平台应当提供一体化的学习管理系统,涵盖课程发布、作业提交、成绩查询等功能。这样的平台不仅方便学生学习,也为教师提供了便捷的管理工具,促进了在线学习环境下的师生互动与协作。

3. 虚拟实训和实践环境

通过虚拟实训室和模拟实践场景,学生可以在在线平台上进行一系列实验操作和实践训练,无需受到时间和地点的限制。这些虚拟环境可以模拟真实的工作场景和操作过程,让学生在安全的环境下进行练习和学习。通过与虚拟设备和情景的互动,学生可以掌握实际操作技能,培养解决问题和应对挑战的能力。这种在线实践训练不仅提供了更灵活的学习方式,还可以有效地补充课堂教学和实地实习的不足之处,为学生提供更加全面和深入的学习体验。

4. 在线教学辅助工具

提供各种丰富的教学辅助工具。这些工具可以帮助教师在线上课堂中更加生动地展示教学内容,并与学生进行互动和交流。这些在线教学辅助工具的使用不仅能够提高教学效果,还能够增强师生之间的互动和沟通,促进知识的传递和理解。

5. 个性化学习支持

基于职业学校学生的学习特点，实现个性化的学习支持和指导。这包括利用智能技术为学生提供定制化的学习方案和资源推荐。通过分析学生的学习习惯、兴趣爱好和学习能力，系统可以智能地推荐适合他们的学习资源，包括教材、视频、习题等。同时，还可以根据学生的学习进度和目标，定制个性化的学习计划，帮助他们合理安排学习时间和任务，提高学习的效率和质量。这样的个性化学习支持和指导可以更好地满足学生的学习需求，激发他们的学习兴趣，促进他们的学业发展。

6. 线上线下互动与协作

建立良好的线上线下互动与协作机制。这包括通过在线讨论、团队项目合作等形式，促进学生之间的交流和合作。在线讨论可以是针对课程内容或特定主题的讨论，学生可以在线上分享自己的观点、提出问题、解答疑惑，从而促进思想碰撞和知识交流。团队项目合作则是通过分组或团队任务的形式，让学生共同完成某项任务或项目，从中学习合作、沟通、领导等技能。这些线上线下互动与协作的机制可以激发学生的学习兴趣，培养他们的团队合作能力和创新能力，提高学习效果和成果。

7. 教师培训与支持

提供相关的线上教学培训和支持，支持教师在线上教学方面的发展。这些培训旨在帮助教师熟悉各类教学软件、专业工具和职业操作方法，以提高他们在线上教学的能力和水平。培训内容包括但不限于各类教学软件和工具的介绍与操作指南、职业操作方法和实操技巧的培训、在线教学的最佳实践和策略分享、制作在线教学资源和课件的技巧以及管理在线课堂和促进学生参与的方法。

（三）职校线上线下混合教学模式的策略探讨

结合线上线下融合式教学的基本要素与特征，用要素组合的方式来形成各种线上线下融合式教学，大致可以形成四种组合模型[1]。

1. 线上线下翻转型。同一教师，线上学习知识技能为主，线下诊断辅导为主；

2. 线上线下互补型。同一教师，线上知识技能为主，线下能力品格等为主；

---

[1] 王月芬. 线上线下融合教学的内涵、主要实施方式与建议[J]. 人大基础教育期刊社，2022-06-30.

3. 不同教师协同型。不同教师，线上教师讲授知识技能，线下教师评价辅导；

4. 不同教师互补型。不同教师，线上讲授知识技能，线下教师能力品格为主。

线上线下同一教师不同实施形式

1. 课前课后翻转型　组合 1-2 ✓ ✗

2. 线上线下互补型　组合 1-4 ✓ ✗

线上线下不同教师不同实施形式

3. 不同教师协同型　组合 2-1 ✓ ✗

4. 不同教师互补型　组合 2-3 ✓ ✗

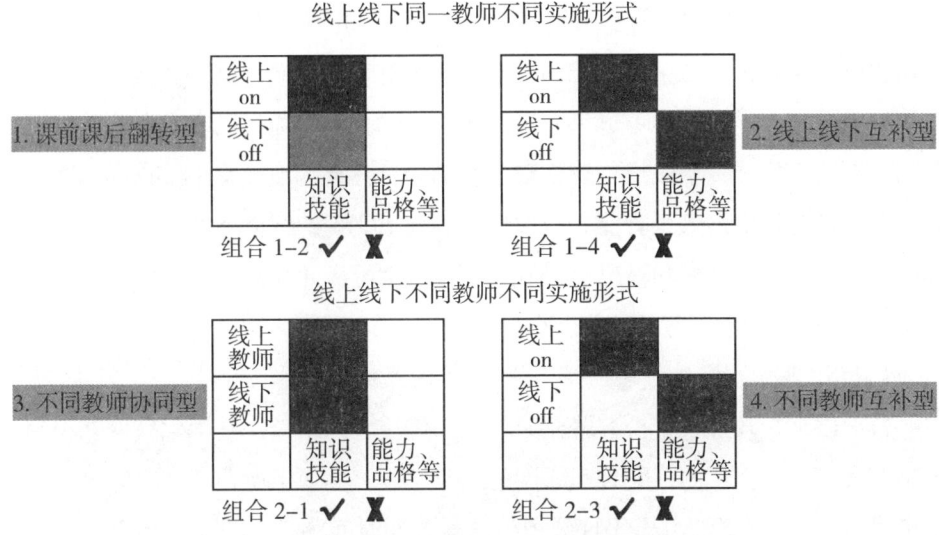

图 1　线上线下融合式教学有效的四种实施模型

对于中职校，线上线下混合教学模式中最有效的是第四模型。这种模式旨在让不同教师的能力相互补充和合作，发挥每个老师最擅长的优势。在这种模式下，学校或区域可以根据每个老师擅长的领域，由他们在教研团队的指导下，预先准备相关的学习内容，供全区或本校所有学生进行在线自学。对于没有承担相关任务的班级教师，他们可以在所擅长领域教师的指导下，开展一些线上无法开展的学习活动、实操任务、疑难解决、技能评定等工作，同时负责评价诊断、个别化辅导等任务。这种模式能够最大限度地发挥每位教师的专业优势，为学生提供更丰富、更高效的学习体验。这种模式几乎兼具了课前课后翻转型和线上线下互补型模式的所有优势。它们不仅能够充分发挥每一位教师的所长，还能够充分发挥线上和线下教学的独特优势，从而真正实现 1+1>2 的效果。

二、在校教师、远程教师与虚拟教师"三师"共舞

（一）何谓"三师"共舞

"三师"共舞是指当今教育领域在数智结合形势下，校内教师、远程教师和虚拟教师的角色逐渐交织在一起，形成了一种新的教学模式，即"三师共舞"。校内教师承担着传统教学的重任，他们与学生直接面对面地进行教学活动，传授知识、引导学习、评估学习成果。与此同时，远程教师通过网络平台与学生进行互动，利用现代技术手段进行远程教学和辅导，弥补了地理距离带来的隔阂。而虚拟教师则是指借助人工智能、虚拟现实等技术实现的智能化教学辅助系统，能够根据学生的学习需求和情况，提供个性化的学习指导和资源推荐。

（二）数智融合下教师定义之"变"

1. 由知识技能的传授者"变"为信息资源的整合者

长久以来，教师一直扮演着权威的知识传授者的角色，是学生获取知识的主要渠道和支持者。然而，随着互联网的迅速发展，实现了所谓的"时时可学、处处可学"。这种网络学习模式打破了传统教育的时间和空间限制，为学生提供了更为便利的学习方式。

不过，互联网上的知识内容千差万别，质量良莠不齐。学生缺乏准确辨别和筛选有用信息的能力，容易陷入信息过载或受到错误信息的误导。因此，教师的角色也需要相应调整，他们应当及时转变为学生信息选择的资源整合者，帮助学生在众多的信息中筛选出适合他们学习的内容。这样的转变不仅可以帮助学生更好地获取有效的知识，还能够培养他们的信息筛选能力和批判性思维。

2. 由课堂教学的把控者"变"为课堂氛围的营造者

随着数智时代的到来，学生已经可以通过各种渠道获取知识。因此，教师在课堂上的作用不再局限于简单地传授知识原理，而是可以利用人工智能技术为学生打造一个更加"实景"化的学习环境。通过"实景"体验和亲身感受，学生能够更加深入地理解知识，并将其牢固地融入自己的思维中。这种学习方式不仅使知识更加深刻地印在学生的脑海中，还能够营造出轻松愉悦的课堂氛围，提升学生的学习效率和学习体验。

3. 由学生学习的评价者"变"为学生学习的促进者

教师在教学过程中需要重点帮助学生树立正确的世界观、人生观和价值观，而不应一味追求学生成绩的高低。在传统的教育教学中，很多教师过于强调分数论观念，将学生的评价标准局限在考试成绩之上。这种评价方式过于单一，也会对学生的学习动力和心理健康产生不良影响。

在数智融合的教学环境中，教师应该从更广泛的视角来评价学生的学习，包括学生的综合素质、学习态度、创新能力、团队合作等方面。他们应该鼓励学生树立正确的学习观念，注重学习过程中的成长和进步。

（三）"一主二辅"之"三师"共舞探究

在职校教学模式中，校内教师扮演着主导的角色，他们具备丰富的专业知识和教学经验，负责直接面对学生、进行实践教学和课堂指导。与此同时，远程教师和虚拟教师作为辅导的角色，通过远程教育平台和在线教学工具，为学生提供更广泛、更深入的学习资源和指导支持。

校内教师主要负责课堂教学和实践指导，他们深入了解学生的学习需求和能力水平，通过针对性的教学设计和个性化的辅导，帮助学生掌握专业知识和技能。远程教师通过网络教学平台，提供丰富的教学内容和学习资源，包括专业课程、教学视频、在线测验等，为学生提供全面的学习支持。虚拟教师则通过多媒体教学资源和在线学习工具，为学生提供灵活的学习环境和个性化的学习体验，促进学生的自主学习和思维发展。

在这种"一主二辅"的教学模式下，共同配合，形成了教学团队，为学生提供多样化、高质量的教育服务。通过教师之间的合作和协作，学生能够获得更全面、更深入的学习体验，提升专业素养和实践能力，为未来的职业发展做好充分准备。

（四）"三师"之间"协同共生"的关系

教师群体并不存在被替代的风险，相反，他们拥有更广阔的发展空间。真人教师与虚拟教师表面上虽都处于"教师"这个生态位，但二者并非"同位竞争"关系，而是"协同共生"关系。

教师的角色具有多元性。除了教学之外，还包括陪伴、约束、指导、维护安全、激励、情感交流、调节矛盾等多方面功能。目前，没有一种科技能够代替这种复杂的交往。虚拟教师只能作为真人教师工作的一部分，承担部分公共性职能。

此外，虚拟教师和远程教师在职业教育领域也有重要应用。虚拟教师可以利用先进的技术手段，提供高质量的教学资源和个性化的学习指导，帮助学生掌握职业技能并提升就业竞争力。远程教师则可以通过网络平台与学生进行实时互动和指导，解决地域限制带来的学习难题，为学生提供更加便捷和灵活的学习体验。他们的应用不仅丰富了职业教育的教学手段，也拓展了学生的学习路径，促进了职业教育的发展和进步。

三、虚拟工具与现场实操工具共存

（一）虚拟工具在中职教学实操中的优势

职业技能虚拟仿真实训为学生提供了更多的实践操作机会。在这种环境下，学生不受时间和空间的限制，能够随时随地进行操作练习，从而有效地提高操作技能和专业能力。从实际教学过程中可以看到，虚拟工具在中职教学实操中具有以下优势：

1. 提高实训效果

职校技能实训教学中，学生通常需要在真实的生产环境中进行操作练习。然而，这些环境往往受到生产设备复杂性和安全性要求的限制，使得学生难以在短时间内全面掌握操作技能。相比之下，智能虚拟工具提供了一种新的解决方案。

2. 节省实训资源

职校技能实训教学通常需要大量的实际设备和场地资源。不过，通过智能虚拟工具，学生只需少量的虚拟硬件设备和相应的软件，便可随时随地进行实训。这种便利性不仅节省了大量实训资源，还降低了实训成本。

3. 提高教学质量

在职校实训教学中，教师的教学水平通常受到实际设备和场地条件的限制。采用智能虚拟工具，教师则可以获得更大的灵活性和自由度。他们可以通过对虚拟环境的调整和控制，为学生提供更加丰富和多样化的实训内容，以确保每位学生都能够得到有效的实训和指导。

4. 增强学生的兴趣和积极性

职校技能实训教学常常以重复性高、操作性强的任务为主，这容易让学生感到枯燥乏味，进而产生学习厌倦情绪。使用智能虚拟工具，学生可以沉浸在一个充满趣味性和互动性的虚拟环境中进行实训。这种虚拟环境常常设计得富有趣味性，包含了丰富的视觉效果、声音效果以及互动要素，使学习过程更具吸引力和挑战性。

5. 培养创新能力和团队协作能力

智能虚拟工具支持多人在线协同工作的功能，学生可以与同学一起参与虚拟实训，并共同解决问题。这种协同工作的方式能够培养学生的团队协作能力和沟通能力，让他们学会有效地与他人合作，共同完成任务和项目。通过与他人的互动和合作，学生不仅可以分享知识和经验，还可以相互支持和鼓励，从而提高整个团队的绩效和效率。

（二）虚拟工具源于实操，回归于实操

虚拟工具源于对实际操作的模拟和重现，其最终目的是为了更好地服务于实践操作的需求。尽管虚拟工具可以提供高度仿真的环境和模拟体验，但其本质仍然是为了辅助和支持学生进行实际操作的准备和训练。

在职业教育中，虚拟工具的使用可以有效地帮助学生准备实际工作中可能遇到的各种情境和挑战。通过模拟真实场景和操作流程，学生能够在虚拟环境中进行练习和训练，从而提前适应实际工作中的操作要求和技能需求。虚拟工具的引入不仅可以提高学生的操作技能和应对能力，还可以降低实操过程中的安全风险和成本开支。

然而，虚拟工具的使用并不意味着完全取代实际操作。在学生通过虚拟工具进行初步训练和练习后，仍然需要在实际工作场景中进行实操的锻炼和实践。因此，虚拟工具与实操之间存在着一种互补和共生的关系，共同为学生的职业发展提供支持和保障。

（三）虚拟工具如何"内嵌"中职教学实操中

虚拟工具可以通过多种方式内嵌到中职教学的实操中，以提供更加有效和全面的教学支持。

1. 虚拟仿真实训平台

学校可以引入虚拟仿真实训平台，让学生在其中进行模拟操作和练习。这些平台通常提供高度仿真的虚拟环境，学生可以在其中进行各种实际操作的模拟，例如汽车维修、机械加工等，从而提高其操作技能和应对实际工作挑战的能力。

2. 虚拟工作场景模拟

虚拟工具可以模拟各种职业工作场景，让学生在其中进行角色扮演和模拟操作。例如，在模拟的餐饮场景中，学生可以扮演服务员或厨师，进行订单处理和菜品制作等操作练习。

3. 在线交互式课程

学校可以利用在线教学平台和交互式课程，将虚拟工具融入到课堂教学中。通过这种方式，学生可以在课堂上通过计算机软件进行实际操作的演示和练习，从而加深对知识和技能的理解和掌握。

4. 虚拟现实技术

利用虚拟现实技术，学校可以打造更加真实和沉浸式的虚拟环境。学生可以通过头戴式显示器等设备进入虚拟环境，进行更加真实的操作体验，例如模拟驾驶、建筑设计等，从而提高其实操能力和技能水平。

此外，通过结合虚拟和实际场景，可以给学生提供实际操作培养训练，从中体现职业技能的实际应用。这种方法通过在虚拟环境中进行模拟实践操作，使学生能够在安全的环境下进行反复练习和实践，同时在实际场景中验证和应用所学技能，从而提高学生的实操能力和职业素养。在中职学生最关心的职业实践导向方面，融合元宇宙技术的虚拟工具可以让学生在虚拟环境中体验到更加真实的职业实践，提供逼真的场景和互动体验，有助于增强学生的实操能力和职业技能，为其未来职业发展提供更为贴近实际的准备。

四、沉浸式学习与表层化学习相交结合

在数智结合中职校教学的新场景中，沉浸式学习与表层化学习相交结合，为学生提供了更加丰富和深入的学习体验[1]。沉浸式学习通过提供真实或虚拟的环境，让学生身临其境地参与学习，深度融入到学习内容中。与之相对的表层化学习则注重知识的表面理解和记忆。将这两种学习方式相结合，可以使学生既能够深入理解知识内涵，又能够掌握其具体应用和实践技能。

---

[1] 武建鑫，王嘉琳. 虚拟现实/增强现实技术将把沉浸式学习带向何方. 内蒙古师范大学学报（教育科学版），2023，36（03），95—104.

（一）沉浸式学习与表层化学习融合

沉浸式学习通常通过虚拟现实技术将学生置身于逼真的虚拟环境中，使他们仿佛身临其境，参与其中的学习和实践。这种学习方式能够激发学生的兴趣和好奇心，还可以增强学生的体验感和情感投入，促进知识的深入理解和内化。

而表层化学学习则强调将复杂的化学知识和技能简化、直观地展现给学生，使其易于理解和掌握。通过简单明了的表述方式和直观的图表展示，表层化学学习可以帮助学生迅速抓住重点，理清思路，加深对化学概念的理解。

沉浸式学习和表层化学学习各自具有独特的特点和优势，它们的融合可以为学生提供了更加丰富和深入的学习体验，可以实现更加全面和多维的学习效果。

（二）构建沉浸式虚拟社区促进学生间的互动

沉浸式虚拟社区是通过虚拟现实技术构建的互动平台，让学生沉浸式地体验社交、娱乐和学习。用户可以创建虚拟角色，在各种场景中与其他用户进行互动，通过语音聊天、文字聊天等方式扩展社交圈子，共同构建一个丰富多彩的虚拟世界。

利用元宇宙技术构建虚拟社区是通过整合虚拟现实、增强现实和其他数字化技术，创造一个多维度、高度互动的虚拟空间。在这个虚拟社区中，用户可以创建个性化的虚拟角色，参与各种虚拟活动和互动，与其他用户进行社交、娱乐、学习等多种形式的交流。

利用元宇宙技术构建的虚拟社区，促进学生之间的互动与合作，可以通过以下方式实现：虚拟社交平台、虚拟协作空间、虚拟活动和事件、虚拟实践场景、虚拟导师和导学员、虚拟社区建设。利用元宇宙技术构建虚拟社区能够为学生之间的互动与合作提供丰富多样的形式，打破地域限制，增强学习体验，拓展学习资源，培养实践能力，并提供个性化学习支持。这种新型学习方式将促进学生之间的交流与合作，将大大的激发学生的学习兴趣和动力。

五、AI即时指导与师生现场诊断互补

AI指导能提供即时反馈和个性化学习支持，弥补了传统教学中的时间和空间限制，帮助学生更好地理解和掌握知识。而师生现场诊断则能结合教师的专业知识和人性化关怀，针对性地解决学生的问题，提供更深入的指导和支持。AI

即时指导与师生现场诊断的互补，使教学更具有效性和个性化。

（一）AI 即时指导与实时反馈

AI 实现即时指导与实时反馈的关键在于其强大的算法和数据处理能力。首先，AI 系统可以通过大数据分析学生的学习行为和表现，识别出他们的学习需求和问题。其次，AI 可以根据学生的个性化需求，提供定制化的学习内容和指导建议。这些指导和反馈可以通过在线学习平台、应用程序或虚拟教师进行传递，实现即时的学习指导。同时，AI 还能够根据学生的反馈和表现调整指导策略，以更好地满足他们的学习需求。

引入 AI 实时反馈，是为了帮助学生在虚拟环境中更好地理解和纠正实际操作。通过使用传感器和智能算法，系统可以监测学生的操作并即时提供反馈。例如，当学生在虚拟实训室中进行操作时，系统可以分析他们的动作和决策，并根据预设的标准评估其操作的准确性和效果。如果学生出现错误或不正确的操作，系统可以立即发出提醒或建议，指导他们进行调整和改进。

（二）AI 即时指导与师生现场诊断优势互补

AI 即时指导和师生现场诊断各有其独特的优势和特点：

1. AI 即时指导的优势

（1）实时性。AI 可以立即对学生的操作进行分析和反馈，不受时间和地点的限制，帮助学生及时纠正错误。

（2）个性化。基于学生的实际表现和需求，AI 可以提供个性化的指导和建议，满足不同学生的学习需求。

（3）持续性。AI 可以持续地为学生提供指导和反馈，不会受到教师人力和时间的限制，保证学生在学习过程中得到持续的支持和帮助。

2. 师生现场诊断的优势

（1）人性化。教师可以根据学生的具体情况进行个性化的诊断和指导，考虑到学生的情感因素和学习特点。

（2）深度学习。教师可以通过面对面的交流和观察，更深入地了解学生的学习状态和问题，并提供更精准的指导和建议。

（3）情感支持。教师在现场可以提供情感上的支持和鼓励，激发学生的学习兴和动力，增强学生的学习体验和成就感。

由此可见。AI 即时指导和师生现场诊断具有不同的优势，将它们可以相互补充，可达到共同提升教学效果的目的。

六、全维度智能学生技能评估与教师专业评定互参

全维度智能学生技能评估是一种基于现代技术手段的评估方法，旨在全面评估学生在各个领域的技能水平和能力。这种评估方法利用教学过程中收集的各类信息，依据大数据模型的数据分析、人工智能和机器学习技术，收集、处理和分析学生的学习数据，从而形成对学生综合能力的全面评估。

（一）大数据模型下实现技能智能评估

在大数据模型下实现技能智能评估，通常会结合各种数据源和算法，以更全面地了解学生的技能水平和学习表现。这个过程可以分为几个关键步骤：

1.数据收集。收集各种与学生学习相关的数据，包括学习行为数据（如学习时长、访问频率等）、学习成绩数据、课堂互动数据（如讨论、提问等）、作业表现数据等。

2.数据清洗和整合。对收集到的数据进行清洗和整理，去除重复、错误或不完整的数据，并将不同来源的数据整合到统一的数据平台或仓库中。

3.特征提取。从整合后的数据中提取出与学生技能水平相关的特征，这些特征可以包括学习行为特征、社交互动特征、作业表现特征等。

4.模型建立。基于提取的特征，建立适合的评估模型，可以采用机器学习、深度学习或其他数据挖掘技术，以预测或评估学生的技能水平。

5.智能评估。利用建立的模型对学生进行智能评估，根据学生的学习数据和特征，给出相应的评估结果，包括技能水平、学习能力、发展潜力等。

6.结果解读和应用。对评估结果进行解读和分析，为教师、学生和教育机构提供有针对性的建议和指导，以促进学生的个性化学习和发展

（二）实现智能评估与专业评定点面结合

智能评估与专业评定点面结合，意味着将智能评估技术与专业评定标准相结合，以更全面、客观地评估学生的技能水平和专业素养。以智能评估体系为基础，辅助以专业评定，是教育领域中一种新型的评价方法。在这种方法中，智能评估体系通过收集、分析学生的学习数据，从而全面了解学生的学习情况和能力水平。而专业评定则是根据学科特点和行业要求，对学生的学术水平、技能掌

握、创新能力等方面进行评价和认定。这种结合可以通过以下方式实现：

1. 制定专业评定标准。即根据各个专业领域的要求和标准，制定专业评定的具体指标和标准，明确评定的目标和要求。

2. 整合智能评估技术。将大数据分析、机器学习和人工智能等技术运用到评估过程中，通过收集、分析和挖掘学生的学习数据和行为特征，为专业评定提供客观的数据支持。

3. 建立评估模型。基于专业评定标准和智能评估技术，建立相应的评估模型，将学生的学习数据与专业要求相匹配，形成全面的评估体系。

4. 综合评估结果。将智能评估结果与专业评定标准相结合，综合考虑学生在各个方面的表现，给出综合评定结果，全面反映学生的技能水平和专业素养。

5. 提供个性化指导。根据综合评定结果，为学生提供个性化的学习指导和职业发展建议，帮助他们更好地规划学习和职业发展路径。

智能评估体系和专业评定相互辅助，能够更全面地了解学生的学习情况和能力水平，为学生的学习和发展提供科学依据和有效支持。同时，这种评价方法也促进了教育的个性化发展，因为智能评估体系可以根据学生的个性化需求和学习特点，提供针对性的学习指导和建议，从而帮助他们更好地发挥潜力，实现个性化成长。

（三）构建中职学生全面评估体系

中职学校在如何科学准确地评价和认定学生综合素质提升方面仍面临一些困难。尤其是在职业技能评价这方面，特别是需要实际操作的技能，难以通过传统的考试或测试来全面评价。职业技能评价的难度主要体现在评价标准的多样性、实际操作的量化评价、评价的客观性和公正性、评价体系的动态性和变化性，以及实际操作环境的受限等方面。因此，需要综合运用多种评价方法和工具，构建一个相对完善的评价体系。

随着数智时代到来，新型技术的投入使用，给构建这一评估体系带来了新的思路和新的理念。例如：

1. 大数据分析在学生能力评估中的应用

学校可以利用学生学习过程中产生的大量数据，如在线作业、考试成绩、课堂表现等，结合学生的个人信息和学科特点，利用大数据分析技术进行学生能力评估。这种基于大数据的评估方法可以更全面、客观地了解学生的学习状况，为学校提供科学的决策依据。

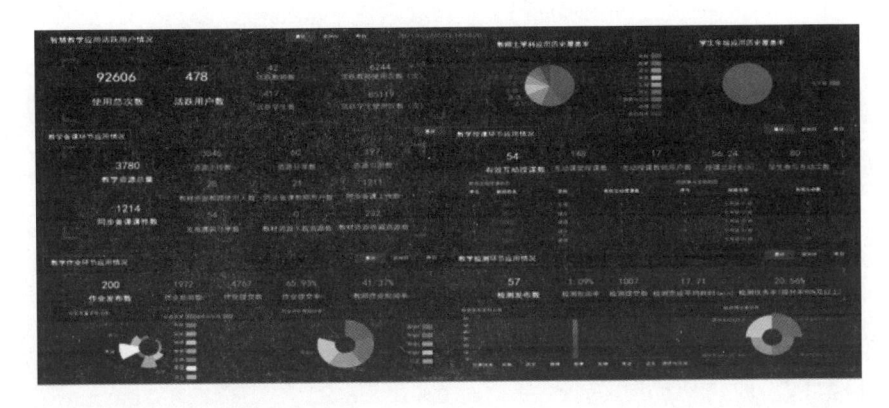

2. 人工智能辅助的个性化评估

借助人工智能技术，可以根据学生的学习历史、兴趣爱好、学习习惯等个性化信息，为每个学生量身定制评估方案。例如，智能教育平台可以根据学生的学习表现，自动调整学习内容和难度，为每个学生提供个性化的学习体验和评估服务。

3. 虚拟仿真技术在实践能力评估中的应用

职业技能评估通常需要考察学生的实际操作能力，而传统的评估方法可能受到时间、空间和安全等限制。利用虚拟仿真技术，可以在模拟的实际操作环境中进行评估，学生可以在虚拟环境中进行实践训练，评估者可以通过监控学生的操作过程和结果，来评估其实践能力。

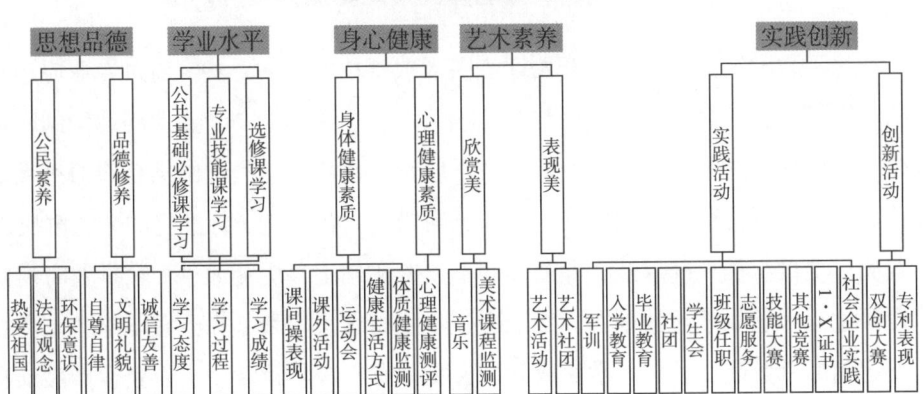

学生综合素质评价指标

五维度评价体系

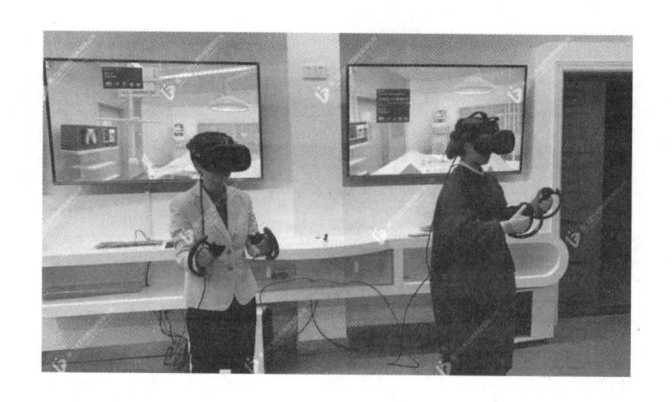

4. 智能化的技能测评工具

利用人工智能和机器学习等技术，可以开发智能化的技能测评工具，如语音识别、图像识别、虚拟实验等，用于评估学生的技能水平。这些智能化的测评工具可以根据学生的表现实时给出反馈和建议，帮助学生及时调整学习策略，提高学习效果。

在当下教学实践中，已经开始逐步引入数智技术评估方式。通过专业应用软件的共同开发，探索专业教师参与企业项目，企业讲师参与专业课程教学的密切校企合作模式，进一步提高专业课程教学质量。信息化与教学的结合将通过大数据分析学生学习情况，将最困难的"即时纠错"以数字化、标准化的方式解决。

通过项目全程无缝对接，专业教师不仅夯实理论，更能通过大数据及时反馈出授课过程中学生学习的难点，便于进一步因材施教实践，提升教学能力。借助学校定制的专业应用软件，学生成为最大受益者，提早让学生进入企业产品项目化的学习实践。

数据驱动实现教学评价

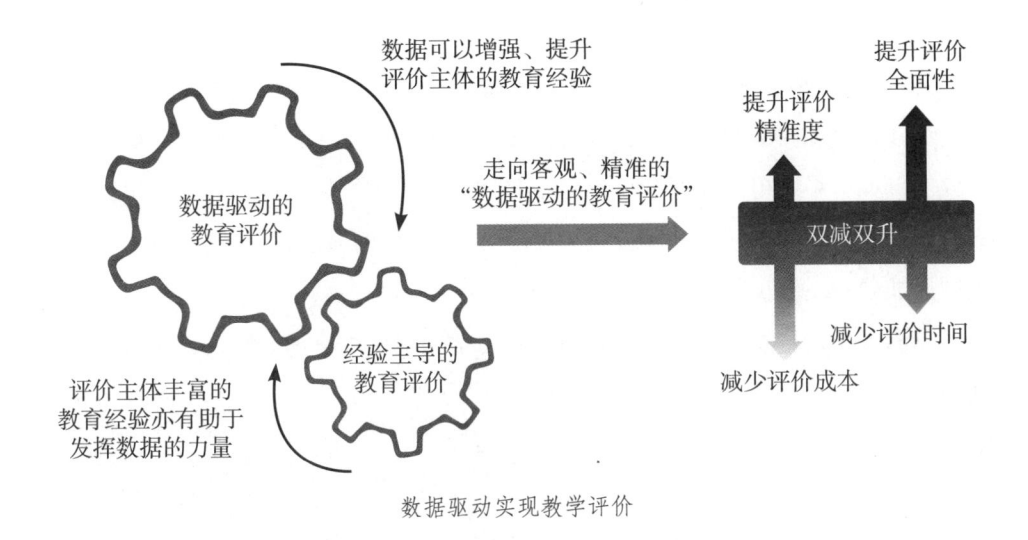

第四节 前瞻性关注和设想

一、自然语言交互（NLP）在职校教学中的前瞻性应用

自然语言交互技术的优势在于其直观、便捷的特性，使得学习和教学过程更加亲和和高效。通过自然语言交互，学生可以以自然的语言与智能系统进行交流，提出问题、寻求解答、获取信息，而无需依赖复杂的界面或特定的指令操作。这种交互方式打破了传统学习的局限性，让学习变得更加灵活和自由，促进了学生的主动参与和深度理解。同时，自然语言交互技术还能够个性化地为学生提供学习建议和反馈，根据学生的需求和能力水平量身定制教学内容，实现个性化学习路径，从而更好地满足不同学生的学习需求。当前主流的自然语言系统有，ChatGPT、文心一言、盘古 Chat、书生·浦语 2.0 等，以下将从不同角度来描述自然语言在职校教学中的应用场景。

（一）对话辅导

自然语言系统的对话辅导是一种利用人工智能技术，通过与学生进行自然语言交互的方式来提供个性化学习支持的方法。这种辅导方式通常基于智能对话系统，如聊天机器人或虚拟助手，学生可以通过语音或文字与系统进行实时对话。这种交互式学习方式具有以下几个方面的优势：个性化定制；即时反馈；互动性强；灵活性和便捷性。

例如一个中职学生在进行电工实验时遇到了问题，他可以向自然语言系统发出问题："我在安装电路时遇到了接线问题，应该怎么解决？"系统可以根据学生的描述提供相关的解决方案，并可能要求学生提供更多细节以便给出更精确的建议。例如，系统可能会问学生电路中具体的元件和连接方式，然后给出针对性的指导，比如正确的接线顺序或故障排除方法。这种交互可以帮助中职学生在实验中更加独立地解决问题，提高他们的实践能力和技术水平。

总的来说，自然语言系统的对话辅导为学生提供了一种个性化、即时、互动和便捷的学习方式，有助于提高学习效率和学习体验，推动教学的智能化和个性化。

（二）技能培养和演示

自然语言系统可以作为一个交互式的学习平台，向学生传授专业知识和技能。学生可以通过与系统对话，获取行业内最新的信息、技术、法规等内容，不断拓展自己的专业知识面。

1.技术原理解释。自然语言系统能够以易于理解的方式解释复杂的技术原理，包括行业内常见的机械、电子、计算机等方面的原理。例如，针对机械领域，系统可以解释各种机械零部件的工作原理、结构设计及应用场景。

2.操作指导与实践演示。系统可以提供详细的操作指导和实践演示，帮助学生掌握具体的操作技能。例如，在汽车维修专业中，系统可以展示不同车型的维修过程，并引导学生逐步完成实际操作，从而提高他们的操作技能。

3.安全规范与标准。自然语言系统可以向学生介绍行业内的安全规范和标准，帮助他们了解并遵守相关的安全操作要求。例如，在建筑施工领域，系统可以向学生介绍施工现场的安全规范和操作流程，以及应对突发事件的应急措施。

4.实践案例分析。系统可以提供丰富的实践案例，让学生通过实际案例来理解和应用专业知识。这些案例可以涵盖行业内常见的问题和挑战，帮助学生学会分析和解决实际工作中的问题。

5.行业前沿技术介绍。自然语言系统可以介绍行业内最新的前沿技术和发展趋势，帮助学生了解行业的最新动态并保持与时俱进。例如，在信息技术领域，系统可以介绍人工智能、大数据、云计算等新技术的应用和发展趋势。

通过以上专业内容的加强，自然语言系统可以更好地满足职业教育中学生对专业知识和技能的需求，促进他们在实践中的全面发展。例如在汽车维修技能教育中，针对类型众多，且复杂汽车的维修，及时准确地诊断和处理故障至关重要。因此，职校学生在培养丰富的实操经验至关重要，智能维修训练系统则能够满足这一需求。该系统为学生提供了模拟的工作环境，使他们能够在计算机虚拟环境中，安全可靠地进行维修实践操作。通过自然语言辅助智能系统，学生能够快速成长为，迅速掌握维修技能，缩短教学周期，提高维修保障水平，同时节约宝贵的教学费用。一些文献中提及的"敏捷方法"训练管理系统正是利用智能技术来自动复习、评审和存储训练信息，并根据学生实操情况发出警报[①]。这类系统优化了维修管理训练流程，使学生能够在正确的时间、采用正确的方法和材料进行维修实训，从而提高了教学效率和准确性。

汽车维修 AI 仿真教学系统

（三）协同创作

随着自然语言交互技术的发展和应用，越来越多的企业和团队开始意识到其在团队协作中的潜力和作用。自然语言交互技术不仅可以提高工作效率，还可以优化沟通与协调、促进创新与决策等方面。

自然语言交互在职校教学中也可以轻松实现协同创作。通过 NLP 技术，学生可以轻松地与智能系统进行对话，共同探讨、讨论和创造新的想法和内容。例如，在团队项目中，学生可以利用自然语言交互技术共同制定计划、分配任务，以及协同编辑文档或报告。NLP 技术可以提供实时的语言理解和分析，帮助学生

---

① 邱丽娅.虚拟现实技术在汽车维修教学中的应用[J].农机使用与维修（期刊），2024（03）.

更高效地沟通和合作，从而促进团队的协同创作和学习效果的提升。

1. 自动化任务分配

在传统的团队协作中，任务分配通常需要手工操作。而借助自然语言交互技术，我们可以轻松实现自动化任务分配。通过为每个学生建立个人档案并记录其专长领域、工作能力和偏好等信息，结合项目需求和资源状况，自然语言交互系统可以智能地将任务匹配给最合适的成员，并定期进行评估和调整。

2. 智能合作管理

在多人协作的复杂合作中，及时有效地进行进度跟踪和学习资源管理至关重要。自然语言交互技术可以通过集成时间管理、进度追踪和学习规划等功能，在一个平台上对项目进行全面管理。通过自动化生成报告、提醒和预测，同组的成员可以更好地协调工作计划、优化资源分配和应对合作任务。

3. 智能沟通与协调

自然语言交互技术中的对话机器人，是最基础的 AI 能力，在学习合作中却是最有效的。自然语言交互技术可以为整个学习小组成员提供便捷的沟通辅助。自然语言交互技术可以帮助记录每次沟通的纪要、回答常见问题、提供实时支持等。此外，它还可以学习每个成员的工作方式和学习偏好，并在日常交流中自动提供相关信息或建议，促进信息共享和快速决策。

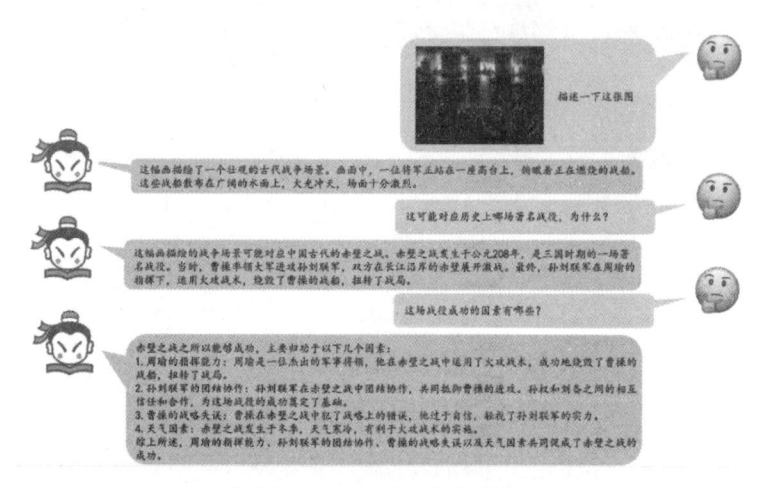

书生·浦语 2.0 在问答中的应用

（四）交互评价

自然语言系统通过与学生的对话之间交互来评估其能力、理解程度和学习进度,从而实现交互评价。这种交互式评价可以根据学生的回答和提问,技能操作熟练程度,实时调整评价内容和难度,以更好地适应用户的学习需求和技能水平。通过这种方式,自然语言系统可以帮助用户更全面地了解自己的学习情况,并提供针对性的学习建议和指导。

自然语言系统赋能职校教育过程性评价的应用主要体现在以下场景。

1. 全程搜集

基于智能穿戴、可视化等技术工具,实现对教师教育过程中数据的全程搜集。这种方式能够捕捉到更真实动态的信息,为评价提供更全面的数据支持。

2. 多模态分析

使用与数据相关的算法、预测分析和整体建模等技术,对教师教育实践中的行为、资源等数据进行多模态分析。这种方法可以解决以往数据碎片、难以量化等问题,通过 AI 技术分析评价数据,使评价更为准确客观。

3. 实时调整与反馈

将教师教育过程评价结果以可视化形式反馈给管理者、教育者和对象等相关主体。根据评价结果对实践过程和对象进行不同程度的改进与完善。通过可视化的方式及时反馈数据信息,帮助相关主体进行有效调整和改进。

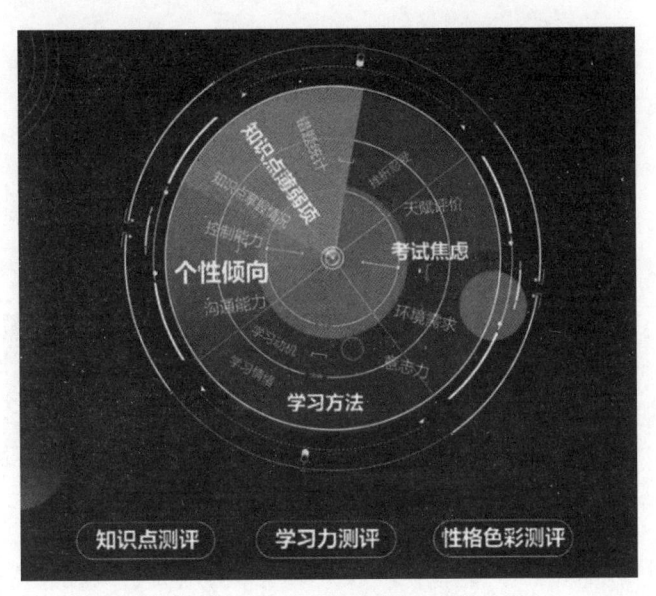

使用文心一言建立教学评估体系

自然语言系统的应用贯穿在教学评价的全过程中,在命题、监管、评测和分析等各个方面都可介入。利用自然语言系统技术进行命题难度检测和题库生成，实现智能命题；借助可视化技术实时监管考场数据，提高监管效率；通过图像识别、语言处理等技术进行智能评测，同时利用学习分析等技术对评价结果进行数据分析，为教师提供改进建议。

二、虚拟现实技术在中职教学中的深化

虚拟现实技术如：VR 技术、虚拟社区和元宇宙这些新兴的科技革新，给职业学校教学带来了全新的可能性和机遇。这些技术的综合应用将构建一个更加立体、交互性更强的学习环境，为学生提供更加丰富、生动的学习体验。

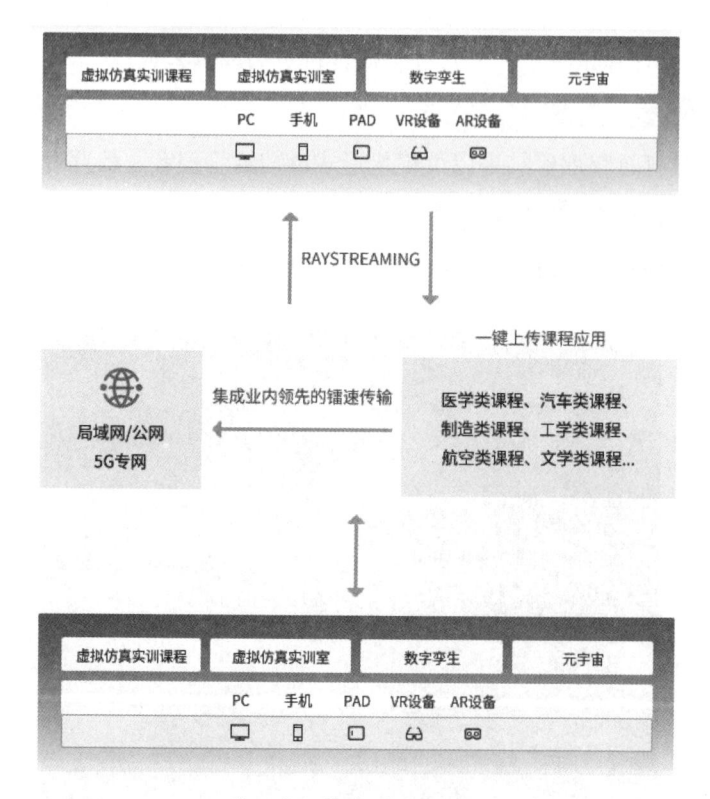

常用虚拟技术系统构成

由上图可见，利用虚拟技术可以很方便地进行组合，以配合教学计划实施。例如，利用 VR 技术创建沉浸式实训环境，同时通过虚拟社区和元宇宙平台进行跨校合作和个性化学习，将为学生打造一个更加开放、多元化的学习空间，激发

他们的学习兴趣和创造力。

（一）提升技能学习体验

虚拟现实技术可以提供沉浸式的学习环境，让学生身临其境地进行实践操作，从而更加深入地理解和掌握技能。虚拟现实技术能够创造出仿佛置身于现实场景中的学习环境，使学生能够亲身体验和参与各种实践操作。通过戴上 VR 头显，学生可以沉浸在逼真的虚拟场景中，与环境进行交互，模拟真实的工作场景或实验室环境。这种身临其境的学习体验有助于加深学生对所学技能和知识的理解，因为他们可以在虚拟环境中直接进行操作、实验和模拟，而无需担心真实环境中可能带来的风险或限制。

1. 技能模拟与练习

无论是体育训练、音乐演奏还是汽车维修等技能领域，双技术都能够提供高度真实的模拟环境，实现技能练习和反馈。学员可以通过虚拟现实中的操作来熟悉技能动作，纠正错误，并实时了解自己的表现情况。

2. 心理素质培养

除了技能方面，虚拟现实还可以用于培养学员的心理素质。比如在演讲训练中，学员可以在虚拟舞台上体验和应对演讲压力，提高自信和应变能力。这种强化心理素质的方法在职业领域中尤为重要。

3. 可持续学习和反馈

虚拟现实技术还可以结合人工智能技术，对学员的学习过程进行分析和反馈。通过检测学员的动作、行为和反应，系统可以自动生成个性化的训练计划和建议，帮助学员不断提升技能水平。

虚拟现实技术模拟技能实操

（二）个性化教学途径

虚拟现实技术在职校教育中，在个性化教学同样有着广泛的应用：

1. 定制化学习环境

在职业教育中，虚拟现实技术可以模拟各种职业场景，如工厂车间、医疗实验室、建筑工地等，让学生在虚拟环境中进行实践操作。这样的定制化学习环境可以根据不同职业领域的特点进行个性化设计，帮助学生更加真实地了解和体验自己感兴趣的行业。

2. 个性化学习资源

在职业教育中，虚拟现实应用程序可以提供丰富多样的学习资源，如职业技能培训视频、虚拟实训模拟软件等。这些资源可以根据学生的职业兴趣和技能需求进行个性化推荐和定制，帮助他们更好地为自己未来的职业生涯做准备。

3. 个性化辅助教学

虚拟现实技术可以为职业教育提供个性化的辅助教学。通过虚拟现实头戴设备，学生可以获得实时的辅助指导和反馈，帮助他们更好地掌握职业技能。例如，在学习焊接技术时，学生可以通过虚拟现实技术模拟焊接过程，并得到实时的指导和反馈，以提高他们的技能水平和工作效率。

（三）跨文化交流与合作

虚拟现实技术为跨文化交流提供了更广阔的平台。通过社交媒体，人们可以轻松地分享和传播各种文化内容，如图片、视频、音乐等。这种传播方式不仅成本低廉，而且覆盖面广，能够迅速地将各种文化呈现给全球观众。虚拟现实技术则可以让人们身临其境地体验不同文化，为跨文化交流提供更加沉浸式的体验。

虚拟现实技术在职业教育中不仅可以促进跨文化交流与合作，而且还能够提升学生的国际视野和跨文化沟通能力。

1. 虚拟国际交流平台

通过虚拟现实技术，学生可以参与虚拟的国际交流平台，与来自不同国家和地区的学生进行实时交流和合作。他们可以在虚拟环境中共同完成项目任务、开展讨论和分享经验，从而加深对其他文化的理解和尊重。

2. 虚拟文化体验

虚拟现实技术可以模拟各种国家和地区的文化场景，例如传统节日、历史遗迹、民俗风情等。学生可以通过虚拟现实体验不同文化的特色和魅力，增进对跨文化交流的兴趣和理解，从而提升跨文化合作的能力。

3. 虚拟团队项目

在虚拟现实环境中，学生可以与来自不同文化背景的同学组成跨文化团队，共同完成项目任务。他们可以通过虚拟现实平台实时交流和合作，克服地理距离和文化差异，培养团队合作、沟通协作的能力。

4. 虚拟文化交流活动

学校可以利用虚拟现实技术举办各种跨文化交流活动，如国际文化节、跨文化沙龙等。通过这些活动，学生可以亲身体验和参与跨文化交流，拓展国际视野，增进对其他文化的认知和理解。

（四）创新思维与实操能力培养

在传统的中职理论教学中，学生常常面临专业技能抽象难懂的问题。而虚拟现实技术可以将理论知识具象化，帮助学生更好地理解。例如，在机械工程、生物医学等专业中，复杂的结构和工作原理可以通过虚拟现实技术进行模拟，让学生在虚拟环境中进行操作，加深对理论知识的理解。

虚拟现实技术提供了一个创新的学习环境，学生可以在虚拟场景中自由探索、尝试和实验，激发他们的创造力和想象力。通过与虚拟环境的互动，学生可以思考并解决各种问题，培养解决问题的能力和创新精神。

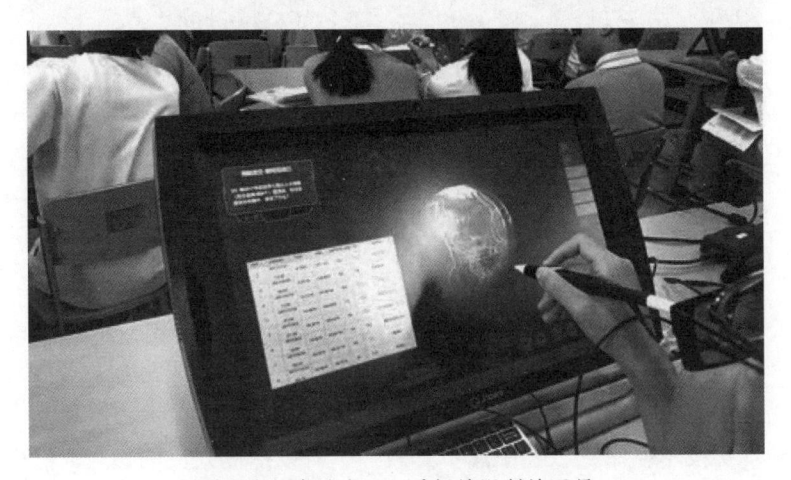

利用虚拟实验室可不受场地限制地开展

虚拟现实技术可以模拟各种实际场景和操作，为学生提供实操能力训练的机会。例如，在虚拟实验室中进行化学实验、在虚拟工厂中进行机械操作等。学生可以在安全的虚拟环境中进行实操练习，熟悉操作流程和技术要点，提高实操能力和技能水平。例如，虚拟的仿真实验平台系统就是一种基于计算机技术和模拟技术的教学工具，它通过虚拟环境模拟真实场景和实验操作，让学生在虚拟环境中进行实验和实践。这种系统可以模拟各种学科领域的实验和操作，如物理实验、化学实验、生物实验、工程实验等。克服了传统实验室实验的时间和空间限制。学生可以随时随地进行实验操作，无需受限于实验室的开放时间和设备的限制。同时，学生还可以通过网络和远程实验室与其他学生和教师进行交流和合作，促进学术合作和知识共享。

（五）教师培训与专向发展

利用虚拟现实技术辅助教学，对于教师而言是从繁琐的教学素材中"解放"的过程，为教育事业的发展带来新的契机，也给教师群体带来了相应的挑战，这就要求教师群体在新媒体技术发展的环境下与时俱进，积极发挥教学主导者的作用，不断探索、学习，丰富知识累积，提升素质水平，更好地适应虚拟现实技术在教学中的应用和发展。

教师参加虚拟现实技术培训

虚拟现实技术应用到教学中离不开教师、科技专业人员的参与，然而，因为科技发展速度快，部分专业教师一时还无法适应新教学模式。为了解决这一问题，学校应提供相关培训和支持，帮助教师掌握虚拟现实技术及其教学应用，同时鼓励教师们勇于尝试和创新，逐步融入虚拟现实技术的教学实践中，以提升教学质量和学生学习体验。例如，职业学校应选拔优秀专业教师，打造专业虚拟教学团队；也可以通过加强虚拟技术相关培训，提高教师团队的专业综合能力。通过这些举措，教师团队能够更好地适应虚拟现实技术教育的发展，为教学实践提供更有力的支持，进一步推动教学目标的实现。

三、人工智能技术成果应用对中职学生"学"和教师"教"的前景展望

人工智能进入教学，技术支持资源、环境的改变促使教师教学方式和学生的学习方式等发生了一系列转变。在教学方面，对教学发展过程、智能化教学的内涵进行分析，并构建了智能化教学模式，从课前智能化备课、课中精准教学、课后智能答疑与辅导进行具体探究。在学习方面，对学习的发展过程、智能化学习的内涵进行分析，并从自适应预习新知、智能化交互学习、智能化陪伴练习、智能引导深度学习方面探讨了智能化学习的一般流程。

（一）实现远程教育的全面发展

随着人工智能技术的不断发展，远程教育将迎来全面发展的时代。中职学生可以通过在线课程、虚拟实验室等远程教育平台获取优质教育资源，无论身处何地都能获得丰富的学习体验。同时，中职教师也可以通过远程教学平台开展教学活动，实现跨地域的教学资源共享和互动。人工智能技术的应用将促进教育向互动式学习和实践转变。中职学生可以通过虚拟实验室、仿真实训等方式进行实践探索，更好地掌握职业技能。同时，教师可以借助智能化的教学工具和平台，与学生进行更加互动式的教学活动，激发学生的学习兴趣和创造力，提高教学效果。

（二）个性化学习路径规划与情感智能化教育

人工智能技术的应用使个性化学习成为可能，中职学生可以根据自身兴趣、能力和学习情况定制学习路径，实现个性化教育。同时，情感智能化教育将注重培养学生的情感认知和社交能力，通过智能化的辅助工具提供情感支持和个性化指导，更好地促进学生的全面发展。

基于中职学生个体差异明显大于普通高中学生这一特征，基于人工智能技术的学习管理系统可以根据学生的学习兴趣、能力和学习历史数据，为每个学生制

定个性化的学习路径。系统根据学生的专业和拓展课程选择和学习情况，推荐相关的学习资源和课程内容。根据学生的学习水平和职业倾向精准生成个性化的职业技能培训方案，选择适合的虚拟实训项目和场景，通过模拟操作和实时反馈，帮助学生提高技能水平和实操能力，实现教学的个性化和差异化。

人工智能辅助教学系统具备情感智能化功能，可以通过语音识别和情感分析等技术，了解学生的情绪状态和学习反馈。当学生遇到困难或情绪低落时，系统会及时发出提醒并提供情感支持，比如播放鼓励音频或提供心理健康资源链接。教师也可以通过系统监控学生的情绪变化，及时与学生沟通并提供个性化的指导和关怀。

（三）推动职业教育资源的共享和普惠

人工智能技术的应用将推动教育资源的共享和普惠化。通过智能化的教学平台和资源库，中职学生和教师可以共享全球范围内的优质教育资源，打破地域和资源不均衡的局限，让更多的学生受益于优质教育资源。

元宇宙技术为职业教育资源的多元化和丰富化提供了平台。教师可以在元宇宙中创建虚拟教室和实训室，利用虚拟现实和增强现实技术展示教学内容，让学生通过互动和体验的方式进行学习。通过虚拟实训室，学生可以模拟实际操作场景，学习汽车维修、焊接技术等实用技能，无需依赖传统的物理设备。同时，较发达地区的学校和与之合作的企业可以将实训资源和课程内容转化为元宇宙中的数字化资产，与全球范围内的学生和教师共享，实现教育资源的共享和普惠。

四、想象中的未来：数字化技术对中职教育的深远影响

数字化已经成为中国教育行业发展的重要引擎。在现代化技术的赋能之下，以 AI 算法、大数据等为代表的信息技术对教育行业的推动愈发明显，教育正以一种更为开放的姿态迎来新变革。

与此同时，职业教育与数字技术的融合也展现了前所未有的深度，智慧校园平台与数字实训基地的创建、数字教育数字课程的开设、"互联网＋职业技能培训"新型职业技能培训模式的兴起……数字化技术与职业教育的融合在为我国技能人才培养带来了更多推动力的同时，也开辟出更多的职业教育新形态。职业教育数字化发展已经成为必然趋势，在这一趋势下，也涌现了数字化深度赋能职业

教育的教育新面貌。

（一）虚拟新技术打破时空限制

数字化教育是数字技术在教育中的应用，包括在线课程、电子书、远程教育等。它的出现打破了传统教育的时空限制，使学习不再局限于教室和学校。数字化教育的优势在于能够满足不同人群的学习需求，例如在校学生可以在课余进行自主学习，而不必考虑时间和地点限制。

另一个重要优势是数字化教育可以提高学习效率。通过在线课程和电子书等数字化学习资源，学生可以随时随地进行学习，节省了时间和交通成本。同时，数字化教育还可以通过数据分析来了解学生的学习情况和进展，从而更好地为学生提供个性化的学习支持。时空灵活性是数字化教育的一大优势，它打破了传统教育中时间和空间的限制。这种灵活性使得学习更加适应个人的需求和节奏，提高了学习的效率和舒适度。

面对这种灵活性职业学校应积极建设数字化学习环境，采用在线教育、远程教育、教育 App 等形式呈现，为学生和教师带来了全新的学习和教学体验。这种数字化学习的建设具有灵活性和便利性，学生和教师可以根据自己的时间和地点选择进行学习和教学活动，不再受制于传统的课堂时间和地点限制。同时，个性化学习和教学也得以实现，学生可以根据自身需求获取个性化的学习内容，而教师可以根据学生的学习情况调整教学方法和内容。此外，丰富多样的学习资源和互动合作的学习环境也为学生提供了更加丰富和有趣的学习体验。

（二）"数字画像"辅助教学决策

学生的"数字画像"指的是对学生在数字化平台上的个人资料和信息的数字化呈现。这些信息可能包括学生的个人身份信息、学习成绩、课程记录、参与活动的情况、兴趣爱好等。通过数字画像，学校和教育机构可以更好地了解每个学生的情况，为其提供个性化的学习支持和指导。这种数字画像的创建通常依赖于学校管理系统或学生信息管理平台，通过数据采集、整理和分析等技术手段，将学生的各项信息以数字化形式呈现出来。这样的数字画像不仅方便学校对学生进行管理和跟踪，也为教育者提供了更有效地了解学生、指导学生的方式。

这些数字画像可以作为教学决策的重要依据。通过对学生的数字画像进行分析，教育者可以更好地了解每个学生的学习情况和特点，从而调整教学策略，为学生提供个性化的学习支持和指导。例如，根据学生的学习成绩和兴趣爱好，教育者可以为其推荐适合的课程或学习资源；通过分析学生参与活动的情况，可以了解其社交和团队合作能力，从而在课堂教学中更好地组织小组活动或合作项目。例如：学校的职业教育中心，每学期末都会向学生发放一份基于"数字画像"生成的特殊评价报告单。该报告单包含学生的文化课成绩、专业课成绩、德育成绩、心理成绩、社交行为、消费情况、考勤情况以及职业倾向分析等多项数据。借助这些"数字画像"，教师能够准确地找出适合参加技能大赛的学生，同时也能够识别出需要额外帮助的学生。学校的各项决策都得到了这些数据的科学辅助。

近年来，随着技术的不断创新，数字化在职业教育中的应用已经远不止于大数据监测和辅助教学与评价。数字资源库、沉浸式虚拟仿真教学系统以及虚拟仿真实训基地已经成为职业教育的新潮流。在许多课堂上，传统的平面教学模式已经被虚拟仿真教学所取代。

从最初的投影仪教学、基础教务管理系统，到现在的大数据、虚拟仿真实训，职业教育的数字化技术革新已经经历了多年的发展。但与技术革新同样重要的是基础设施建设和数字化观念的普及。

（三）大数据模型推动教学革新

大数据模型在教育领域的应用涵盖了学生学习行为分析、教学资源优化、教学质量评估、个性化教学推荐和教学过程优化等多个方面。通过收集和分析学生的学习数据，大数据模型可以为教育者提供宝贵的信息，帮助他们更好地了解学生、优化教学资源和提高教学效果。

在大数据背景下，学校应始终以学生为本，切实落实针对学生心理健康教育的相关工作。利用大数据技术，学校可以及时挖掘学生心理健康教育信息和资源，并针对性地开展教育，帮助学生在良好的教育环境中实现全面发展和进步。通过这种方式，将教育本质回归初心，学生也可以提升身心发展能力和素质。在教学实践中，学校可以运用大数据技术，如挖掘、云计算等方法，及时追踪、定位、整理学生的学习健康状况和思想行为。然后结合数据结果，进行教育创新等工作。

大数据为职业学校教育工作带来了很大机遇，但教学观念、思想仍然有待提升。在教学工作中，应该促进教育工作者思想与观念的解放。近年来，互联网技术的飞速发展，使海量信息泥沙俱下，给学生学习健康状况带来一些负面影响。

职校学生是在新的年代成长起来的一批人，具有非比寻常的数据信息亲近感。教育工作者需要结合这一特征，选择学生感兴趣的职业技能教学方式。职业教育更应重视大数据技术及平台的应用，强化其教育效果。在实际的教育开展中，需要提高对大数据技术应用的认识，强化海量数据信息的敏感性，加强知识结构的优化和思想观念的改善，从而强化数据分析、处理等能力，为学生的学习和发展提供保障。而且大数据时代下，学生也会通过互联网学习职业技能知识，此时也应该结合大数据技术，做好学生学习行为追踪、管理等工作，将职业教育工作提上日程，运用数据分析的形式，帮助学生解决实际心理问题，提高教育的实际发展水平。

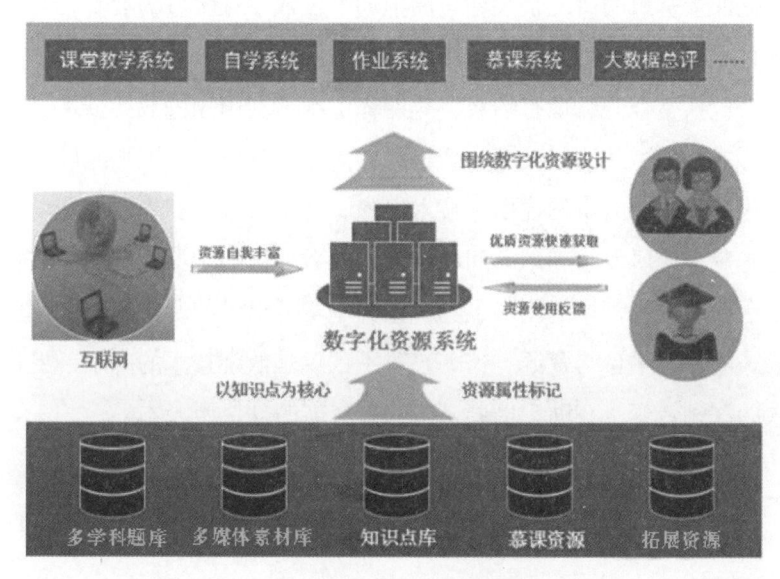

大数据模型支持教学革新

（本章由俞俊执笔。俞俊：正高级讲师专业技术职称，上海师范大学附属杨浦现代职业学校副校长）

第九章　研发和利用数智课程资源促进学生学习方式新变革

数智化课程资源的研发是一项全面推动学校数字化转型的战略，它不仅是对教育资源的数字化升级，更是对教育理念和方式的革新。数智化课程资源的研发与利用，包括整合升级现有的数字化课程资源，利用先进数智技术研发新的课程资源，形成共建、共治与共享的新格局。大数据分析、人工智能等数字智能技术为数智化课程资源的研发提供了技术保障，元宇宙技术和机器人等学习工具则丰富了课程资源的研发与利用空间和层次。在数智化的学习环境中，数智化课程资源与平台作为教育领域的创新工具，正为学习者提供前所未有的个性化、沉浸式、体验式的学习平台与资源。这一趋势不仅仅是数字技术的应用，更是对传统学习方式的深刻转变，有助于培养未来社会所需的复合型人才。

第一节　数智课程资源建设的时代背景

一、学校数智课程资源建设的现状

数智课程资源的建设直接影响着教育教学质量。优质的数智课程资源可以更好地促进教师适应学生需求、改进教学活动、提高教学质量。[1] 然而，当前学校课程资源建设尚存在以下三点问题：

一是课程资源建设与应用难以满足教学需要。首先，现有课程资源虽然数量众多，但质量参差不齐，一些课程资源不符合现代教育要求，需要教师花费大量

---

[1] 上海市教师教育学院.上海：以"三个助手"推进中小学教学数字化转型[N].人民教育，2023(23).

精力去筛选和验证。其次,现有课程资源往往倾向于同质化,无法满足学生个性化需求,影响学习效果。最后,许多课程资源在设计时忽视了后期加工需求。例如,一些资源以 PDF 或者图片形式提供,造成修改困难,限制了教师根据教学需要对资源进行个性化调整,也降低了资源的使用效率。

二是课程资源的更新速度慢,持续发展力不足。首先,学校的课程资源更新速度跟不上教学理念、方法和内容的变化步伐。其次,很多师生固守传统的态度影响了他们利用课程资源去优化课堂教学的主动性,也一定程度上减慢了课程资源建设与更新的步伐。如果师生对新的课程资源需求不强烈,课程资源的建设和更新就可能缺乏动力;如果师生不愿意使用新的课程资源,那么即使有了新的课程资源,也可能无法得到有效的应用。

三是课程资源平台建设不完善,开放共享有瓶颈。数智化时代,不少学校拥有自己的数字化资源平台,教学视频、课程教案、校本训练等课程资源也被视为平台的核心部分。然而,许多学校可能后期由于人力、物力或财力的限制,在平台的开放、维护和更新等方面未能充分执行,导致课程资源数智化效用不能得到充分发挥,甚至出现瓶颈。

二、课程资源数智化的价值意义

学校数字化转型的核心是推动学校教育教学的全过程和所有要素的数字化。课堂是教学改革的主阵地,所以数字化转型必须以课堂教学为中心,而课程内容则构成了数字化应用和服务的基础。[①] 数智化课程资源作为推动学校教学数字化转型的重要基础支撑,具有多重价值。

(一)提升教学的效率与质量

课程资源数智化对于提高教学效率与质量具有重要的价值意义。首先,课程资源数智化能够提升教学效率。传统教学往往需要在固定时空进行,然而,课程资源数智化打破了这种限制,它使得教学活动可以随时随地进行,学生也可以根据自己节奏进行学习,大大提高了教学效率。其次,课程资源数智化能够提升教学质量。传统教学往往以教师为中心,然而,课程资源数智化通过大数据、人

---

① 黄荣怀.数字化教材、大数据测评 未来学习要构建智慧教育新生态[EB/OL].(2022-04-05)[2024-01-20]. http://edu.people.com.cn/n1/2022/0405/c1006-32391875.html.

工智能等技术赋能，可以对学生的学习过程进行实时监控和反馈，帮助教师及时调整教学策略，提高教学质量。最后，数智化的存储方式使得其更易于更新和维护。数字资源可以随时进行修订和更新，确保教材内容始终保持最新，能为学生学习提供更具时效性和前瞻性的教学内容。

（二）满足学生的个性化学习

数智化课程资源可以提供丰富的个性化学习体验。首先，课程资源数智化可以提供个性化的学习资源。传统教学往往采用"一刀切"的方式。然而，每个学生的学习能力、学习风格和学习需求都是不同的。课程资源数智化通过大数据、人工智能等技术赋能，可以为每个学生提供适合他们的学习资源。其次，课程资源数智化可以提供个性化的学习路径。在传统的教学方式中，所有的学生都需要按照相同的学习路径进行学习。课程资源数智化可以根据每个学生的学习进度和学习需求，提供个性化的学习路径，学生可以根据自己的节奏进行学习。最后，课程资源数智化还可以提供个性化的学习反馈。在传统的教学方式中，无法对每个学生的学习过程进行实时监控和反馈。课程资源数智化可以通过大数据、人工智能等技术应对这种挑战，帮助学生及时发现和解决学习问题，提高学习效果。

（三）促进优质课程资源开放共享

共建共享优质课程资源对于提高教育资源的利用效率、促进教师专业发展、推动学校教育教学创新等方面都有着重要意义。教师通过共享课程资源，可以减少重复劳动，并学习到新的教学理念、方法和技巧，从而促进自己的专业发展。同时，共享课程资源还为教师们提供了一个展示和交流平台，可以激发教师们的创新精神，推动教育创新。例如：上海市长宁区新泾中学的《丰收锣鼓》课程[①]，在教师袁玉的指挥下合奏自编的音乐课《丰收锣鼓》，被学生们评为最喜欢的课之一。谈及这门课程的开发灵感，袁玉说道："把艺术创编实践与学生的生活实际结合，这是我从国家智慧教育平台上获得的灵感。"两年前，袁玉从上海音乐学院打击乐专业毕业，作为一名新教师，如何将自己的专业知识与课程教学目标要求更好对接，正是自己思考的问题。当时，正赶上长宁区推进数字化教育转型，数字基座实现了"国家智慧教育平台—市—区—校教育资源"贯通。因

---

① 仲立新，任朝霞.校园更智慧，教学更高效——上海市长宁区推进数字基座建设，上线六百八十四个数字应用［N］.中国教育报，2024-1-04（01）．

此，数字平台上丰富的教学资源，便成为了袁玉学习的重要渠道。

三、课程资源数智化的现实支撑

实现课程资源的数智化，离不开多方面的现实支撑。现存资源的内容积淀为课程资源数智化提供坚实基础，数字智能技术的不断发展进一步丰富了课程资源的研发与利用空间和层次，而上海市推出的"三个助手"则为数智化课程资源的建设和共享奠定了平台基础。

（一）现有资源的内容积淀

目前，很多学校经过示范校、智慧校园和教育信息化应用标杆校建设，为课程资源数智化建设奠定了内容基础。首先，教育领域已经积累了教科书、教学大纲、多媒体教材、在线教程等大量的教学资源，覆盖了各学科、各年级和各场景，形成了庞大而多样的课程内容库。其次，为适应教育现代化的发展，我国大量的教育资源已经经过数字化处理，不仅包括电子教材、网络课程，还包括了在线图书、教学视频、互动模拟实验等多种形式。最后，培育教育信息化应用标杆校是教育信息化建设中的一种示范性实践，标杆校技术、管理、教学、学生服务等多方面成功经验对于数智化课程资源的研发和应用提供了实践指导和可复制的范本。

（二）数字智能的技术赋能

数字智能技术为课程资源的数智化提供了强大的技术支持。大数据分析、人工智能、云计算等前沿技术，新兴的元宇宙技术和机器人等学习工具进一步丰富了课程资源研发与利用的空间和层次。例如，大数据技术在教育领域的应用使教师能更好地理解学生的学习行为、需求和趋势，从而更有针对性地进行课程设计；云计算技术为教育提供了高效的计算和存储支持，云计算支持下的平台可以实现课程资源的在线存储、即时更新和跨设备访问。

（三）三个助手的平台助力

共享平台是数智化资源建设和共享的保障。上海研发的数字教学系统——"三个助手"：备课助手、教学助手和作业辅导助手，为数智化课程资源的建设和共享奠定了平台基础。备课助手通过整合现有课程资源，为教师提供个性化的备课建议和资源推荐，极大提高了教师的备课效率。教学助手通过分析学生学习过程中的表现，帮助教师了解学生的学科水平、学科偏好和难点，从而帮助教师更好地调整课程设计。作业辅导助手可以帮助学生进行作业的获取、练习、提交、反馈和改进等，使教师有更多精力投入于课程资源研发。这为上海市各级各类学校教育资源的整合提供了基础平台，促进了学校、教师和学生之间的紧密合作，有助于实现优质课程资源的共享和利用。

第二节　数智化课程资源的研发与利用

数智化课程资源的研发是实现教育数字化的首要环节。数智化课程资源的研发与利用，包括整合升级现存的数字化课程资源、利用先进数智技术研发新的课程资源，形成共建、共治与共享的新格局三个方面。

一、整合重塑现有资源

许多学校在完成示范校建设、智慧校园建设以及培育教育信息化应用标杆校的过程中，积累了丰富的案例和样本。元宇宙技术等现代技术提供了一个新的视角和工具，可以将原有的数字化课程资源进行升级，并按照"三个助手"的要求，将这些现有的课程资源进行数智化和系列化。

（一）整合重塑现有资源的步骤

整合和重塑现存资源是实现数智化课程资源研发与利用的关键步骤之一。这一过程旨在有效整合已有的教育资源，使其数字化、智能化，并通过创新的方法与技术赋能，提高现存课程资源的质量和利用效率。现存资源整合重塑包括了五个步骤（如图1）。

1. 资源调查和整理

学校需要对现有的教育资源进行全面的调查和整理。这包括教科书、课件、教学视频、在线练习题、实验室资料等各类课程和教学资料。通过明确资源的种类、来源、适用范围以及知识点覆盖情况，学校可以建立一个全面的资源清单，以便进行资源的规划和管理，为后续的数字化转换和整合奠定基础。

```
整合重塑现存     ┌─ 资源调查和整理
资源的步骤    ⎰   ↓
              ⎱   数字化转换
                  ↓
                  建立元数据体系
                  ↓
                  智能指引和分类
                  ↓
                  建立持续更新和
                  反馈机制
```

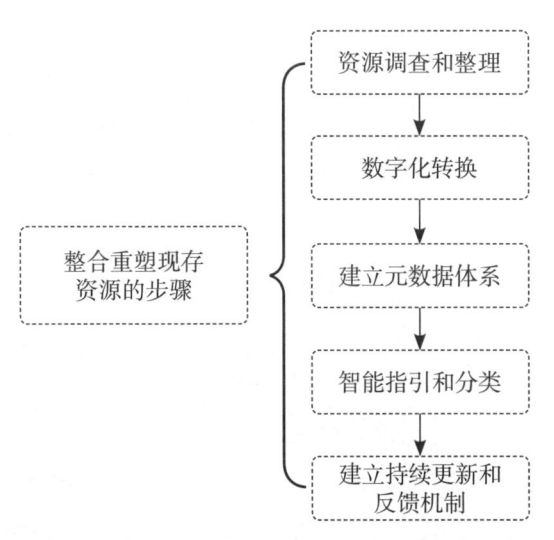

图 1 整合重塑现存资源的步骤

2. 数字化转换

将已有的纸质教材、实体课件等物理形式的资源进行数字化转换。这可以包括扫描、录制、使用专业的数字化工具进行转换。例如，通过扫描将纸质资源转化为电子版，然后通过文字识别技术，将图片转化为可编辑的文本。通过录制将讲课视频转化为在线课程，然后通过视频处理技术，将视频切割为多个小节，以便于学生学习。

3. 建立元数据体系

为每个数字化课程资源建立元数据体系，即对课程资源进行详细的描述和标记。元数据包括但不限于作者、关键词、适用年级、学科、难度等信息。这些信息可以帮助我们了解资源的属性和特点，从而提高课程资源的检索精度，使得教师和学生能够更快速地找到所需的课程资源。

4. 智能标引和分类

借助人工智能技术，对课程资源进行智能标引和分类。通过自然语言处理、机器学习等技术，理解课程资源的内容，并为其添加智能标签。例如，通过自然语言处理技术，理解一个教学视频的内容，然后为其添加相关标签，如"几何"、"初中"、"易"等。这些标签可以帮助师生更快地找到相关的课程资源，也可以帮助其进行课程资源的推荐和匹配。

5. 持续更新和反馈机制

通过学生和教师的反馈，不断改进和更新数智化课程资源。定期的课程资源评估和更新，是保持课程资源质量和适用性的重要手段，从而确保课程资源的与时俱进。例如，通过学生的学习数据，教师可以了解到资源的使用频率和评价，然后对这些资源进行优化和推广或者改进和更新。

（二）数智化和系列化的概念及特征

1. 课程资源数智化的概念及特征

课程资源数智化是指将传统的课程资源转化为数字化的形式，并利用信息技术，如大数据、人工智能、云计算和元宇宙技术等，对其进行智能化的处理。这种处理可以包括内容分析、知识提取、智能推荐等，以便于教师和学生更好地使用这些资源。数智化的课程资源不仅可以方便地存储、传输和共享，而且还可以根据学生的学习情况和学习需求，提供个性化的学习服务。

课程资源数智化的主要特征是数字化、智能化、互动性和开放性。

（1）数字化

课程资源数智化首先是数字化的过程，所有的教学资源都被转化为数字信息，便于存储、传输和处理。在存储和运输上，数字化的课程资源可以以电子形式存储在各种设备中，这使得教师和学生能够随时随地访问课程内容。同时，数字化的资源可以轻松地通过互联网传输，促进了课程资源的共享和交流。在数据化管理与分析上，数字化使得学校和教师能够更有效地管理和分析教学数据。学生的学习行为、考试成绩、在线互动等数据都可以被数字化记录，藉此，教师可以更全面地了解学生学情，更好地制定个性化的教学和课程计划。

（2）智能化

课程资源数智化不仅仅是数字化，更重要的是智能化。通过大数据、人工智能等技术，可以对课程资源进行智能分析、推荐和个性化学习。例如，通过机器学习算法，系统能够根据学生的学习历史、兴趣和能力，为其推荐合适的学习资源。智能辅助教学工具也能够通过人工智能提供更个性化的学习支持，包括智能答疑、自适应学习路径等功能。

（3）互动性

课程资源数智化可以提供丰富的互动性，提高学习的参与度和效果。例如，数字化的课程资源为学生提供了在线讨论和合作的平台。学生可以通过互联网参与到虚拟教室中，与同学和教师进行互动交流，分享观点和经验，从而拓展对知识的理解；在线测验、模拟实验等互动式学习工具，能够使得学习过程更具趣味和实用性，帮助学生深入理解和应用知识。

（4）开放性

课程资源数智化具有开放性，可以跨越时间和空间的限制，随时随地为学生利用。此外，数字化的、智能化的课程资源具有更好的可分享性，开放性的特征促进了资源的共享，学校和教师可以更方便地分享优质课程资源，推动教育领域的开放式创新。

2. 课程资源系列化的概念及特征

课程资源系列化是指将相关的课程资源进行系统化的整理和组织，形成一个完整的教学体系。这个体系可以按照学科、年级、难度等不同的维度进行划分，每个维度下又包括多个相关的课程资源。系列化的课程资源可以帮助教师和学生更好地理解和掌握知识体系，从而使学习过程更为连贯和系统化。

课程资源系列化的主要特征是系统性、连贯性和深度性。

（1）系统性

课程资源系列化是将课程资源按照一定的逻辑和顺序进行组织，形成一个有序的学习结构和逻辑严密的知识传递。每个课程都在整体学科结构中扮演特定的角色，相互关联，共同构成一个完备的学习框架。此外，每个课程都以一种逻辑严密的方式将前一阶段的知识传递给学生，确保学生在学习过程中不会出现知识的断层，形成对学科的全面理解。

（2）连贯性

课程资源系列化强调课程之间的连贯性，每一个课程都是一个整体，同时又与其他课程相互关联。这种衔接不仅仅是知识点的衔接，还包括方法论、思维方式等方面的连贯性。此外，通过保持连贯性，课程资源系列化有助于形成学科知识体系的完整性。学生在一系列课程的学习中，能够全面了解学科的各个方面，形成相对完整的学科认知结构。

（3）深度性

课程资源系列化注重提供深度学习的机会，通过有序的学习结构和连贯的课程衔接，学生能够更加深入地理解和应用知识，形成对学科的深刻理解。课程资源系列化还追求覆盖广泛的知识领域，每个课程都涵盖学科的不同方面，确保学生对学科广度的认识。此外，课程资源系列化还有助于促进跨学科学习，通过在不同课程之间建立联系，培养学生综合性的思考和解决问题的能力。

（三）现有课程资源数智化和系列化升级

数智化课程资源的研发是对传统教育的一场深刻变革。对现有课程资源的数智化和系列化升级，不仅仅是简单地将传统的教材数字化，而是涉及到对课程内容、课程形式和教育方法进行全面升级的复杂而深刻的变革。

1. 课程内容的全面升级

课程内容的全面升级包括个性化学习路径设计和跨学科综合知识的引入。数智化课程资源的研发意味着通过大数据分析、人工智能等技术，为每位学生设计个性化的学习路径，根据学生的学科水平、兴趣和学习风格进行动态调整，从而提供更贴合学生需求的教育内容。此外，数智化课程资源的全面升级还体现在引入更为丰富、跨学科的知识。通过对大量数据的深度分析，可以发现不同学科之间的关联性，从而设计更具综合性的教育内容。

2. 课程形式的全面升级

课程形式的全面升级包括互动式学习工具的引入和教学方式的创新。数智化课程资源的研发将教育形式推向了更加互动、参与的方向。通过引入互动式学习工具，如在线讨论平台、虚拟实验室等，学生可以更活跃地参与到学习过程中。这种互动性不仅仅提高了学生的学习兴趣，还促进了他们在实践中更好地理解和应用所学知识。此外，全面升级的过程还包括对教学方式的创新。数智化课程资源的研发可以通过引入新颖的教学方法，如虚拟现实、增强现实等技术，为学生提供更为生动、直观的学习体验。这种创新不仅激发了学生的学习激情，也使教学更贴近当代科技的发展趋势。

3. 教育方法的全面升级

教育方法的全面升级包括数据驱动的教学决策和实践性学习场景的创设。数智化课程资源的全面升级需要基于数据驱动的教学决策。通过收集和分析学生的学习数据，教师可以更精准地了解学生的学科水平、学习习惯和潜在问题，从而调整教学策略，提供更个性化、有针对性的指导。此外，全面升级的教育方法还包括创设更为实践性的学习场景。通过数智化技术，可以模拟各种真实世界的情境，使学生能够在虚拟环境中进行实践性学习。这种实践性学习不仅增强了学生的应用能力，也促进了理论知识与实际场景的有机结合。

二、技术赋能新课研发

在当今数字化时代,信息技术被视为推动教育发展的新型生产力,新技术的迅猛发展也为数智化课程资源的研发提供了广阔的空间。利用人工智能、大数据、元宇宙、云计算新技术,能够极大地提高研发课程资源的质量和效率,并推动其更广泛的应用。

(一)现代技术在数智化课程资源研发中的应用

1. 人工智能技术

人工智能(Artificial Intelligence,AI)技术的迅速发展为教师课程研发提供了强大的工具和支持。其中,自然语言处理(NLP)技术是人工智能领域的一个关键分支,它在课程资源的生成、理解和优化等方面发挥着重要作用。

利用人工智能技术中的自然语言处理(NLP)技术,构建能够理解并生成语言的算法,这样的算法可以辅助教育者快速生成高质量的课程内容,提高课程研发的质量和效率。因此,教师可以利用自然语言处理(NLP)技术,借助智能算法迅速生成课程大纲,从而帮助教师节省大量备课时间。此外,自然语言处理(NLP)技术还能够生成学生的个性化学习材料,进一步赋能数智化课程资源建设。基于学生的学习水平、兴趣和学科需求,NLP可以为学生定制适应性强的学习材料,能够根据课程内容和学科特点,自动生成丰富多样的题库,极大地提高数智化课程资源建设的质量和效率。

2. 大数据技术

大数据技术是一组用于处理、存储和分析大规模数据集的技术和工具。大数据技术在智能化课程资源开发中发挥着关键作用,通过深度数据分析和智能算法,能够帮助教师更好地理解学生的学习需求,从而设计出更为全面和个性化的课程。

首先,系统可以分析学生在学习平台上产生的海量数据,包括学习进度、答题情况、访问时间等。通过这些数据,系统能够建立学生的学习模型,识别其学习习惯、学科偏好和困难点,从而为课程资源的个性化定制提供依据。其次,大数据技术能够支持建立实时反馈机制,监测学生在学习过程中的表现。通过对学生的学习行为和成绩进行实时分析,系统可以快速识别学生可能遇到的问题,并及时向教师提供反馈，这使得教师能够迅速调整课程内容和教学策略，提供有针对性的辅导和支持，从而提高课程和教学的有效性。最后，大数据技术通过对学生学习数据的持续监测和分析，能够支持课程资源的持续改进和优化。教育者可以根据学生的反馈和学习数据，不断调整课程内容、教学方法和资源配置，确保课程资源保持更新、有效和适应学生需求的状态。

3. 元宇宙技术

元宇宙技术是一种新兴的虚拟现实技术，它主要基于虚拟现实（VR）、增强现实（AR）、混合现实（MR）等技术，能够创建一个沉浸式的、交互式的虚拟环境。

元宇宙为课程资源的研发提供了新的空间和层次。利用元宇宙技术能够升级原有的数智化课程资源，开创场景式数智课程资源，从而扩展课程资源研发的空间。例如，通过元宇宙技术中的虚拟现实（VR）、增强现实（AR）等手段，能够模拟各种实践和应用场景，从而为学生创造出沉浸式和更为真实的学习体验，提高学习的真实感和参与度。此外，元宇宙技术打破了时空限制，有助于构建更开放、灵活的课程和学习生态系统，实现教师和学生跨越时空的协作教学，从而丰富了课程资源的层次，并促进全球范围内的教育合作。例如，教师和学生可以通过元宇宙平台访问各种资源，包括虚拟图书馆、在线博物馆、实时研讨会等，并能在虚拟空间中与来自不同地区甚至不同文化背景的同伴实现跨越时空的协作学习。

4. 云计算技术

云计算是一种通过网络提供计算服务的模式，它使用户能够通过互联网按需获取计算资源和存储资源。云计算技术通过其协同性、共享性和数据安全和备份等特点，为课程研发提供全新的方式和工具，从而提高研发的质量和效率。

首先，云计算平台提供了一个便捷的课程资源共享和合作环境，教师可以通过云平台共享教学资源。其次，云计算提供了各种协同工具，如云存储、在线文档编辑、实时通讯等，这对于课程研发团队的协同工作非常重要。最后，云计算提供高级的安全措施和备份机制，确保课程资源的安全性。

（二）技术赋能新课研发的挑战（如图2）

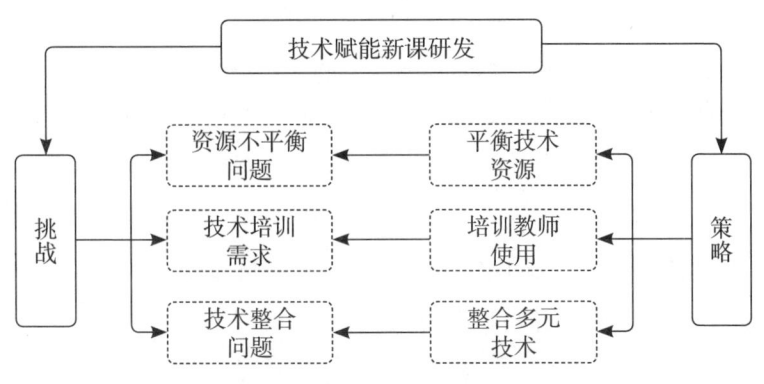

图 2　技术赋能新课研发的挑战和策略

1. 资源不平衡问题

资源不平衡问题可能导致一些地区或学校无法充分利用人工智能、大数据、元宇宙和云计算等新技术，从而影响到智能化课程的研发和推广，加剧了教育的不平等现象。具体而言，一是技术设备不足，一些地区或学校可能缺乏先进的计算机设备、互联网连接和其他必要的技术基础设施，导致无法应用现代新技术来研发和实施智能化课程。二是资源不平衡，表现在教育经费上，一些地区可能没有足够的财政支持来购买新技术设备、进行培训和推动创新项目。三是师资力量差异，不同地区和学校的教育从业者的技术水平和数字素养存在差异，一些地方可能缺乏具备人工智能和大数据知识的教师。

2. 技术培训需求

引入新技术需要教师者具备相关能力，尤其是人工智能、大数据、云计算和元宇宙等前沿技术。一方面，许多教师缺乏新技术方面的专业知识，对这些技术的原理、应用场景和操作方法不够了解，导致无法有效地应用这些技术于数智化课程研发和实施中。另一方面，技术领域的快速发展需要教师能够不断地学习新知识和新技术，然而由于工作压力和时间限制，他们可能难以跟上技术的更新速度，造成技术更新的知识断层。此外，不同教育阶段和学科领域的教育从业者对技术的需求存在差异，一些人可能需要基础的技术操作培训，而另一些人可能需要要更深入的理论和应用培训。

3. 技术整合问题

人工智能、大数据、元宇宙和云计算等技术往往由不同的供应商提供，因此在将它们整合到一个统一的平台上时，会面临技术整合的问题。首先是技术标准的碎片化，各技术存在各种不同的技术标准和协议，由不同供应商制定，使得不同技术之间的集成变得复杂。其次是兼容性问题，不同供应商的产品和服务在实现同一功能时可能采用不同的技术实现方式，这可能会阻碍不同技术组件的有效协同工作。最后是格式不一致问题，大数据和人工智能应用通常涉及大量的数据交换和共享，然而由于不同供应商使用不同的数据格式和结构，数据在不同技术之间的传递和解释可能出现问题，降低了整个系统的效率。

（三）技术赋能新课研发的策略

1. 平衡技术资源

资源不平衡问题是数智化课程研发和实施过程中的一项重要挑战，但通过政府、学校、企业和社会各方的共同努力，可以采取一系列综合性的措施来解决这一问题。一是政府支持与资助，可以通过设立专项资金，向资源匮乏地区提供支持，用于购置技术设备、推动培训计划和促进智能化课程研发。二是推动互联网基础设施的建设，确保每个地区都能够获得稳定、高速的互联网连接，为智能化课程的实施提供基础支持。三是建立跨学校、跨地区的合作伙伴关系，通过资源共享和协同合作来填补不同地区的资源差距，这包括共享课程内容、教学资源和技术经验等。四是引入企业、非营利组织和社会团体的支持，通过捐赠、赞助和志愿服务等方式，为资源匮乏地区提供所需的技术和经济支持。

2. 培训教师使用

为解决技术培训需求瓶颈，可以采取制定详细的培训计划、建立在线学习平台、个性化培训计划等综合措施。首先，针对教师相关技术知识缺乏的问题，建立系统的培训课程体系，涵盖人工智能、大数据、云计算等方面的基础知识，包括在线学习资源、研讨会、工作坊等多样化培训形式。其次，针对技术更新速度快的问题，可以利用云计算和元宇宙技术建立一个包含各种在线课程、实践项目和社交互动的学习平台，使教育从业者能够根据自身的时间安排进行学习。最后，针对不同层次的技能需求，利用大数据分析和人工智能技术，根据每位教育从业者的背景、职务和兴趣制定个性化的培训计划。

3. 整合多元技术

未来的发展方向将是整合多元技术，如融合人工智能、大数据、元宇宙和云计算等，构建更为综合、高效的智能化课程研发平台。一是建立通用的开放标准和协议。学校和教育机构和技术提供商共同制定或采用业界公认的开放标准，积极推动行业标准的建立，促进不同技术提供商的合作，减少技术整合的摩擦，从而确保各个技术领域能够在一个平台上相互通信和协作。二是建立中介层，引入中介层或接口，实现不同技术之间的连接和数据传递，提高系统整合的灵活性和可维护性。三是建立专门的技术整合团队，由具有跨技术领域知识的专业人员组成，负责解决技术之间的互操作性问题，定期更新系统以保持与最新技术的兼容性，从而确保整个系统能够顺利运行。

三、共享优质课程资源

在市、区、校一体化学校"数字基座"的建设背景下，"上线"和"上链"共建共享优质课程资源的两个关键步骤，尤其是通过"上链"的全局、无限共享，优质课程资源可以"出校"、"出市"甚至"走出国门"，能够极大地扩大教育资源的影响力和覆盖范围。然而，在数智化课程资源的"上链"共享过程中，尚存在着技术、法律和伦理挑战、质量和可信度等挑战。为了更好地解决这些问题和挑战，需要采取一些有效的解决方案，诸如提高区块链技术的性能和可扩展性、关注版权问题和数据隐私保护问题、提高"上链"的共享课程资源质量、缓解教师对"上链"技术的抵触情绪等。

（一）从"上线"到"上链"

在21世纪的信息时代，教育资源的获取和分享方式正在发生深刻的变革。其中，"共建共享优质课程资源"的理念正逐渐成为推动教育公平和质量提高的重要手段。在这个过程中，是两个关键的步骤。有关"上线"和"上链"问题，本书第二章已有专门论述，这里主要从优质课程资源共享的角度做些探讨。

1. "上线"与"上链"的概念

在这一语境中，"上线"指的是将优质课程资源上传到校园网，使得本校的教师和学生可以方便地获取和使用这些资源。这一步骤是推动教育资源共享的必要举措，但其局限性在于它是一种局部的、有限的共享。通常，"上线"仅局限于校园网内，只能满足本校教师和学生的需求，无法实现更广泛的资源共享域。因此，为了解决这一局限性，我们需要"上链"，即将优质课程资源通过区块链技术进行存储和分发，使得这些资源可以"出校"、"出市"甚至"走出国门"。

这是一种全局的、无限的共享，它能够极大地扩大教育资源的影响力和覆盖范围。

2."上链"的意义

"上链"不仅是技术层面的突破，也是教育理念的演进。通过"上链"，可以建立一个开放、透明、去中心化的全球教育资源平台，将教育资源从局部提升到全球，并将学习者的覆盖范围从本地拓展到国际，打破传统教育资源获取的地域和时空局限。无论学生身处何处，只要有网络连接，就可以获取到优质的教育资源。这对于推动教育公平具有重要的意义，能够实现更为普惠的教育资源分配。此外，通过区块链技术实现的"上链"，还可以保证教育资源的真实性和完整性，防止教育资源被篡改或伪造。例如：推动"慕课出海"打造国际品牌[①]。经过十年建设，中国慕课已上线超过7.68万门，不仅服务了国内12.77亿人次的学习，而且通过实施"慕课出海"行动，让中国慕课走出国门，为世界高等教育作出中国贡献。依托世界慕课与在线教育联盟，开设341门次全球融合式课程，推出10个全球融合式证书项目，学习者近2540万人次；与全球30余家知名高校和在线教育机构合作搭建了课程引进与输出的双向沟通渠道，组织88所中国大学为印度尼西亚提供近300门高水平慕课，覆盖印度尼西亚3000多所高校。

3."上链"的过程

那么，如何实现"上链"？这就需要我们利用区块链技术。区块链是一种分布式数据库技术，其去中心化、不可篡改、透明等特性，为"上链"提供了技术基础。去中心化的特性保障了教育资源的存储和传输的安全性，防止了单一机构或个体对资源的垄断。其次，不可篡改性确保了教育资源的真实性和可信度，增强了学习者对于资源的信任感。此外，区块链技术的透明性也有助于提升共享资源的公正性和透明度，使得学习者更容易了解资源的来源和质量。

通过将教育资源存储在区块链上，可以确保这些资源的真实性和完整性，同时也可以实现资源的跨区域、跨平台的共享。"上链"大致可以分为三个步骤：首先，我们需要将优质课程资源数字化，转化为可以在计算机上处理和传输的数据。然后，我们需要将这些数字化的教育资源上传到区块链上。这一步通常需要通过智能合约来实现。智能合约是一种运行在区块链上的程序，它可以自动执行

---

① 高等教育司. 推动"慕课出海"打造国际品牌 [EB/OL]. (2024-01-26) [2024-02-18]. http://www.moe.gov.cn/fbh/live/2024/55785/sfcl/202401/t20240126_1112426.html.

预定的规则和逻辑。最后,我们需要通过区块链网络将这些资源分发给需要的用户。用户可以通过区块链浏览器或者专门的应用程序来访问和下载这些资源。

(二)"上链"的挑战(如图3)

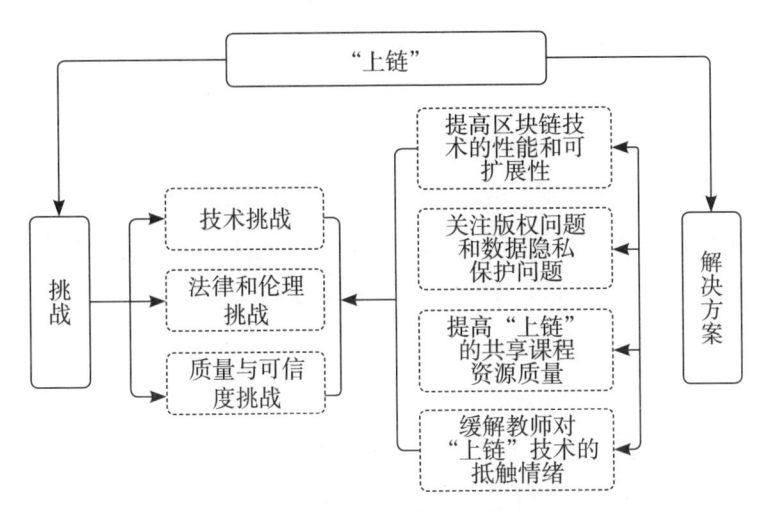

图3 "上链"的挑战和策略

"上链"作为共建共享优质课程资源的重要步骤,虽然在推动全球范围内的教育资源共享方面具有巨大潜力,但"上链"这一过程并非一帆风顺,它也面临着一系列挑战。

1. 技术挑战

在面向全局和无限的课程资源"上链"共享中,需要处理大量的数据和交易,这对区块链系统的性能和扩展性提出了挑战。首先是区块链技术的性能问题。由于区块链的去中心化特性,每个节点都需要存储所有的交易记录,这使得区块链的处理速度和存储效率远低于传统的中心化数据库。此外是区块链的可扩展性问题。随着区块链网络的增长,每个节点需要存储的数据量也在不断增加,这使得区块链的可扩展性受到限制。在更广范围内的课程资源"上链"共享中,这一问题变得尤为突出。

2. 法律和伦理挑战

"上链"共享过程中,也面临着法律和伦理两方面的挑战,涉及版权问题和数据的隐私与保护。数智化课程资源的"上链"可能涉及大量的知识产权,如何保护这些原创课程资源的版权,防止数智化课程资源的非法复制和传播,是目前尚待解决的。此外，在"上链"过程中，涉及大量课程资源和学习者信息，由于区块链的透明性，如果不加以控制，用户的学习行为和成绩等敏感信息可能会被泄露。因此，在保证透明性的同时，也要确保数据的隐私和安全性，亟需在二者之间找到平衡点。

3. 质量与可信度挑战

在数智化课程资源的"上链"共享过程中，确保课程资源的质量和真实性是一项重要挑战。因为一旦上链，数据将不可篡改，任何错误或虚假信息都会对课程资源的质量产生负面影响。区块链的透明度和不可篡改性可能让人误以为一切信息都是真实的，而忽略了信息的来源和质量。此外，数智化课程资源"上链"需要得到教育者和学习者的认可和接受，而新技术的引入可能会面临一些抵触情绪，其大范围的推广和使用需要一定时间。

（三）"上链"挑战的解决方案

1. 提高区块链技术的性能和可扩展性

为解决区块链技术挑战可以采取一系列优化策略。针对性能问题，可以通过优化区块链的架构和算法来提高其处理速度和存储效率。例如，可以采用分片技术将区块链网络划分为多个子网络，每个子网络只处理一部分交易，从而提高整个网络的处理速度。此外，还可以采用更高效的共识算法，如权益证明（PoS）算法，以减少计算资源的消耗。针对可扩展性问题，可以采用侧链、状态通道等技术来提高区块链的可扩展性。这些技术可以将部分交易从主链转移到侧链或状态通道进行处理，从而减轻主链的负担，提高区块链的可扩展性。

2. 关注版权问题和数据隐私保护问题

针对版权问题，可以利用区块链的不可篡改性来记录和证明教育资源的版权信息。通过在区块链上记录课程资源的创作时间、作者等信息，可以为版权保护提供强有力的证据。此外，还可以通过智能合约实现版权的自动管理和执行，例如，只有获得授权的用户才能下载和使用课程资源。针对隐私保护问题，可以采用零知识证明、同态加密等隐私保护技术来保护用户的隐私。例如，使用同态加密进行数据分析，不暴露具体的用户信息，但仍可以提取有关学习模式和趋势的有用信息；采用匿名处理方式，用户可以通过生成匿名身份参与共享课程资源。这些技术可以在不泄露用户具体信息的情况下，验证用户的学习成果和行为，从而保护用户的隐私。

3. 提高"上链"的共享课程资源质量

采取数据验证和认证机制、加强透明度以及可塑化信息来源、执行智能合约质量标准等措施，以提高"上链"的共享课程资源质量。在数据验证和认证机制中，引入多方参与的验证机制，包括教育机构、独立第三方机构等，对课程资源的质量和真实性进行验证，这可以通过数字签名、教育机构认证等方式实现。在透明度以及信息来源可塑中，每一份课程资源应该标识清楚其来源，包括作者、教育机构等信息，增加透明度的同时，也确保了每一步的数据都可以被追溯到其来源，从而排查和修正任何错误或虚假信息。在智能合约执行质量标准中，要求只有符合标准的资源才能"上链"，从而课程资源的整体质量水平。为缓解教师对于"上链"技术推广过程中的抵触问题，可以采取渐进推广和培训、制定激励机制和问题解决机制等措施。

第三节 数智化课程资源促进学生学习方式的变革

在数智化的学习环境中，数智化课程资源与平台作为教育领域的创新工具，正为学习者提供前所未有的个性化、体验式的学习平台与资源。这一趋势不仅仅是数字技术的应用，更是对传统学习方式的深刻转变，学生的学习方式得以进一步转变，数智素养也得以提高（如图4）。

图4 数智化资源促进学生学习方式的变革

一、数据驱动个性化学习

（一）数据驱动的概念

数据驱动指通过采集海量的数据，并对数据进行清洗、加工、计算以建立数据模型，如图5所示。"数据驱动"是一个动态的、迭代的过程，它以数据为基础，通过模型的进化与迭代，数据分析与算法的应用，以及决策的生成与实施，实现了从数据到决策的闭环。

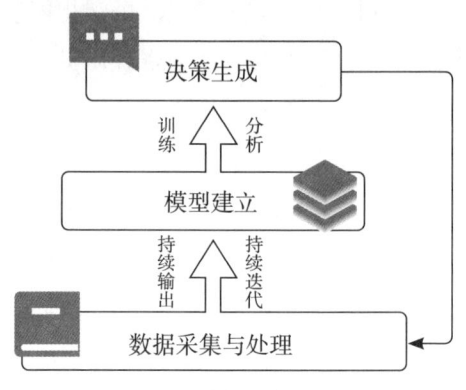

图 5 数据驱动模型

（二）数据驱动促进个性化学习

数据是数字化转型的强大驱动力和基础[①]。在推动教育数字化转型中，数据扮演着至关重要的"引擎"作用，是驱动数字化教育创新发展的关键动力。尤其是在促进学生的个性化学习中发挥了重要作用，通过采集、分析学生的学习数据，为每个学生提供定制化、个性化的学习路径并提供即时高效的学习诊断与反馈。

1. 数据采集与学生个性化画像

数据驱动个性化学习的第一步是收集学生的学习行为数据。这包括但不限于学生的学科成绩、在线学习活动、答题情况、作业完成情况、访问时间等。这些数据以数字形式记录了学生在学习过程中的方方面面，为后续个性化学习的定制提供了数据基础。同时，学生的学习行为数据是多维度的，综合分析这些数据能够更全面地了解学生的学习状况。通过运用数据分析技术，可以得到学生的学科偏好、学习速度、知识点掌握情况等信息，形成学生的多层次个性化画像。

2. 个性化学习路径的设计

基于上述的数据采集与学生个性化画像，系统可以了解学生在整个学科范围内的优势和不足，从而为每个学生制定个性化学习计划。此外，个性化学习路径的设计并非一成不变，而是可以随着学生学习进度的变化而动态调整。通过实时监测学生的学习情况，系统能够根据学生的实际掌握情况，实时调整学习路径，

---

① 顾小清.教育信息化步入数字化转型时代［J］.中小学信息技术教育，2022，（4）：5—9.

确保学生在学习过程中保持挑战性和兴奋感。

3. 即时高效的学习诊断与反馈

数据驱动个性化学习使得即时诊断和反馈成为可能。系统可以对学生探究学习中产出的笔记、图表、模型，对问题作出的解释，以及学生的肢体动作或面部表情等信息进行自动化记录和综合分析[①]，同时还能提供针对性的学科辅导和改进建议，帮助教师进行即时性诊断和反馈，便于学生进行自我反思与状态调节。

二、人机协同主动性学习

（一）人机协同的概念

人机协同是利用人工智能技术，特别是自然语言处理（NLP）和机器学习（ML）技术，实现人类与计算机系统之间紧密合作、相互支持，共同完成任务的一种工作方式。在人机协同中，人类和计算机系统各自发挥其优势，形成一种高效的合作模式，以实现更好的工作效果和创造力。这个概念反映了人类和计算机之间的互补性，通过充分利用计算机系统的计算、处理和存储能力，以及人类的判断、创造性思维和情感等特征，共同完成复杂的任务。

（二）人机协同促进主动性学习

人机协同可以打破传统教学的时空边界，从而增强学生的互动性和参与性。机器人等智能工具可以作为学习伙伴，与学生互动、提供帮助，甚至根据学生的学习状态调整教学策略。这样的协同学习模式不仅激发了学生的学习兴趣，还培养了他们更高层次的思维能力和解决问题的能力。

1. 增强学生的互动性和参与性

人机协同在教学中引入了丰富的互动元素，这不仅增强了学生的互动性和参与性，也为他们提供了更具体、更深入的学习体验。这种互动不仅包括对话和交流，还包括实时的问题解答、反馈机制等。通过参与互动，学生不再是被动接受信息的对象，而是积极主动地参与到学习过程中，提高了学习的深度和广度。此外，这种及时的反馈不仅指导学生的学习方向，也激发了他们对知识的渴望，提高了学习的积极性。

---

① 柴西琴. 对探究教学的认识与思考［J］. 课程·教材·教法, 2001,（8）: 16—19.

2. 提供持续的学习帮助和支持

机器人等智能工具可以作为学习伙伴，与学生互动、提供帮助，甚至根据学生的学习状态调整教学策略。例如，机器可以提醒学生学习，提供学习计划，跟踪学习进度等，这种持续的学习支持，可以帮助学生养成良好的学习习惯，提高学习效果。此外，通过人机协同，机器可以根据学生的学习需求，从海量的学习资源中筛选出适合他们的。例如，如果学生想学习编程，机器可以提供各种编程教程、在线课程、编程项目等资源，这种丰富的学习资源，可以满足学生的各种学习需求，提高学习效率。

3. 培养问题解决和自主创新能力

人机协同的教学模式不仅仅是向学生传递知识，更强调与学生共同探索、合作解决问题。这种合作性问题解决过程，能够激发学生主动提出问题、主动寻找解决方案的动机，促使学生从被动接受者转变为主动探究者，提升了他们的解决实际问题的能力。此外，与智能工具的互动过程中，学生需要提出新颖的问题、寻找创新的解决方案。这种培养创新思维的方式使学生更具创造性，能够在未知领域中提出新的见解和解决方案，培养他们的创新能力。

三、虚实共生体验式学习

（一）虚实共生的概念

虚实共生是一种新兴的技术概念，它指的是虚拟和实际两个领域相互渗透、相互融合，形成一种共生关系。这种共生不是简单的叠加，而是在虚实共生的环境中，虚拟世界的元素与现实世界的元素相互作用，创造出新的学习体验和认知方式。这种体验既包含了虚拟世界的丰富性和灵活性，又包含了现实世界的真实感和直观性。

（二）虚实共生促进体验式学习

在数智化的世界中，虚拟现实（VR）和增强现实（AR）技术为学生提供了一个全新的体验式学习平台。虚实共生打破了传统教育中虚拟和实际的二元对立，促使学生在虚拟和实际中实现更为有机的交融，为学生提供了更为综合、贴近实际的学习环境，以及体验式学习机会、安全性实践机会和拓宽的学习边界。

1. 沉浸式学习体验

虚实共生引入虚拟现实和增强现实技术，可以创造出沉浸式学习体验。学生可以在虚拟环境中亲身经历各种情境，模拟实际场景，与虚拟世界的元素互动，使学习变得更加生动和具体。例如，在历史课上，学生可以通过虚拟现实技术穿越时空，身临其境地感受历史事件，从而更深刻地理解历史背后的文化和社会背景。这种沉浸式的学习体验，可以帮助学生更好地理解和掌握知识，提高他们的学习效果。

2. 安全的实践机会

虚实共生可以提供安全的学习环境。通过 VR 和 AR 技术，在虚实共生的环境中，学生可以在不受现实世界限制的情况下，自由地进行学习。例如，学生可以在虚拟实验室中进行危险的实验，可以在虚拟舞台上进行大胆的表演，可以在虚拟社区中进行开放的讨论。这种安全的学习环境，可以帮助学生克服学习中的恐惧和压力，提高他们的学习自信心。

3. 拓宽的学习边界

虚实共生的教育模式在拓宽学习边界方面具有显著的优势。通过打破传统教学的时空限制，虚实共生不仅使学生能够在任何地点学习，还提供了时空穿越的机会，将学生引入不同的历史时期和未来场景，从而极大地拓展了学习的边界。学生可以在家中、图书馆、公园等任何地方，通过虚拟现实技术进入学习场景，这种随时随地的学习机会使得学生可以更加方便地安排学习时间，适应个体差异，提高学习的自主性和积极性。

（本章由陈美莲执笔。陈美莲：中学高级专业技术职称，上海市中原中学校长）

第十章　优化虚拟仿真实训资源及平台 把企业岗位操作搬进学校课堂

2022年2月23日，教育部召开2022教育新春系列发布会之"介绍推动现代职业教育高质量发展有关工作情况"专场，教育部职业教育与成人教育司司长陈子季在介绍2022年职业教育重点工作任务和总体思路时指出，职业教育要做到"五大突破"，其中一个突破就是要推动职业教育数字化升级。教育数字化既是大势所趋，又是当务之急，给职业教育的变轨超车带来了历史机遇。通过建设职业教育数字化"1+5"体系，即职业教育决策大脑系统和决策支持中心、专业教学资源中心、精品在线开放课程中心、虚拟仿真实习实训中心、职业学校治理能力提升中心，以数字化转型整体驱动教学模式和治理方式变革。虚拟仿真实训中心就是"五个中心"的重要一员，建设虚拟仿真实训资源及平台是推动职业教育数字化转型的重要路径。

第一节　职业学校现有虚拟仿真实训资源及平台的类型

虚拟仿真一般指虚拟现实（Virtual Reality，简称VR）。其基本实现方式是以计算机技术为主，涉及计算机图形学、人机交互、人工智能等学科的综合技术，生成一个逼真的三维感觉世界，给观众以如同真实世界的体验。虚拟现实技术具有交互实时性、体验真实性、学习灵活性、工作协同性等特点。近年来，职业院校积极开展数字化转型实践，结合专业特点，开发了形式多样的数字化虚拟仿真实习平台。

一、以认知类为主的课程学习空间

【案例】2019年的新冠疫情爆发引发了上海市乃至全国教育系统的教学均由线下搬至线上，线上课程的学习对传统教学模式提出了巨大的挑战，没有了面对面的互动，没有了实体的教具，教师该如何应对此类场景下的教学呢？上海市杨浦职业技术学校（现更名为上海师范大学附属杨浦现代职业学校，以下简称上师附职）在疫情背景下第一时间与技术支持公司共同建立资源共建共育战略，共同开发学校各大类教学资源库，并通过搭建各种培训平台，让学科类教师与专业类教师均能迅速调整传统的教学模式，进入新一轮的教学生态，用好新建的统整教学平台，保证教学秩序的有效开展。近些年来，上师附职的学习平台已经成为成熟的教学平台，并为校级精品课程的建设与优化和专业建设与提升搭建了优质的平台。学校先后在依托学习平台的校级精品课程建设基础上，校内多门专业技能课成功升级为上海市精品课程或市级在线开放课程。

（一）主要特点

学校教育数字化转型的主要载体在教育内容上，传统课程将从知识相对静态转变为动态变化与信息技术释放相结合的特点。课程新型学习空间的构建将为学生在知识输入与能力价值生成之间提供一座桥梁。以认知类为主的课程学习空间，主要具备三大特点：

1. 课程知识内容教学传递渠道的选择性更广

以学校《中式面点制作》课程的学习平台为例：学校以此课程学习平台为依托建设校级精品课程，以此为基础，继续精心打造，深度拓展该课程的学习渠道，先后建设了上海市中等职业学校精品课2.0《中式面点制作》和本校学习平台，同时开放多种渠道让学生在课前与课后进行多途径的学习，如在社交媒体哔哩哔哩、抖音与小红书等平台嵌入相关资源，开展定时定期的直播活动，建立师生学习互动与兴趣培养的链接，帮助学生打开思路，提高了知识内容获取度和可选择性，拓宽了知识领域。

2. 课程知识由"人与物"关系转变为基于数字技术的"师生协同"关系

传统的认知类课程教学是将知识静态地呈现在精品课程网站上，供读者阅览，并没有交互，并未能充分发挥课程效应。在学习平台的课程建设基础上，不断开发该平台的数字功能,比如实时评价、人物关系的讨论区、数字人的声音转换等,不断丰富了课堂教学生态。因此,在当下迅速发展的数字技术支持下的课程知识被重新塑造为一个动态、开放、全新的教育生态系统。师生之间可以就某个知识点开展讨论,教师依据学生知识程度的大数据看板来针对性地制定教学策略,形成协同共生长的教学新生态。

3. 认知类课程教授者呈现多元化和开放化

党的二十大报告强调要推进产教融合、科教融汇,优化职业教育。这为众多认知类课程在建设过程中引入"企业""产业"元素注入了新的动力。以学校的《中式面点制作》课程为例:课程建设中,常态化将"大师""工匠"纳入课程教学师资队伍,把行业中的新工艺、新技术、新知识、新方法等渗透到教学环节中,让学生学到的是产业最前沿的技术与知识。这些知识被拍摄成微课,还邀请"大师"参与课程建设,引领开发,在学习平台中进行不定期的任务评价,增强行业渗透教学的深度与强度。课堂不局限于学习平台,更有其他的市级在线开放课程,以及开放学习平台或社交媒体学习平台等。

(二)认知类学习平台在教学中的运用

1. 实践课程《中式面点制作》案例分析

以上师附职校级精品课程兼市级精品课程《中式面点制作》为例,学校重点以"学习通"学习平台为依托打造一个学校信息化教学的样板,并将"精细化工匠精神"的元素有效渗透于该平台的教学,为认知类学习平台教学注入了养分。

该门课的授课教师为上海市优秀名师胡玉娟教师,她在 20 多年《中式面点制作》课程讲授经验的基础上,积累和优化了不少优质课件,拍摄了多个以任务驱动为导向的微课。该课程建设"精品"的内涵体现在"精致化"教学手段。它依托学习平台,打破传统的规范化的光靠一个 PPT 课件和一段视频就上课的信息课堂形态,选择师生实时互动、多活动贯穿、线上线下混合式教学的信息手段,目的是确保效率,简约和精实。下面以《菊花酥制作》课题为例,看一看是如何构建和运用认知类课程教学空间的。

《菊花酥制作》作为教学实验课,运用了学习通软件,把教学活动与信息技术巧妙融合在一起,做到一站式教与学的在线学习,实现课堂的组织,较好地达成了传授知识的目的。具体信息技术的运用看一看该节课的教案就清楚了。

表《菊花酥制作》课例中的一站式教学信息技术运用案例

课程	中式面点制作	课题	菊花酥的制作		
教学目标	知识	1. 能说出菊花酥的特点、配方 2. 能归纳菊花酥的成型方法 3. 记忆出菊花酥的制作步骤及手法			
	能力	1. 能运用包、擀、叠、卷的手法进行起酥 2. 能运用包、搓、按、切的手法进行成形 3. 能按步骤制作菊花酥 4. 熟练掌握和面技巧			
	素养	1. 养成规范的工具摆放、操作流程及良好的卫生习惯 2. 有成本和节约意识 3. 尝试评判成品质量			
教学重点	能运用包、擀、叠、卷的手法进行起酥				
教学难点	能运用包、按、擀、剪、翻的手法进行菊花酥的成形				
教学场景设计	略				
教学方法设计	任务引领教学法、示范教学法	教学资源（含实验器材）	面点常用工具、原料；学习平台等		
教学流程	教学步骤/内容	学生学习活动	教师行为	达成目标	
任务提出	布置本节课的学习任务：的起酥和成形	全班听讲	讲解本节课的学习任务：菊花酥的起酥和成形	明确任务 信息技术：学习平台	
任务分析	讲解的特点、配方、制作步骤	全班品尝、回答、听讲	1. 讲解菊花酥的特点、配方、步骤 2. 展示 PPT 3. 背诵配方	识记的特点、配方和制作步骤 信息技术：学习平台	
任务实施	活动一：教师讲解示范"和面"	全班听讲、观摩	1. 边示范边讲解和面的操作手法、步骤、要领 2. 边示范边运用PAD反向录制教师操作过程	强化对和面的基本技法认知与掌握 信息技术：学习平台讨论区域（微课）	

（续表）

课程	中式面点制作	课题	菊花酥的制作	
任务实施	活动二：学生操作练习"和面"	进行起酥的操作练习	1. 组织学生进行操作练习，巡视指导，及时指出并纠正在操作中出现的各种问题 2. 挑选几个作品拍照记录与点评	明确正确的和面手法与技巧 信息技术： 学习平台讨论区域（上传视频）
	活动三：教师讲解示范"起酥成形"	全班听讲、观摩	边示范边讲解成形的操作手法、步骤、要领	1. 感悟菊花酥的成形的过程中的技法与要点 2. 识记起酥成型的手法、步骤 信息技术： 学习平台直播拍摄
	活动四：学生体验与对比操作练习"起酥成形"	进行菊花酥成形的操作练习（比对视频画面细节）	1. 组织学生进行操作练习，边做边录 2. 教师适当点评纠正 3. 让学生对比教师直播视频与自己操作录制的视频的细节，反复斟酌细节 4. 巡视指导，及时指出并纠正在操作中出现的各种问题	反复斟酌细节，学会按正确的手法、步骤成形 信息技术： 1. 直播视频 2. 讨论区自己比对操作视频与直播画面
	活动五：学生再次制作成品	再次制作菊花酥	1. 公布评分标准 2. 巡视与拍照	能按步骤制作菊花酥 信息技术： 学习平台
任务展示交流评价	选出最美作品与优秀作品pk	1. 送作品 2. 互评	引导学生欣赏、评价展示作品，并对展示作品进行点评	1. 评出今日最美作品 2. 尝试赏析评判成品质量 信息技术： 学习平台
任务拓展	酥的做法相似作品欣赏	听讲，思考，回答	1. 播放图片，帮助拓展思维 2. 鼓励一起思考用什么技法完成？	强化对菊花酥制作的常规技法，同时激发对新作品制作的思考与兴趣
课堂小结	小结起酥和成形的手法、制作步骤等			
布置作业	查找佛手酥、元宝酥、花生酥三款油酥面团制作的象形点心资料，如制作配方、手法、步骤、要领等等。			

2. 实践案例中关于学习平台功能应用归纳

根据上述案例的分析，我们可以得到关于学习平台使用对认知类课程的学习空间构建具有显著的效果，能够激发学生的学习积极性和自主性。案例中，我们从不同维度应用"学习通"各方面功能，得到认知类课程学习的不同信息技术手段，来解决线下教学无法正常开展等问题，突破传统教学模式，提升教学效率。具体功能分析维度如下：

比较维度	学习通
移动端支持	支持课前中后作业
课程资源	课上课下均可使用师生移动端均显示
信息化界面	简约风格，适合高中、大学及成人学习
评价维度	评价维度可以自由设定，包括权重和评价主体多元（组内、组间、教师、自我四主体评价）
课堂评价回顾	1. 以 ppt 形式呈现课堂整个流程，有趣性 2. 排名分数
功能范围	1. 有讨论功能、直播功能、作业 2. 移动授课、拍摄、传图、推屏、投票、白板 3. 功能强大，容量大
信息平台授课方便性	方便，可以边授课边录播（速课形式出现，可以做笔记），可以保存
作业	1. 布置作业，在课前、中、后都可以实现 2. 作业趣味性较弱，比较简约

3. 实践案例中关于评价的具体应用特点分析

《中式面点制作》课程的精致化探索不仅在于学习平台的资源搭建，组织课堂教学过程中不同功能的使用，更在于评价的有效性。巧用"学习通"评价功能，能助力课堂中生成性的评价，实时反馈。其具体的应用主要体现在多评价主体、多评价维度、细化的评价权重要素上。运用实时统计反馈功能出现平均分和参与评分细节，可以记录收纳学生个人学习成果，积累成长档案。

图　分组评价多维度，权重参数设定

图　根据作品质量标准设置评价权重

二、以实践类为主的仿真实训平台

【案例】2020年，上师附职与校企合作企业夸夫曼（上海）智能科技发展有限公司共同研发了模拟焊接仿真实训平台，根据焊接的工作流程，结合VR技术，通过模拟焊机训练学生掌握焊机参数设置，并能根据不同板件选择不同焊接方法进行仿真训练，为真实焊接打好扎实基础。同年，学校汽车专业教学团队的作品《模拟结构件的气体保护焊》，荣获上海市中等职业学校教师教学能力大赛特等奖、全国职业院校技能大赛教学能力比赛一等奖。

目前，职业院校研发的以技能训练为目标的仿真实训平台大多与上述案例中提到的"VR模拟焊接仿真实训平台"类似，故以此为例介绍这类平台的主要特点及在教学中的运用。

（一）主要特点

1. 还原真实工作场景

"模拟焊接仿真实训平台"以VR模拟焊机这一仿真设备为载体，焊帽、焊枪全仿真。学生通过佩戴装有VR眼镜的焊帽，能感受工作场景，练习持枪手势，训练焊接方法，更能在眼镜中感受到焊接飞溅的火花。VR模拟焊机不仅能让学习者身临其境，更能规避在训练过程中"高风险、高耗时、高耗材"的问题。

2. 以操作步骤为主线

"模拟焊接仿真实训平台"的流程设计以"选择板件厚度—选择焊丝直径—调节保护气流量—调节焊接电流—调整出丝速度—佩戴焊帽—持握焊枪—焊接—5S工作"为主线，完全对接焊接操作步骤，助力学习者实现从模拟焊接到真实焊接的零距离对接。

3. 关键技能反复训练

学习者在进行焊接练习时，可以借助VR模拟焊机，在焊接角度与距离的把握、焊枪走枪速度控制等关键技能上反复多次训练，从而快速、扎实地掌握焊接方法。

4. 实时呈现训练评价

学习者能在每一次焊接训练后，查看焊接实训回放视频，查阅实训分析报告，明确个人焊接技能掌握情况。实训分析报告亦能根据学习者的焊接训练情况，通过数据分析不足，指出后续训练建议，帮助学习者更有针对性地训练。

（二）仿真实训平台运在教学中的运用

1. 案例描述

"模拟焊接仿真实训平台"主要运用于汽车车身修复专业《汽车钣金工艺》课程项目五《模拟结构件的气体保护焊》的教学，学生借助设备流程全仿真的VR模拟焊机，反复训练焊接方法，解决以往在焊接课程中"风险高、耗时长、耗材多"的问题,并能形成实时评价,实现精准纠错,明显提升课堂上焊接训练效率。下面以"模拟轮罩加强件的连续焊—横焊"教案为例,分析仿真实训平台是如何辅助教学的。

课题名称	模拟轮罩加强件的连续焊—横焊		授课学时	2学时
教学内容	本课选自《汽车钣金工艺》项目五"模拟结构件的气体保护焊",任务四"模拟轮罩加强件的连续焊—横焊"。根据中等职业学校汽车车身修复专业教学标准,融入世赛先进理念,结合实际岗位需求,优化教学内容。本课采用任务驱动教学法,以模拟轮罩加强件的连续焊—横焊为学习任务,使学生学会方案制定,掌握焊接方法,领悟焊接技巧,在课程中渗透世赛元素,培养学生精益求精的工匠精神,同时注重学生职业素养的培养。连续焊—横焊是汽车整形修复工的实操考核项目之一,也是汽车车身修复人员重要的操作技能。			
学情分析	略			
三维目标	知识	1. 能说出连续焊—横焊焊接距离、移动速度、移动角度和操作角度的技术要求 2. 能描述横焊质量检测的标准		
	技能	1. 能判定轮罩加强件中需要用到连续焊—横焊修复的损伤,并结合维修手册查找修复方案 2. 能控制焊接速度,避免连续焊—横焊虚焊 3. 能够通过锯齿形走枪的方法提升连续焊—横焊焊缝宽度 4. 能够使用连续焊—横焊修复模拟轮罩加强件部分损伤		
	态度	1. 在控制连续焊—横焊操作的过程中,逐步强化规范意识 2. 在欣赏世赛冠军焊接作品的过程中,培养工匠精神和爱国情怀		
教学重点	能控制焊接速度,避免连续焊—横焊虚焊			
教学难点	能够通过锯齿形走枪的方法提升连续焊—横焊焊缝宽度,达到5—8mm的要求			
教学方法	以"损伤评估、焊前准备、焊接修复、焊后整理、质量检验"作为教学流程,采用任务驱动法,共设计12个教学环节:习新知、定方案、初体验、析要点、练焊法、做准备、试焊接、悟技巧、固技艺、清工位、验质量、再强化。			
教学设计说明	本次课的工作任务为连续点焊—横焊。在设计教学环节中,通过VR模拟焊机反复练习,强化学生的焊接站姿和手势,缩短学生技能固化时间,培养学生规范严谨的工作态度。通过HSE理念的正确执行,建立起规范意识。			

（续表）

课题名称	模拟轮罩加强件的连续焊—横焊	授课学时	2学时
教学环境	教学场景设计： 信息技术：VR模拟焊机、学习互动平台、实训评价系统等		
教学过程			
教学流程	教学环节	教学内容	教师活动	学生活动	设计意图

教学流程	教学环节	教学内容	教师活动	学生活动	设计意图
第一课时					
损伤评估	定方案 （4min）	1.分析受损部位 （1）保险杠 （2）翼子板 （3）前轮罩 （4）前纵梁 （5）机盖 2.梳理修复流程 （1）拆除车轮 （2）拆卸机盖 （3）拆除保险杠 （4）校正前纵梁 （5）校正A柱 （6）拆除翼子板加强件 （7）切除轮罩加强件	1.播放视频，案例导入 2.展示受损板件，引导学生判定损伤 3.组织并听取学生制定修复方案，确定修复流程，巡回指导，审核小组制定的方案	1.观看案例内容 2.小组讨论判断损伤类型及制定修理方案 3.分享小组讨论结果	1.通过真实车身修复视频案例，引出连续焊—横焊在车身修复中的应用范围 2.培养学生分析车身损伤及制定相应修复方案的能力

（续表）

课题名称	模拟轮罩加强件的连续焊—横焊	授课学时	2学时	
焊接准备	初体验（9min）	1.使用VR模拟焊机进行连续焊—横焊操作 2.分析连续焊—横焊的常见缺陷 （1）虚焊 （2）焊穿 （3）漏焊 （4）焊缝不直	1.组织学生在VR模拟焊机上练习，巡回指导 2.通过焊接作品数据分析及焊接过程的3D回放，分析学生焊接中存在的问题，引出焊接质量不佳会造成的危害	1.分组体验，并角色互换练习 2.分享自己的模拟焊接3D视频并聆听教师的分析	1.使用VR模拟焊机，结合上节课的立焊经验，尝试连续焊—横焊 2.梳理学生焊接问题 3.培养学生的质量意识
	析要点（12min）	1.VR模拟焊接连续焊—横焊操作流程 （1）选择板件厚度1.0mm （2）焊丝直径0.8mm （3）保护气流量10—15 （4）焊接电流2档 （5）出丝速度5m/min （6）佩戴焊帽 （7）弓步站稳 （8）持握焊枪 （9）开始焊接 （10）5S工作 2.连续焊—横焊的操作要点 焊接电压 5-7mm 移动速度 5-8mm/s 移动角度 ±15° 操作角度 90°（±5） 3.反复训练要求 （1）每人10次 （2）60分以上 操作员与安全员互换	1.示范连续焊—横焊操作，讲解要点 2.巡回指导学生练习，对学生出现的问题进行指导，同时引导同组学生互帮互助 3.对比分析学生两轮模拟焊接成绩 4.播放第45届世界技能大赛车身修理项目冠军的连续点焊—横焊训练视频	1.观察教师示范，学习焊接站姿，理解焊接速度、焊接角度和距离控制的要求 2.每人在模拟焊机上完成10次连续焊—横焊练习 3.分享焊接体验 4.欣赏世赛冠军视频	1.明确连续焊—横焊的正确焊接姿势 2.结合教师示范和VR模拟焊机生成的个性报告，精准定位，自主纠错 3.明晰操作要点 4.渗透工匠精神，提升职业自信

（续表）

课题名称	模拟轮罩加强件的连续焊—横焊		授课学时	2学时	
	练焊法（10min）	连续焊—横焊考核 考核要求： （1）无指示环提示 （2）连续5次70分以上	通过数据分析及个性报告，了解学生达标情况	选择考核模式，在没有提示环的情况下，反复练习，直至考核通过	通过考核测试，巩固焊接技能
	做准备（5min）	焊接准备 1. 梳理工作步骤并做好焊接前准备 （1）取下搭铁，夹好试焊片 （2）打开焊机电源，调整焊机参数 （3）调节保护流量10—15L/min （4）剪去多余焊丝，清洁导电嘴 （5）穿戴安全防护用品 2. 检查HSE（健康、安全、环境）	1. 分析学生分享的工作步骤 2. 检查学生焊前准备是否符合要求 3. 组织学生自查互查，重点检查HSE	学生互为安全员与操作员，进行分组练习。操作员焊接体验；安全员过程评分，及时制止风险操作	1. 明确工作步骤 2. 及时排除安全隐患 3. 养成良好的职业习惯，培养安全意识
第二课时（略）					

2. 案例分析

本次课共有2课时，根据"损伤评估—焊接准备—焊接修复—焊后整理—质量检测"工作流程，形成"五环节"教学流程。特别是在第一课时"焊接准备"环节，教师先让学生在VR模拟焊机上尝试横焊操作，通过实时生成的实训报告，让学生初步理解焊枪距离板件的距离、移动角度、操作角度和焊接速度对焊接质量的影响；接着通过教师讲解示范，让学生明确操作要领；然后学生通过反复训练及考核测试，逐步掌握焊接方法，避免虚焊。在这个环节中，通过VR模拟焊机，实时生成个人历次数据分析，对学生实操进行评价，并提出有针对性的训练建议。

从本节课的教学实践中，我们发现在教学中运用"模拟焊接仿真实训平台"，有效提升了课堂训练效果。主要体现在以下两个方面：

（1）借助虚拟仿真技术，学生"会焊"

学生进行焊接练习时，借助VR模拟焊机训练焊机参数设置、焊接角度把握、焊枪速度控制等基本操作技能，通过虚拟仿真技术让学生练习气体保护焊的各种焊接方法，真正做到人人参与、反复训练。在课堂上人均训练次数可达20次以上，有效缩短焊接正确姿势的定型时间，做到"会焊"。

（2）运用仿真实训平台，学生"能焊"

通过仿真实训平台共同开发的实训评价系统，学生能够查看每一次焊接实训回放视频和实训分析报告，了解自己在焊机参数设置、焊接距离、移动速度、移动角度、操作角度、焊缝直度、焊缝宽度等七个技术指标的达成度，能根据实训报告中提出的建议进行针对性的专项训练，做到"能焊"。

第二节　目前虚拟仿真实训资源及平台面临的问题与挑战

一、课程资源平台与仿真实训平台数据未打通

首先，课程资源平台作为目前职业院校常见的学习场景平台，主要嫁接的是静态的课程资源，包括微课、课件、教案、学习任务单、知识联结、行业信息、团队介绍等，均是以静态的形式呈现。甚至，一些地方性的课程资源平台还是以检验为目标而建设的，无法达成信息化技术飞速发展时代下的"学生学习街区"的需求，仅仅满足教师领域的互检督导。课程资源的"动态"性是未来学生自主学习街区的重要特征，它与仿真实训平台的融合将是显著提升学生学习效率的重要途径。

其次，一些课程资源平台虽然已经实现互动功能，如讨论、点名、发放测试题、投票等，但仅仅是权属公司的功能呈现。若要实现虚拟仿真技术或者相关资源的链接，还需要有后台C语言或Java等技术合作协议，达成一致才能实施。

第三，目前，大部分国内课程资源平台权属公司都没有虚拟仿真实训功能软件，或不具备开发虚拟仿真技术能力。对职业学校来说，孤立的仿真软件无法实现在课堂组织活动中的过程化信息数据的采集与评价数据生成，无法显著提升

教学效率，这对学校紧跟 AI 智能、切实整合落地虚拟仿真技术，提出了更多的挑战。

二、多平台统一身份认证未接入学校教学管理平台

学习平台的身份认证系统只能在该平台呈现与实施，相关的教学活动数据也只能通过这个平台来完成。中职学校理应考虑将该平台纳入到学校整体校园管理平台中，形成有机融合，构建为教、学、管、评一体化集约性的资源平台。

例如，许多学校存在的问题是市级精品课程数据链接和学校教学管理平台"平行两路"，各自存在，若从学校教学管理平台入口切入，能直接链接到市级精品课程，或链接到学习平台，或其他相关的课程学习资源库等，那么学校教学管理平台则能起到统领、统整作用，便于及时管理，及时调用资源，也可以过程化生成教学数据，方便教务处及时跟进教学质量与控制，为学校教学诊断 PDCA 循环改进工作做出保障。

三、专业大类中各专业的资源与数据未打通

近些年，学校的整体发展依托对应产业发展的布局，是为专业群的集群建设之一部分，群内的共享课程为各专业之间的联通课程，还比较单一，未能起到整体提升集群效应的效果，群内专业之间的数据未能实现对接与互通，专业之间的交流多有阻隔。

例如，旅游烹饪专业群的高星级饭店服务与管理专业及烹饪专业之间的教学数据未能在平台上打通，以至于教务管理部门无法直接观测到某一门共享课程的学习情况，包括课前、课中、课后的学习数据的整体整合统计，这些均不利于专业群的整体教学诊断与改进，也不利于专业群的整体发展。

四、专业中课程与课程之间的数据未打通

近年来，学生能在线上课程平台上完成课前预习、课中讨论、课后作业等，但是平台课程还是单一封闭的独立建设。对于该门课程来说，虽然称得上是一个

完整的课程资源平台,但是往往会忽略学生的"发展性",不能将专业内各科目中相通的知识点相互连接,融会贯通。例如,《西餐服务》这门课程主要涉及西餐知识、服务流程和标准。其中的西餐知识中有一模块涉及酒水知识,而这块知识则与另外一门专业课程《酒吧服务》有显著联结,需要学生在学习鸡尾酒调制与葡萄酒服务相关知识的基础上,反哺前期所学的《西餐服务》中的酒水知识章节内的内容,这样的融合更有利于强化巩固旧知,渗透升华对新知识的理解,成为"西餐服务"工作领域中多技能、多专项的多面手。

在梳理"为什么要将专业课程与课程之间数据打通"原因与逻辑的基础上,我们应当将专业课程中有相通性的知识或章节进行联结,实现数据打通,这样更有利于培养和提升学生的多维度思维。

值得注意的是,在多平台建设的同时,应当注意"多平台同一个模块重复建设"的现象,以免耗费资金与人力。平台之间的互通、课程之间的互通,是学校课程教学资源整合平台运作的重要内容。

五、学生的学习数据收集与分析不完整

应当看到,上述平台之间的数据互通中,学生的学习数据的收集与分析也是有偏差的,无法全面客观地了解学生的真实学习轨迹。比如,大部分汽车专业学生会在市级精品课程上完成课前预习工作,但是在课堂教学环节,教师则倾向于运用学习平台进行课中施教,课后的复习与作业任务则让学生在学习平台完成。这样几个平台搜集的数据没有互通,导致教师不得不在不同平台分场景分析学情,对调整教学策略有一定阻碍。

第三节 虚拟仿真实训资源及平台的优化策略

一、以关键技能为主线的进阶式学习平台

在中职学校专业技能课程教学中,教师在解决关键技能学习与训练上会碰到一些问题,如学生不能完全理解、熟记相关知识、操作步骤与流程不熟悉等,部分专业技能课程也会因为学生反复操作失误而导致耗材成本增加、课堂学习效率

降低等。基于这些问题，上师附职高星级饭店运营与管理专业以《酒吧服务》课程为先导，以鸡尾酒配方及鸡尾酒调制的关键技能为主线，从"识记酒品—熟记酒单—掌握流程"设计进阶式学习平台"调酒大师"，通过游戏化的学习任务，帮助学生解决在鸡尾酒调制技能上的难点。下面将详细介绍"调酒大师"的主要特点及教学中的实践应用案例。

（一）"调酒大师"学习平台的主要功能

"调酒大师"学习平台集学生自学、教师教学功能于一体，以虚拟动画与实景视频为主要呈现形式，具有实用性、情景性、交互性、趣味性、艺术性的特点。

学习平台由登录、欢迎、选酒、选辅料、选饰品、选载杯、选调法、示范演示、成绩反馈等模块组成。共包含60款涵盖目前调酒行业最流行、最受客人欢迎的鸡尾酒，也涉及调酒师国家职业资格鉴定五、四、三级技能考核的鸡尾酒品。

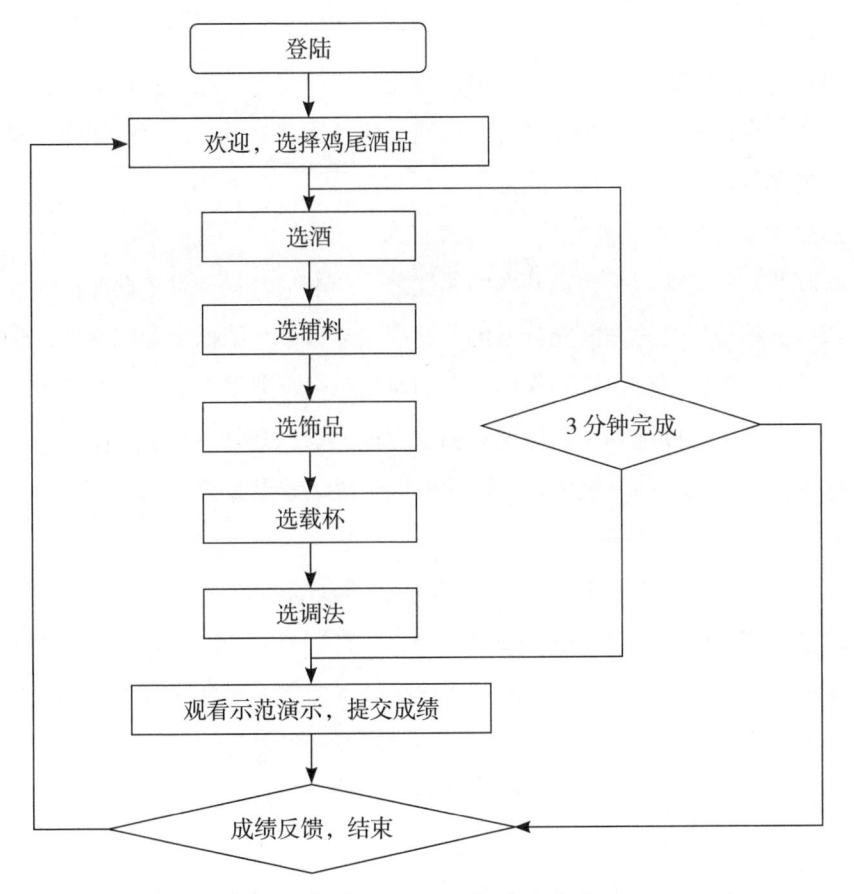

图 "调酒大师"学习平台逻辑框架图

该平台不仅可以让学生在课余时间在电脑上自学，也是教师在教授调酒课程时的重要帮手。目前"调酒大师"已与学校教学互动平台整合，学生输入自己的账号和密码登录平台，进入《酒吧服务》课程即可在线学习。学生可根据教师要求或自主选择鸡尾酒品，按照选酒、选辅料、选饰物、选载杯、选调法的顺序进行学习，每款鸡尾酒有三分钟的完成时间。如果超时，课件则直接显示提示页面，并要求学生重新开始，如果在规定时间内完成，则进入成绩提交页面，学生可选择观看示范演示视频或跳过查看成绩，反馈一旦提交，则会即时显示出学生的学习成绩，同时后台数据库会将每位学生的成绩及全班学习成绩数据统计分析情况立即反馈给教师，便于教师实时掌握学生学习情况。

（二）"调酒大师"学习平台的特点

1. 场景生动，富有艺术性

平台采用虚拟现实技术，使学习的内容和形式变得生动形象，有强烈的艺术感染力，能很好地调动学生的积极性。相对传统的多媒体课件，更能激发学生的学习热情。更重要的是，这类平台根据技能学习的要求，除了重现动作技能的分解外，还能模拟出真实的操作环境，以现实的场景进行教学，促进学生主动地去操作、去探索，培养学生探究能力。

2. 资源整合，体现教育性

教育性是所有学习平台最基本的属性之一。本平台的开发依据课程标准，在内容选择、难易程度等方面充分考虑了课程教学目标。依据中等职业学校学生这一特定教学对象，不仅追求制作形式上的时髦和视听感觉上的新鲜，还注重学生的接受能力，尽可能地利用媒体优势创设虚拟情景，充分整合资源使之与课程教学目标构成一个完整的有机体，切实地为提升教学效果服务。

3. 学生为主体，信息实时反馈

以此类平台为载体的虚拟教学，促使原来的教学理念发生了深刻变化，从根本上改变了以前那种师生面对面的教学交往方式。以往的教学，教师必须出现在课堂中，现在，教师和学生通过基于虚拟场景的学习平台联系在一起，互相学习和评估，学生真正成为了学习的主体，教师逐渐转变成学生学习与训练的引导者。

4. 学习形式灵活，促进终身学习

应用基于虚拟场景的学习平台进行教学，相对于原来传统的教学形式，它更能为学生提供学习和实践机会，以灵活便捷的形式为学生所接受，学生不拘泥于课堂的单一教学模式，能够自己主动地选择教学时间、地点和进度。能根据自己对知识和技能的掌握程度，反复多次学习，夯实专业基础。

（三）"调酒大师"学习平台在《酒吧服务》课程中的应用案例分析

1. 案例背景

《酒吧服务》课程是高星级饭店运营与管理专业的一门专业技能课程，鸡尾酒调制是本课程的核心教学内容。学生学习时，经常会碰到三个主要问题：一是酒单记不住；二是酒品不能准确快速识别；三是在家无法继续学习。而对教师来说，《酒吧服务》课程一般每周2课时，教学时间非常有限，对学生学习情况的掌握也不能做到及时、准确，且没有十分有效的手段去检验学生的学习成果。正是基于这样的原因，课程主讲教师联合专业技术人员共同开发了"调酒大师"学习平台，从现代信息技术与专业课程教学有机整合的角度重新思考自己的课堂教学，这节教学实验课也正是在这样的背景下实施的。

2. 案例描述

在"调酒大师"学习平台开发完成试运行阶段，本课程主讲教师开设了一节实验课，将学习平台运用于课堂教学。本节课的课题为"红粉佳人的制作"，以下是这节课的教案：

课程名称		酒吧服务	课题		红粉佳人的制作
教学目标	知识	1. 识记"红粉佳人"的特点与配方 2. 识记"红粉佳人"鸡尾酒调制步骤 3. 知晓"红粉佳人"鸡尾酒故事，感受鸡尾酒文化			
	技能	1. 学会制作红樱桃挂杯装饰 2. 能使用摇和法按步骤调制"红粉佳人"			
	态度	1. 关注操作细节，注重操作卫生，能按照调酒师的岗位要求养成良好的操作习惯 2. 尝试从色、香、味等方面鉴赏鸡尾酒，感受其艺术魅力			
教学重点		识记"红粉佳人"的特点与配方			
教学难点		使用摇和法摇匀酒液			
教学场景设计		主吧台／小吧台／教师讲解示范区域／学生作品展示台／小吧台／学生操作练习区域／学生学习区域			
教学方法设计		任务引领教学法	教学资源		调酒用具、各类酒品、教学互动平台、"调酒大师"多媒体交互课件、PPT课件、PAD
教学流程		教学步骤/内容	学生学习活动	教师行为	达成目标
复习导入		复习旧知 复习摇和法操作要领	回顾旧知	引导学生复习旧知	承上启下
任务提出		提出任务 提出本节课的学习任务及学习目标	全班听讲	讲解任务要求与学习目标	明确任务及要求

（续表）

课程名称	酒吧服务	课题		红粉佳人的制作
任务实施	活动一：学习"红粉佳人"鸡尾酒特点与配方	1. 全班听讲 2. 品评鸡尾酒，讨论"红粉佳人"的特点 3. 登录"调酒大师"学习平台完成"红粉佳人"配方学习	1. 讲解"红粉佳人"鸡尾酒故事 2. 分析"红粉佳人"的特点，引出鸡尾酒配方 3. 组织学生进行学习，分析完成情况	知晓"红粉佳人"的鸡尾酒故事，并识记其配方
	活动二：学习制作红樱桃挂杯装饰物	1. 观摩、听讲 2. 分组进行操作练习	1. 示范演示红樱桃挂杯装饰物的制作，讲解其操作要领及技巧 2. 组织学生进行操作练习，巡视指导，及时纠正操作问题	学会制作红樱桃挂杯装饰物
	活动三：学习调制"红粉佳人"鸡尾酒	1. 观看视频，说出调制步骤 2. 观摩、听讲 3. 分组进行操作练习 4. 全班听讲	1. 总结调制步骤 2. 示范演示"红粉佳人"的调制，讲解其操作要领 3. 组织学生进行操作练习，巡视指导，及时纠正操作问题 4. 通过视频对比，分析学生操作情况	能使用摇和法按步骤调制"红粉佳人"
任务展示、交流、评价	作品展示，分享交流	1. 展示作品，并互相品评 2. 交流制作心得	1. 组织学生进行鸡尾酒作品的展示与品评 2. 组织学生分享交流制作心得	尝试进行鸡尾酒鉴赏，感受其艺术魅力
教学回顾	1. "红粉佳人"鸡尾酒配方及调制步骤 2. 小结学生操作练习情况，强调职业习惯			
布置作业	继续在"调酒大师"中复习"红粉佳人"配方及所有学过的鸡尾酒配方			

整节课的教学是在学校教学互动平台上实施的，教学活动的实施也都运用了现代信息技术手段，克服了传统专业技能课教学手段的局限性，提高了教学效率。

教学活动一：学习"红粉佳人"鸡尾酒特点与配方。在此环节，教师首先通过教学互动平台下达学习任务。教师选择相应内容后，学生能立即在 PAD 上看到相关内容，并且在课后也能登陆教学平台进行复习。

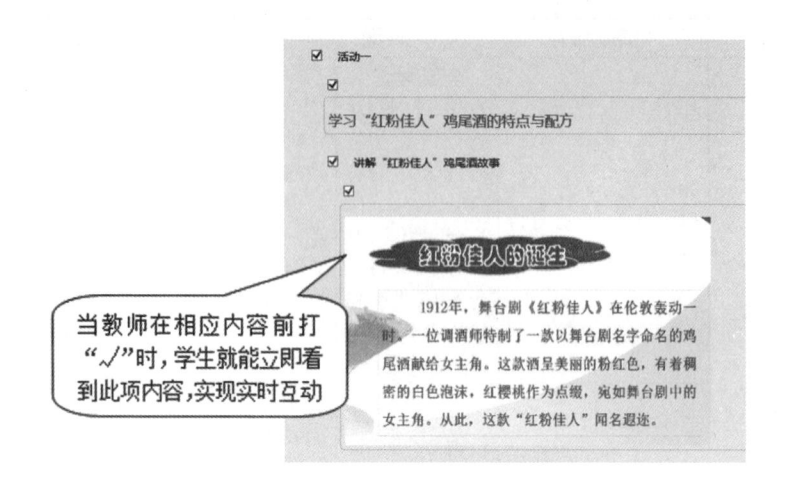

图　教学互动平台上教师下达教学内容

其次，教师运用"调酒大师"学习平台让学生学习鸡尾酒配方，及时反馈学生学习情况，从而达到教学目标。

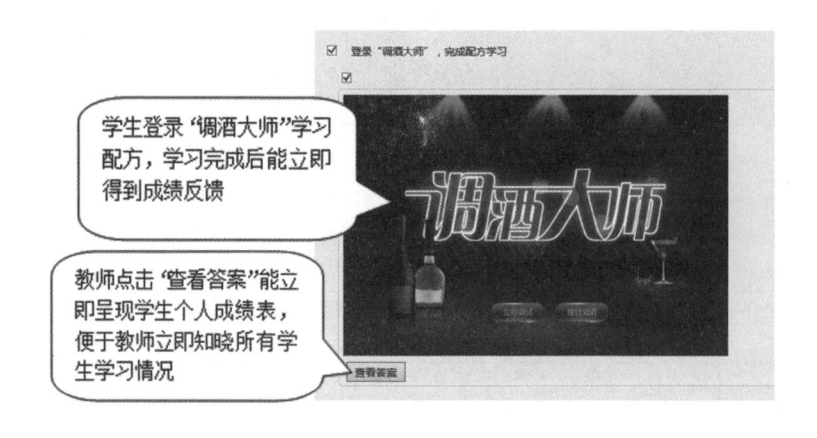

图　学生登录平台进行学习

教学活动二：学习制作红樱桃挂杯装饰物。在此环节，教师运用调酒实训室的云录播设备，边讲解操作要领，边通过云录播设备将示范演示的视频呈现给学生。这样能让学生不用拥挤在教师周围也能清晰地看见教师的示范演示，从而加深对技能的理解与把握。

教学活动三：学习调制"红粉佳人"鸡尾酒。在此环节，教师同样运用了云录播设备讲解示范动作要领与操作步骤。更为重要的是，教师示范演示的视频和学生的操作练习视频均进行了同步录像，并传到后台数据库，教师在点评、分析学生操作练习情况时，调用了录制好的视频，进行了师生与生生对比，更为直观地指出了学生在操作过程中的优缺点，便于学生更进一步提升操作技能。

在布置作业环节，教师亦要求学生登录"调酒大师"进行复习，并得到成绩反馈。

图　布置作业

3. 案例分析

从本节教学实践课中，我们发现，运用了"调酒大师"学习平台及现代信息技术实施教学后，有效提升了专业技能课的教学效果，主要体现在以下五个方面：

（1）充分激发学生学习兴趣

俗话说：兴趣是最好的老师。虽然《酒吧服务》课程一直很受学生欢迎，但是酒品识别、酒单背诵以及课后无法继续练习却影响了学生的学习兴趣。许多学生因为以上三个原因，对课程学习也就三分钟热度，畏难情绪直接影响了专业技能的掌握。"调酒大师"学习平台可以帮助学生攻破难关，充分激发学生的学习兴趣，更为重要的是它不受时间和空间的限制，学生想学就学，想学多久就学多久，逼真、艳丽的页面也不会让学生觉得枯燥乏味。教师在学生学习过程中发现一个有趣的现象，许多学生为了能够得到较高的分数，他们会不断反复学习，这就使得学生在潜移默化中掌握了知识与技能。

（2）有效实现师生互动

"调酒大师"学习平台的一个特点是交互性。从本节课来看，在课堂教学过程中，教师对学生掌握知识的情况一目了然，关键是即时实现，只要学生一提交成绩，教师立即就能查看成绩。如果学生成绩不理想，教师立即就能让他重新再学习一次。这在以往传统的教学中是无法实现的，教师如果想要知道学生酒单是否记住，最简单直接的办法就是让学生面对面地背诵，但是这将耗费许多时间，也不可能在课堂上短短的几十分钟内完成。而"调酒大师"解决了这一问题，让师生互动更顺畅，让教师能更及时地掌握学生学习情况，从而更好地调整教学方法，提高课堂教学效率。

（3）有机整合课程资源

《酒吧服务》课程虽然有较为丰富的教学资源，如酒品图片、鸡尾酒照片、鸡尾酒制作视频等，但是这些资源相对比较零散，教师授课时要根据教学内容来选择。而"调酒大师"学习平台将这些零散的教学资源进行了有机整合。在课件欢迎界面，融入了鸡尾酒图片，将酒品与图片同时呈现，解决了学生在以往学习时鸡尾酒名称与实物对不上号的问题。在选择酒品界面，整合了酒品图片，将酒品同比例缩小显示在页面上，让学生能清晰地识别出各类酒品，并在实践操作过程中也能快速地找到相应酒品，解决了学生在操作练习中知道酒名却找不到酒品的问题。在观看示范演示界面，整合了60款鸡尾酒调制视频，弥补了学生课后无法进行技能练习的不足，以每款鸡尾酒完整的操作视频帮助学生记忆调制步骤与操作要领，为课堂上的技能练习打下基础。

（4）改变传统教学手段

以往的《酒吧服务》课程教学手段比较传统、单一，现代信息技术手段运用较少，运用最多的也就是PPT课件。在本节课中，教师改变了传统教学手段，运用多种现代信息技术进行课堂教学，作了"互联网+专业技能课教学"的实践探索。一是通过学校教学互动平台与PAD下达学习任务，二是运用"调酒大师"实时反馈学习情况，三是运用云录播设备展示教师操作示范，四是通过视频比对技术即时分析学生技能练习情况。这些信息技术手段的运用，很大程度上辅助了专业技能课的教学，弥补了教师示范学生看不清、教师不能掌握全体学生的学习情况等不足，大大提高了课堂教学效率。同时，这些信息技术手段的运用，同步提升了教师和学生的信息化素养。

（5）改进教学评价方式

《酒吧服务》课堂上采用最多的教学评价方式为学生互评与教师点评相结合，而且多数为主观评价。这类评价往往比较泛，经常集中于操作卫生、操作流程、职业礼仪等方面，并不能直接指出问题所在，因此教学评价往往显得比较空洞、无力。在本节课中，教师在两个方面改进了教学评价方式：一是在学生学习鸡尾酒配方的活动中，运用"调酒大师"学习平台直接反馈学生选择酒品、记忆酒单的情况，以客观数据评价学生的学习效果；二是在点评学生技能练习环节，通过视频比对技术，再现学生操作练习实景，更为直观地点评了学生的操作练习情况，回放视频的同时直击问题所在，让学生更进一步对加深对技能的掌握。

为了分析实验研究结果，课程组设计了一张学生调查问卷，通过学生反馈来检验课堂教学效果。以下是学生调查问卷：

"红粉佳人的制作"教学实验课
学生调查问卷

亲爱的同学：

非常感谢你们配合完成本次调查问卷。本次问卷以不记名的形式进行，请你们真实地回答下列问题，这将对我们课程组进行教学改革创新有莫大的帮助，衷心感谢你们的参与和支持！

请在你选择的答案前面打"√"

1. 你喜欢"调酒大师"学习平台吗？

　　□喜欢（100%）　　□不喜欢

2. （如第1题选择"不喜欢"则跳过此题）你喜欢"调酒大师"学习平台的原因是什么？（可多选）

　　□界面漂亮，能激发学习兴趣（85%）

　　□操作简便，能按指引进行学习（80%）

　　□图片逼真，能帮助识别酒品（90%）

　　□实时互动，能即时反馈学习成绩（100%）

3. 你认为"调酒大师"学习平台对本节课的学习有帮助吗？

　　□有帮助（100%）　　□帮助不大　　□没有帮助

4. 在本节课中，你能通过"调酒大师"课件记住"红粉佳人"配方吗？

☐能（100%） ☐不能

5. 在本节课中，"调酒大师"帮助你解决的最主要学习难题是什么？（只能选一项）

☐酒品识别（42.8%） ☐酒单记忆（51.6%） ☐操作步骤及要领理解（5.6%）

6. 课后你会继续运用"调酒大师"进行学习吗？

☐会主动学习（90.3%） ☐按老师要求学习（9.7%） ☐不会学习

7. 本节课中，你觉得运用PAD上课对你的学习有帮助吗？

☐有帮助（93.8%） ☐帮助不大（6.2%） ☐没有帮助

8. 本节课中，教师在示范演示环节运用了实时录播技术，你认为通过这种方式能帮助你进行技能学习吗？

☐能（100%） ☐一般 ☐不能

9. 在本节课的教学评价环节，教师采用了视频比对技术，你认为这种方法对查找操作练习中出现的问题有帮助吗？

☐有帮助（100%） ☐帮助不大 ☐没有帮助

10. 对"调酒大师"学习平台或本节课的教学，你有什么想法或建议吗？

学习平台如果能做成APP就更好了，可以随时随地学习；我们很喜欢今天的教学形式，用PAD上课能使我们更加轻松，老师帮我们把知识点和技能要求都梳理的很清楚，也不用我们再拿着厚厚的书进行学习了；老师将我们操作的视频马上播放出来，比我们自己讲有什么问题效果更好，因为虽然调酒过程较短，但是要记住所有出现的问题有些困难，视频可以暂停，一旦出现问题，教师就可以暂停视频，让我们自己分析、交流，这样效果更好。

这份调查问卷围绕本课题研究的重点"调酒大师"课件来设计的，同时也兼顾了信息技术手段在课堂教学中的运用效果，目的是为了通过教学主体——学生的反馈来更好地分析总结研究结果，问卷中已经将结果作了数据统计。

二、以知识图谱为主线的综合性学习平台

运用知识图谱技术，以知识串联思维培养为主线，依据专业内不同课程之间的相通结点，把课程与课程之间的知识体系进行串联，形成一个多维度，多视角

的立体知识图谱。以《酒店服务综合实训》课程为例，将高星级饭店服务与管理专业中的餐厅服务、前厅服务、酒吧服务和饭店情景英语等核心课程，以知识图谱的形式串联在一起，形成专业综合性学习平台。

（一）以《酒吧服务》课程知识图谱为逻辑起点，梳理《酒吧服务》多维度知识关系

先从一门课的知识串联图谱的逻辑梳理开始描述。以《酒吧服务》为例，我们运用知识图谱立体思维各分支点知识的串联为思路，形成立体知识图谱，将酒吧服务与新模块咖啡制作的资源打通。再以此课程为起点，串联其他专业的核心课程，如餐厅服务、前厅服务、饭店情景英语等课程。

1. 以鸡尾酒调制模块为出发点，发散构建多维知识关联逻辑图

以《酒吧服务》课程为例：我们将原有课程中的知识点全部打散，并以调酒技能模块为重点，从鸡尾酒"红粉佳人"的调制出发，寻求"红粉佳人"的制作配方、制作方法、载杯、装饰物的发散知识点（称为"子知识点"），如制作配方中的金酒、君度、红石榴糖浆、柠檬汁、蛋白等，然后在这些子知识点中再寻求二级子知识点，例如金酒（子知识点）代表品牌有哥顿（Gordon's）、必发达（Beefeater）、孟买（Bombay）、添加利（Tanquery）等（二级子知识），此外在这些二级子知识点以外，通过思维导图工具（The Brain），自动寻求到与其他知识点关联的联结。例如，金酒作为红粉佳人鸡尾酒中的重要配方，在"长岛冰茶"和"俄罗斯人"鸡尾酒中也用到，通过思维导图工具（The Brain）自动将两者进行联结，并且也提示金酒是蒸馏酒，这样便自动形成一张知识关联网，能有效帮助学习者快速梳理与全面浏览知识体系，能举一反三记忆知识点。

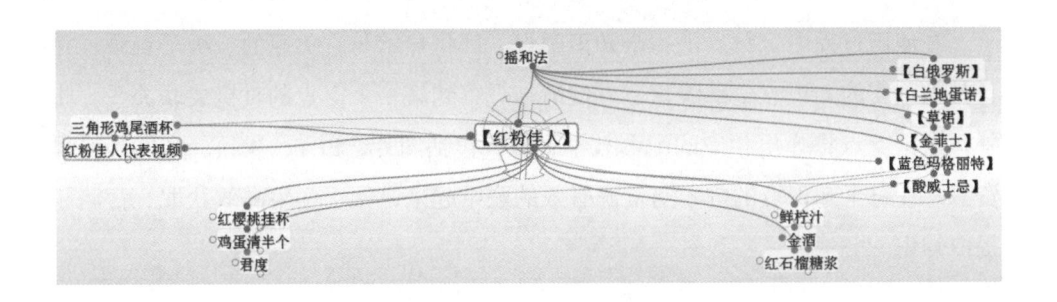

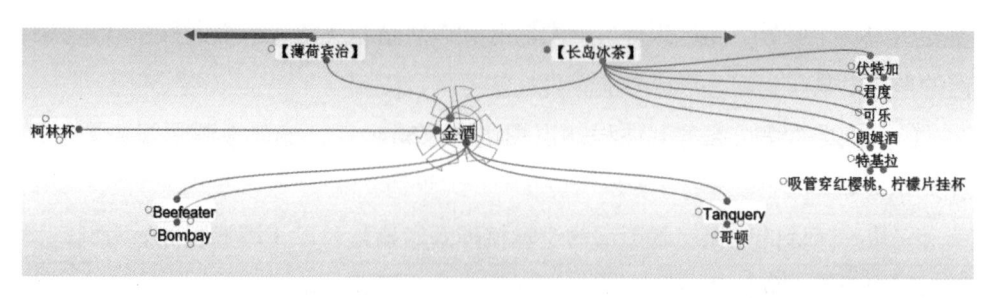

图　以"红粉佳人"鸡尾酒为出发点的配方知识结构

2. 经典鸡尾酒为支撑点，覆盖酒水与饮料服务模块知识

我们选取酒吧常见的 20 款经典鸡尾酒，梳理酒类知识与调制方法，通过课题组头脑风暴，找出这些鸡尾酒的配方与上、下级知识点的联结关系，详细罗列出相关信息，整理出一套完整的多维度知识关联逻辑图。

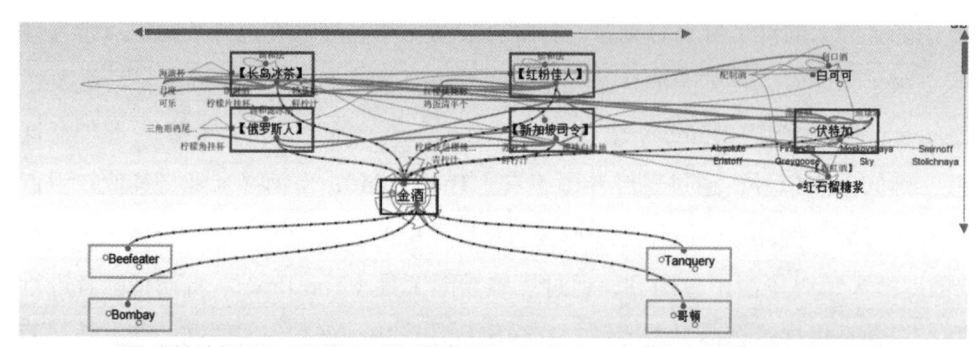

说明：黄色框为金酒品牌，红色框为以金酒为基酒的鸡尾酒，蓝色框为与"长岛冰茶"和"俄罗斯人"关联出的其他基酒

图　以"红粉佳人"基酒（金酒）为联结点的知识结构图

在使用过程中，每点击一个知识圆点，都将显示与它关联的一级子目录，并且其他分支的知识点全部淡化，方便清晰观察到某一个支点的直接关联关系。此外，点击支点将弹出相应的配套教学资源，包括图片、PPT、视频、文字等课程资源，让每个知识点的内容与资源有效的联结起来，便于学生高效获取、存储和提取知识。

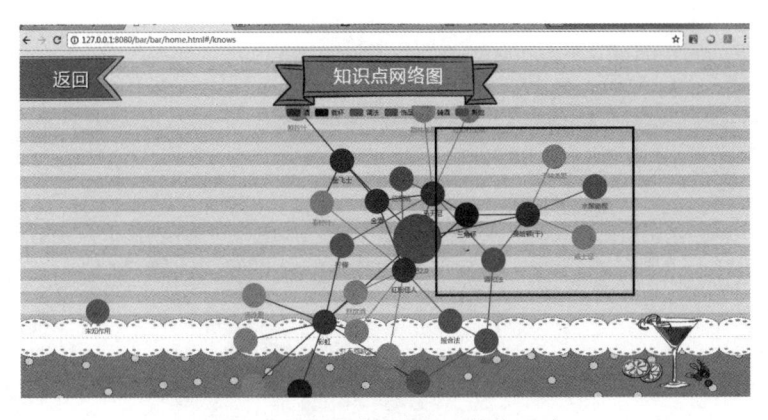

图　晶体形状多维度知识结构图谱

图　晶体结构多维度知识关联图谱示意图

3. 以搅拌法为知识交叉点，有机联结咖啡与酒水知识模块

依据新课标要求，《酒吧服务》课程教学内容中新增了咖啡模块，如何将咖啡模块与调酒这部分进行有效柔和的联结成为本课题组在研究过程中需要聚焦的关键点之一。只有找到咖啡模块中的某个交叉知识点，才能将咖啡与调酒这两大模块有机联系起来。因此，我们在编织多维知识关联逻辑图时，聚焦鸡尾酒调制方法，以使用搅拌法制作的爱尔兰咖啡、皇室咖啡作为交叉知识点，以此联结咖啡与调酒两大模块的知识内容。

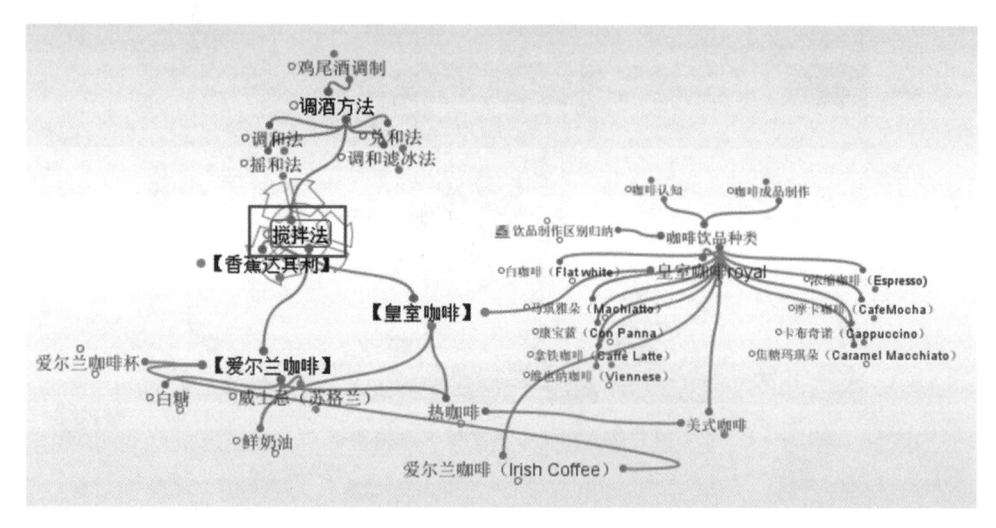

图　以搅拌法为知识交叉点的咖啡与调酒知识联结图

4. 以闯关线路的设计为关键点，重组"馆"导向酒水知识体系

按照酒吧岛学习主线的设想，将打散的知识点重组设计为以"馆"命名的闯关模式，进而形成了具有前后线性逻辑的知识体系，这也是知识体系设计实现的关键点。酒吧岛总共有15个馆，每个馆的设计都是依据知识的逻辑关系，分别有职业入门讲座大厅、酒吧陈列馆、金酒馆、伏特加馆、威士忌馆、特基拉馆、朗姆馆、白兰地馆、调法秘籍馆、酒品珍藏馆、软饮料馆、咖啡馆、酒吧经营馆、终极挑战赛场和成果收获颁奖台。各馆内的知识点都有相应的配套资源，包括文字、图片、视频、测试题等。它能培养学生对于知识体系前后逻辑应用联结的能力，并且让学生能经过"认知—学习—体验—挑战检验—成果评价"这五个阶段顺利完成知识的学习，同时由于闯关模式的设计，可以在学生自主学习中创建生生间的竞争意识，增强个人学习的主动性与课前知识输入的参与度。

1. 职业入门讲座大厅	对应知识与资源
a) 职业礼仪与素养	1. 玛格丽特--为顾客调制--素质调酒师.flv 2. 调酒师职业素养.pptx 3. 调酒师职业礼仪.mp4
b) 调酒师职业发展	1. 乌克兰达人秀：世界上最牛逼调酒师技能堪称一绝.mp4 2. World Class世界级调酒大师赛2013中国16强调酒师采访视频.flv
2. 酒吧陈列馆	对应知识与资源
a) 酒吧类型	1. 酒吧类型.pptx 2. LUTTER&WEGNER 1811酒吧.mp4
b) 酒吧用具	1. 文件夹《调酒用具照片》--具有11个子文件夹 2. 调酒用具说明.pptx
c) 载杯	1. 文件夹《载杯照片》---具有10个子文件夹
d) 装饰物	1. 文件夹《装饰物照片》----具有8张照片
e) 酒单	1. 文件夹《酒单照片》-----具有7张照片
3. 金酒馆	对应知识与资源
a) 概述特点	1. 金酒概述.docx 2. 金酒.ppt
b) 品牌logo	1. 文件夹《金酒品牌logo》——具有6张照片
c) 典故	1. 金酒典故.docx
d) 代表鸡尾酒	1. 红粉佳人.mp4 2. 经典马天尼Bombay Classic Martin.mp4

图 "馆"导向的知识重组图表

图 《酒吧岛—职业入门讲座大厅》示意图

5. 以"零散知识点与"课程资源关联表"为结合点，建成可视化微知平台"酒吧岛"

在梳理酒吧服务课程多维知识联结逻辑图与制作各项零散知识与课程资源关联表的同时，我们以此为依据进行各类课程资源的开发，包括学习课件、微课、鸡尾酒调制视频、习题、"调酒大师"互动小程序等。运用相关软件对原有的《酒吧服务》精品课程1.0的教学资源进行整理、编辑与提升，建成微知平台"酒吧岛"。

酒吧岛是一个界面为卡通风格的岛屿知识地图，像玩网络游戏一样的操作酒吧精灵在酒吧岛上自由行走，进入各个场馆中进行调酒知识的学习，每学习完一个场馆知识，将会有相应的量化测评分数，实时反馈学生学习情况，后台实时记录学生全过程的学习轨迹，如进馆学习时间、观看课程资源时间、测试成绩等，从而为教师开展课堂教学、优化教学策略与方法提供了数据分析。

图 "酒吧岛"微知平台

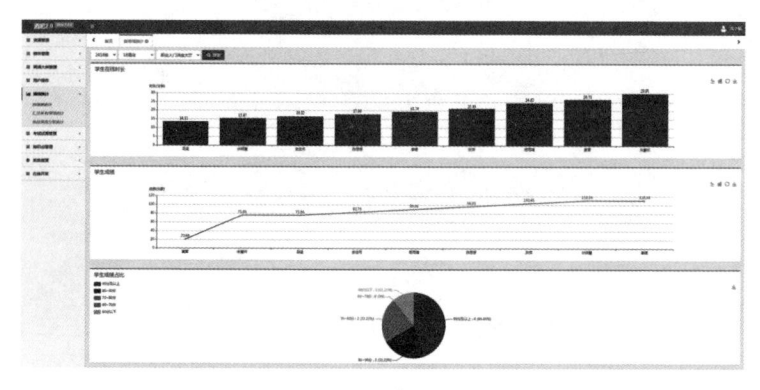

图 "酒吧岛"后台学习数据统计分析

（二）以《酒吧服务》多维度知识图谱构建原理为指引，发散构建酒店专业多门核心课程的全科多维度知识关系

在详细分析了《酒吧服务》的知识串联体系基础上，我们将挖掘《酒吧服务》和其他专业核心课程《前厅服务》《会务服务》《饭店情景英语》《中餐服务》《西餐服务》的知识相同点，以同样的知识图谱技术进行多维度融通构建，形成多维度，大体系的专业综合实训课程的知识图谱。具体步骤如下：

1. "按葫芦画瓢"建立酒店专业其他各门课程的知识图谱

以《酒吧服务》为范本，对酒店专业其他各门课程的知识进行梳理，构建多维度知识图谱，可以有每个节点方向的上下级关系，包括嵌入每个知识节点的资源，如课件、微视频、任务单、活动等，让每个课程均能彰显其知识体系的内在张力，既饱满，又富有逻辑型。《饭店情景英语》课程知识图谱的构建便是以此逻辑为指引开展的，以下是略图。

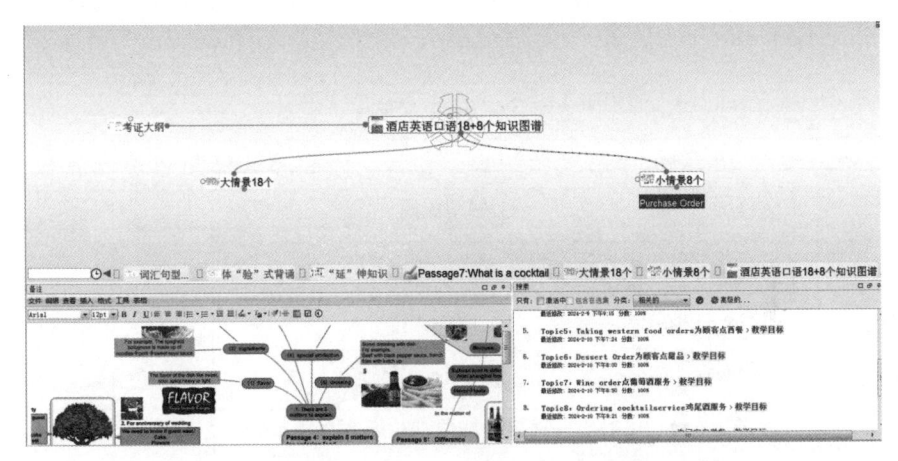

图　运用图谱技术构架酒店英语18+8知识图谱框架

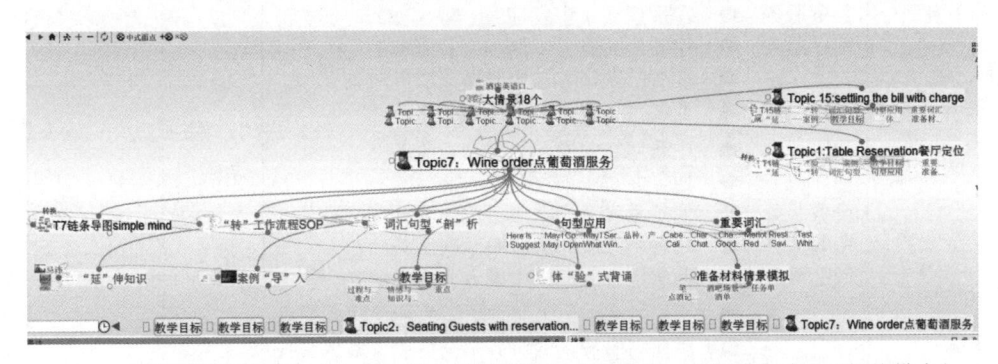

图　运用谱图技术构建各分支点知识大纲模式图谱（全扩展、可拖动流动，可切换模式）

将《饭店情景英语》课程的内容分为18个大情景和8个小情景，结合考证要求内容，进行构架整体知识体系，嵌入各节点资源，以及构建学习流程的步骤，包括教学难点与教学重点等，让课堂教学变得更加生动鲜活。

2. 探寻酒店专业不同科目课程之间的相同点，挖掘并建立融通交点

运用同样的方法对不同课程进行知识体系的多维结构的梳理，形成酒店专业

全科课程的图谱集，并通过分析找出这些课程之间的融通交点。例如下表的设计，《前厅服务》课程的知识图谱关联课程为《中餐服务》《西餐服务》《会务服务》《客房服务》，与这些科目有交集的知识点经过梳理，可以得到迎宾服务礼仪与前台接待礼仪方面的相通，还有餐厅领域和前厅领域的投诉处理方式有相通之处，另有作为房务部的主要部门——前厅和客房，两个小部门具有房态控制的职责，两者在酒店房态控制系统界面上虽然归属职责部门有所不同，但却一一准确对应了当下房态的现状，前台和客房两者房态的对接是两个知识点的融通交集点，也是帮助学生建立酒店运营管理的前区和后区协同运作的意识。具体设计的各科目之间的融通知识点初步如下：

课程	交融课程	交融知识点	交融课程数量	交融知识点数量总计
前厅服务	中餐服务 西餐服务 会务服务 客房服务	● 中餐迎宾服务 + 前台接待礼仪 ● 西餐迎宾服务 + 前台接待礼仪 ● 会务服务 + 前台接待礼仪 ● 餐厅投诉处理 + 大堂投诉处理 ● 客房房态 + 前台房态	4	5
中餐服务	西餐服务 会务服务 前厅服务	● 中餐服务菜肴上撤要领 + 西餐服务菜肴上撤要领 ● 中西餐服务茶歇服务 + 会务服务茶歇服务 ● 前厅迎宾 + 中餐迎宾 ● 中餐迎宾服务 + 西餐迎宾服务 ● 西餐结账服务 + 中餐结账服务 ● 西餐点餐服务 + 中餐点菜服务	3	6
西餐服务	前厅服务 会务服务 中餐服务 酒吧服务	● 中餐迎宾服务 + 西餐迎宾服务 ● 西餐迎宾 + 前厅迎宾 ● 西餐酒水 + 酒吧服务鸡尾酒葡萄酒服务 ● 西餐结账服务 + 中餐结账服务 ● 西餐点餐服务 + 中餐点菜服务 ● 中西餐服务茶歇服务 + 会务服务茶歇服务	4	6
会务服务	西餐服务 前厅服务	● 中西餐服务茶歇服务 + 会务服务茶歇服务 ● 会务服务礼仪 + 前厅服务礼仪 ● 会务服务礼仪 + 西餐服务礼仪	2	3
客房服务	前厅服务 中餐服务 西餐服务	● 客房送餐 + 中餐送餐服务 ● 客房送餐 + 西餐送餐服务 ● 客房房态控制 + 前台房态控制	3	3
咖啡制作	西餐服务 酒吧服务	● 咖啡制作 + 西餐甜点服务 ● 咖啡制作 + 酒吧服务之咖啡服务	2	2
合　　计				25

(三) 依托学习平台，构建专业全科课程的多维度的链接可视化全景图

在对各科专业课程的知识图谱的构建基础上，需要将所有单个图谱进行有机整合。目前上师附职依托学习平台将这些资源全部嫁接平台，并依据前文的各科之间的知识融通交点设计表，进行全景式构图，形成全维度多学科的综合能力图谱。现还在开发建设中，初步雏形如下：

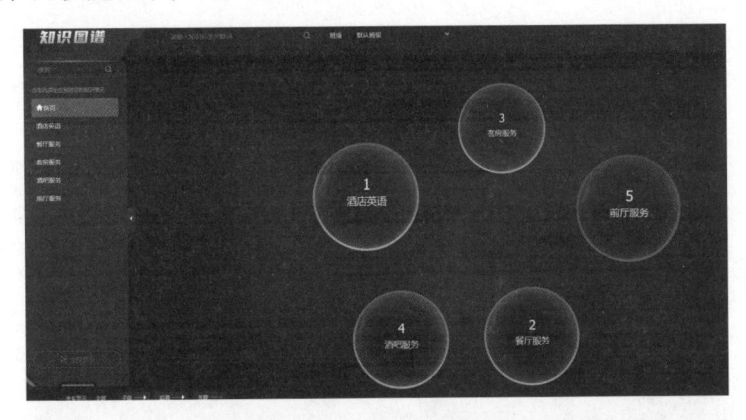

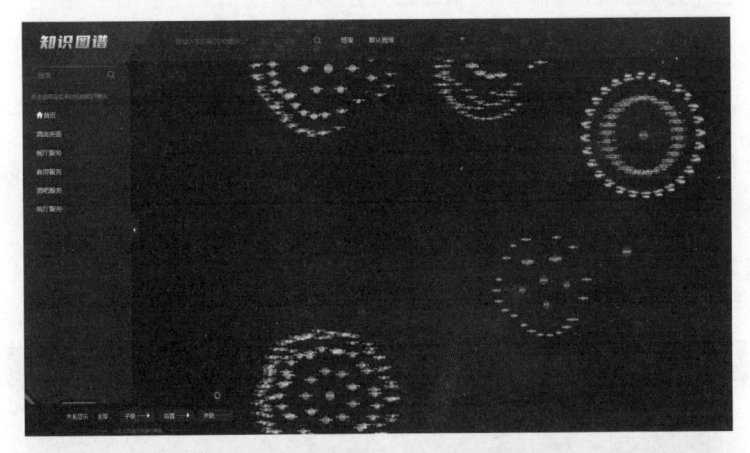

图　多学科课程之间的知识交点融通全景图

以上述知识图谱全维度的打通，构建一个专业的核心课程的能力培养的图谱图景，为学生指明了学习方向。具体来说可视化全景知识图谱具有以下特点：

1. 学习路径明晰

以每个专业课的知识图谱为主线，学生更加清晰了解本课程所学的知识框架，同时对于学习的先后顺序有明确的了解。平台的一些开放功能可以达成可视化呈现学生的学习进度与完成的闯关积极性

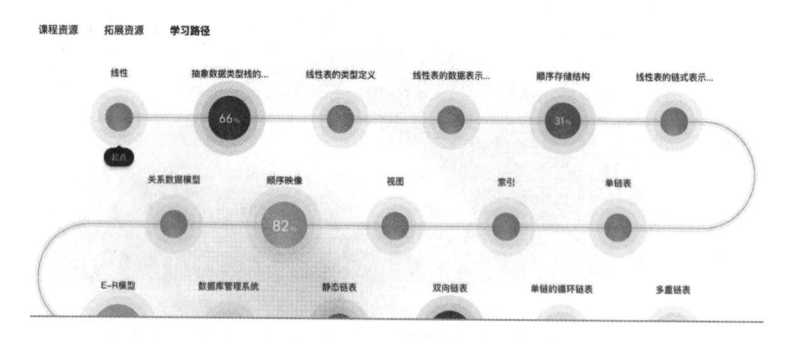

图　学习路径

2. 看板反馈学情

教师和学生都可以通过平台看板直观了解到学生的整体知识点掌握情况、作业完成率，系统能精准推送给每个需要提升的学生相对应知识点的题库，并给予智能的相对应的学习对策与建议。

图　学情分析

3. 精准教学评价

教师和学生可以通过知识点、课程活动、测试数据和教学诊断四个维度对教学过程完整采集相关数据，精准形成学生数字画像，并且运用可视化颜色区分自己对学习某个知识领域的掌握程度，如红色区域代表几乎只掌握 0—19%，绿色代表掌握 80—100%，学生及时发现知识掌握的缺口，及时补救，有针对地学习，激发学生的自主学习。

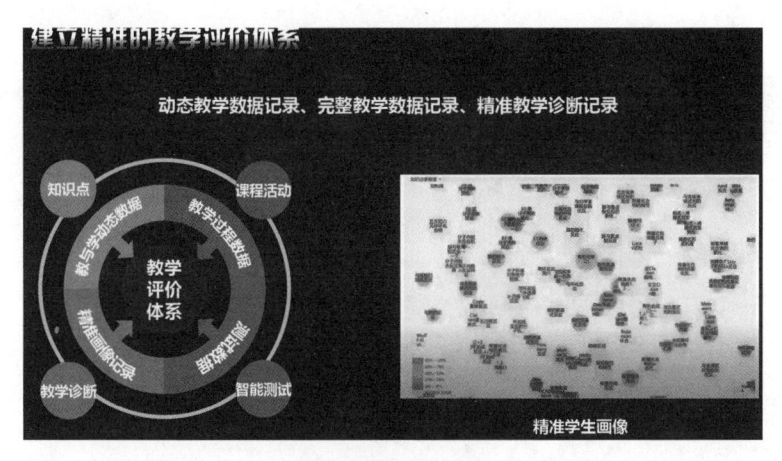

图　精准教学评价

三、以工作流程为主线的渐进式 VR 平台

中等职业院校大部分专业技能课都注重学生动手能力的训练，无论是在课堂上，还是在课后，都希望能给予学生充足的时间与资源强化技能训练，掌握娴熟的专业技能。但学校往往因为课堂时间有限、实训场地较小、设备数量不够、训练耗材不足等问题，导致学生课堂上动手机会少、练习时间少，课后无法继续开展训练，难以形成完整的技能成长过程。为此，近年来许多职业院校依托校企合作企业，借助 VR 技术，共同研发适合专业技能训练的虚拟仿真实训平台，将企业工作流程转换为技能学习流程，改变专业技能课的教学生态，全面提升学生的技能水平，有效降低训练成本。下面就以汽车车身涂装仿真实训平台为例，介绍以工作流程为主线的渐进式训练平台开发思路与教学实践应用效果。

（一）基于企业工作过程，构建课程学习模块

对接汽车维修喷漆工岗位要求，将汽车车身喷涂课程原有学习内容进行优化调整，以工作流程为主线，由易到难、循序渐进，形成 6 个课程学习模块，55

个任务节点。

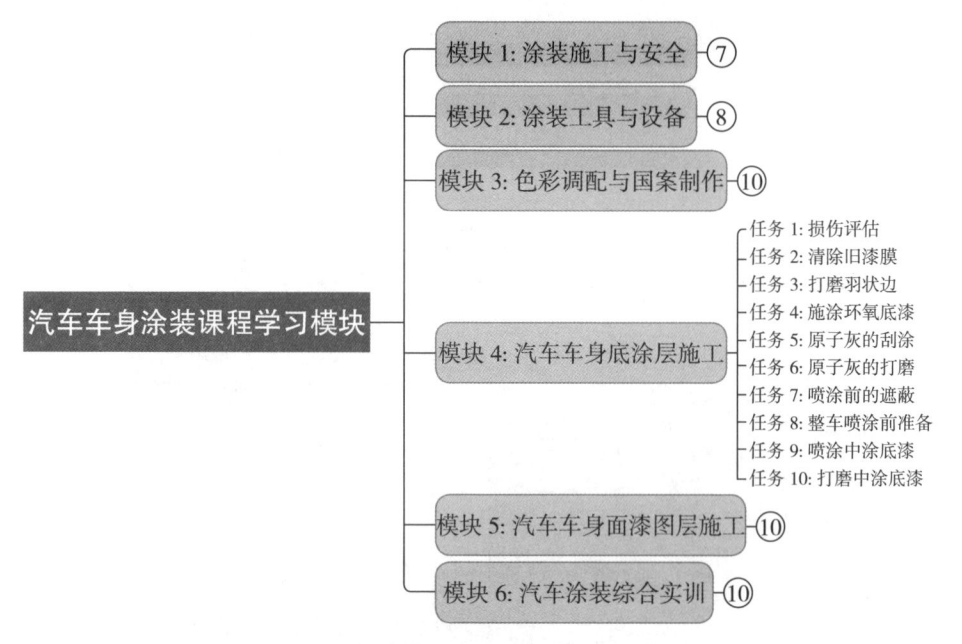

```
汽车车身涂装课程学习模块
├── 模块1: 涂装施工与安全 ⑦
├── 模块2: 涂装工具与设备 ⑧
├── 模块3: 色彩调配与图案制作 ⑩
├── 模块4: 汽车车身底涂层施工
│   ├── 任务1: 损伤评估
│   ├── 任务2: 清除旧漆膜
│   ├── 任务3: 打磨羽状边
│   ├── 任务4: 施涂环氧底漆
│   ├── 任务5: 原子灰的刮涂
│   ├── 任务6: 原子灰的打磨
│   ├── 任务7: 喷涂前的遮蔽
│   ├── 任务8: 整车喷涂前准备
│   ├── 任务9: 喷涂中涂底漆
│   └── 任务10: 打磨中涂底漆
├── 模块5: 汽车车身面漆图层施工 ⑩
└── 模块6: 汽车涂装综合实训 ⑩
```

图　汽车车身涂装课程学习模块架构

（二）基于真实工作任务，丰盈课程学习资源

汽车车身涂装仿真实训平台中的工作任务是依据企业岗位要求而设定的，均为真实工作任务，且根据工作流程依次设定任务节点。为了让学生能更好地理解和掌握知识点、技能点，针对每个任务都开发了相应的工作手册、学习PPT、微视频和实操任务工单，学生可在线自主学习，实现课前预习、课堂学习与课后复习全过程渗入。

（三）基于专业核心技能，研发仿真实训系统

针对汽车车身涂装所需掌握的关键核心技能，运用虚拟现实增强、仿真实训、音像实时生成等技术，搭建虚拟与真实相结合的喷漆训练环境，充分体现了新一代科技与专业技术的融合，具备环保节能、节约耗材、实时评价的特点。学习者借助智能仿真喷涂一体机，全真模拟喷涂操作，通过反复练习缩短核心技能掌握的时间。实训系统自动采集并智能分析学习者在真实喷涂环境下的喷涂姿势、喷枪距离、角度、速度等动作参数，实时生成训练数据和实训报告，能让学习者及时了解学习情况，通过观看操作回放视频复盘实训过程，并根据实训报告

改进不足，开展更有针对性地专项训练。

（四）基于学习过程数据，绘制学生数智画像

学生可以通过仿真实训平台，学习汽车车身涂装相关知识与技能，后台实时记录学习者的最近学习情况、学习进度、学习次数和学习时长，各模块的学习完成度、学习次数占比和学习时长占比。同时，智能仿真喷涂一体机所装载的仿真实训系统能实时记录学习者每一次技能训练的全过程，并能通过视频回放追溯操作流程，通过相应算法将每一个技术动作与正确动作进行数据比对分析，形成个性化的实训分析报告，为每一位学生绘制定制化的数智画像，有效促进学生专业技能的提升。

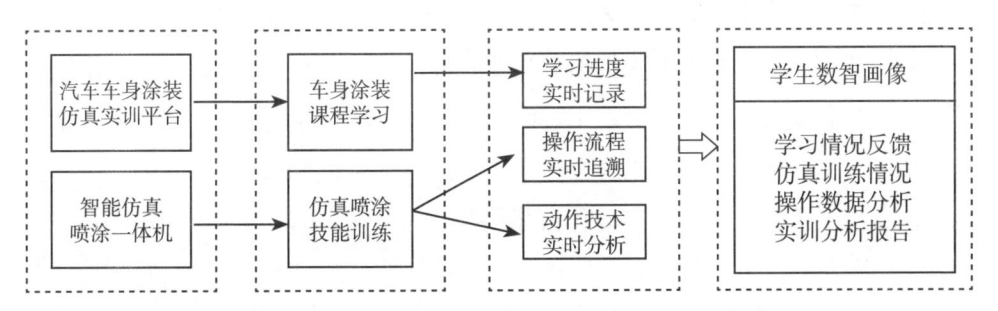

图 汽车车身涂装仿真实训平台学生数智画像拓扑图

四、以实训模块为主线的沉浸式 MR 平台

MR（Mixed Reality），即混合现实，一般通过头戴设备将虚拟内容叠加在学生的真实世界中，让学生身临其境，并能与虚拟对象进行互动。目前，职业院校在专业课程教学与实训中，纷纷与合作企业共同研发专业仿真实训平台，借助 MR 技术，帮助学生开展沉浸式体验学习，助力专业技能提升。下面就以上师附职与夸夫曼（上海）智能科技发展有限公司合作研发的汽车车身修复专业 MR 实训平台为例，介绍平台开发与建设的思路。

（一）实训环境搭建，还原企业工作现场

汽车车身修复专业 MR 实训平台采用 MR、AR、物联网、人工智能、大数据、5G 等技术，呈现企业真实工作场景，打破实训环境受场地和空间的制约，实现企业、工厂和课堂的有机融合。学生通过佩戴 MR 眼镜，能 360 度与实车互动，在实训操作前，熟悉流程、明确规范、模拟训练，从而降低实操风险，提升

实操效率。

（二）资源同步匹配，即时查阅技术参数

MR 实训平台的模块设计以实训任务为主线，融入世界技能大赛车身修理项目中各模块的比赛内容，包含车身诊断与校正、车身部件拆装等核心技能训练。每个模块的任务均同步配备相应学习资源，如活页教材、操作视频、教学 PPT、教师指导手册、实操任务工单等，便于师生在训练过程中能即时翻阅、查找资料。这些资源均以最小单元化呈现，融入 MR 实训任务，便于快速调阅。

（三）多人协同合作，分工完成实操训练

MR 实训平台能通过虚拟影像指引学生操作。初学者可以根据平台内操作流程的提示和引导，完成各项任务的训练。多名学习者和教师亦能同处于一个虚拟空间进行学习，他们拥有的虚拟形象让彼此可以看见对方，并且以对话或协同合作的形式进行交互。在课堂上由于授课时间的限制，教师可将学生分成若干个学习小组，分工合作，协同完成实操训练任务，提升课堂实训效率。

（四）数据汇总分析，实时跟踪学习情况

MR 实训平台会自动采集教学及实训过程中所产生的所有数据，特别是针对学生的实训步骤进行全程数据跟踪，各操作节点数据实时记录，结合人工智能程序对数据进行分析，自动生成分析结果。学习者能根据实训报告，找到自己在实训过程中的问题与不足，以便进行更有针对性的后续训练。教师能通过数据分析，掌握所教班级的学生个体与整体的实训情况，以便调整教学策略。管理者能通过各班数据比对分析，了解到所有班级的实训情况，掌握每位教师的教学质量，以便加强教学管理。

五、以能力图谱为主线的元宇宙实训平台

元宇宙技术是一种基于虚拟现实、增强现实、人工智能等多种技术的综合应用，具有沉浸体验、虚实相融、社交网络等特征，开启了沉浸式传播革命。[①]2021 年 8 月，教育部科技发展中心发布的《职业教育示范性虚拟仿真实训基地建设指南》明确指出：构建具有感知性、沉浸性、交互性、构想性、智能性的

---

① 魏怡孜.元宇宙时代的体育直播：智能场景、沉浸体验与交互创新［J］.西部学刊，2024 年 3 月上半月刊：112—115.

虚拟仿真实训教学场所，解决传统职业教育的实训存在高投入、高难度、高风险、难实施、难观摩、难再现的"三高三难"问题。近年来，职业院校依托元宇宙技术，积极投入虚拟仿真实训基地建设，尝试构建以学习者为中心的教学新模态。下面就以笔者所在学校的现代汽车专业群为例，介绍元宇宙实训平台的建设构想。

（一）复刻线下实训中心，建造数字孪生工厂

笔者所在的上师附职拥有8000多平米的现代汽车实训中心，该中心是世界技能大赛车身修理项目中国集训基地，兼具教学、实训、技术研发、技能切磋、社会培训和世赛选手孵化等功能。随着现代职业教育功能的延伸以及信息技术手段的迅猛发展，学校拟将线下实训中心复刻为线上数字孪生工厂，让学习者能突破时空限制，随时随地进行学习与交流，使得实训中心的效能最大化。

（二）绘制专业能力图谱，打造沉浸式元宇宙实训平台

为了打破汽车专业群内各专业及课程之间的壁垒，以专业能力为主线，梳理车身修理、汽车维修、汽车喷漆、新能源汽车技术等专业的任务模块，形成一条知识与技能由易到难、循序渐进的学习路径，并以模块化、系统化的形式呈现，从而打造"学训赛培评管"六位一体的元宇宙汽车实训平台。

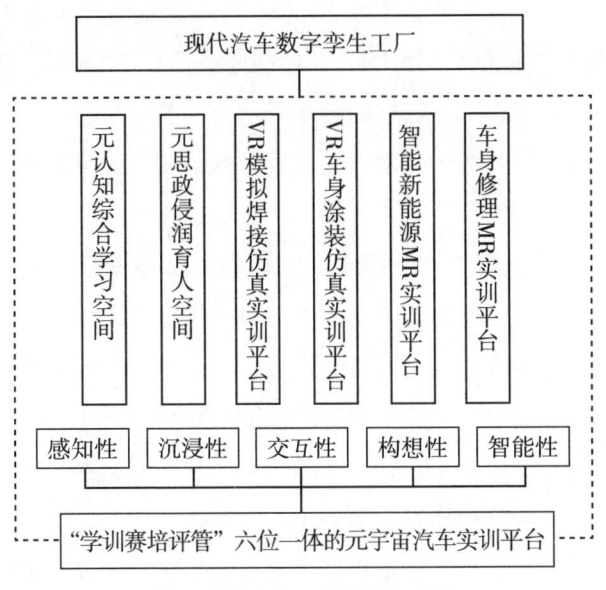

图　元宇宙汽车实训平台架构

本节所介绍的五类平台，都有各自的后台数据管理系统，都能针对学情进行

精准的数据分析。必须明确，无论是功能再全面、技术再先进、分析再专业的课程学习和仿真实训平台，都应开放接口，将数据接入学校教学管理平台，纳入学校整体管理范畴，实现智慧校园的统一管理。

第四节 把企业岗位操作搬进学校课堂

职业院校的主要功能就是要为社会培养优秀的技术工人，更要培养具有一技之长的"大国工匠"。而人才培养的主阵地就是课堂，我们要将学校课堂教学与企业真实岗位要求紧密联系在一起，引入最为先进的信息技术手段与工具，尽可能还原企业工作现场，把企业岗位操作搬进学校课堂，实现企业岗位与课程教学零距离对接。笔者所在的职业学校是一所中等职业学校，近几年在汽车、酒店等专业开展了虚拟仿真实训进课堂的教学实践探索，就教学成效对汽车专业的305名学生开展了问卷调查，以下是调查分析报告：

一、样本选择

参与问卷调查的学生涵盖了学校的一、二、三年级及毕业生，共计305人。其中，一年级学生占比23.93%，二年级学生占比32.79%，三年级学生占比28.2%，毕业生占比15.08%。这样的分布显示了调查对象的广泛性和代表性，能够较为全面地反映不同年级学生对于企业岗位操作融入课堂教学的体验与效果的看法。

从性别比例来看，参与调查的男生占比高达92.46%，女生占比仅为7.54%。这一数据表明，在参与问卷调查的学生中，男生占据了绝大多数，这与学校的专业设置和学生的兴趣倾向有关。同时，这也提示我们在分析调查结果时，需要特别关注女生的意见和建议，以确保教育的性别平等和全面性。

考虑到调查对象中包括了正在实习的学生，这部分学生的实际工作经验对于评估课堂教学与企业岗位操作融合的效果具有重要意义。他们的反馈能够为学校提供宝贵的第一手资料，帮助学校更好地理解学生在校学习与实际工作之间的衔接情况。

二、问卷设计

问卷选项采用 Liken 五点量表，选项非常符合到非常不符合依次的分值为 5 分、4 分、3 分、2 分、1 分。

问卷的第一部分聚焦于学生的基本情况，包括年级、性别、对虚拟焊接实训资源的了解程度等，是为深入分析学生的学习体验和技能提升提供必要的背景信息。第二部分则深入探讨学生的学习情况，通过对学生对虚拟焊接实训资源的认知、技能提升感知、对传统与现代实训方式的偏好比较，以及实训资源对接实际工作能力的评价等方面的问题，全面了解学生对教学内容的接受度和实际效果。此外，问卷还关注行业对学生培养质量的满意度，以及学生对实训资源的改进建议，从而为教育者提供宝贵的反馈，以优化教学方法和课程设计，提升教学质量和学生的职业技能准备度。

三、数据汇总

第 1 题　所在的年级　[单选题]

选项	小计	比例
职一年级	73	23.93%
职二年级	100	32.79%
职三年级	86	28.2%
毕业生	46	15.08%
本题有效填写人次	305	

第 2 题　性别　[单选题]

选项	小计	比例
男	282	92.46%
女	23	7.54%
本题有效填写人次	305	

第3题　你是否了解虚拟焊接实训资源及平台的使用？　[单选题]

选项	小计	比例
完全了解	59	19.34%
有一定了解	130	42.62%
听说过，但不了解	82	26.89%
完全不了解	30	9.84%
没有听说过	4	1.31%
本题有效填写人次	305	

第4题　你认为虚拟焊接实训资源及平台对你理解和掌握焊接技术的帮助有多大？　[单选题]

选项	小计	比例
非常有帮助	39	12.79%
有帮助	136	44.59%
一般	103	33.77%
基本没有帮助	22	7.21%
完全没有帮助	5	1.64%
本题有效填写人次	305	

第5题　在使用虚拟焊接实训资源及平台进行学习时，你觉得你的焊接技能有提升吗？　[单选题]

选项	小计	比例
明显提升	43	14.1%
有一定提升	162	53.11%
没有变化	80	26.23%
有所下降	15	4.92%
明显下降	5	1.64%
本题有效填写人次	305	

第6题 与传统焊接实训相比,你更喜欢哪种实训方式?为什么? [单选题]

选项	小计	比例
传统实训	103	33.77%
虚拟焊接实训	193	63.28%
两者都喜欢/不喜欢	9	2.95%
本题有效填写人次	305	

第7题 你认为虚拟焊接实训资源及平台的使用是否帮助你实现了与实际焊接工作的零对接? [单选题]

选项	小计	比例
完全实现	39	12.79%
大部分实现	136	44.59%
小部分实现	78	25.57%
不确定	42	13.77%
没有实现	10	3.28%
本题有效填写人次	305	

第8题 你是否认为虚拟焊接实训资源及平台的使用对你未来从事的相关工作有积极影响? [单选题]

选项	小计	比例
非常有影响	45	14.75%
有影响	139	45.57%
一般	92	30.16%
没有影响	20	6.56%
完全没有影响	9	2.95%
本题有效填写人次	305	

第 9 题　根据您所了解的信息，焊接行业对采用虚拟焊接实训资源及平台培养的学生满意度如何？　［单选题］

选项	小计	比例
非常满意	19	41.3%
满意	17	36.96%
一般	9	19.57%
不满意	0	0%
非常不满意	1	2.17%
本题有效填写人次	46	

四、问卷分析

（一）问卷整体分析

根据问卷结果的描述统计，我们可以对参与调查的学生群体及企业岗位操作融入课堂教学的体验与效果进行整体性描述。调查结果显示，参与问卷的学生主要来自职业二年级，占到了三分之一以上的比例，其次是职业三年级和职业一年级的学生，毕业生也有一定比例的参与。在性别分布上，男性学生占据了绝大多数。

对于虚拟焊接实训资源及平台的了解程度，大部分学生表示有一定了解或完全了解，但仍有一定比例的学生表示听说过但不了解或完全不了解。在评估虚拟焊接实训资源及平台对理解和掌握焊接技术的帮助时，超过半数的学生认为这些资源非常有帮助或有帮助，表明虚拟实训资源在教学中起到了积极作用。同时，大多数学生认为使用虚拟焊接实训资源及平台后，他们的焊接技能有所提升。

在实训方式的偏好上，超过六成的学生更喜欢虚拟焊接实训，这可能与虚拟实训的便捷性和安全性有关。此外，大多数学生认为虚拟焊接实训资源及平台的使用对他们未来从事相关工作有积极影响，且行业对采用虚拟焊接实训资源及平台培养的学生的满意度较高。

问卷数据反映出学生对企业岗位操作融入课堂教学的体验普遍积极，虚拟焊接实训资源及平台在提高学生技能和行业认可度方面发挥了重要作用。同时，这也提示教育者和资源开发者应继续优化这些教学资源，以满足学生的学习需求和行业的发展要求。

描述统计量

	N	极小值	极大值	均值	标准差	方差
你是否了解虚拟焊接实训资源及平台的使用？	305	1	5	3.92	1.097	1.204
你认为虚拟焊接实训资源及平台对你理解和掌握焊接技术的帮助有多大？	305	1	5	3.91	1.103	1.216
在使用虚拟焊接实训资源及平台进行学习时，你觉得你的焊接技能有提升吗？	305	1	5	4.12	1.061	1.127
与传统焊接实训相比，你更喜欢哪种实训方式？为什么？	305	3	5	4.60	5.47	.299
你认为虚拟焊接实训资源及平台的使用是否帮助你实现了与实际焊接工作的零对接？	305	1	5	3.82	1.232	1.519
你是否认为虚拟焊接实训资源及平台的使用对你未来从事的相关工作有积极影响？	305	1	5	3.93	1.134	1.285
根据您所了解的信息，焊接行业对采用虚拟焊接实训资源及平台培养的学生满意度如何？	46	1	5	4.11	.875	.766
有效的N（列表状态）	46					

（二）具体分析

你是否了解虚拟焊接实训资源及平台的使用？

		频率	百分比	有效百分比	累计百分比
有效	没有听说过	4	1.3	1.3	1.3
	完全不了解	30	9.8	9.8	11.1
	听说过，但不了解	82	26.9	26.9	38.0
	完全了解	59	19.3	19.3	57.4
	有一定了解	130	42.6	42.6	100.0
	合计	305	100.0	100.0	

数据显示有59名学生（占比19.34%）表示完全了解虚拟焊接实训资源及平台的使用，这表明有一定比例的学生对这一教学辅助工具有着较为深入的认识和使用经验。这部分学生可能已经通过课程学习、实训操作或个人项目等方式，熟悉了虚拟焊接技术的应用和操作流程。有130名学生（占比42.62%）表示有一定了解，这一较大的比例说明虚拟焊接实训资源及平台在学生中有一定的知名度和接触度，但可能由于缺乏深入的实践或系统的教学，这些学生对平台的使用尚未达到完全掌握的程度。然而，还有82名学生（占比26.89%）表示听说过虚拟焊接实训资源及平台，但不了解其具体使用方法，这可能意味着这些学生对新技术的接触有限，或者教学过程中对这一资源的介绍和推广不够充分。最后有30名学生（占比9.84%）表示完全不了解，以及4名学生（占比1.31%）表示没有听说过虚拟焊接实训资源及平台。这一结果提示我们，在教学资源的普及和推广方面还存在一定的不足，需要进一步加强。

由此我们可以得出这样的结论：虽然大部分学生对虚拟焊接实训资源及平台有一定的了解，但仍有相当一部分学生对该技术缺乏足够的认识。这表明教育者和资源提供者需要在教学过程中加强对虚拟焊接实训资源的介绍和实操演练，以提高学生对这一技术的认知度和使用熟练度，从而更好地利用这些资源提升教学效果和学生的职业技能。

你认为虚拟焊接实训资源及平台对你理解和掌握焊接技术的帮助有多大？

		频率	百分比	有效百分比	累计百分比
有效	完全没有帮助	5	1.6	1.6	1.6
	基本没有帮助	22	7.2	7.2	8.9
	一般	103	33.8	33.8	42.6
	有帮助	136	44.6	44.6	87.2
	非常有帮助	39	12.8	12.8	100.0
	合计	305	100.0	100.0	

调查显示，有39名学生（占比12.79%）认为虚拟焊接实训资源及平台对他们理解和掌握焊接技术"非常有帮助"，而136名学生（占比44.59%）认为"有帮助"。这表明，超过半数的学生认为虚拟焊接实训资源及平台在他们的学习过

程中起到了积极的作用，有助于他们更好地理解和掌握焊接技术。同时，有 103 名学生（占比 33.77%）认为帮助"一般"，这可能意味着虽然虚拟焊接实训资源及平台在一定程度上辅助了他们的学习，但效果并不显著，或者学生期望通过这些资源获得更多的学习成效。此外，有 22 名学生（占比 7.21%）认为帮助"基本没有"，而 5 名学生（占比 1.64%）认为"完全没有帮助"。这一部分学生可能觉得虚拟焊接实训资源及平台与他们的学习需求不完全匹配，或者他们在使用这些资源时遇到了困难，未能有效利用。

由此我们可以得出这样结论：虚拟焊接实训资源及平台在大多数学生中被认为是有助于理解和掌握焊接技术的有用工具。然而，也存在一部分学生认为这些资源的帮助有限。这提示教育者和资源开发者需要进一步优化虚拟焊接实训资源及平台的内容和教学方法，确保它们能够满足不同学生的学习需求，提高资源的易用性和有效性，以便更好地服务于学生的学习和技能发展。同时，也应考虑提供更多的指导和支持，帮助那些在使用这些资源时遇到困难的学生。

在使用虚拟焊接实训资源及平台进行学习时，你觉得你的焊接技能有提升吗？

		频率	百分比	有效百分比	累计百分比
有效	明显下降	5	1.6	1.6	1.6
	有所下降	15	4.9	4.9	6.6
	没有变化	80	26.2	26.2	32.8
	有一定提升	162	53.1	53.1	85.9
	明显提升	43	14.1	14.1	100.0
	合计	305	100.0	100.0	

调查数据显示，有 43 名学生（占比 14.1%）表示在使用虚拟焊接实训资源及平台后，他们的焊接技能有了"明显提升"。此外，更多的学生，即 162 名（占比 53.11%）认为他们的技能"有一定提升"。这两组数据合计占比达到了 67.21%，说明大多数使用虚拟焊接实训资源及平台的学生感受到了自身焊接技能的进步。同时，有 80 名学生（占比 26.23%）认为他们的焊接技能没有变化，这可能意味着虚拟焊接实训资源及平台对他们的技能提升作用有限，或者他们需要更多的实践和指导来巩固和提高技能。还有 15 名学生（占比 4.92%）表示技能

"有所下降",而 5 名学生(占比 1.64%)认为技能"明显下降"。这一部分学生可能在使用虚拟焊接实训资源及平台时遇到了困难,或者他们可能需要更多的个性化指导和实践机会来适应这种新的学习方式。

由此我们可以得出这样的结论:虚拟焊接实训资源及平台对大多数学生的焊接技能提升有积极影响,但仍有一部分学生未能充分感受到技能的提升或出现了技能下降的情况。这提示教育者和资源开发者需要关注那些未能从虚拟实训中获益的学生,分析原因,并提供相应的支持和改进措施。例如,可以通过增加实操机会、提供个性化辅导或优化教学内容等方式,来提高虚拟焊接实训资源及平台的教学效果,确保所有学生都能从中受益。

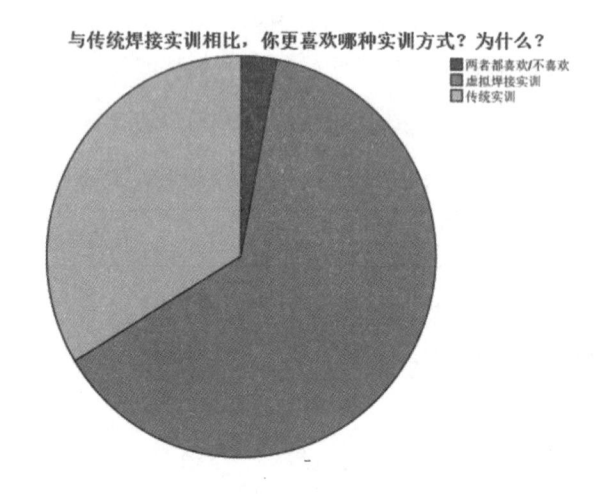

与传统焊接实训相比,你更喜欢哪种实训方式?为什么?
- 两者都喜欢/不喜欢
- 虚拟焊接实训
- 传统实训

调查显示,193 名学生(占比 63.28%)更喜欢虚拟焊接实训,这一比例显著高于选择传统实训的学生。这表明虚拟焊接实训在学生中有较高的受欢迎程度。可能的原因包括虚拟焊接实训的安全性、便捷性以及对环境影响较小等优势。虚拟实训可以在没有实际火焰和高温的情况下模拟焊接过程,降低了安全风险,同时也减少了对材料和设备的消耗。然而,还有 103 名学生(占比 33.77%)表示他们更喜欢传统焊接实训。这可能是因为传统实训提供了更接近真实工作环境的体验,有助于学生更好地理解焊接过程中的实际操作和可能遇到的问题。此外,一些学生可能认为通过实际操作能够更有效地提升技能和解决问题。

仅有 9 名学生(占比 2.95%)表示两者都喜欢或都不喜欢,这可能反映了学生对实训方式的个性化需求和偏好。参考他们给出的文字原因,其中有 8 名学生是因为晕 3d 的身体原因,而不是真正的不喜欢虚拟焊接实训。

综合以上分析,我们可以得出结论:虚拟焊接实训因其安全性和便捷性在学生中更受欢迎,但传统焊接实训因其提供的真实操作体验仍然有其支持者。这提示教育者和资源开发者在设计实训课程时,应综合考虑两种实训方式的优势,可能需要采取混合式教学方法,结合虚拟实训的安全性和传统实训的实际操作性,以满足不同学生的学习需求和偏好。同时,了解学生选择实训方式的具体原因也非常重要,以便进一步优化教学方法和提高实训效果。

你认为虚拟焊接实训资源及平台的使用是否帮助你实现了与实际焊接工作的零对接?

		频率	百分比	有效百分比	累计百分比
有效	没有实现	10	3.3	3.3	3.3
	不确定	42	13.8	13.8	17.0
	小部分实现	78	25.6	25.6	42.6
	大部分实现	136	44.6	44.6	87.2
	完全实现	39	12.8	12.8	100.0
	合计	305	100.0	100.0	

从这些数据中,我们可以看到有超过一半的受访者(57.38%)认为虚拟焊接实训资源及平台在很大程度上帮助他们实现了与实际焊接工作的零对接,其中认为"完全实现"和"大部分实现"的受访者占比达到了57.38%。这表明虚拟焊接实训资源及平台在模拟实际工作环境和操作流程方面是有效的,能够帮助学生在进入实际工作前就具备一定的操作技能和理解。然而,还有一部分受访者(约39.43%)表示虚拟焊接实训资源及平台在实现零对接方面的效果有限或者不确定。这可能意味着虚拟焊接实训资源及平台在某些方面可能还需要进一步的改进和完善,以便更好地模拟实际工作环境和提高学生的实际操作能力。

由此我们可以得出这样的结论,虚拟焊接实训资源及平台在帮助学生实现与实际焊接工作的零对接方面起到了积极作用,大部分学生通过使用这些资源和平台能够更好地理解和掌握焊接技术。但是我们在使用虚拟实训平台时,应结合实际焊接实训,以确保学生能够全面、深入地掌握焊接技能。

你是否认为虚拟焊接实训资源及平台的使用对你未来从事的相关工作有积极影响？

		频率	百分比	有效百分比	累计百分比
有效	完全没有影响	9	3.0	3.0	3.0
	没有影响	20	6.6	6.6	9.5
	一般	92	30.2	30.2	39.7
	有影响	139	45.6	45.6	85.2
	非常有影响	45	14.8	14.8	100.0
	合计	305	100.0	100.0	

综合这些数据，可以看出，认为虚拟焊接实训资源及平台对未来工作有积极影响的学生占比达到了60.32%（非常有影响和有影响的总和），而认为影响一般、没有影响或完全没有影响的学生占比为39.68%。这些百分比反映了学生对虚拟焊接实训资源及平台在职业准备方面的整体积极评价，同时也指出了进一步改进和提高的空间。

大多数受访学生认为虚拟焊接实训资源及平台对他们未来的职业生涯具有积极的影响，占比超过六成。这表明虚拟焊接实训作为一种现代教学手段，能够有效地帮助学生理解和掌握焊接技术，为他们未来的工作提供必要的技能和知识基础。

同时，也存在一部分学生对虚拟焊接实训资源及平台的效果持中立或保留态度，这可能反映出实训资源及平台在某些方面仍有待改进和完善。因此，教育机构和相关部门应关注学生的反馈，持续优化实训内容和方法，确保虚拟焊接实训资源及平台能够更好地满足行业需求和学生的职业发展。通过这样的努力，可以进一步提升虚拟焊接实训的有效性，使其成为学生技能培养和职业准备的重要工具。

根据您所了解的信息，焊接行业对采用虚拟焊接实训资源及平台培养的学生满意度如何？

		频率	百分比	有效百分比	累计百分比
有效	非常不满意	1	3.0	2.2	2.2
	一般	9	6.6	19.6	21.7
	满意	17	30.2	37.0	58.7
	非常满意	19	45.6	41.3	100.0
	合计	46	14.8	100.0	
缺失	系统	259	84.9		
合计		305	100.0		

从这些数据中，我们可以看到焊接行业对使用虚拟焊接实训资源及平台培养的学生的满意度整体上是较高的。具体来说，有超过四分之三的受访者（78.26%）表示对这些学生非常满意或满意，这表明虚拟焊接实训资源及平台在行业内部得到了广泛的认可和肯定。这种积极的评价可能源于这些学生能够通过虚拟实训掌握必要的焊接技能，并且能够在实际工作中快速适应和应用所学知识。然而，也有一小部分受访者（2.17%）表示对这些学生非常不满意，这可能意味着尽管虚拟焊接实训资源及平台在培养学生方面取得了一定的成效，但仍有改进的空间。这可能涉及到实训内容与实际工作需求之间的差距，或者是对学生实际操作能力的进一步提升需求。

五、结论

通过以上问卷调查结果分析，我们不难发现，虚拟仿真实训很受学生欢迎，能真实反映企业真实岗位操作要求与技术规范，对于学生技能训练与掌握有较大的帮助。虚拟仿真实训能突破传统课堂教学手段和方法无法解决的教学问题，解决专业实训教学中"高投入高难度高风险、难实施难观摩难再现"等现实问题，教学目标达成度大幅提升，师生的数字素养明显增强，培养出来的学生因专业技能娴熟而受到企业欢迎。此外，虚拟仿真实训资源及平台也可向中小学开放，开展相关职业体验课程和活动，促进职普融通；也可向企业员工和社区居民开放，开展相关培训与体验活动，为终身学习、终身教育提供服务。

（本章由沈小毓执笔。沈小毓：高级讲师专业技术职称，上海师范大学附属杨浦现代职业学校副校长）

第十一章 学校决策"问计"AI 校园管理"让数字说话"

随着技术进步，ChatGPT 的出现让原有的 AI 表现形式发生了转变，AI 的应用已经不仅仅满足于分析现有数据，而是开始探索如何创造出更有价值的新内容。生成式 AI 为用户提供了新的交互方式和体验，尤其在教育、娱乐和个性化服务方面展现出巨大潜力。对于需要大量创意和个性化解决方案的领域，生成式 AI 提供了一种新的工具，可以创造出符合特定需求的定制内容。目前熟知的一些生成式 AI 应用包括 ChatGPT、Sora、文心一言、Kimi、天工、盘古 Chat、浦语 2.0 等，它们通过生成式语言和视频大模型帮助用户高效理解或诠释用户欲想了解的知识，提供启迪和借鉴，甚至能协助用户在一些创造性想象空间和高危作业中改善成绩，这就为学校决策咨询开辟了新的路径，校园管理"让数字说话"成为现实。

第一节 学校决策"问计"AI，校园管理"让数字说话"的基础框架

一、校园数字基座的基础支撑

作为数字基座的设计，它需要具备承载各类教育资源和应用的能力。根据不同应用场景，数字基座可以提供教研教学、教育装备管理、德育评价等多种应用。此外，它还能与学校现有的教学应用、管理应用、教学资源进行对接和整合，形成包括局校管理、课堂教学、教师研训、在线学习和资源平台在内的多样化应用，这为保障不同业务部门之间、管理者和教师之间的高效合作提供了一个

完整的数据平台。数字基座不仅是智慧校园系统的基础支撑，也是未来数据中心和个人中心不断提升优化的基石。通过校园服务总线，可以统一管理各种服务，包括小程序、电子班牌、班级管理、安防系统、签到系统等。同时，采用组件化、流程化业务架构、分布式云部署结构，支持集群部署及虚拟化，从而为学校建立统一的信息门户，实现身份认证、数据集成和资源集成。通过让数据在"不同权限下呈现真实问题"，实现"用数而思""因数而定"。这有助于聚焦优化流程、提高效率，构建一个"开放、协同、服务"的信息化环境，推动线上线下的深度融合，构建智慧校园服务的新生态。

数字基座的支撑也是学校开展各种智慧教育改革的重要基础。国内一些试点的基础教育学校将数字基座作为开展智慧校园构建的底座，面向教师、学生、家长设计优质教育数字化管理路径，例如重庆市沙坪坝区莲光小学牢牢把握面向智慧教育时代特征，抓准学生、家长和教师对学生的个性化、多元化和优质教育发展也提出更高的要求，全面依托区域推进数字化转型的核心动力实施数字基座[①]，为构建智慧校园打下扎实基础。通过数字基座，努力打通特色智慧教育场所，如创新平台、多媒介教室和STEAM实验室等，学校能够为教师和学生提供多元化的教学环境、充实的教育资源以及精准的教学评估工具，这些智慧教学工具的建造与革新都是建立在数字基座基础上，为教师优化教学结构和策略、提高教学质量提供坚实的技术支持。

数字基座的支撑也为校园管理层决策效率提升提供基础保障。湖南长沙市周南秀峰学校倡导"未来学校"概念，为推动教育领域的创新，"未来学校"在硬件设施上的升级是关键性的一步。该学校依然将各种教育创新技术与模式建立在广阔的数字基座的基础上，实施将各种数字上链，保证校园依托全面数字化管理工作的顺利开展以及为未来行迹上线做好准备，如学校为每个教学班级安装了计算机和交互式智能显示屏等现代化教学工具[②]，还建立了符合行业标准的录播教室，并集成了虚拟现实（VR）技术，从而为教师和学生提供了一种全新的沉浸式学习体验；中山市东区中学以自身需求为核心驱动力[③]，在第三方数字化组织运营平台PaaS底座的助力下，通过低代码开发，探索出一条最适配自身的低成

---

① 王晓波.发展智慧教育，推动学校数字化转型——专访重庆市沙坪坝区莲光小学校长陈娟[J].中小学信息技术教育，2024，(01)：19—20.
② 钟七林，杨尚上.数字化转型背景下的"未来学校"建设[J].教育家，2023，(50)：44.
③ 谢柏芳.低代码开发：学校低成本数字化转型的新引擎[J].中小学校长，2023，(11)：23—27.

本、高效率数字化转型之路，提升了学校管理的品质和效率。

二、智慧校园网的生态保障

智慧校园的建造需要有校园基础数字孪生底板，它是构建数字孪生校园可视化模型基础，通过校园三维全景、实时实景对校园人、物、事进行管理，生成式管控校园安全事件、应急预案、资产管理等，打通学校各业务系统数据壁垒和信息孤岛。需要有效的网络支持，支持有线、无线、物联网融合组网，支持 PC 端，移动终端，各类智能终端任务位置接入以及物联传感设备。此外，数据上链也是确保智慧校园实施行迹上线安全性和可信度的关键步骤。区块链的去中心化将会消除单一数据控制点的风险，保证数据分布式存储和管理，保护校园网络活动数据被安全记录存储，保护学生隐私并防范潜在数据篡改风险。

以上海师范大学附属杨浦现代职业学校本溪校区为例。学校以《教育信息化十四五规划》和《教育信息化 2.0 行动计划》等政策文件为指引，以连接教育合力、数据互联互通、体系业务闭环和体验服务升级为基础，以学校教育基础数据为核心，面向多用户，统一登录平台，打造大数据中心，构建"开放、协同、服务"的信息化环境，推动线上线下深度融合，构建智慧校园服务新生态，最终赋能学生成长，开启智能时代教育的新征程，打造信息化建设"五个一"工程，包括"一个基础""一个空间""一个基地""一个中心""一个贯通"。

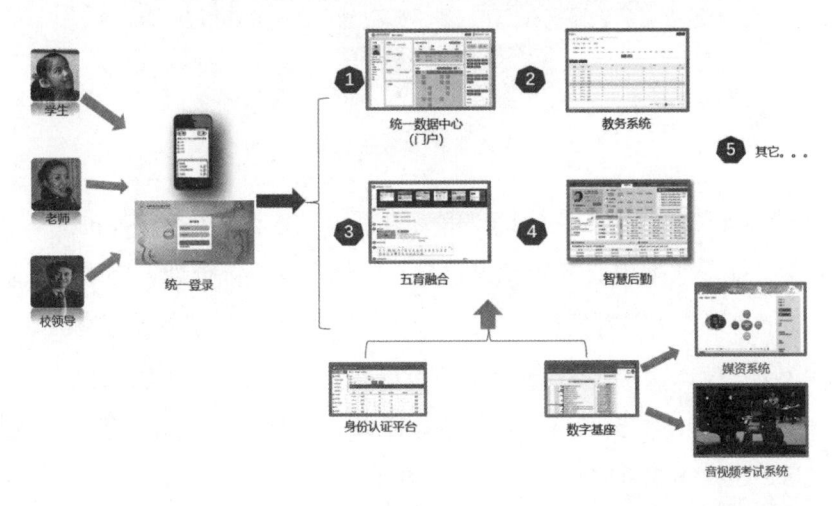

图1 上海师范大学附属杨浦现代职业学校本溪校区全生态智慧校园系统布局

通过重构教育数据服务基础架构，将人工智能、大数据、物联网、虚拟现实等信息技术更有效运用于教育教学管理，全面提升学校智慧管理效能；坚持将校园信息化建设与职业教育管理特点相契合原则，通过信息技术与应用场景深度融合，从学生、教师、管理者三个层面搭建多维度数字化应用场景，实现校内业务一网通办，打造网络学习空间，赋能学生素养提升，多维度记录学生成长，呈现可视化数据，形成智能化、个性化、终身化的教育服务体系。

为达成校园管理内部各模块的信息共享，则使用标准模块，对标统一数据标准，将各应用系统数据进行集成整合，共享采集到的用户所需要的信息，并且根据用户使用权限，提供个性化的服务。这种集成化的数据系统能加强数据治理效率，显著消除数据孤岛现象，并可以通过丰富多样的业务应用，优化用户体验，实现一站式服务。

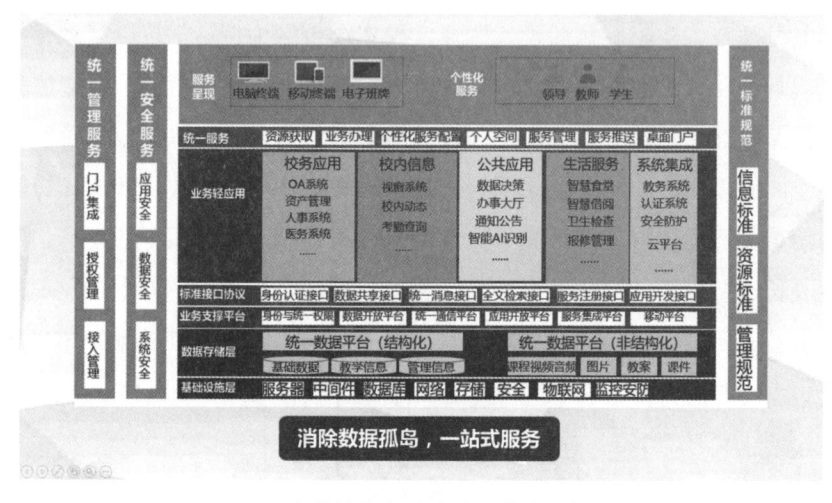

图 2 各模块信息共享系统集成逻辑图

"一个基础"：以新一代信息技术为引擎，推进基于人工智能的无感知校园数据采集，推进数据中心基础设施建设，优化现有系统框架，将现有系统进行集成、功能再造，为教育信息化标杆学校创建奠定基础。包括智慧空间管理系统（无感知校园数据采集）、数据中心基础设施建设、现有系统集成。

"一个空间"：学校坚持立德树人，继续大力推进"美善相乐、德艺相融"育人理念，建设集德育教育、音乐专业教学、劳动教育为一体的网络学习空间，围绕学生进行学习及生活数据采集，分析学生成长轨迹（德智体美劳五个方面），关注学生职业素养提升。包括德—工匠精神培育、智—专业技能提升、体—体质健康监测、美—艺术素质养成、劳—服务意识增强。

"一个基地"：学校将以打造高水平实训基地和具有辐射引领作用高水平专业产教融合实训基地为目标，结合人工智能、物联网技术，建造能与世界水平媲美的现代录音实训中心，将其造成上海市开放实训中心，更要成为全国一流的产教融合实训基地。其中包括智能物联网管理系统、智能资源库管理系统、智能远程教学系统。

"一个中心"：即大数据中心，提升学校现有数据开放平台功能，梳理各种数据进行汇总、分析，为学校管理者提供决策支持。包括实现数据的共享和交换、大数据的采集和存储、大数据分析与决策、移动应用互动

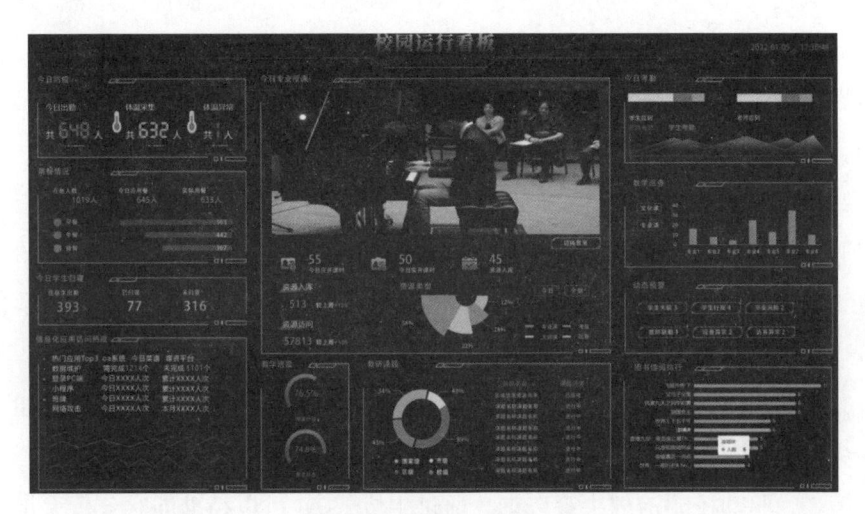

图 3　校园运行看板

"一个贯通"：应对现有上海音乐产业发展与变革的新格局与新业态催生音乐人才培养的模式转型新态势，上海师范大学与上海市现代音乐职业学校主动服务上海地区经济与文化产业的发展，以中本贯通（3+4）一体化模式，培养现代音乐文化产业急需的新型高端音乐人才，满足上海城市文化品牌发展的需要。运用智慧校园网融合中本贯通的"四大贯通"，专业课程贯通、师资贯通、实训基地贯通、学生成长记录贯通。

总之，上海师范大学附属杨浦现代职业学校本溪校区通过对校园的可视化模型基础的构建，打造校园全景，打通各项业务之间的数据壁垒，保障数据上链以

及后续的智慧校园实施行迹上线。学校以物联网、云计算、大数据、人工智能等信息技术为支撑,将新技术的学习与应用融入日常教学,拟解决新技术"体验"难问题,充分发挥优质数字化学习和教学资源作用,促进学习方式变革,解决深度学习难、音乐个性化学习难等问题,为智慧校园的生成式管控校园教学、常规工作、应急预案提供生态保障。

三、生成式 AI 大语言模型的智慧给力

1.学校管理层在应对教学管理问题中的解决方案时,除了依托智慧校园的建设成果之外,生成式 AI 技术已经悄然进入学校的校园管理与顶层设计的应用实践。生成式 AI 能通过学习大量数据来生产原创性的文本、图像、音频、视频或其他形式的内容。这种技术有别于传统的基于规则程序的学习模型,它具有一定创造性,可以生产以前从未生产过的内容,应用领域非常广泛,自然语言处理,音频合成、虚拟现实、文案创作、广告创意等。

2.从管理视角来说,学校管理者可以有效率地应用好生成式 AI 大语言模型,输出服务于学校顶层设计、决策与治理方面的智慧。同时,生成式 AI 大语言模型也为学校决策"问计"生成式 AI 提供了平台和可能,"问计"AI 能为学校全体教师提供不同领域、不同层面的协同服务的智慧决策。

3.总的来说,生成式 AI 大语言模型的应用能为学校智慧化管理带来如下四点优势:

第一,驱动校园治理决策咨询。通过生成式 AI 可以精准即时分析大量校园数据,为学校各层面提供决策支持,尤其在课程资源分配、课程排课、活动安排方案设计、学生服务等方面给予有价值的参考建议。比如生成式 AI 可以分析学校资源使用的历史数据和实时情况,如图书馆藏书、实验室设备使用率等,从而优化资源分配,提高设施利用率。

第二,个性化教育与公平教育的融合提升。生成式 AI 为教师提供决策支持,包括学生的学习分析报告,帮助教师更有效地指导学生。生成式 AI 还鼓励学生在在线学习社区中互动,促进社交和协作技能的培养,并作为家长与学校间沟通的桥梁,让家长及时了解孩子的学习进展。生成式 AI 还可以为经济欠佳学习者提供更多接触优质教育资源的机会,有助于提高这些地区学习者的完成率和学习

效果，展现教育制度的优越性[①]。

第三，校园安全预警。结合视频监控和行为分析技术，生成式 AI 能够实时监测校园内外的异常行为，快速识别潜在安全威胁，提前预警并采取应对措施。比如通过部署视频监控摄像头，生成式 AI 系统能够实时捕捉并分析校园内外的动态情况。利用机器学习算法，生成式 AI 可以建立正常校园活动的行为模式基准，从而识别出偏离正常模式的异常行为。当系统检测到未授权区域的入侵、打斗或其他可疑行为时，会自动触发警报，并向校园安保人员和管理人员发送实时预警，提高对潜在安全威胁的响应速度。当然，生成式 AI 因为校园信息隐私保护，为校园网络安全与舆论安全提供及时预警。在实施视频监控和行为分析技术的同时，生成式 AI 系统的设计注重隐私保护，确保仅收集和分析对安全至关重要的数据。

第四，助力学校科研、顶层设计工作。生成式 AI 可以处理和分析大量复杂数据集，识别模式和趋势，从而为科研人员节省大量时间。例如，通过生成式 AI 工具，可以快速生成课题申报范本的框架，以及根据关键词的提示，帮助预读出该领域的重要研究成果现状，为课题研究的开展提供有力依据。生成式 AI 也助力校长、各部门领导在设计相关培训方案以及汇报思路时呈现显著贡献。例如学校的教师校本培训的主题设计在生成式 AI 技术的帮助下，可以快速协助管理层搭好设计框架，也能提出创新思路，为管理层的工作设计布局提供灵感与良好的协助。

第二节　学校决策如何"问计"AI

一、生成式 AI 对学校决策的关联价值

生成式 AI 对学校决策具有显著的关联价值。过去，学校往往会选择使用传统依赖经验的决策方式，这种方式虽然宝贵，但存在一定的局限性，如易受主观偏好影响，难以全面考量所有变量等。生成式 AI 技术的引入，使得决策过程可以基于更广泛的数据集进行，通过算法对这些数据进行深入分析，从而提供更为

[①] 郑燕林，贾保龙. AI 时代英国推进教育均衡发展的路径与举措［J/OL］. 现代远程教育研究，1—9［2024-04-24］. http: //kns.cnki.net/kcms/detail/51.1580.G4.20230927.1308.006.html.

精准和客观的决策支持。生成式 AI 能够处理和分析海量的教育数据，包括学生表现、课程效果、资源分配等多个维度，利用其强大的算力，挖掘数据背后的模式和趋势，预测未来学校教育发展可能出现的情况，从而帮助学校在诸如课程设置、学生辅导、资源优化等方面做出更加科学合理的决策。生成式 AI 还能够通过实时反馈和持续学习不断优化决策模型，使得学校管理更加灵活和高效。因此，生成 AI 技术背后的大量信息算法和算力，为学校提供了一种全新的决策咨询途径，极大地提升了决策的质量和价值，具体来说包括以下六个方面技术价值优势。

1. AI 咨询决策为学校决策提供技术支持。生成式 AI 能综合大量信息，为复杂的决策问题提供宝贵建议。如学校管理层可以应用生成式 AI 分析学校不同层面的相关数据，了解学生的出勤，日常教学规范，课程效率资源分配情况，从而协助管理层提供洞察与建议，辅助复杂决策过程。

2. AI 多模态交互能力为学校决策思路开拓提供技术支持。生成式 AI 不仅能处理文本输入，还能解析图像、音频等非文本类数据，提供更为丰富的交互体验，例如学校通过文字语言的描述生成一个表达主旨的学校 logo 的照片，或者通过一个具有学校文化的照片识别能力转化为一段推理交互的文字。通过音频的输入，生成式 AI 迅速反馈与交互，以应对即时响应的场景。运用生成式 AI 工具协助提供提升学校品牌影响力和文化内涵的具体策略，大大缩减了常规人脑思维的时间。学校还可以通过生成式 AI 工具给予相关制度制定的建议，以此来完善补充初稿，辅助决策学校的机制管理。

3. AI 自然语言处理（NLP）与大规模参数为学校快速提取价值信息提供技术支持。生成式 AI 的自然语言生成处理（NLP）能生成流畅的自然语言，适用于文章、摘要以及不同场景的对话内容，它具备足够的理解能力（NLU），可以理解和呼应自然语言的请求语指令，让其提供的决策更具有人性化特征，同时其模型参数数量约有 3 亿个，模型层数达到 16 层，可处理更复杂的更长的对话，这对学校快速提取价值信息和决策无疑是一种有力的技术支持。

4. AI 强化学习与人类反馈机制及温度参数调整为学校个性化决策优化提供技术支持。作为生成式 AI 语言大模型典型代表的 ChatGPT4.0 具有强化学习与人类反馈的训练方法，通过模拟与人类用户的不断交互来优化回复策略，从而再次反馈指导模型训练，此举将个性化捕捉人类表达的意愿以及理解用户的期望与意图,这种个性化的反馈强化机制还能经过上下文理解,准确表达和处理用户的问题,同时,ChatGPT4.0 在调整温度参数的情况下生成的回答更具有多样性,新的算法和技术让模型能生成更具有深度和创造性的回答。这必将成为显著助力学校针对教学发展改革的重要技术支持。可以借助 AI 生成学校的校本培训研修计划和主题框架,可以根据时代需求以及教师的现有师资队伍情况,定制化地设计老师的职业生涯发展规划,运用生成式 AI 工具可以在学校整体师资队伍培养计划中全面发挥功能,如名师工作室的领航计划,区骨干教师的先锋计划,学校资深教师们的常青计划,或年轻教师们的青椒计划等,针对不同人群有依有据地设计方案,生成教师专业发展的个性化建议。

5. AI 预测建模为学校整体发展预测提供技术支持。通过机器学习算法,AI 可以构建预测模型,预测学生的学业成绩,流失率,帮助学校提前制定干预措施,减少学生的辍学率,以及通过预测了解学生的成绩下降的风险,来适当开设辅导课程、学习小组、心理咨询等。同时,AI 的预测模型还可以帮助教育政策制定者了解教育系统中的潜在问题和需求,分析教育发展趋势与市场变化,从而为学校战略规范提供更有效新信息支持。

6. AI 成本效益分析为学校各种方案的经济合理的决策提供技术支持。通过生成式 AI 成本效益分析,可以针对学校的各项资源使用情况进行成本效益分析,如图书馆、实验室、实训室的开出率,能源消耗分析等决定是否要资源重新分配;教材课程最受欢迎数据的统计以及精准识别学生的学习表现,为学校管理层对书合理采购决策以及高效分配资助奖学金等决策提供有力的技术支持。

二、学校决策怎样"问计" AI

(一) ChatGPT "问计"原则

在"问计"ChatGPT 大模型时,需要注意提问的方式不同,或者提问的信息量不足将会导致模型输出的结果与用户所预设的想法有出入。这就关系到一个重要的概念,就是 Prompt(我们称它为"提示词"),也就是说只要会写提示词,就能将用户所需要的内容准确地传达给 ChatGPT 大模型,获取想要的答案。根据运用 ChatGPT 模型的实践经验,总结"问计"ChatGPT 的提示词令描述,要遵循以下几个原则:

第一，明确目的：清楚地说明你想要的结果或你希望 AI 完成的任务。

第二，提供背景信息：如果需要，提供足够的背景信息或上下文，以便 AI 更好地理解指令。

第三，使用简单语言：避免使用复杂或含糊的表达，使用简洁明了的语言。

第四，逐步引导：如果任务较为复杂，可以将其分解为几个小步骤。

第五，指定格式：如果对输出格式有特定要求（如文本、列表、表格等），提前告知。

第六，限制条件：如果有时间、字数或内容上的限制，明确指出。

（二）ChatGPT"问计"结构化指令 –3W1H 模型

经过相关 AI 写作公众号的学习，经过内容资料的整理，得到提示词就是 AI 指令，你提的问题就是你对它的要求，好的问题带来好的答案，优质的提示词带来优质的内容输出。因此 3W1H 模型是 ChatGPT"问计"结构化指令的理论支撑，包括四个部分：

表 1　ChatGPT"问计"3W1H 模型结构化指令

维度	解释
Who 角色	角色定义：详细描述你希望 AI 扮演什么角色，这个角色的专业背景知识水平以及他们的思考方式。
What 内容	明确需求：具体说明你希望 AI 提供的内容类型，如博客文章还是故事，还是技术类文档。 细节要求：则为列出关键点、主题或论点，以及内容结构的要求。
Why 背景/目的	背景信息：提供任务的上下文，解释为什么这个任务是重要的。 目的阐述：明确你想要达到的目的以及内容的预期用途。
How 产出方式	期望结果：描述你希望 AI 产出内容的风格，语调和格式。 红线规定：指出你不希望 AI 做什么，不能涉及到的话题、语言风格或者信息。

（二）学校决策"问计"ChatGPT 实例

1. 学校文化与法规类的决策咨询

案例 1：

运用 ChatGPT3.5，输入提示语："我们是上海的一所普通高中。前几天接到一个寺庙的信函，希望到学校来与师生进行宗教文化交流。问:（1）接待寺庙宗教人士来校访问是否妥当？（2）学校与僧人进行宗教文化交流是否符合国家的相关法律法规？"

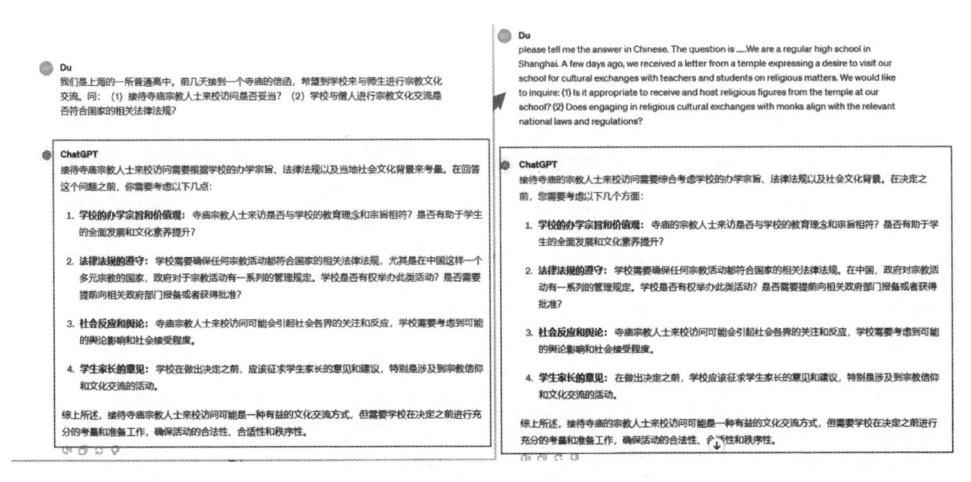

图4 案例1中英文提问与回答的结果两者对比

案例2：

运用ChatGPT3.5，输入提示语："我们在上海是一所重点高中。前几天接到美国一个民间人权组织的信函，希望到学校来与师生进行人权问题交流，并进行问卷调查。问：（1）学校是否可以接待此类组织？（2）学校接待此类组织需要走那些申报流程？"

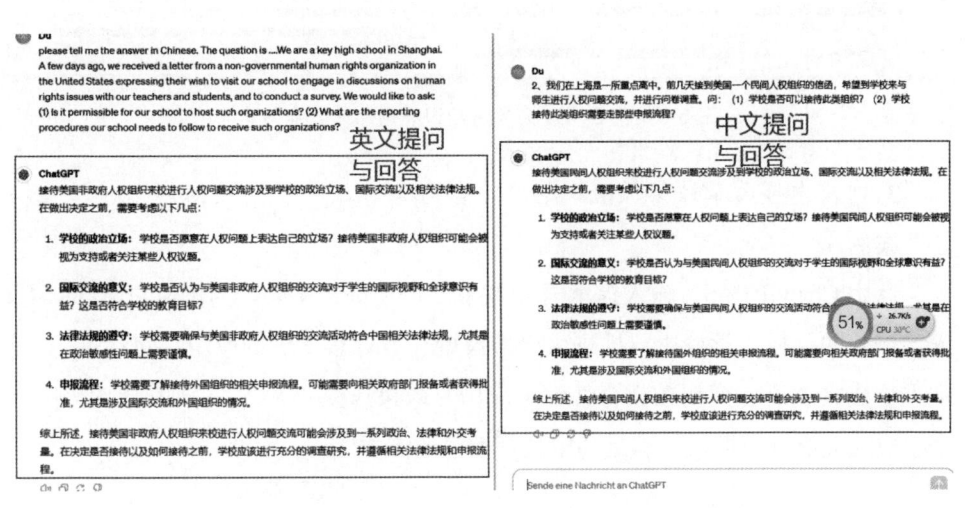

图5 案例2中英文提问与回答的结果两者对比

2.学校内涵发展建设的决策咨询

案例3：

运用ChatGPT3.5，输入提示语："我们在上海是一所中等职业学校，也是一所国家级示范校，拥有汽车、商旅、学前三大专业群。学校刚与另外一所实力非常强的音乐职业学校合并，实现了强强联合。为此，学校需要制定新的《学校章程》。问：（1）目前《学校章程》的制定有什么新的要求？（2）《学校章程》需要依据国家的哪些政策法规。"

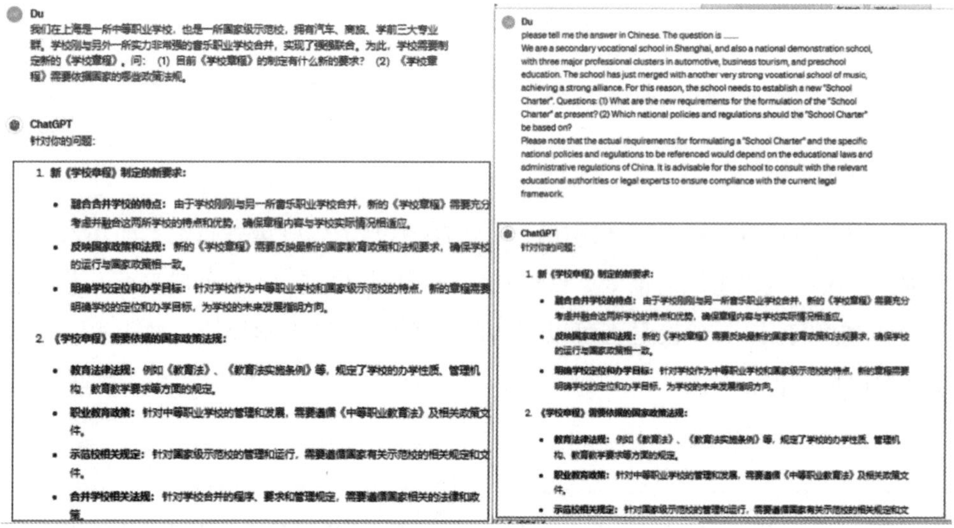

图6 案例3中英文提问与回答的结果两者对比

3.学校发展改革政策风险评估决策咨询

案例4：

运用ChatGPT3.5，输入提示语："我们是一所高级中学。为了应对AI对学校人才培养的挑战，学校决定推进大语言模型在教育教学中的应用。问：（1）目前推进生成式大语言模型在教育教学中应用有政策风险吗？（2）现在国内外哪几个生成式大语言模型最能满足高中教育教学的需要？"

图7　案例4中英文提问与回答的结果两者对比

4. 学校教育概念的自然语言NLP与大规模参数决策咨询

案例5：

运用ChatGPT3.5，输入提示语："我们是一所初级中学。为落实国家"大思政"的要求，学校决定推出"教育教学融合行动"。问：（1）"大思政"是不是等于教育教学的"大融合"？（2）学校教育教学融合应该抓住哪些关键问题？"

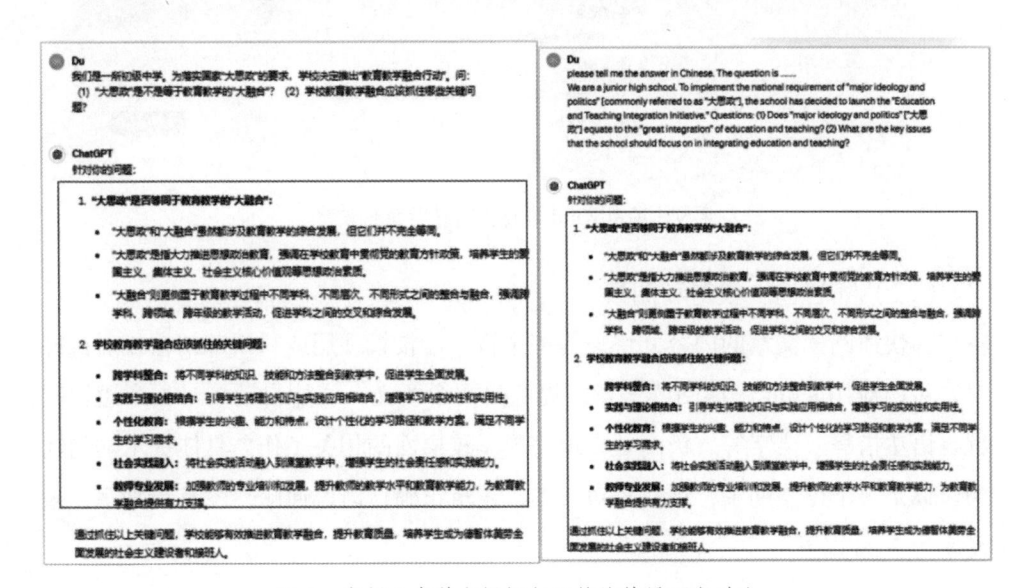

图8　案例5中英文提问与回答的结果两者对比

从以上案例看，向 ChatGPT 咨询，无论用英文还是用中文，回答的结果没有显著差异，而且比较专业。

三、学校决策"问计"国内生成式 AI 大模型实例

以国内著名的 kimi、天工、讯飞星火、ChatGoPrompt 为例，运用这些工具进行梳理分析。

（一）提问技巧：角色设定

Kimi 作为国内生成式 AI 语言大模型的典型代表，与 ChatGPT 大模型的提示词用法有相似之处，均要在提问时候遵循 3W1H 的模型结构，需要确定角色来提出针对问题。以下是在设定 Kimi 角色时候，我们使用的常见提示语句型。

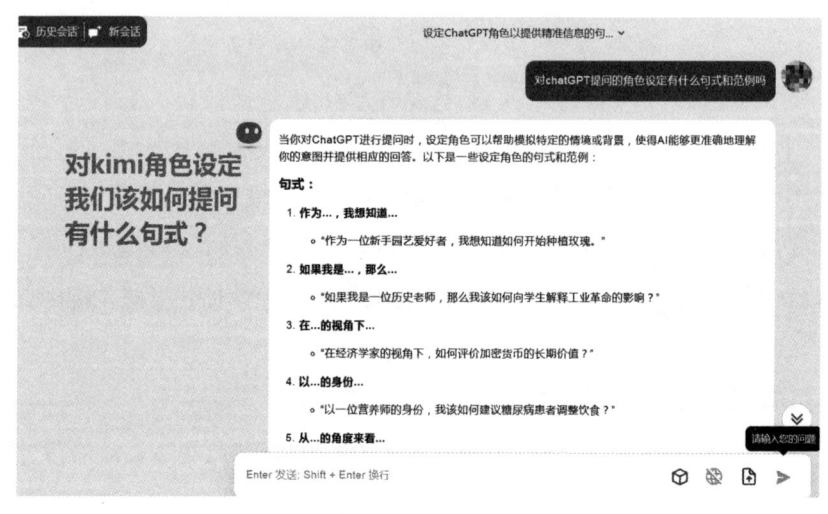

图 9 运用 Kimi 进行提问进行角色设定

（二）AI 咨询、校对和阅读

为快速阅读文章的内容并快速提炼主旨，学校管理层或科研部门在校对稿件时，可以应用 Kimi 快速阅读文章，提炼出文章要义，并能自动校对文章逻辑问题、语法措辞、错字等，极高效率地完成学校层面的相关工作。具体提示词句式为"你是一个校稿助手，帮我校对文本，逻辑正确，语言通顺，没有错别字，重复率为 20% 以下"。

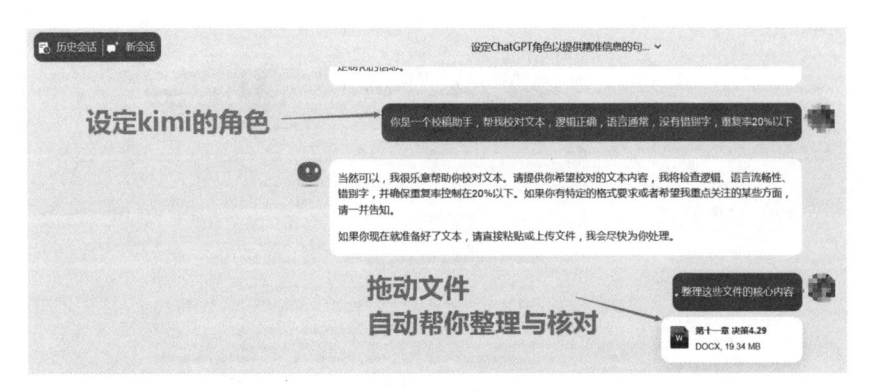

图 10　运用 Kimi 进行提问进行校对文稿与阅读

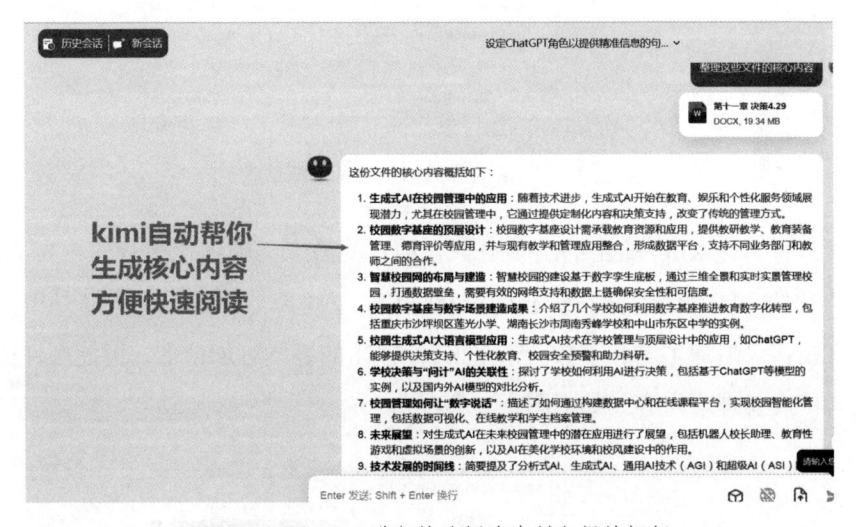

图 11　运用 Kimi 进行快速阅读资料与提炼概括

（三）AI 自动生成播报

运用 Kimi 工具来尝试生成一个学校校长的致辞。根据 3W1H 模型结构化提示词的要求，先从基础的模糊的结构词进行提问：我们是一所中等职业学校。问：（1）校园管理"让数字说话"要解决哪些关键技术？（2）校园管理"让数字说话"实效性如何？

本次提问以人类沟通语言的逻辑进行提问，kimi 可以及时捕捉，并按照要求一对一完成两个问题的接待。具体如下：

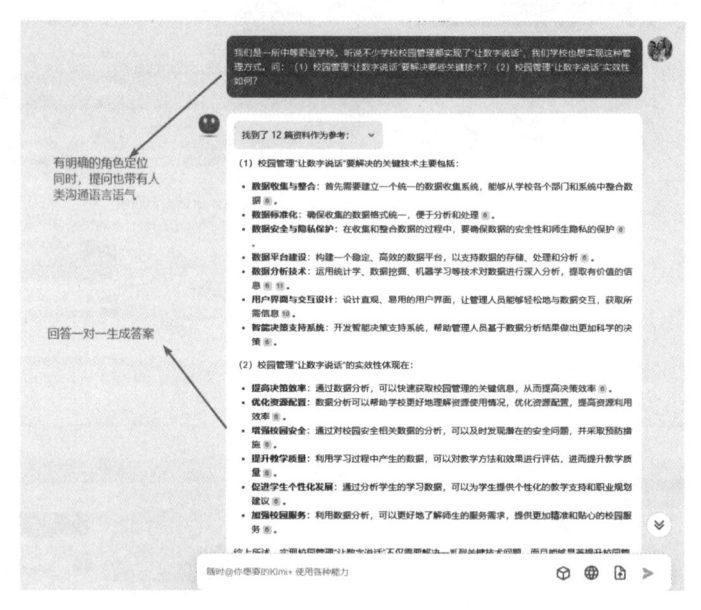

图 12 运用 Kimi 提问，AI 自动播报

接着，为让 Kimi 输出的结果更符合用户的需求，则优化提示词，为"请丰富地表达两个问题的答案，扩充到 1500 个字"。这部分的提示词主要是聚焦在：上下文衔接，增加主题和字数。于是 Kimi 输出的答案更加精准，可使用性更强，让读者更容易理解内容。如下图：

图 13 运用 Kimi 提问，扩写字数丰富表达 AI 自动播报

此外，将学校切换成另一个角色，进行提问，"我们是一所初级中学。听说不少学校校园管理都实现了"让数字说话"，我们学校也想实现这种管理方式。问：（1）初级中学校园管理"让数字说话"是否有这个必要？（2）初级中学校园管理"让数字说话"敏感问题是什么？"，得到的结果如下：

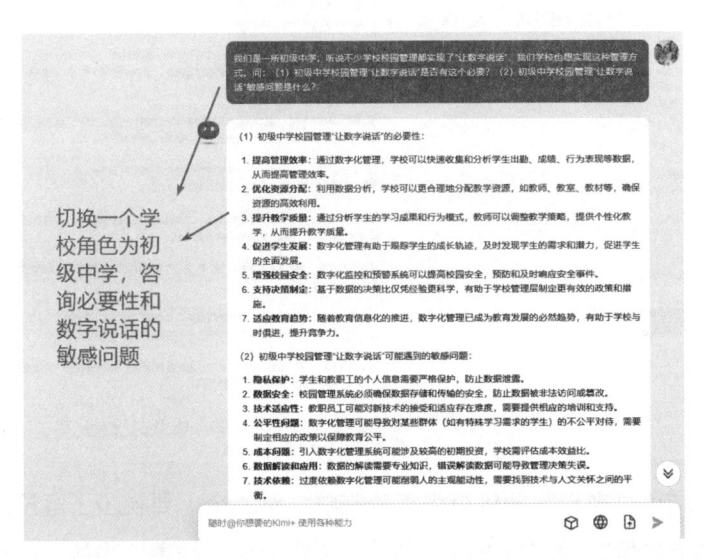

切换一个学校角色为初级中学，咨询必要性和数字说话的敏感问题

图 14　运用 Kimi 提问学校数字说话的敏感性问题讨论

（四）AI 咨询提供框架

运用天工 AI 语言大模型则可以得到更为专业的决策分析，为学校层面的发展思考与文稿撰写提供有力的技术保障。它与 kimi 相比，有多种"问计"的领域，包括语言大模型、智能体、二次元漫画、AI 识图、音乐作词作曲生成、英语口语练习等，其应用范围比较广泛。就天工 AI 工具为例，以学校层面的相关决策类文稿的撰写为题材，进行尝试。如下图，与 Kimi、ChatGPT 用法一样，同样需要使用精准的提示词（Prompt），如果可以也最好设定一个角色。此案例的提示语为：我们是一所中等职业学校。听说不少学校校园管理都实现了"让数字说话"，我们学校也想实现这种管理方式。请举例说明，校园管理如何"让数字说话"。

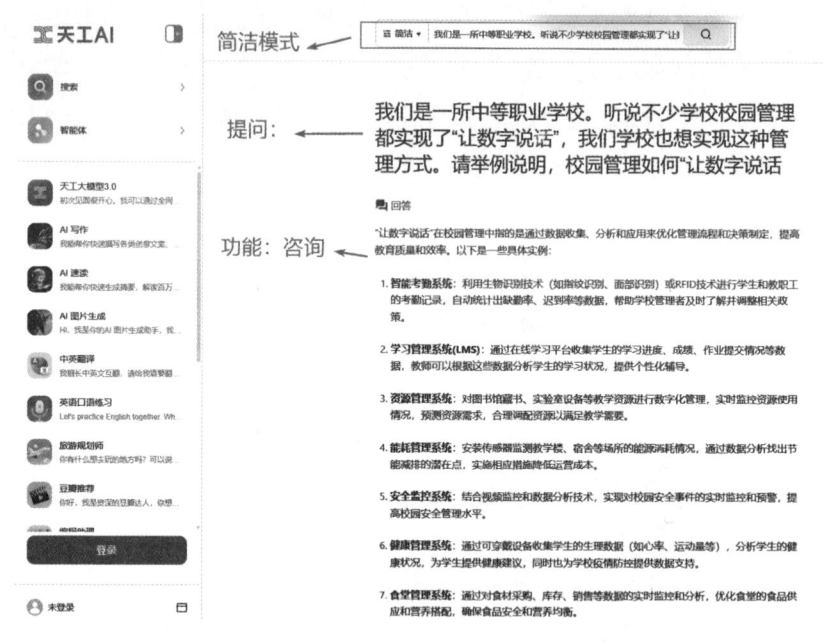

图 15　运用天工 AI 学校校园管理的数字说话提供咨询框架

从输出结果过来看，分析报告十分完整，对一个需要初步了解校园管理数字技术应用的大概情况的用户来说，是一个不错的输出结果。当然，要再符合学校管理层决策视角，则可以应用"增强模式"和"研究模式"，它的输出结果则显得更为专业和具有深度。

图 16　运用天工 AI 为学校提供校园数字管理的决策研究思路（研究模式）

图 17 运用天工 AI 为学校提供校园数字管理的决策研究思路（增强模式）

（五）AI 多模态交互功能输出思路

运用天工 AI 的多模态交互功能，可以为学校的困惑与难题提供方向与指引，也可以帮助生成可视化的技术路线图。具体做法为，运用天工 AI 的"研究模式"，输出用户的学校角色需求专业文稿，在"研究模式"区域，输入提示语"我们是一所中等职业学校。学校正在做校园管理学校园管理"让数字说话"的最大困难是什么？（2）请帮拟定一个学校园管理"让数字说话"技术路线图。"

根据输出的结果，得到的答案从技术层面到文化层面解析了学校管理让数字说话的主要难点，同时，用天工 AI 模型可以生成表达的管理线路图。具体如下：

图 18 运用天工 AI 为学校提供校园数字说话技术升级工程的思考（研究模式）

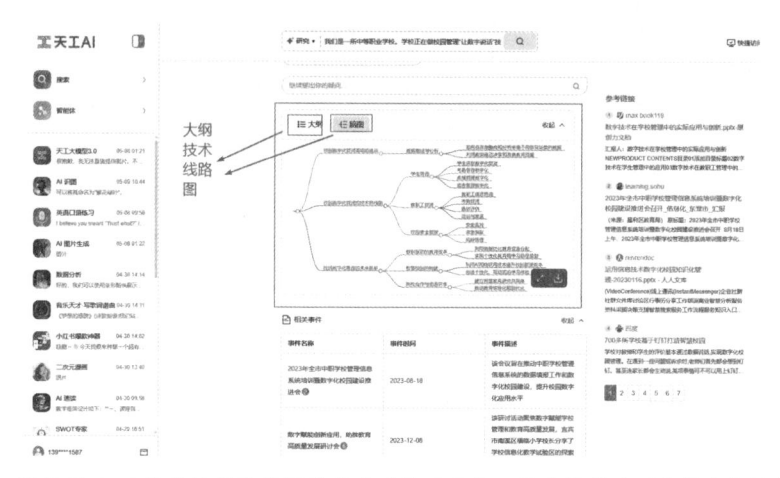

图 19　运用天工 AI 为学校提供校园数字说话技术升级工程的思考（研究模式）脑图呈现

（六）AI 自然语言 NLP 与大规模参数决策咨询

运用讯飞星火 AI 大模型，同样为学校提供自然语言交流与个性化问题咨询提供，虽然与人脑的思路会有一些差异，但其实还是需要不断优化提示词，和结构指令。作为用户的学校角色需求，讯飞星火 AI 模型将会给出更为专业的分析。

以学校通讯稿撰写为例，可以在"研究模式"区域，输入提示词："我们是一个初级中学共同体教育集团，在教学互研方面碰到不少困难与障碍。问：怎样解决"。根据提示语，输出如下答案：

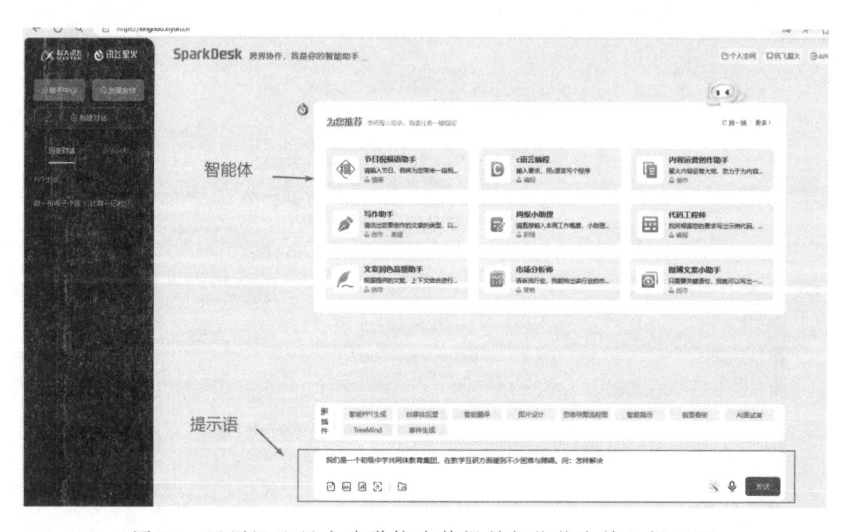

图 20　运用讯飞星火为学校决策提供智能体和输入提示语

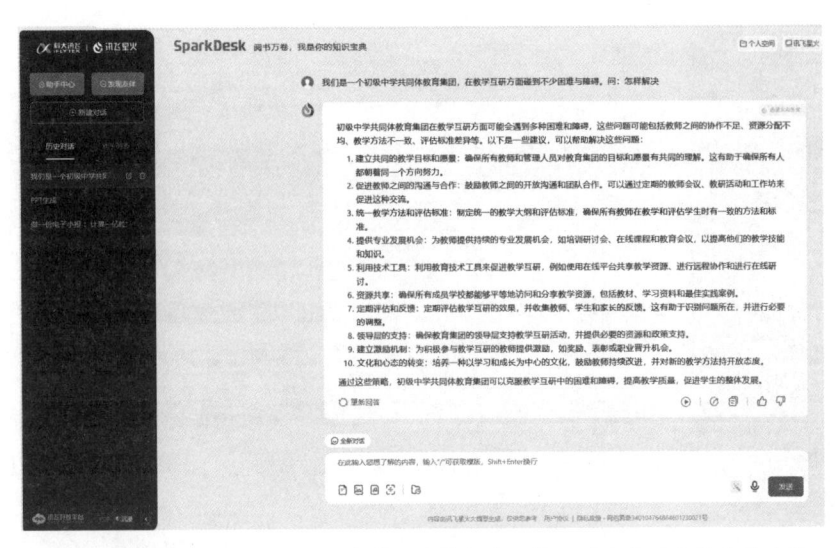

第十一章 学校决策"问计"AI 校园管理"让数字说话" 327

图 21 运用讯飞星火为"初级中学"决策提供人机互动自然语言的参数咨询

同样，为了解其他类别学校的同类问题，输入提示语，分别为：

"我们是一个高级中学共同体教育集团，在活动互融方面碰到不少困难与障碍。问：怎样解决？"

"我们是一个小学共同体教育集团，在监测互评方面碰到不少困难与障碍。问：怎样解决？"。

得到如下答案：

图 22 运用讯飞星火为"高级中学"决策提供人机互动自然语言的参数咨询

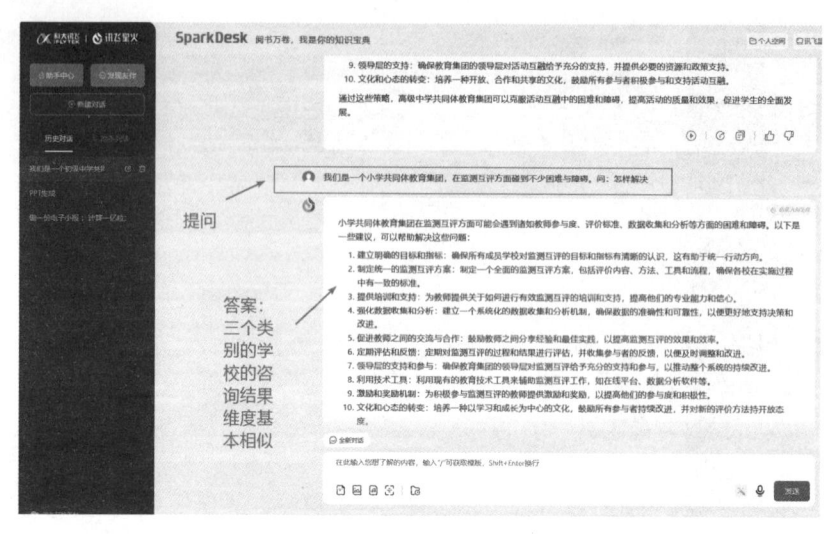

图23 运用讯飞星火为"小学"决策提供人机互动自然语言的参数咨询

（七）AI 强化学习反馈与个性化决策

运用天工 AI 大模型，对学校的人才培养方案的制定提出问题，这将对学校培育人才的方向提出明确的框架，且会给学校决策层一定的参考价值。具体来说，输入提示词"我们在上海是一所普通初级中学。学校想拟定一份，通过办学新思路和新举措来缩小与优质学校的差距。问：（1）学校在办学新思路和新举措上怎样找到突破点？（2）请帮拟定一份"初级中学人才培养方案"。

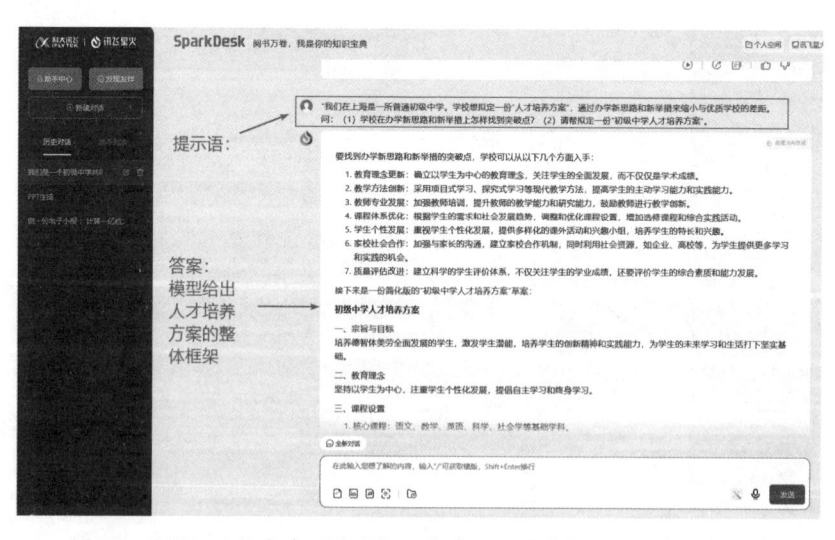

图24 运用讯飞星火为"普通初级中学"提供学校个性化发展决策 1

图 25　运用讯飞星火为"普通初级中学"提供学校个性化发展决策 2

（二）影像输出—数字工厂、剪映短视频创作

生成式 AI 大模型的应用不仅有语言生成，还有音频、影像生成等，这里运用"剪映"APP 和"数字坊"APP 分别创作几个实例，其方法与前文天工 AI 模型以及讯飞星火 AI 模型类似，需要有关键词，或者提示词，AI 会自动协助生成对应主题的脚本，随之生成视频。

1. 协助完成视频脚本与图文视频

第一步：打开剪映 APP，点击【图文成片】。

第二步：进入界面后，可以根据自己需要选择文案的类型，可以自由编辑文案，也可以智能写文案，于是点击【励志鸡汤】。

第三步：输入【主题关键词 – 论语】，让 AI 自动生成一段关于论语的文案。

第四步：随后点击【生成视频】，生成一段视频。

2. 协助生成数字人讲解视频

第三节　校园管理如何"让数字说话"

一、智慧校园网对校园管理的关联价值

智慧校园网作为一种依托新型的教育信息化建设理念的智能化网络，是通过

整合和应用新一代信息技术，如物联网、云计算、大数据、移动互联网等，来提升校园的教育教学、科研、管理服务和校园文化等方面的智能化水平的。智慧校园网的核心目标是创建一个数字化、智能化的教育环境，以促进教育的现代化和信息化。

然而，对于试点学校来说，要实现智慧校园"用数字说话"的前提则需要校园网前期具备数字基座支撑，并且需要依托数字网络覆盖学校校园的整个空间条件，包括人、事、物，这样学校数字网络基础才能动态捕捉校园的人的各种行为轨迹，才有可能通过智能化技术实现校园管理"让数字说话"。智慧校园网对校园管理的关联价值是显著的，它具有促进校园管理提质增效的价值。它不仅能为校园管理提供智慧化服务，为教师、学生、家长等多元主体提供一体化、智慧化的教育创新模式；还能提供校园安全与规范的预警语音播报；也可以动态监测学校的发展现状，以及能及时运用智能技术定向推送信息和提供问题的解决方案等。

二、校园管理如何"让数字说话"

（一）校园无感知身份识别，主动抓取"一日行迹"

学校采用"人脸识别＋智慧终端＋数据中心"的方式实现无感知数据采集，记录每个学生的"一日轨迹"。以学生进校为例：学生进校时信息系统自动通过人脸识别终端记录其到校时间。目前校园人脸识别应用部署已基本覆盖各校区校门、宿舍、食堂、自助借还工具柜、图书漂流柜、自助借还图书等终端，实现数

图 26　无感知数据采集途径

据采集广、快、多。再如,学生定位何处,可以通过无感摄像头无死角抓取每个时段学生出现在镜头内的信息,在中心数据平台中可视化形成学生行径定位信息,一目了然,让学生的行为轨迹用数字说话。

(二)考勤及时推送"说话",助力规范意识养成

通过智慧校园的校门刷脸、班级电子班牌、用餐终端刷脸技术,系统将及时反馈学生的签到情况和考勤记录,即便在光线变化、面部部分遮挡的复杂环境下也能比较准确地识别人脸,并将考勤数据实时推送给教师、学校管理人员以及家长,形成家校参与沟通的新模式,以此更好地规范学生自身的规范意识。除此之外,考勤及时推送是会发出语音提示,如"你好""欢迎"等,这种友好的互动能激励学生的正面思想。

图27 学生无感知考勤,推送"说话"

(三)图书借阅行迹"说话",养成守时规则习惯

学校智慧校园的图书借阅功能可以分析学生在图书馆借阅记录以及行为模式,是否归还,借阅书的种类偏好等,从而帮助学生们养成良好的借阅书籍归还守时的好习惯。比如,面对流动漂流图书柜的借阅书籍时候,学生们能及时在屏幕上收到"您有一本书在阅读,应将在 ** 日后予以归还",同时在成功借阅书籍后,学生手机端也会实时收到借阅信息"尊敬的 ** 同学好,您已经通过智慧校园的图书馆借阅了一本书籍,名称为《*****》,请于20**年*月*日前归还"。当然,如果从学校层面,可以通过看板,清楚看到校园管理如何让数字说话(下图)。该看板主要聚焦学校智慧图书管理系统的实时运转情况,学校图书借还主要通过线上预约、线下各校区自助借还的方式实现图书借阅流转,看板数据主要包括学校馆藏图书量、各图书漂流柜实时图书流转量、图书借阅量、借阅排行榜以及新书推荐等信息。借助看板数据和图书预约申请,图书管理员能按师生实际需要在各个校区部署他们感兴趣的图书,同时还可参考图书借阅排行信息及时进

行图书征订计划的调整，更多引进一些师生喜爱的图书资源。

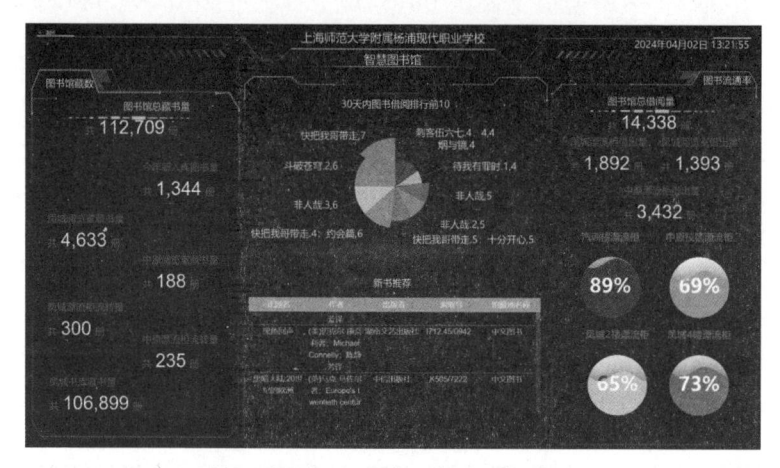

图 28　智慧图书馆看板知晓借阅情况并推送"说话"提示

（四）学习空间智能"说话"，培养自主学习习惯

智慧校园的构建为学生们生成了一个智能"说话"的学习空间。以上师附职本溪校区为例，音乐专业的学生可以根据自己的学习需求，预约智慧琴房的时间段，进行课后练习强化。在琴房门口的数字化班牌上实时显示学生学习的具体科目以及时间段等信息。由于琴房为一人一间的学习空间，所以智慧校园会通过中央控制中心进行实时反馈学生的练琴进度，智能化提示"亲爱的 *** 同学，您的练习时间已经达到 40 分钟，记得休息一下再继续"，或者"亲爱的 *** 同学，您的练琴时间已经结束，请离开教师前关闭房门"。

如果遇到学生在琴房的时间超出预计，且停止不工作，那么"行迹"则会被捕捉上传至中央控制中心，及时通过广播点对点提醒学生，避免非正常现象发生。以上实例则属智慧校园智能"说话"的一个典型空间，但它却为学生提供了一个自主学习习惯培养的有利途径。

当然，当学生不在琴房时候，校园智慧物联会自行关闭相关电器以保证安全，并且会通过物联网技术远程集中管理的灯光、空调、一体机等设备实时运行情况，助力管理员提高设备管理能效，节约能耗，管控用电，保障教学实训安全。

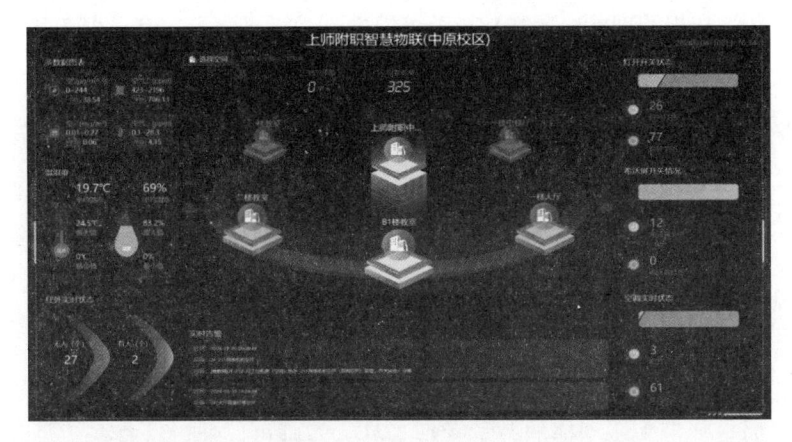

图 29　智慧物联看板实时监测教学设备使用情况及时推送使用者提示播报语

（五）无感摄像监测"说话"，快速识别警示干预

无感摄像抓取技术在智慧校园管理中起着十分重要的作用，对于快速准确识别人像身份有足够的大数据库和技术支撑，其应用的功能体现在快速对校园环境进行识别与警示。例如，学生在校园环境中的任何一个角落，无感摄像头都能抓取，若发生学生失踪事件，中控系统可以直接调出所有行迹的位置照片，生成行迹路线，并且呈现出最后一次学生出现定位的照片，帮助学校快速找到学生。此外，无感摄像头也可以无死角快速感知学生的异常行为，如学生在护栏这里爬高，逗留等，中央系统会直接用语音进行播报传送给相关职能部门，德育处，总务处等："2 号楼 4 楼有学生出现行为异常，请快速干预处理"。

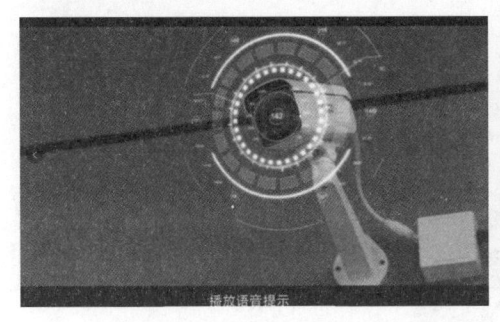

图 30　无感摄像监测越界危险或异常行为播报语音"说话"

（六）教学常规行迹"说话"，更新完善工作质量

教学常规行迹的捕捉需要有教学平台作为支撑。本溪校区的智慧校园平台中嵌入了教务平台，学习通平台，办公平台等，学校管理层通过集成平台，可以快速定

位当前的教学常规的现状。比如教导处可以看到教学平台上，有多少老师没有上传教案，从教师个人平台中也实时接受到教学方面的工作提示，比如"您有一条工作消息需要阅读"，点击后出现："您有 2 篇教学反思没有完成，请及时补充"。

（七）作业反馈智能"说话"，及时强化练习提升

学生作为教学活动的核心参与者，他们能够即时接收到任课教师发布的各类教学指令和作业布置通知。这是实时的信息传递方式，例如通过学校的在线平台或移动应用程序提示"您有一个通知"，学生点击查看后，可能会看到一条信息："请完成 5.10 的作业"。教学常规行迹为学校教师、学生都提供了"说话"的信息输出，为教师带来了便捷的教学管理工具。教师可以通过这些系统及时跟踪学生的学习进度和作业提交情况，从而更好地调整教学计划和策略，以适应学生的学习需求。同时，这也促进了家校之间的沟通，使家长能够实时了解孩子的学习状况，为完善教学工作质量提供有利的途径。

（八）数字画像可视"说话"，提示成长能力激发

通过数字画像，学生可以快速了解自己的基础信息、学习成绩、在校评语、社团活动、社会实践、荣誉获奖、技能证书获得情况、体质测试、在校行动轨迹、同学关系密切度等方面，全程追踪自己在校三年的成长轨迹。通过每日、每月、每学年的数据累积，为学生搭建一张立体的"能力地图"，让学生看到进步与成长，激发其持续发展的能力。系统会由文字语言提示"您在学生社团活动的参与度不达标，需要多多积极参与。"

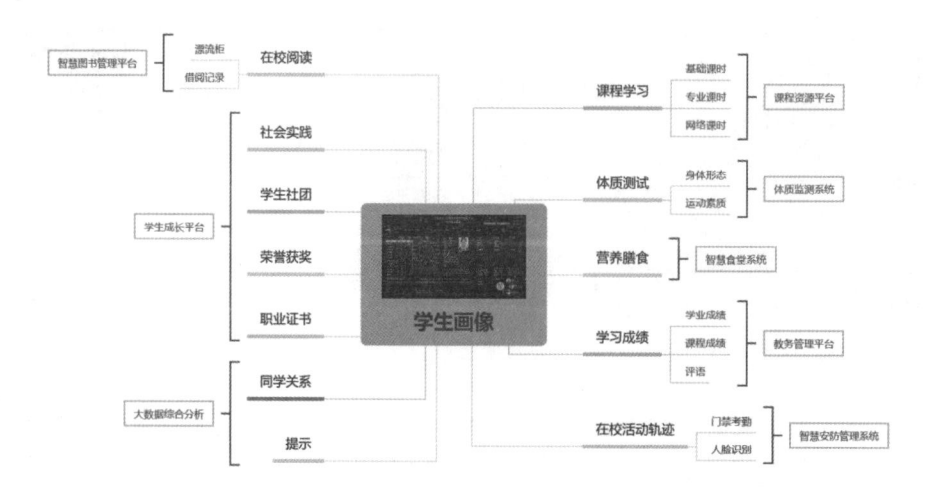

图 31　数字化像提示学生"五育"融合参与度发送温馨提示语

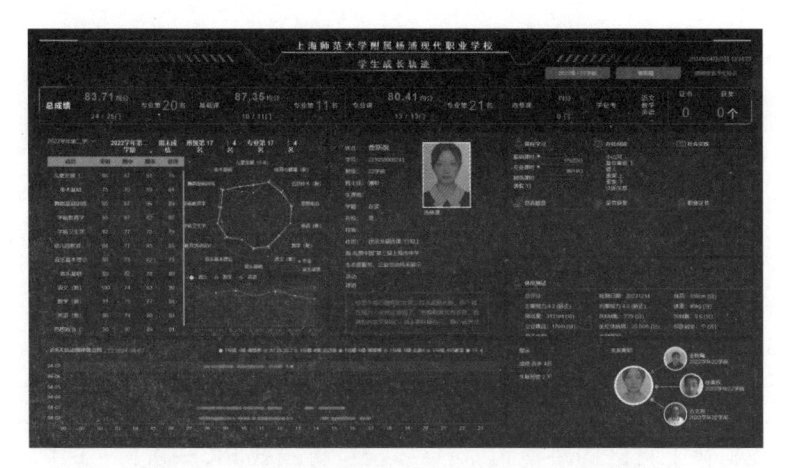

图32　学生成长轨迹看板全局了解个人学习参与情况

（九）网络安全

该看板主要呈现学校内外网联通安全风险态势情况，包括网络攻击态势、安全事件态势、外连风险监控、横向威胁监控等，助力网管员及时发现诸如病毒传播、网络入侵等行为，第一时间介入处理，以加强学校网站的安全防御，加固边界网络安全，为全校网络信息安全保驾护航。

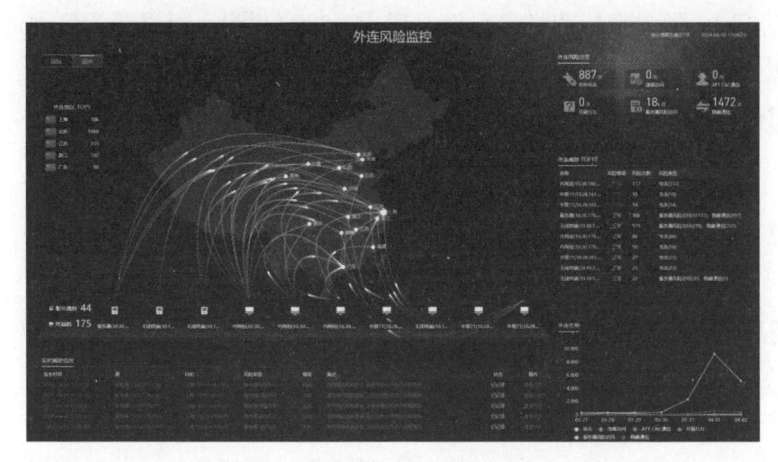

图33　网络安全看板全局为学校网络安全"说话"

（本章由曹容执笔。曹容：中学高级专业技术职称，上海师范大学附属杨浦现代职业学校校长、党支部副书记）

第十二章 再造教育教学新场景 促学校治理流程变革

"我又刷新了自己的跳绳记录!""快!再跟我 PK 一次!"课间 10 分钟,上海市新大桥中学体育馆的 AI 课间运动挑战擂台热闹非凡,学生们跃跃欲试,还和体育老师来了场酣畅淋漓的跳绳比赛。新大桥中学通过"AI+体育"的方式,引进智能设备,以视觉 AI 技术为依托,综合人工智能技术、大数据统计,通过前端摄像头监测学生运动姿态,大屏体现数据及画面实时观测,打造智慧体育校园运动新生态,这是上海市教育数字化转型的一个缩影。《上海市教育数字化转型实施方案(2021—2023)》提出,2023 年将上海建设成为全国教育数字化转型标杆城市,统筹推进教、学、管、考、评和研究、服务、资源、实践活动、家校互动等 10 类教育应用场景建设,形成一批高质量、可复制、可推广的教育数字化转型经验案例和示范场景。十大教育应用场景的建设,预示着学校治理将迎来新的流程变革。

第一节 数智赋能教育教学治理新场景新功能

一、新场景新功能解析

(一)基于数智赋能下的教育教学治理新场景

在数字化转型背景下,新技术驱动了教育教学新场景的优化与重构,利用多种技术为教育教学场景赋能,发挥其"打破教育壁垒、搭建教育立交桥、虚实学习深度融合"的优势[1],构建教育教学治理更科学、教学事务处理流程更简便、

---

[1] 刘革平,高楠,胡翰林.《教育元宇宙:特征、机理及应用场景》[J].开放教育研究,2022 年,28(1):24—33.

教育教学服务功能更多样、校内外联动更通畅的教育教学治理新场景，形成基于数智技术的教育教学场景新样态。（见图表1）

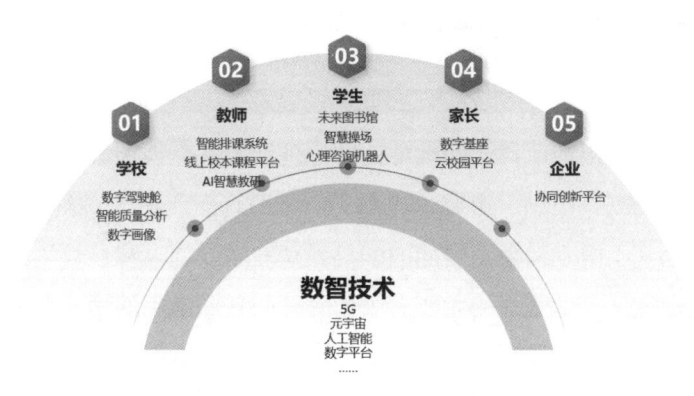

图表1 基于数智技术的教育教学场景新样态

（二）数智技术赋能新功能

数智技术的应用，回应了教育教学场景构建过程中面临的现实困境，如人力成本、流程繁琐等问题。技术的介入，为教育教学治理、教学事务处理，教育教学服务、校内外联动提供了有效的支撑。

在教育教学治理中，数智技术成为海量数据"处理器"，为精准决策提供支撑。学校大量潜在的、沉睡的数据在技术赋能下彰显出应有的价值，基于数据的智能质量分析和基于学生活动轨迹的数字画像评价体系不断完善。

在教学流程管理中，数智技术成为流程管理的"脚手架"，即通过信息技术的方式，教学事务处理的流程再造，让教务日常管理业务流程减少不必要的重复劳动、等待、反复沟通的环节，变得更加高效。

在教育教学服务中，数智技术成为未来学校"指挥棒"，未来的图书馆、心理咨询、体育活动等都将因技术带给我们更多的想象空间。虚实世界的融合、更强的交互性、更多的感官刺激、更好的服务体验等，让学生在服务场景中感受科技的力量。

在校内外联动中，数智技术创设联动"开放场"，教师、学生、家长、企业借助数字身份穿梭于多元场景，构建自由、包容、共享、多元的沟通空间。家校沟通不再局限于文本、语音，而是表现为线上与线下、虚拟与现实、静态与动态融合的多模态交互。校企合作不再局限于有限的资源，而是有了更广阔的选择空间和平台。

二、教育教学管理场景赋能案例与分析

（一）案例背景

教学管理是运用观课科学和教学论的原理和方法，遵循教学规律和特点，对教学工作实施计划、组织、协调、控制、监督的管理活动。[①]这里所讨论的教学管理场景，是基于中观和微观层面的学校教育教学管理。涉及教学计划、教学组织、教学质量等。教学管理的主要对象为教师的教和学生的学。在传统的教学管理场景中，学校在做决策时，往往要参考数据统计，数据来源于课堂教学、学生反馈、家长评价、教师访谈等多个途径。在操作层面，比较繁琐和困难，部分的问卷和访谈信息的信度和效度都比较低。信息化手段的应用，利用大数据全面、即时、准确的特点，通过课堂行为的分析、学生特征识别、学生活动轨迹分析等等，让那些原本沉睡的数字，发挥了更大的作用。

（二）案例呈现

2023年9月29日，澎湃新闻在《智慧纸笔、五感课程……上海闵行推进教育高质量发展》报道中，展现了这样一个案例：上海市闵行区田园外语实验小学校长赵瑛群介绍，"田园外小在智慧校园实践中，构建了智慧教学新样态、智能治理新形态、教育服务新生态，生成校园数智云脑与驾驶舱，将数据价值化，用数据辅助学生个性发展，用数据赋能教师专业成长，用数据支撑学校智慧决策。"上海师范大学附属闵行第三小学花团锦簇的围墙时常引来路人驻足打卡，学校为此打造"五感实验室"，开发"五感课程"丰富学生学习探究的场域。

再把视线放到初中，坐落于杨浦的新大桥中学，通过信息化的平台，学校的拓展、选修课的报名人数、报名时间、课程点击率一览无遗。教导处的童老师介绍，"从数字上就可以非常清晰地看到，不同课程的受欢迎程度，比如我们曲棍球社团、无人机社团等课程，基本都是秒选，可以看出孩子感兴趣的程度，但有一些理论类的兴趣课，学生的报名热情就比较低，这些对学校后续选择开展课程的类型、课程品质的提升都有指导意义，后续我们会根据数据进行调整。"学校

[①] 高俊.《走向新时代的教学管理》[M].华东师范大学出版社，2023年10月，1—9.

根据学生报名数据,为后续课程评价、开发提供参考。

上海市控江中学利用大数据、云计算、人工智能等信息技术,借助作业管理系统采集学生日常、无序、海量的线下作业和线上作业数据并进行科学、有序、多维的统计分析,覆盖作业全场景和全流程,建设了基于新课标与新教材的校本作业资源库和学生学情数据库,辅助老师的精准化教学和学生的个性化学习,实现因材施教。为学校把控学生作业量、学生学情分析、作业质量、教师命题水平等提供参考。

在数字化转型中,学校管理、教育教学、师资培养、保障机制等方面都发生着巨大变化。以数据协助学校治理的转型也在不断地深入,为学校治理轨迹更清晰、决策更科学、过程监控更到位、预警更精准等方面,发挥着人工智能巨大的优势。

(三)案例分析

数智化是在数字化的基础上加入了以大数据、云计算、人工智能等技术为代表的新技术,在传统科学化、规范化与信息化的基础上,赋予了决策与数据处理智能化的新特性。"数智技术"作为全新的技术手段,对学校治理产生全面而深远的影响,在学校治理过程中彰显出独特的技术价值。

以往通过各类方式的调研、访谈、问卷所进行的数字汇总,转换为依托数智技术及性能的各教学场景数据的智能高效收集、处理、分析,助力学校治理和科学决策;以往数据汇总过程中的全面性不能得到很好的保障,数智技术的运用拓宽了学校的管理主体,让家长、学生、教师、社区等各方各面都有机会参与到学校治理及决策中,提升学校治理的民主化水平;以往数据的真实性、有效性有待商榷,数智技术让数据的收集更加的便捷和客观,迎合了公众对新技术的呼唤,顺应了国家教育现代化的发展要求。

数据时刻发生,数据无处不在。在数智赋能下,教师、学生的基本数据,汇聚成学校无形的宝贵财富,为学校教育教学决策提供了海量的信息基础,教师课堂行为统计和分析,为课堂改进提供基础;学生课堂行为统计和分析,为学生更好地学奠定了基础;学生活动轨迹分析,为教学的组织、协调和开展提供了方向,技术的应用让学校决策更加地精准化,更好地满足学生、教师、家长、社会的需求和期待。

三、教育教学质量分析场景赋能案例与分析

（一）案例背景

教学质量管理是教学管理的核心，提高教学质量是教学管理的出发点和归宿。全面教学质量管理不仅包含学生的智育，也包含德育、体育、美育及劳动教育，德智体美劳五育并举，不仅要加强基本知识技能的训练，又要发展学生的智力，培养学生的能力，激发他们的创造性，落实核心素养。[①]这里所探讨的是教学质量监测场景，是学校在期中、期末检测完毕后，基于数据所开展的质量分析。传统的质量分析，教师在录入基础数据后，需要对班级的平均分、优秀率、良好率、合格率给予关注；基于不同的题型，对学生易错点进行横向纵向的比较和分析。由于教师分析能力的差异，很多数据未被挖掘和关注。信息技术的应用，让数据分析更加标准和易用，教学质量监测系统帮助老师克服技术上的不足，切实解决教学过程中各个环节上存在的问题。

（二）案例呈现

质量分析是每所学校的一项日常工作，也是提升教学质量的重要环节。在实际工作中，有些教师对数据的处理停留在表面，无法生成更直观的图表进行分析，不太会解读与分析数据。如果数据不能说话，数据对于后续改进教学、策略调整支撑不足，那监测的意义则大打折扣。

上海市新大桥中学通过安脉教学质量监测系统的应用，基于学习过程的动态化数据采集和智能分析，有效实现个性化教学管理及数据智能驱动的精准教学分析。通过学业数据采集和教学过程性数据分析，深度挖掘数据价值，实现多维度教学发展性评价，从而帮助教育管理者高效决策、教师减负增效和学生个性化学习，把精准教学、因材施教真正落到实处。那么，智能教学质量监测系统是如何帮助学校、教师减负的呢？

让教师成为数据分析的专家。在智能分析系统中，常用指标有近30个，如平均分、四率、标准分、标准差、差异系数、均分系数等等；系统，可以生成各类图表，如直方图、折线图、条形图、雷达图等等，通过图表，更直观地反映数

[①] 高俊.《走向新时代的教学管理》[M].华东师范大学出版社，2023年10月，141—145.

据中呈现的问题。教师根据学情合理选择、灵活运用好平台功能，通过数据分析客观评估教与学的现状，找出问题并弄清问题产生的原因，更科学地制定出有效可行的改进措施。

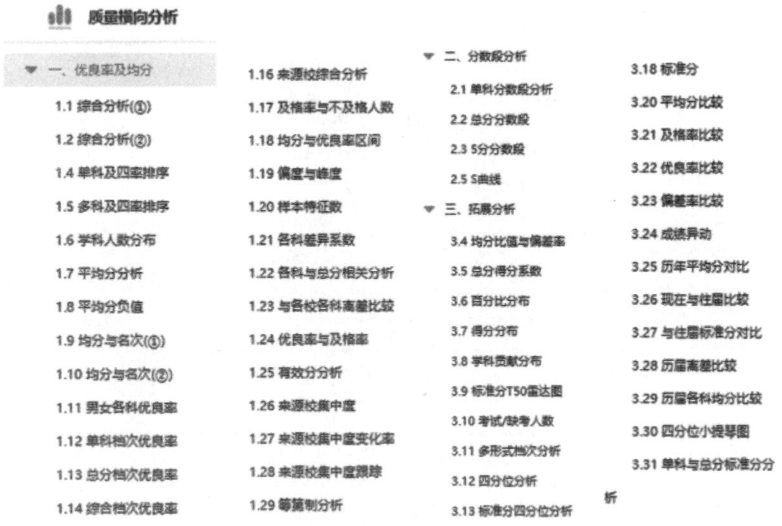

图表2 质量分析系统操作界面

让教学管理更具便捷性。通过各功能模块按不同的用户进行分类，管理员可将教师设置为：校长组、教导处组、年级组长组、教研组长组、备课组长、班主任组、教师组。不同的教师权限不一样，在操作的过程中，用户以某一用户组的身份登录后，系统根据用户权限，智能识别用户所有的具有权限的功能模块，普通老师能看到自己所任教的班级，备课组长可全面了解备课组的数据等等，即便于教师查看分数，又便于学校整体监测。

让学生的因材施教成为可能。平台还提供质量横向与纵向的分析，通过质量横向频数分析为学校分层及精准教学提供依据，帮助教师了解班级学生的学习水平结构，方便对不同层面的学生进行因材施教。通过质量纵向跟踪有效地鼓励学生不断进步，科学合理评价教师教学的发展进步状况。同时，系统将生成学生个人报告，反映学生强弱学科、强弱知识点、知识点与能力结构分布情况、历次学业质量跟踪以及诊断意见。

智能质量分析系统的使用，满足学校共性和个性的质量分析需求，同时也进一步为教师走向深度教研提供支撑。

（三）案例分析

如下图所示，传统的质量分析流程有以下六个步骤，其中，分数的录入、图表的制作、横向纵向的分析比较，需要占用教师大量的时间和精力。如英语学科，题目数量非常多，在小分的录入、计算、统计、比较上，需要大量的时间去完成。

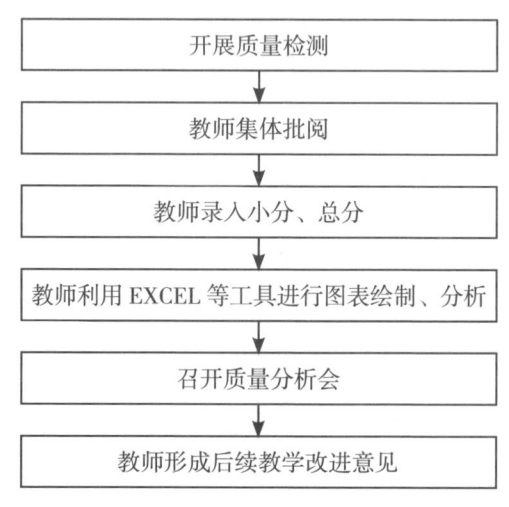

```
开展质量检测
    ↓
教师集体批阅
    ↓
教师录入小分、总分
    ↓
教师利用 EXCEL 等工具进行图表绘制、分析
    ↓
召开质量分析会
    ↓
教师形成后续教学改进意见
```

图表 3　传统的质量分析流程

教学质量监测系统的应用，解决的便是这两个关键环节，通过智慧笔、电子批阅系统等智能工具的应用，教师在批改作业的同时，系统自动生成小分，减少老师录入分数的时间，提高数据的准确率，同时，自动形成相关的分析和各类图表，形成一份质量分析报告。

```
线上批阅 → 自动生成小分 → 多维智能分析报告 → 形成改进意见
```

图表 4　数字赋能后的质量分析流程

教师要做的不再是"分析"，而是"选择"。即使是"技术小白"，也能在丰富的选择中，找到自己所需要的数据。优化后的流程中，省去了大量教师数据分析的准备工作，提高质量分析效率，学校管理者也能更简单、全面地了解各年级、各学科整体质量。

四、教育教学评价场景赋能案例与分析

（一）案例背景

2020年，国务院印发《深化新时代教育评价改革总体方案》，明确指出系统推进教育评价改革。2023年，教育部办公厅印发《基础教育课程教学改革深化行动方案》对教学评价提出了新的要求：要改进和完善学生评价，引导广大教师注重过程性、实践性、发展性评价，促进学生全面健康发展。在教学评价方面，人工智能和大数据技术都为指向注重核心素养立意的教学评价提供了非常好的助力，让学校能够进一步发挥评价的导向、诊断、反馈作用，促进学生全面发展。

（二）案例呈现

数字化转型如何赋能师生成长？这些学校给出了答案。

"上海教育"公众号在《以教育数字化赋能师生成长，上海这样做》报道中，介绍了以下经验：

闵行区田园外国语实验小学以学生核心素养为目标，从学生五育融合出发，通过大数据+ai分析生成学生成长报告，从"明理尚德、人文阅读、梳理思维、科技创新、艺术审美、生活劳动、身心健康"七个维度对学生综合素质评价，教师在教学场景中采集学生的体质健康、日常表现、学业发展、作业练习、活动经历、个性特长、荣誉获奖等多维度发展数据，增强关键数据跟踪的科学性、可测性，从而给出学生个性化成长的发展建议。

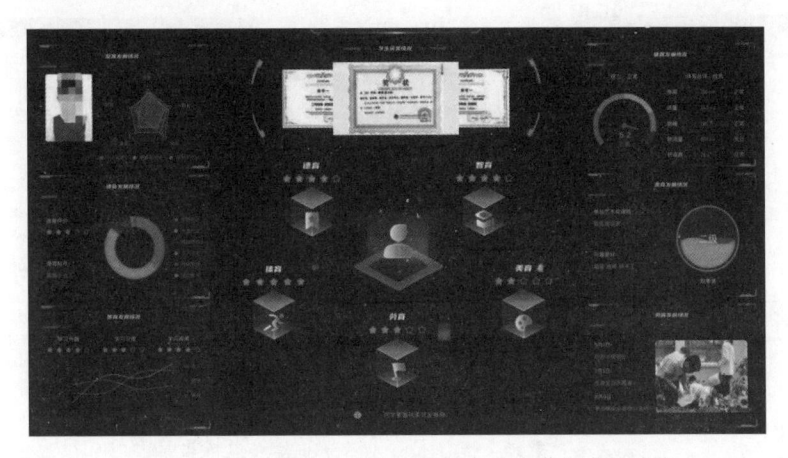

图表5　田园外国语实验小学用数字化为学生成长赋能

通过采集教师听课评课、教研活动、教师评价、教师档案，从教学、教研、科研、管理等多个层面刻画、诊断、预测教师的专业成长，规划教师专业发展路径。

小陆老师是一名从田园外小毕业，又回到田园外小工作的青年教师。基于自身的数字画像分析，她发现虽然多次承担教学研讨任务，实践能力强，但在科研方面数据相对薄弱。她依据学校教师专业发展指标，制定了个人发展规划，积极参与专题研修与课题实践，短短几年成长为区骨干教师，学科教研组长，自身专业发展得到了全面提升。学校"七彩椒星教师"成长数字图谱帮助各梯队教师确立专业发展新目标，引领教师职业生涯新发展。

奉贤区则为每个孩子种下"成长树"。2013年南桥小学在奉贤新城开办恒贤校区，成为南桥·恒贤联合小学。学校以培养学生全面素养为导向，创建醇美少年"成长树"学生综合素质评价平台。评价平台记录着教师、家长、学生对学生自我的全面评价数据。每学期系统可以从海量学习过程数据出发，根据预设的评价指标和标准，智能分析每名学生的表现，生成详尽的评价报告，为学生和家长提供客观全面的发展反馈。

数据积累到一定程度后，学校基于"二有三能"指标体系建立学生"精灵树"智能画像，包括学生成长画像、班级画像、学校画像。学生的成长画像主要体现学生的发展总评及五育的各个方面，可以帮助学生诊断发展现状，激发学生学习潜能，促进学生全面发展。

图表6 南桥·恒贤联合小学学生综合评价报告

通过班级画像，老师可以发现学生个体及班级管理中存在的问题，进而改变管理方式与教学方式，进行有效指导，因材施教。学校画像又被称为学校数据看板，可以帮助学校管理者诊断学校发展现状，优化校园管理方式。用数据驱动教育决策，找出两校区发展的共性问题进行研究与调整，实现两校区发展，美美与共。

过程评价与结果评价相融合的多元评价方式，为新时代评价改革提供了可复制、可借鉴的路径。

（三）案例分析

现代技术为《基础教育课程教学改革深化行动方案》以及学生综合素质评价流程变革提供了有力保障。在智能技术的支持下，学生综合素质评价逐步将学校、教师、社会、家庭和学生紧密联系在一起，德智体美劳综合素质评价的路径更为清晰和具象。其具体流程可简化为：

建立学校评价体系 → 过程性数据收集及录入 → 形成学生数字画像

图表7　简化后的综合素质评价流程

但实际操作过程，智能发挥着更为重要、复杂的作用，需要持续完善评价活动各个环节中的实际应用。[①]借用柴唤友等人《技术赋能学生综合素质评价：进展、挑战与路向》中的图表，我们能清晰地看到路径。充分利用数字化赋能基础教育，推动数字化在开展教学评价等方面广泛应用，是未来学生综合素质评价的发展路径。

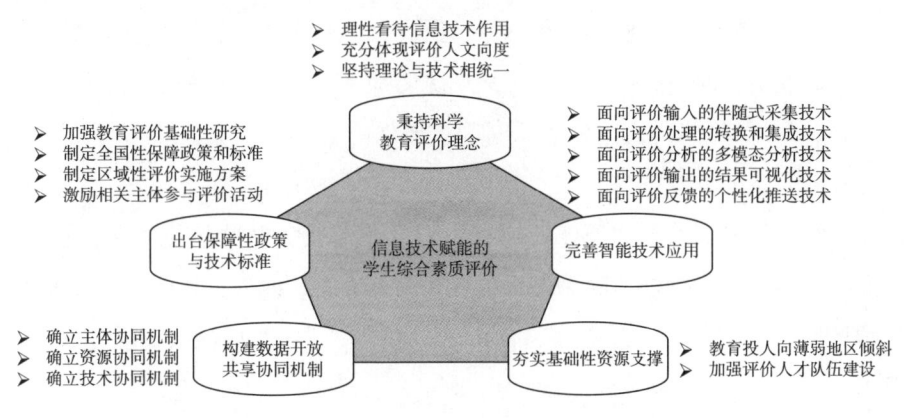

图表8　技术赋能学生综合素质评价的发展路向

---

① 柴唤友，陈丽，郑勤华，王辞晓，王怀波.《技术赋能学生综合素质评价：进展、挑战与路向》[J].现代远程教育研究，2023，35（3）.

第二节　数智赋能教学事务处理

一、数智赋能教学日常事务处理

（一）案例背景

教务管理是学校教育教学工作的重要组成部分，日常教务管理过程中，排课换课是一项重要的常规工作，也是保障学校教学工作有序、稳定开展至关重要的一个环节。一旦这个环节出现失误，影响的不是单个教师的工作，而是学校整体的教学安排，可谓是牵一发而动全身。但在实际的学校管理中，学校教务管理，尤其是排课换课面临着非常多的窘境。学生人数增多、班级规模扩大、教师课后服务时间增加、多样化课程开展、选修课的开设、跨校区办学、走班、个性化培养特殊需求，加之教学资源的有限，各类紧急会议、突发状况，工作量加大、工作环境和内容的复杂多变等等，让原本可以独立承担该工作的教务老师应接不暇。基于此，智能排课系统的应用，为学校教务处理提出了智能化、信息化的解决方案，根据设定一键排课换课、业务流程的线上办理、手机申请审核等，改进了业务流程，提高了工作效率，提升了服务水平。

（二）案例呈现

来看看新大桥中学日常工作中的一幕："这节课！我没办法上，同一个时间段，我在上走班的课，你们再调整下！"语文李老师火急火燎地冲进教导处，和教务沈老师说明换课时间上的冲突。只见沈老师一言不发、眉头紧锁，埋头研究起了课表。"要保障老师固定的教研时间，要保障老师外出会议的时间，还要考虑学生每天的课表不能打得太乱，走班的科目必须集中在半天上课……"教务沈老师在介绍自己的工作时，叹了一口气。为了避免教室里没有老师的情况发生，她每天一清早，便要检查一遍课表，看看有没有冲突，此外，还要应付突如其来的教师病假、会议等等。随着各方面诉求的增多，学校的教务老师俨然成为大忙人。

但今天，教务沈老师一改往日的繁忙，"叮——"一封换课申请发送到了沈老师的手机上，看到教导主任同意换课的批复，沈老师在电脑前"哒哒"敲打了几下键盘，一张换课单便自动生成，她略作调整，10分钟不到，换课单便已发到相关老师手里。原来，本学期开始，新大桥中学教务处引进了智能排课系统，只要设置好课时、教研时间、走班的要求等等必要条件，智能排课系统便会根据设置给出基础课表。系统会根据相关条件，自动罗列可以换课的人选，供教务老师选择和调整，并自动生成换课教师课表。"一些特殊情况还是需要调整，比如这个老师连上三节课，再加一节课换过去，就不太合适。如果没有智能排课系统，难以想象这个工作该怎么完成。"

"智能排课系统不仅能帮助教务老师排课、换课，还能智能分析和统计相应的数据，后台会自动统计每个老师的工作量，为每月的教学基本考核、统计教师工作量提供基础数据。同时，教师每周的教研活动时间、会议时间以及本周所进行的课程临时、长期的调整，以及教师的即时反馈，在手机和电脑上都可以非常清晰地呈现。"因为有了信息化的赋能，教导处的工作开展更加平稳有序。智能技术带来了工作效率提升和流程的便捷，让使用技术的人更有精力去思考细节的人文关怀。

（三）案例分析

20世纪90年代初期，迈克尔·哈默和杰姆斯·钱皮提出，业务流程再造是对企业业务流程进行彻底的、根本性的再思考与再设计。[1]Alter认为业务流程再造是一种使用信息技术从根本上改变企业流程以达到主要企业目标的方法性程序。[2]教学事务处理的流程再造，即通过信息技术的支持，让教务日常管理业务流程减少不必要的重复劳动、等待、反复沟通的环节，变得更加高效。其必要性体现于教务管理工作是复杂性与规律性并存，时间性与持续性并存的[3]，教务管理工作的每一项工作都有相应的流程，层层递进，在相同的时间段，工作的内容和步骤都基本相同，流程也基本相同，在实际工作中出现的问题都是反复出现的，有一定的规律性。因此，对存在的问题进行归类，规划好科学的流程对问题进行解决，可以提高管理工作的效率[4]。

---

[1] 迈克尔·哈默，杰姆斯·钱皮.《企业流程再造——工商管理革命宣言》[M]. New York: Harper Collins, 1993.
[2] 秦劲松，李永斌，殷卫红.《基于流程再造理论的高校教学管理信息化探索》[J].中国成人教育，2008（20），32—33.
[3] 王宁敏.《基于管理效益视角的高校教务管理效能提升研究》[J].广西大学硕士学位论文，2014.
[4] 李英华.《新时期高校教务管理工作面临的挑战与对策》[J].学周刊，2019（16），172—173.

以换课为例，传统的流程如图示：

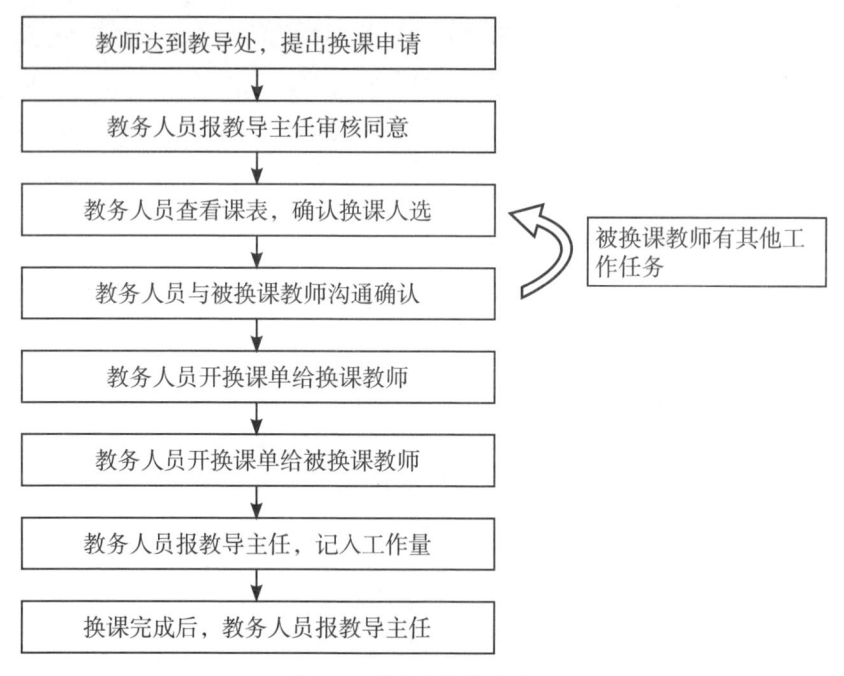

```
┌─────────────────────────────┐
│ 教师达到教导处，提出换课申请 │
└─────────────────────────────┘
              ↓
┌─────────────────────────────┐
│ 教务人员报教导主任审核同意   │
└─────────────────────────────┘
              ↓
┌─────────────────────────────┐       ┌──────────────────┐
│ 教务人员查看课表，确认换课人选│ ← ← │ 被换课教师有其他 │
└─────────────────────────────┘       │ 工作任务         │
              ↓                       └──────────────────┘
┌─────────────────────────────┐
│ 教务人员与被换课教师沟通确认 │
└─────────────────────────────┘
              ↓
┌─────────────────────────────┐
│ 教务人员开换课单给换课教师   │
└─────────────────────────────┘
              ↓
┌─────────────────────────────┐
│ 教务人员开换课单给被换课教师 │
└─────────────────────────────┘
              ↓
┌─────────────────────────────┐
│ 教务人员报教导主任，记入工作量│
└─────────────────────────────┘
              ↓
┌─────────────────────────────┐
│ 换课完成后，教务人员报教导主任│
└─────────────────────────────┘
```

图表 9　再造前的换课流程

换课流程再造前，传统的流程从提出换课申请到确认换课成功，需要进行至少 8 项基本操作，每一次操作的背后都需要查看、沟通和等待，造成不必要的时间和人力资源的浪费。在换课过程中，被换课教师有其他的不能换课的情况，还需要重复上述步骤。信息化的应用，剔除了无效的沟通和等待时间，让教务处更加高效。再造后的流程如下：

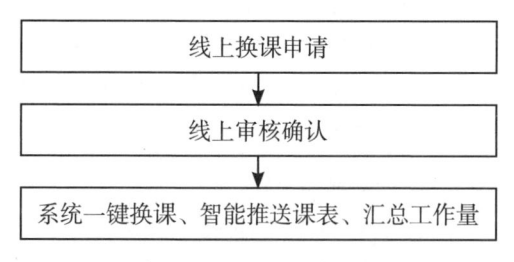

```
┌─────────────────────────────┐
│         线上换课申请         │
└─────────────────────────────┘
              ↓
┌─────────────────────────────┐
│         线上审核确认         │
└─────────────────────────────┘
              ↓
┌─────────────────────────────────────┐
│ 系统一键换课、智能推送课表、汇总工作量 │
└─────────────────────────────────────┘
```

图表 10　再造后的换课流程

再造后的管理流程，省去了等待和反复沟通的时间，省去了纸质课表填写、打印和发放的时间，为教学事务处理提供了便利，流程管理更加简单。轻点鼠标，即可实现教学事务管理流程的再造和优化。编排课表、审批调课等常规工作，因信息化而更加便利。

二、数智赋能课程资源配置

(一)案例背景

课程是学校育人的核心。课程资源的建设、使用、管理是学校数字化转型首先要考虑的问题。2017年,教育部办公厅关于《做好中小学生课后服务工作的指导意见》发布,要求充分发挥中小学校课后服务主渠道作用,科学合理确定课后服务内容形式,遵循教育规律和学生成长规律,促进学生全面发展。一方面,随着课后服务的规范化常态化开展,各校都积累了丰富的课程资源;另一方面,如何创建适合学生内在发展需求与核心素养培育的课程体系,成为各校探索和思考的问题。课程的多样化开展,为满足学生个性化发展需求、提升课后服务品质奠定了基础。通过智能课程平台建设,利用大数据、互联网技术,学校逐步探索课程资源使用和管理信息化新模式,为解决好课程发布和管理、学生选课、课程资源建设积累等问题带来了经验和启示。

(二)案例呈现

"抢到了!抢到了!我终于可以参加曲棍节社团了!"随着小A同学的一阵欢呼,班里的其他同学传来了羡慕的目光。原来,小A秒杀到了号称0.12秒就抢空的学校最热门的社团。新大桥中学通过智能平台,将32门课程资源推送给家长,家长和孩子便可以在规定的时间内查看和报名,课程介绍、教师风采等一应俱全、一目了然。

"学生人数的增加、课程种类的增多、以及各类课程人数的限制等等,都增加了传统在校选课的困难程度。往往集中选课结束后,班主任老师、教导处的老师还要花大量的时间进行统计和分配,如果孩子超出应选的人数,还需要再去和孩子及家长沟通,进行调整和再分配,往往要花费一周左右的时间才能做好整体的协调和安排。现在,只要提前设定好相关的课程及人数,在系统自动设置的开放时间内,家长和学生只需要动动手指,就能完成选课。后台也会自动生成数据,孩子第一时间就能看见自己所选的课程,老师在后台也能第一时间了解到选课孩子的信息,极大提高了学校课程选课效率。"新大桥中学教导主任童老师介绍道。

上海市控江中学也积极推动信息技术与课程教学进行深度融合。利用校本课程平台，打破了时间和空间的束缚，让自由学习变成可能，从而实现资源在教学中的最优配置。控江中学负责学校数字化转型的周老师介绍道："我们打造了线上线下学习方式结合、学科跨学科学习内容融合的混合式学习新生态，为学校课程教学积淀了大量课程资产，对于推进学校教育教学模式变革，助力实现教育教学的数字化转型具有重要意义。"

"我们有一个线上学习空间，空间中聚集了需要学习的和自主选择的课程，利用课程中的各种微课进行自主学习，如果遇到看不懂的地方，可以倒回去多看几遍，可以加深对于知识的理解；此外，我们还有大学先修课程可以拓展学生的视野和知识边界，通过对大学先修课程以及跨学科课程的学习，找到了自己的职业兴趣所在。"受益于课程资源平台的小甘同学这样说道。

智能平台的应用，让学校课程资源使用事务处理的流程变得更加简单和人性化。信息化的应用在选课流程上为教师减负，它将选课流程标准化及数字化，支持任课教师自主创建特色课程，管理员快速审核，减轻学校管理人员组织选课活动的繁重工作，赋能学校提升管理水平。信息化应用为学生提供独立、自主、公平的选课环境，满足学生对课程的个性化需求，激发学生的学习兴趣。老师可随时查看班级学生选课情况，便于班级管理。选课结果、数据实施、统计分析、课程选报分布情况一目了然。教师可在线评价，掌握学生出勤、作业和学习情况，整体把握学生状态。另一方面，课程资源平台的建设，使得教师的教学方式、学生的学习方式、学校的教学管理模式都更加灵活、高效，有效减少教师重复工作量，优化配置教师授课时间。

（三）案例分析

参考吴刚平[①]对于课程资源的定义，按资源的功能将其分为素材性资源和条件性资源两大类，前者包括知识、技能、经验、活动方式与方法、情感态度和价值观以及培养目标等方面的因素；后者包括直接决定课程实施范围和水平的人力、物力和财力，时间、场地、媒介、设备、设施和环境，以及对于课程的认识状况等因素。这里截取案例中所呈现的学生选课环节片段，主要讨论的是信息技术如何优化课程条件资源的配置。即课程实施的过程中，谁来配置（配置主体），资源给谁（配置对象），如何配置（配置形式）。

---

① 吴刚平，樊莹.《课程资源建设中的几个认识问题》[J].教育理论与实践，2001（07），40—42.

传统的选修课程条件资源配置流程基本配置如下：

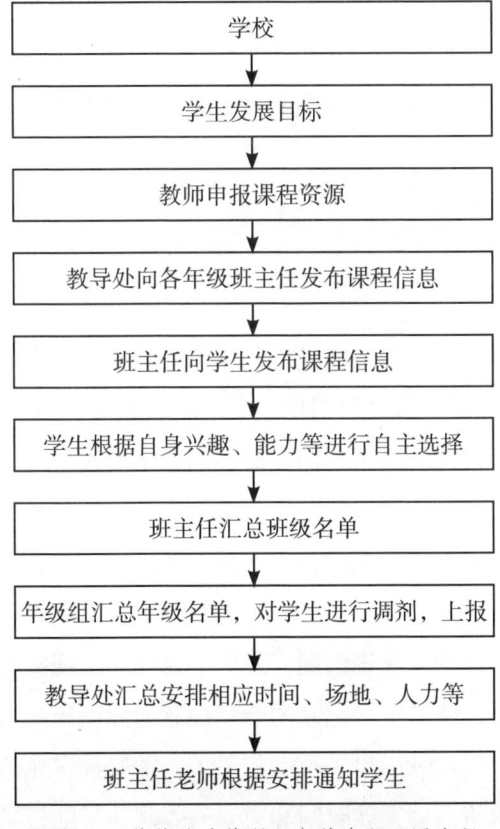

```
学校
  ↓
学生发展目标
  ↓
教师申报课程资源
  ↓
教导处向各年级班主任发布课程信息
  ↓
班主任向学生发布课程信息
  ↓
学生根据自身兴趣、能力等进行自主选择
  ↓
班主任汇总班级名单
  ↓
年级组汇总年级名单，对学生进行调剂，上报
  ↓
教导处汇总安排相应时间、场地、人力等
  ↓
班主任老师根据安排通知学生
```

图表 11　传统的选修课程条件资源配置流程

通过信息化的手段，为课程资源配置流程的优化奠定了技术支持，智能技术让学校有了校本资源交流平台，同时提高资源配置效率。优化后的配置流程如下：

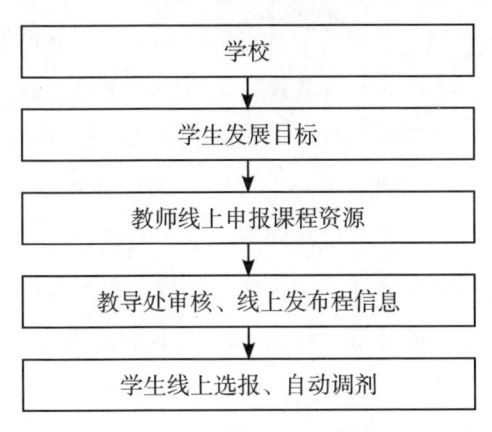

```
学校
  ↓
学生发展目标
  ↓
教师线上申报课程资源
  ↓
教导处审核、线上发布程信息
  ↓
学生线上选报、自动调剂
```

图表 12　优化后的选修课程条件资源配置流程

从配置流程看，课程资源发布到课程资源配置完成的步骤极大地缩减了人工核对、沟通等繁琐程序。在优化流程的过程中，管理者有时间更多地关注课程的质量和品质、学生的个性发展。课程实施后的线上评价，也让学校可以从教师学生的反馈中了解课程开设过程中管理不足，提高管理水平。

三、数智赋能教学研究支持与服务

（一）案例背景

公开课教研活动作为教师专业发展的重要内容，对提高教育教学质量、改进学校工作具有重大意义。随着集团化办学、联合教研活动不断深入，听课评课不再局限于校内，跨校区教研、集团教研、同质学校教研等各类教研活动为各校教师提供了更宽广的平台，更多的交流机会。但各校教师时间的难以统一、距离太远路上时间成本的浪费等客观因素，让听评课的有效性大打折扣。在听课过程中，围绕研修主题，一般来说，会对教师进行分工，不同维度的课堂观察，记录教师的课堂行为，记录学生表现情况，最后汇总成一份观察报告，再结合观察维度开展评课活动。但这要求负责记录的老师注意力高度集中，尽量不错过任何一个课堂瞬间，也对实时记录提出了很高的要求。随着数字化的快速发展，智慧教研系统的应用，让教研活动突破时间和空间的障碍，智能记录、分析课堂活动情况，让教研活动突破时间和空间的壁垒，更有效地作用于课堂教学。

（二）案例呈现

在控江中学教学楼化学组的办公室内，孙老师熟练地打开 APP，通过扫描公开课二维码进入议课界面，开始了听评课的活动。听课的过程中，她导出了课堂的 EXCEL 表，课堂老师和学生的语言，立刻呈现在他的眼前，文本和视频一一对应。听课结束后，她又熟练地查看了生成的报告。报告中，老师使用口头禅的次数、授课关键知识高频词的次数一目了然。教师课堂行为，包括讲授、巡视、板书、信息化使用、一次问答、二次问答和多次问答等统计数据一应俱全，还能直观地看到教师课堂活动轨迹统计，快速了解教师在本节课的活动区域。通过观课的感性认知和数据的理性分析，孙老师在 APP 的议课界面留下了她的点评。

曾经，一个教室、听课反馈表是教师日常听评课、教研活动的常规手段。而现在，AI 智慧教研系统让教学研究走向内涵。跨时空评课、主观评课与客观分析、多场景多维度、数字化可视化报告等功能融于一体，给教师教学研究的开展提供了更好的体验。AI智慧教研系统通过智慧录播、智能分析、智慧观评课、智能研课，帮助教师快速了解本节课的分析数据、提出优化建议，推动传统教学研究的转型。

孙老师感叹道："AI智慧教研系统，尽管刚开始用不太适应，但习惯后，节省了我大量的路途上的时间。以前的课堂观察，往往一些关键环节、关键问题来不及记录，有时候，为了记录错过一些课堂的精彩片段，现在，让我更聚焦课堂，并且关注到一些平时不怎么注意的问题，比如教师活动的区域、口头禅、提问方式等等，在分析数据的同时，也让自己在课堂中更注意避免这些问题，更科学地进行课堂教学能力分析、问题挖掘，为教师教学能力提升提供数据支撑。"

负责信息化的周老师介绍："自从推进智慧教研后，汇总上课录像、说课总结、人工观评课结果、AI分析报告等数据，数据循证研课，形成立体的师训资源，助力师训数据支撑下的智慧教研。同时，优质课例集建设的校本资源库，提供可视化管理机制，不仅支撑学生个性化学习，也为教师提供教研展示和交流平台。"

（三）案例分析

教研活动需要具备以下要素，参研教师是教研活动的主体；教学中的实际问题是教研活动的客体，是参研教师操作的具体对象；教研员、专家和参研教师构成教研活动的共同体，为主体提供资源与帮助；观察量表是教研活动的中介工具；教研活动中所共同遵循的标准等，比如研修规则、反思评价规则，为教研活动顺利开展提供运行保障；劳动分工明确了共同体成员之间的不同角色和任务分工。这六个要素内在统一、相互作用，构成一个完整的活动系统。[①]

以新大桥中学学科一日主题研修活动为例，原有的教研活动流程如下图所示：

[①] 汪倩倩.《基于智能研修平台"三级进阶"区校协同校验模式建构与实践》[J].教育与装备研究，2023年第10期.

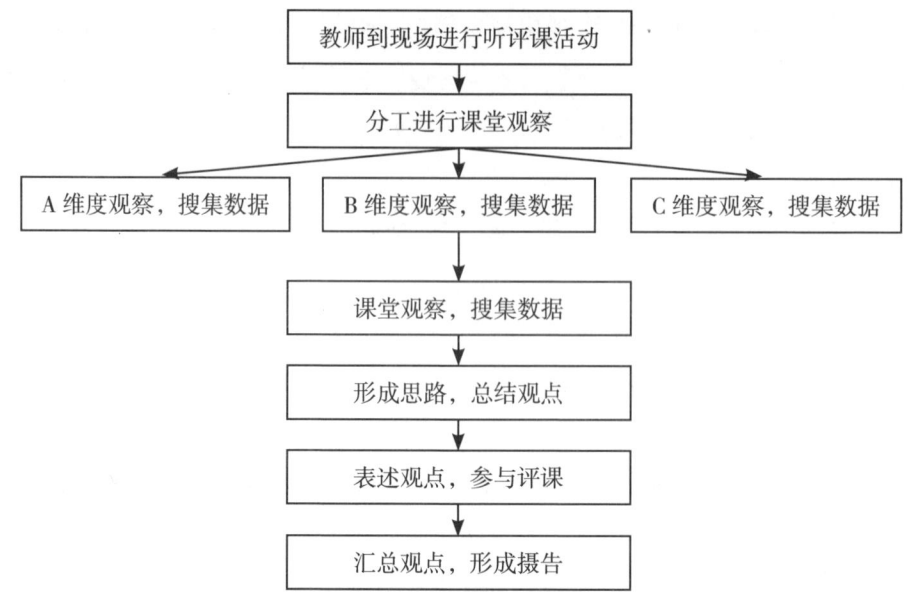

```
           教师到现场进行听评课活动
                     ↓
              分工进行课堂观察
           ↓          ↓          ↓
    A维度观察，    B维度观察，    C维度观察，
    搜集数据       搜集数据       搜集数据
                     ↓
              课堂观察，搜集数据
                     ↓
              形成思路，总结观点
                     ↓
              表述观点，参与评课
                     ↓
              汇总观点，形成报告
```

图表 13　再造前的常规教研流程

借助信息化平台，教师现场听评课、搜集课堂数据、汇总观点等环节被优化。教师可线上进行听课活动，借助教学活动数据，参与到评课中。优化后的教研流程如下：

```
线上听课 → 智能数据收集、分析 → 线上评课 → 智能生成小结
```

图表 14　再造后的常规教研流程

再造后的常规教研流程走向扁平化，变得简化高效，教师授课结束后，15分钟内就能生成课堂数据，一键即可导出，为智慧教研奠定基础，助力提升教学和教研的质量。

第三节　数智赋能教育教学服务功能提升

一、数智赋能图书馆服务功能提升

（一）案例背景

伴随着信息技术的飞速发展，校园数字化图书馆建设或许已经被各大院校摆在议事日程上。"数字化图书馆"翻译自英文单词 Digital Library，是对传统图书馆的全方位的技术革新。它集信息储藏、加工、交互与传播于一体。新一轮课程改革要求培养学生的信息素养，建设数字化图书馆就成了不可或缺的一环。利用现代信息工具与传媒技术，丰富和拓展传统图书馆的容量与功效，把校园数字化图书馆打造成新型数字平台，已经成为教学资源不可或缺的组成部分。对于教师而言，数字化图书馆有利于快速整合各类型的教学资源，及时掌握学科的前沿信息，对教学内容与形式适时地更新迭代。对学生而言，数字化提供了一定的开放性，更有利于学生在高效阅读的同时展现个性。对图书馆而言，快速、有效、人性化的检索可以提升图书的有效利用率。

（二）案例呈现

在新大桥中学，未来图书馆的服务场景可见一二，给学生带来新奇的学习体验。在这里，处处都是可以阅读的天地。学校的走廊转角、楼梯边的狭小空间，这些"边角料"的空间都被充分利用，一个个微型智能图书漂流柜被有序摆放在学校的角角落落，学生只要通过学生证、借书证，都可以随时随地享受阅读的乐趣。无人值守、自助借还、手机扫码、人脸识别等多种节约方式，让图书的借阅形式变得更为便捷而丰富，也为图书管理注入效率和智慧，也为学校最大限度增添了书香气息。

2003 年 4 月，南华大学雨母校区智慧图书馆正式运营，"用数字化手段激活万千藏书"。据《人民邮电报》报道，中国联通利用 5G、Wi-Fi6 极速高品质网络连接等"黑科技"打造的图书瀑布流、电子报刊机、电子借阅机、视听太空舱，实现了阅读方式的多样化。图书瀑布流和电子借阅机超万册图书每月更新，师生可点击屏幕选择图书、视频、报刊等资源，打开手机扫描二维码即可借阅电子图书，整个过程不超过 20 秒，让师生享受到"手指点点，尽享百万免费数字资源"的新型图书馆服务。一周后，福州第十五中学智能化图书馆开馆揭牌，用数字化的手段促进学生成长。这座智能化图书馆采用 RFID 智慧图书馆系统实现师生快速自动借阅，且多台云平台自助查询机，内装智学网和中小学智慧学习平台，可供学生查询成绩及详细的学情分析情况，6 台 24 小时自助微型图书馆，满足师生 24 小时自助借阅。从大学到中小学，数字化浪潮滚滚不息，数字化图书馆在新时代中国特色素质教育中的作用正日益突出。

能够让我们展开充分想象的，还有上海的临港科技智慧图书馆。在澎湃新闻

2023年3月21日《没有一本纸质书的图书馆，打开现实与虚拟的"灵境之门"》的报道中，未来图书馆更加清晰。

目前馆内汇聚了全球西文学术电子专著20余万册，中文科技类电子图书30余万册，包括来自157家国际知名大学出版社的7万余册电子图书，还能够运用人工智能技术对约20亿条学术数据进行学科谱系化链接。

未来学习中心的雏形不断地被具象化，虚拟与现实的融合，为孩子沉浸式的学习阅读增加了无限可能，在保留传统阅读的基础之上，技术赋予阅读更多新奇的功能和体验。你可以让人工智能的"数字人"帮你推荐、寻找、借阅好书；你可以与世界各地专家，甚至历史上的科学家的虚拟人，进行"面对面"的对话；你可以在24小时开放的元宇宙图书馆里畅游书海，寻找书友；你还可以沉浸书的世界，到"火星"体验《火星救援》，穿越时间体验《人类简史》。

这里没有沉重古朴的书架，而是有各种互动体验的沉浸式装置。在这里，你可以连接世界各地专家，进行面对面的会议；在这里，你也可以跟世界科学家，甚至已故科学家的虚拟人进行科学问答对话；在这里，你还可以把远在地球另一端的科学家请进来进行讲演……这一切，既真实又虚拟地呈现在我们面前。

在这里，你还可以选择在任何场景中阅读自己喜欢的书，在海上、在森林、在星空，或者在云端。在这里"读"书，让我们感觉到真正的其乐无穷。临港科技智慧图书馆利用VR/AR/MR、AI人工智能、大数据等先进技术，构建了一个以好奇心为起点，让读者产生兴趣，检索、阅读、协作、融合，最终学习的图书馆全架构。

（四）案例分析

数字图书馆的建设中，关键是学校数字资源库的打造，核心是校本特色资源库。校本特色资源库包含教师科研成果与教学活动案例，与学生学习成果展示等。另外，还可以把网络公开课、免费电子书、优秀的教育网站链接等整合成"免费资源库"。在这基础上，可以根据学校的自身特点，打造"商业数据库"或可称之为"引进资源库"，比如订阅一些权威的数字期刊。（见图表15、16）

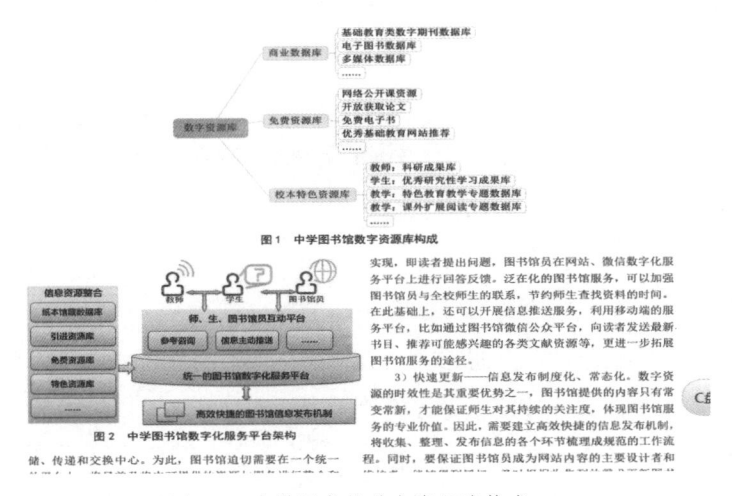

图表 15　中学图书馆数字资源库构成

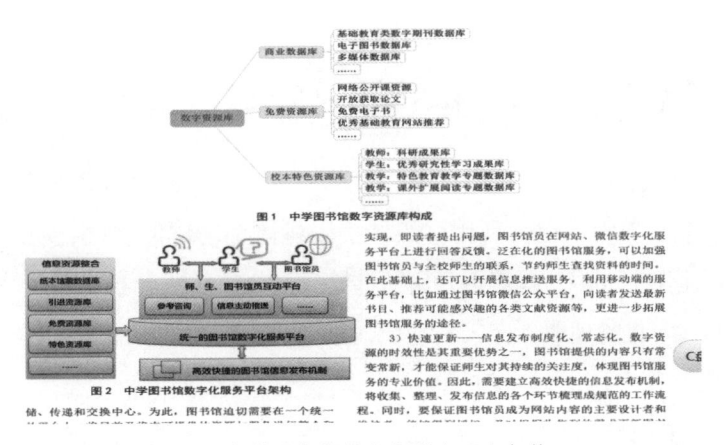

图表 16　中学图书馆数字化服务平台架构

图表 15 与图表 16 参考了北京市第八中学图书馆馆员赵琦老师在《依托数字化校园建设 推进中学图书馆服务升级》[①]中设计的模式。

有了丰富的内容，便可以构建数字化服务平台。其基本架构是"师、生、图书管理员的互动"。首先利用网络传播技术建立高效快捷的图书馆信息发布技术，微信小程序、微信公众号、校园网的图书馆专栏等，都可以成为发布信息的媒介。然后建立"校本特色资源库""免费资源库"及"引进资源库"之间的交互

---

① 赵琦.《依托数字化校园建设 推进中学图书馆服务升级》[J].中国技术装备，2017 年 2 月第 3 期.

式链接，学生可通过关键字检索出不同资源库中的有效信息，并按关联度进行排序。一个最基本的、简单的数字化图书馆便初具雏形。

未来图书馆的面貌已经初步呈现在人们的眼前，智能化管理系统，让图书馆的管理流程更加清晰、高效，图书馆的智能化和数字化，也提升了学生的阅读兴趣和沉浸体验，技术的应用不仅给学校治理带来变革，也赋予了图书馆新的内涵、新的服务和新的价值。

现在有的数字化图书馆已经能够用图书盘点机器人在夜间完成对图书的清点与整理，我们不妨就此展开想象，人工智能在图书馆里还能做点什么？比如根据学生的学情，给出阅读建议，做好阅读时间的安排，甚至通过对话来检阅学生的阅读进度并帮助学生理解书中的内容。

总之，数字化图书馆里的人工智能不仅仅是节约了人力，还应当帮助读者去获得阅读的乐趣。

二、数智赋能体育运动场馆服务功能提升

（一）案例背景

在体育教学中，教师利用多媒体手段将体育动作多维化、动态化地呈现出来，从而让学生直观、准确地理解这些动作的细节构成和技术要点。这是早期对校园体育数字化的理解，今天，智能技术的飞速发展让校园体育数字化焕发出崭新的面貌。

（二）案例呈现

据《中国教育报》2023年10月19日的报道："在标准化考点，学生现场展示了仰卧起坐和立定跳远考试，智能摄像头实时采集并记录学生考试全过程数据，通过骨骼点识别算法、人体姿态识别算法，监测考试过程中不同运动项目的违规情况。同时，结合与地面标识物同步完成考生的计次、计时等成绩的测量工作，并在平板端实时生成考生分数。"和以往的人工测量相比，这无疑更高效、更公正。除了体育测试，日常的体育活动才是数字技术大展身手的舞台。

在北京大学邱德拔体育馆智慧健康驿站，学生可以在"数字体育"这门课程中体验滑雪、登山、划船等日常较难参与的体育项目。以"滑雪"为例，学生戴着智能VR眼镜，双手拿着雪杖，根据眼前看到的"雪道"调整身姿，畅快滑

行。在这个过程中，可以感受到的不亚于室外的滑雪乐趣。这样的设备相信在不久的将来也会在各中小学普及开来，给学生带去丰富的体验。

"上海教育"《以教育数字化赋能师生成长，上海这样做》的报道中提到，在安亭小学，学生们佩戴智能手环参加日常的体育与健身课，这样的场景并不罕见，体育老师通过实时观测与手环相连接的平板数据，了解每位学生的平均心率、体育课密度、运动强度等运动数据。实时的数据分析，帮助体育教师及时调整运动方式，并针对学生的差异调整教学策略，改变了以往教师单凭经验判断运动强度是否合理的情况。基于数据应用的学生体质健康管理实践探索，促进了教师信息素养和学生健康水平的提升，这是学校教育数字化转型实践的一个缩影。"智课堂"改变了传统的"教师为中心"课堂生态环境，为学生营造了数字化的学习环境，更好赋能学生全面发展。

微信公众号"上海长宁"在《上海长宁路小学"智慧体育运动乐园"，周六家长还能带娃玩》的报道中，向我们展示了智慧体育的妙不可言。

"立定跳远马上开始了！谁是跳得最远的青蛙勇士？"长宁路小学的操场上，一堂新颖的"智慧体育课"正在进行。体育教师金晓伟围绕"立定跳远"教学内容，导入"青蛙勇士挑战赛"的情境，"青蛙勇士"们需要运用跳跃动作完成4个不同场景、层层递进的"青蛙勇士挑战任务"，并进行"AI挑战赛"大比拼。

随着金晓伟的口令下达，"青蛙勇士"们纷纷开始跳跃，预摆、起跳、落地一气呵成。与此同时，一旁的智慧体育测试屏通过AI识别生成了同学们的运动报告，同学们在跳跃过程中各项数据的变化都被直观地展现出来。课后，他们还将通过长宁教育基座数字平台完成老师布置的AI体育作业。

"运用智慧体育这类数字化技术，不仅可以将教学内容可以更加生动、直观地呈现给学生，还可以解决传统体育教学'难量化、难记录、难监督、难分析'的问题，大大提高体育课的效率，让体育课堂变得更'智慧'。"金晓伟介绍。

目前，长宁路小学在操场上共设有五台智慧体育电子屏，包括四台测试屏和一台教学屏，可以进行立定跳远、跳短绳、仰卧起坐、50米等测试项目，还可以进行AI健身学习互动。

除了体育课堂，这些智慧体育屏幕还将在"智慧大课间"中发挥作用，"时刻待命"供课间活动的学生们使用，保障同学们达到"校内每天体育活动时间不少于1小时"的标准。

（三）案例分析

体育活动是磨炼学生意志力的绝佳途径之一。校园内的体育活动都围绕提升学生的体育素质而展开，既要锻炼学生的身体素质，也要提升学生的技术素质，更要关注学生的心理素质。所以，数字化体育平台（见图表17）的打造，核心是完善"学生体质（体育素质）观测台"，它由"学生体育活动记录""学生体育测试记录""学生体检数据库"及"学生体育锻炼规划"构成，它们之间相辅相成。比如：教师结合"学生体育活动记录""学生体育测试记录"与"学生体检数据库"，针对不同的学生，可以给出不同的"体育锻炼规划"。在实施锻炼规划的过程中，新产生的体育活动数据，又可以用来进一步完善体育锻炼规划，从而形成正向的循环。

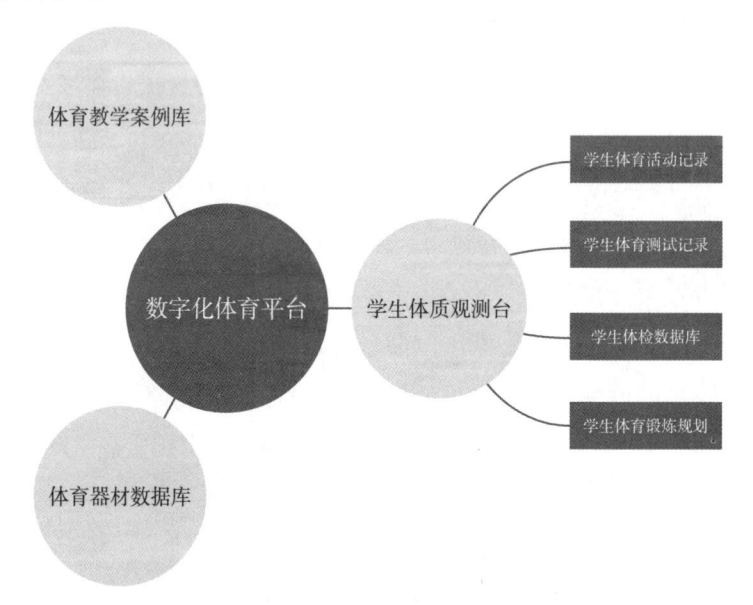

图表17 数字化体育平台

另外，"体育教学案例库"与"体育器材数据库"也是数字化体育平台的重要组成部分，但它们服务于"学生体质（体育素质）观测台"。比如一个教学案例以前可能发挥过效用，但放在今天的体育活动中已经过时，就需要进行更新。同理，体育器材的购置也要以"学生体质观测台"反馈的数据为参考依据。当然，根据不同学校的特点，相关平台的打造可以各具特色，更为丰富。

未来随着智能运动监测设备普及，以及AI算法的不断迭代，学生的运动数据被分析后，可以即时给出科学的训练建议。在某些运动中，比如长跑，在跑步过程中可以即时给出相关建议，如何调整跑步的节奏，身体的状态怎样，适不适合加速冲刺。

三、数智赋能心理咨询服务功能提升

（一）案例背景

2003年，教育部等十七部门联合印发《全面加强和改进新时代学生心理健康工作专项行动计划（2023—2025年）》，明确提出规范心理健康监测、完善心理预警干预。而随着人工智能在心理咨询中的应用，"数字赋能新时代学生心理健康工作"有了坚实的技术支撑。对校园心理咨询而言，利用先进的人工智能技术可以提升校园心理咨询的效率与质量，从而普及到更多的学生。

（二）案例呈现

《长江日报》2024年2月20日的报道中，阐释了国内首款AI心理陪伴数字人"益小青"是如何运行的："以大语言模型为基础，拥有青少年专属语料、丰富的心理学知识和处理案例，在解答青少年疑问的同时，引导青少年深度思考、转换思维框架，用积极态度面对困扰，从而获得更好的情感支持。"

记者还以小朋友的口吻，在现场体验了和"益小青"的对话：

"我今天有点不开心。"

"你有什么不开心都可以和我说哟！"

"我不小心用画笔弄脏了同学的作业本，我不知道怎么解决，我和他道歉可以吗？"

"当然可以呀，你又不是故意的，如果你和他道歉，他一定会原谅你的。"

"是吗？那我试试去和他道歉。"

"不要担心，只要你真诚地道歉，他一定会接受你的道歉，加油！"

这个对话中的"不开心"，对于成年人来说可能微不足道，但对于小朋友依然会带来很大的困扰。鉴于小朋友已经想到了"解决的方式——道歉"，但又犹豫着这样做是不是真的能解决问题，所以"益小青"回应的方式是"鼓励"，鼓励小朋友勇敢地去道歉，并告诉他（她）这不是严重的错误，不要背负过大的心理压力。当小朋友的心理压力得到缓释，相信"道歉"是一种好的解决方式，也就内生了实践的动力。

如果小朋友不知道怎么解决问题，或者面临的困扰是长久压积在心头的，"益小青"也会基于"大预言模型"，并适时捕捉小朋友的情绪变化，调整心理干预的策略，给出有针对性的建议。

再来看看中国青年报 2023 年 10 月《AI 心理服务机器人：帮人们自助解决心理问题》的报道。

在 2023 年 9 月初举办的中国国际服务贸易交易会上，被命名为"北小六"的 AI 心理服务机器人正式亮相。它身高约 1 米，"头部"为数字屏幕，"脚底"装有轮子，可移动。"北小六"是在中国科学院院士、北京大学第六医院院长陆林指导下，由该院临床心理中心主任黄薛冰带领团队研发而成。据"北小六"研发团队成员、心理治疗师张爽介绍，"北小六"的研发于 2019 年启动，旨在帮助人们自助式地解决心理问题，防止病情加重。2022 年 10 月，"北小六"AI 心理服务机器人正式投入使用。

"北小六"的功能由四大模块组成：AI 咨询、心理评估、心理干预和科普宣教，分别用于确定用户的心理问题并推荐匹配的咨询方案，早期识别和筛查，提供四大标准化干预方案、八大专项技能训练，以及帮助用户学习心理学相关知识。其中，AI 部分功能通过自然语言理解和机器学习实现，用户可以通过人机交互、语音等方式与"北小六"进行对话和互动。相较于以往以评估为主的心理数字产品，"北小六"的智能和独特之处在于，它能够根据问题提供标准化心理干预。这也让许多人好奇 AI 心理咨询是否真的可靠、有效。

张爽告诉记者，经过临床随机对照试验发现，"北小六"能够显著改善抑郁、焦虑问题，干预效果好于新手治疗师。循证数据显示，其用户满意度以及抑郁症预测精准度都较高。"北小六"已经在该院服务约一万人次，包括个体咨询和团体咨询。

借助数字化手段构筑的心理服务场景，让更多的学生得到常态化的关爱，也带给学校服务场景的数字化转型新的动能。

（三）案例分析

根据上述的案例，我们尝试建立了以下运作模式：

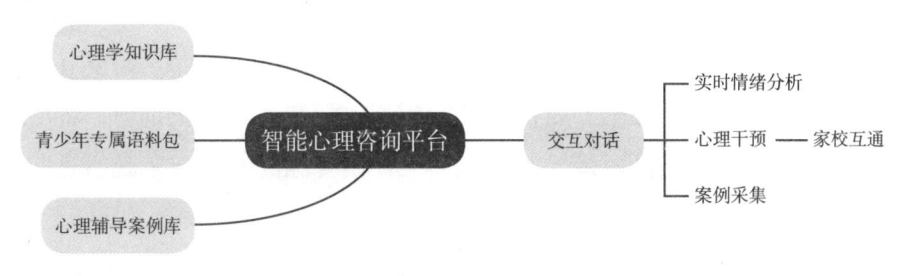

```
心理学知识库 ─┐
青少年专属语料包 ─┼─ 智能心理咨询平台 ─── 交互对话 ─┬─ 实时情绪分析
心理辅导案例库 ─┘                              ├─ 心理干预 ─── 家校互通
                                                └─ 案例采集
```

图表 18　数字化心理咨询平台

在非交互对话期间，智能心理咨询平台会时时检索前沿信息，不断更新心理学知识、心理辅导案例以及青少年专属语料。而在对话中，会用高清摄像头动态捕捉学生面部表情的细微变化，借助大数据进行解读，实时地调整心理干预的方式。

如果当前对话取得了一定的成效，即时地把相关内容汇入心理辅导案例库，并把从学生身上习得的体现青少年个性特征的语言分类导入青少年专属语料包。如果心理干预效果甚微，或者对话虽有效果但时态有一定的紧急性，就把相关情况第一时间传递给专业的心理老师。由心理老师做出判断，或进一步传递给心理专家，决策如何进行更具针对性的心理干预，并判断是否把相关信息告知家长。之所以需要专业老师或专家来决断是否告知家长，而不是由系统第一时间在家校之间进行推送，是因为很多对话涉及到孩子的个人隐私。当然如果事态特别紧急，系统会立马向专业机构发出求助。

第四节　数字平台打通校内外联动

一、数字平台打通校企合作

（一）案例背景

2023 年 6 月，国家发展改革委、教育部、人力资源社会保障部等 8 部门联合印发《职业教育产教融合赋能提升行动实施方案（2023—2025 年）》，其中提到支持职业院校联合企业、科研院所开展协同创新，引导企业深度参与职业院校专业规划、教材开发、教学设计、课程设置、实习实训，促进企业需求融入人才培养各环节。党的二十大报告中指出，"加强企业主导的产学研深度融合，强化目标导向,提高科技成果转化和产业化水平。"校企合作人才模式,需要建立校企合作的组织架构和制度体系,需要协调学校与企业之间的关系,需要有优秀企业人才作为师资力量,更需要完善实习基地建设等。[①]信息化的助力,将帮助学校有组织地推动校企精准对接、合作创新,实现"校企"的双向奔赴。

(二)案例呈现

2023年5月28日,中国日报以《"千校万企"协同创新平台发布》为题,报道了2023中关村国际交易大会世界知名高校技术转移发展大会。会上,中关村软件园联合中国产学研合作促进会正式发布"千校万企"协同创新平台,进一步推动全国高校赋能企业技术升级和产业发展。"千校万企"协同创新平台,计划利用5年时间,有组织推动1000所以上高校支撑服务1万家以上企业高质量发展。

图表19 "万企千校"平台

2024年3月18日,中国日报《千校万企协同创新 加速发展新质生产力》报道,为实现高校与行业龙头企业技术升级需求的精准对接,加速新质生产力的形成与发展,2024中国千校万企协同创新推进会在京举行。本次推进会组织了北京大学、清华大学、上海交通大学、浙江大学、华中科技大学等全国21所重点高校发布重大科技创新成果1500余项,包含北京大学的癌症诊疗一体化芯片、清华大学的生物降解新材料PHA合成技术等重大科技突破成果,以及西安交通大学氢易能源等产业化项目成果。5个区域政府和产业园区发布人工智能、智能

[①] 杨睿.《校企合作人才培养模式》[J].上海轻工业,2024年3月第3期.

制造、生物医药产业集群创新和企业技术协同研发需求 1100 余项，成功实现技术供需对接超过 800 余项。同时，会议现场举办了重量级校企签约。

教育部科学技术与信息化司原司长雷朝滋表示，与过去量大面广的自发的高校科技人员与企业的合作相比，有组织的校企合作可以组建跨学科跨领域上中下游衔接的攻坚团队，针对行业产业的关键核心技术、共性技术和"卡脖子问题"，解决行业产业发展中的重大问题，而不是一般技术问题，切实推动产业迭代升级，提升企业的国际核心竞争力。

该平台通过线上线下方式开展校企合作项目，线上提供网络技术支持，建立校、政、企互动交流服务平台。线下通过校内、校外实习实训基地和产业园区，为学生提供实习实训场所。通过信息化平台的建设，打破校企合作壁垒。

（三）案例分析

从学校的角度，为应用型人才培养的需求得到进一步实现。借助平台，将行业领先企业的岗位要求、工艺流程等产业课程引入院校，使得人才培养以能力培养为核心、学以致用为宗旨，以就业需求为导向、岗位标准为依据，促进了高校人才培养模式与企业用人需求深入融合，提高学生综合能力，促进学生就业创造。

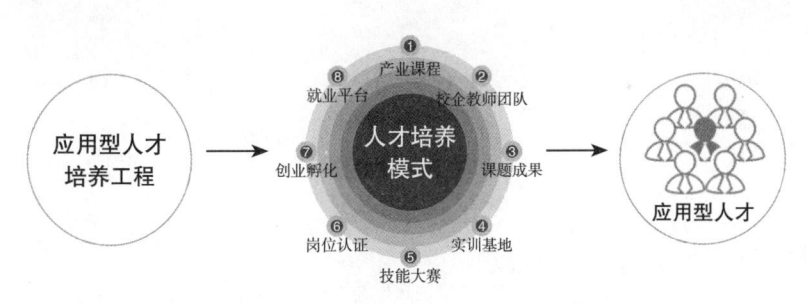

图表 20 "万企千校"平台人才培养模式

从企业的角度，进一步促进企业发展校企合作，帮助企业解决发展中面临的人才、技术、管理、营销、售后等问题，通过八大模块"岗位人才库""科技攻关""成果转移""管理培训""校企营销体系""校企售后服务""校企孵化基金""项目合作平台"，解决企业发展中面临的问题。

图表 21 "万企千校"平台促进企业发展校企合作方案

通过校企合作平台的建设,搭建产教结合线上交流ing太,促进校企多对多良性互动,让更多的企业支持职业、高等教育,高校资源更好地为产业服务。

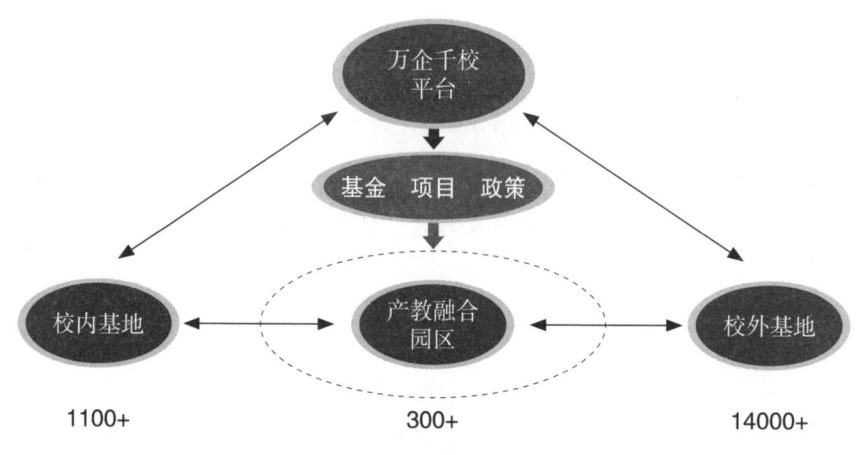

图表 22 "万企千校"平台实施模块及路径

二、数字平台打通家校互动

(一)案例背景

教育需要多方共同努力,才能达到效果。这其中家庭、学校、社会的有机配合,发挥各自应有的作用,对教育管理显得尤其重要。学校要密切家校沟通,创新协同方式,推进协同育人的共同建设。[1]2015 年,教育部印发的《教育部关于加强家庭教育工作的指导意见》要求,加强家庭教育工作首先要明确家长在家庭

---

[1] 高俊.《走向新时代的教学管理》[M],华东师范大学出版社,2023 年 10 月,235—244.

教育中的主体责任，同时，要充分发挥学校在家庭教育中的重要作用。2023年，上海市教育委员会制定《上海市中小学生全员导师制工作方案》，促进提高全体教师的育人意识和能力，健全学校家庭社会协同育人机制，促进全体学生德智体美劳全面发展。信息技术的应用，为家庭教育工作的开展、全员导师制的落地，搭建了新的沟通渠道、平台和方式。使学校管理更为可视化、家校沟通的渠道更为畅通。

（二）案例呈现

2023年初，上海市新大桥中学通过绿蜻蜓云校园平台，实现全员导师智能记录。在没有智能记录以前，导师与学生的双向选择、导师对于学生各方面情况的了解、导师的家访、沟通及评语、导师手册的填写等，都需要大量的时间和精力去完成。绿蜻蜓全员导师制软件让管理、沟通的流程变得更为简单和实用。

新大桥中学的卢老师明显地感受到了这样的变化。"以前，纸质的导师手册填写完成后，还要将每个孩子本学期的表现和评语一一地和家长进行沟通，现在，只要打开微信小程序，完成评语的录入，便可以直接推送给家长，有些家长看到后，也会留言进行互动，减少了工作的重复性，提高了沟通的效率。"

图表23　绿蜻蜓云校园 数据字典操作界面

卢老师本学期所导的共有10名学生，有几位是其他导师这里转过来的同学，这样的学生往往让她头疼，因为不熟悉学生的情况，需要进行多方面的了解，才能更好地走近孩子的内心，使用全员导师制智能记录以后，卢老师这方面的压力显然小了很多。"只要快速浏览小程序中的学生档案，便可以看到学生的综合数字画像，学业、活动参与等，还能查看各个学期导师对他的家访、谈心谈话的记录，以及前任导师的沟通记录等等，确实方便了不少。"

新学年，学校提出了"五星导师"的评价要求，对导师家访、谈心谈话、导师寄语等提出了更高的要求。德育处的陈老师打开全员导师制数据字典界面，更新了对于导师的考核要求。"每学期期中和期末，我们会对学校导师的工作进行查看，统计导师本学期所进行的谈心谈话、家访次数，同时，查看家长和导师的沟通记录，并根据家长对于导师的评价进行'五星导师'的评选和颁奖，而智能记录成为我们考核的重要依据。数据的实时呈现和量化汇总，为全员导师的管理，提供了非常大的便利。同时，家长的反馈情况一目了然，一旦发现问题，我们会及时沟通和处理，构建更加科学、人性化的家校共育圈。"

再来看看浙江省永康市在当地教育局的推动下如何利用大数据推动家校协同育人。中国教育报 2024 年 3 月 25 日《浙江永康：大数据助力精准家访》中，浙江省永康市在当地教育局的推动下，推出基于大数据的"幸福 1+1"家校共育平台和精准家访方案，整合实地家访和数字家访优势，推进义务教育阶段家访改革，实现精准预测、及时预警、精准助力，同时向家长传递科学的养育观念和智慧的养育方式，增强家访和家校共育的实际效果。

"幸福 1+1"家校共育平台系统主要从"问"（数据采集与分析）和"向"（数据应用与反馈）两大模块来进行设计。通过家庭养育环境评估、学生日常行为观察、学生心理测评、教师胜任力评估等多元数据采集，平台系统可以为学生、家庭和教师描述精准的数字画像，并以教育科学作为智能分析依据，为家访提供策略支持。

依托"幸福 1+1"家校共育平台，可将"家庭养育环境评估→数据分析→精准推送（面向家长的育儿知识推送+面向教师的家访策略指引）→决策实施→评价反馈"这一系列工作链条串联起来，既为家长免费提供一个线上学习平台，又为教师提供一个提升家访和指导能力的平台。家长可在这个平台上学习家庭教育相关知识，评估自己的家庭教育现状，练习亲子沟通的技巧，并得到个性化的家庭教育指导服务。教师则通过平台的胜任力评估与线上培训，提升自身的家校沟通能力、学生指导能力等。

除此之外，系统还有对学生身心发展情况的评估数据，还将结合教师的行为观察、家访等过程数据，形成全面的综合预警机制。多维度预警系统与教师的家访工作相结合，提高了家访工作的前瞻性和精准性。同时，通过对学生及家庭画像的深入分析，为教师提供更个性化的辅导建议，为家访提供更精细化的支持，真正实现了对每个学生及其家庭需求的关注。

（三）案例分析

以新大桥中学全员导师制为例，我们来看看全员导师制管理流程上的简便和优化。学校只需将基本师生信息录入，设置考核指标，便可将管理交给智能系统。所有过程性的环节都变得可视化、简单化。学校、教师、家长相互关联，形成一个有机的整体。

设定：对学生、导师信息进行设置
考核：实时进行过程性考核评价

记录：导师工作过程性记录
指导：家庭教育等方面进行策略指导

了解：学生在校综合表现
互动：和教师进行线上沟通
评价：对导师工作进行评价

图表 24　数字赋能下的家校互动模式

受益的不仅仅是学校，对于教师和家长而言，时间和空间的隔阂消除，打破了传统家校联系方式在和时间上的限制，互动的地点和时间更加的开放。沟通方式的内容及形式更加多元，以往通过文字或语音等单一的沟通，转换为通过文字、语言、照片、小视频等直观的形式展现给家长。[①]资源共享更加便利，不仅仅可以和老师咨询家庭教育相关问题，还可以将家长资源整合，促进教育理念的提升。

经过对学校的各大场景的深入探讨和挖掘，我们发现随着技术的应用与迭代，变革无处不在，改变时刻发生。人工智能时代的到来，对学校各个场景的数字化转型、学校治理产生全面而深远的影响，在学校治理过程中彰显出独特的价

---

① 严安，王爱菊，许文静.《互联网＋时代小学家校互动联合教育机制研究》[J].基础学科，2017 年 6 月第 18 期.

值。正如上海市人民政府副秘书长王为人在 2024 世界数字教育大会"教育治理数字化与数字教育治理"平行会议中所说,教育数字化转型是教育现代化的重要内容,不仅可以赋能教、学、考、管、评各环节,而且打破了教育教学过程的时空限制,以前所未有的方式推动教育管理和服务流程再造。教育场景信息的虚与实的再造,不论如何变革,不变的是留给教育最重要的体验——被技术解放的真、趣、美。[1] 行胜于言,路在脚下。满足人民日益增长的美好教育需要,推动教育高质量发展,推动学校治理精细化改革,我们始终在路上!

(本章由王晴艳执笔。王晴艳:中学一级专业技术职称,上海市新大桥中学副校长)

---

[1] 魏忠.《数字时代的教育转型》[M].华东师范大学出版社,2023 年 11 月,8—9.

第十三章　融合学校教育新场景　数智赋能学生向未来

数字化转型正在深刻重塑学校教育的全新场景，将传统教育模式推向一个更为先进、高效的发展阶段。在这一过程中坚守"以人为中心"的教育理念显得尤为关键，我们认为教育的核心应始终围绕学生的全面发展，充分关注每一位学生的个体差异与独特需求。通过数字化转型，学生核心素养也正经历着一次蝶变，他们不仅要掌握基础的知识和技能，更要培养起创新思维、批判性思维等核心素养，以适应未来社会的快速发展与变革。通过推动着学变革与学习变革的深度融合，数字化技术为教学提供了更多的可能性和灵活性，使得个性化教学、探究式学习等新型教学模式得以广泛实施，共同变革的是学生的趋于自主与研究的学习方式，从过去的被动接受知识，转变为现在的主动探索、自主学习。未来教育会在数智赋能学生的过程中，变得更加公平、开放和多元，为每一个学生提供更为广阔的成长空间和未来发展机会。

第一节　学生核心素养的蝶变

一、数字意识

数字意识形态安全风险的生成与数字社会结构性变迁、数字主体利益调整、数字资本干预、数字治理尚未健全等多重因素紧密相关。[1] 对于学生而言，数字意识不仅仅是简单的数字认识，更是一种内化的数字敏感性，它涉及到对数字真

---

[1] 刘志礼，李佳隆.数字意识形态安全风险的深度透视与治理路径[J].思想教育研究，2023（12）：73—79.

伪和价值的正确判断，以及主动发现和利用真实、准确数字的动机。同时，数字意识也体现在协同学习和工作中，能够分享真实、科学、有效的数据，并主动维护数据的安全。这种数字意识的培养，对于学生核心素养的全面提升具有深远的影响。

1. 数字意识的培养有助于提高学生的信息素养。在信息时代，信息充斥着我们的生活，而数字则是信息的重要载体。具备数字意识的学生，知道如何获取、处理和评价数字信息，从而做出更加明智的决策。这种信息素养的提升，有助于学生在学习和工作中更好地应对各种挑战。

2. 数字意识的培养有助于培养学生的创新思维和批判性思维。在数字时代，创新和批判性思维成为了衡量人才的重要标准。具备数字意识的学生，能够更加敏锐地捕捉数字背后的规律和趋势，从而提出新的想法和解决方案。同时，他们也能够对数字信息进行深入的分析和评价，形成自己的独立见解。

3. 数字意识的培养也对学生的个人发展有着积极的影响。在现代社会，数字技能已经成为了一种基本的生存技能。具备数字意识的学生，能够更好地适应数字时代的发展需求，从而在未来的职业发展中占据优势地位。他们能够更好地利用数字工具进行学习、工作和生活，提高自己的生活质量和幸福感。

数字意识涉及到对数字真伪和价值的正确判断，以及主动发现和利用真实、准确数字的动机。数字意识的培养有助于提高学生的信息素养、创新思维和批判性思维，同时也能够提高他们的团队协作能力和个人发展潜力。因此，我们应该重视数字意识的培养，将其纳入教育的重要议程，以实现学生全面素质的提升。

二、计算思维

计算思维作为计算时代的新产物，是一种可以灵活运用计算工具与方法求解问题的思维活动，对促进人的整体和终身发展具有不可替代的重要作用。[①] 这种思维方式强调在分析和解决问题时，主动抽象问题、分解问题、构造解决问题的模型和算法，善用迭代和优化，并形成高效解决同类问题的范式。对学生而言，孕育计算思维是一种习惯，培育出高阶计算思维能够提升思维层级。

---

① 范文翔，张一春，李艺.国内外计算思维研究与发展综述［J］.远程教育杂志，2018，36（02）：3—17. DOI：10.15881/j.cnki.cn33-1304/g4.2018.02.001.

1. 计算思维的核心在于主动抽象问题。在现实生活中，我们所面临的问题往往纷繁复杂，难以直接找到解决方案。这时，需要运用计算思维，将具体问题抽象为一般性的数学模型或计算问题。通过抽象，我们能够忽略问题的非本质细节，从而更加清晰地把握问题的本质和关键。

2. 计算思维要求我们在解决问题时善于分解问题。一个复杂的问题往往可以分解为若干个子问题，这些子问题相对独立且易于解决。通过分解问题，我们可以将复杂问题简化为一系列简单问题的组合，从而降低解决问题的难度。同时，分解问题还有助于我们更好地理解和把握问题的各个部分，从而更全面地找到解决方案。

3. 计算思维强调善用迭代和优化。在解决问题的过程中，我们通常需要不断地尝试和修正解决方案，以达到最佳效果。通过迭代和优化，我们可以不断地改进解决方案，使其更加完善和高效。这种迭代和优化的过程不仅有助于我们找到最佳的解决方案，还有助于我们积累经验，提高解决问题的能力。

计算思维作为一种现代问题解决策略，对于我们应对复杂问题具有重要意义。通过主动抽象问题、分解问题、构造解决问题的模型和算法、善用迭代和优化以及形成高效解决同类问题的范式，我们可以更加高效地解决问题，提高我们的综合素质和竞争力。因此，我们应该积极培养和应用计算思维，以适应现代社会的发展需求。

三、数字化学习与创新

在数字化时代，学习与创新的方式正在发生深刻变革。"数字化学习与创新"素养在课程实施过程中的四种具体方式，分别是基于搜索的探究、基于社交的协作、基于作品的创造、基于项目的挑战。[①] 数字化学习与创新不仅是个人提升能力的途径，更是社会进步的重要驱动力。积极利用丰富的数字化资源、广泛的数字化工具和泛在的数字化平台，对于开展探索和创新具有至关重要的意义。

1. 数字化资源为学习与创新提供了无限可能。互联网上充斥着海量的知识库、数据库和在线课程，涵盖了各个领域和学科。这些资源具有高度的可访问性

---

① 杨晓哲，任友群.高中信息技术学科的价值追求：数字化学习与创新[J].中国电化教育，2017（01）：21—26.

和共享性，使得学习者可以随时随地获取所需信息，开展自主学习和终身学习。同时，数字化资源还具有多媒体、交互性和个性化的特点，可以激发学习者的学习兴趣和动力，提高学习效果和创新能力。

2. 数字化工具为学习与创新提供了强大的支持。从在线协作平台到虚拟现实技术，数字化工具在各个领域都发挥着重要作用。这些工具不仅可以帮助学习者进行知识的获取和整理，还可以促进学习者之间的交流和合作，推动创新思维的产生和发展。例如，在线协作平台可以让学习者跨越地域界限，共同完成任务和项目；虚拟现实技术则可以为学习者提供沉浸式的学习体验，增强学习的真实感和趣味性。

3. 数字化平台为学习与创新提供了广阔的舞台。数字化平台如社交媒体、在线社区和开源平台等，为学习者提供了展示自己才华和实现创新想法的机会。通过这些平台，学习者可以与他人分享自己的见解和作品，接受他人的反馈和建议，从而不断完善和提高自己的创新能力。同时，数字化平台还为学习者提供了参与全球创新和竞争的机会，推动了知识的共享和创新成果的转化。政府、企业和教育机构等应该加强数字化资源、工具和平台的建设及其优化和投入力度，开发更多高质量的数字化资源和工具，提供更便捷、高效和个性化的数字化学习与创新服务。

教师应和学生共同积极拥抱数字化时代，充分利用数字化资源、工具和平台开展探索和创新活动，不断提高自己的学习能力和创新能力，为推动社会进步和发展贡献自己的力量。

四、数字社会责任

数字社会责任是指在数字化时代，个人和组织在利用数字技术、资源和平台时，应当承担的伦理、道德和法律责任。《教师数字素养》行业标准给出了教师数字素养框架，规定了数字化意识、数字技术知识与技能、数字化应用、数字社会责任，以及专业发展五个维度的要求。[①] 它要求我们在数字世界中，形成正确的价值观、道德观和法治观，遵循数字伦理规范，以实现个人和社会的可持续

---

① 吴砥，陈敏.教师数字素养：教育数字化转型背景下的教师发展重点[J].中国信息技术教育，2023（05）：4—7.

发展。

1. 形成正确的价值观是履行数字社会责任的基石。在数字化时代，我们应该坚持尊重他人、公平公正、诚实守信等原则，不利用数字技术损害他人的利益。例如，在网络交往中，我们应该尊重他人的隐私和知识产权，不传播谣言、恶意攻击他人或盗用他人的创作成果。同时，我们还应该积极传播正能量，弘扬社会主义核心价值观，为营造良好的网络氛围贡献力量。

2. 树立道德观是履行数字社会责任的关键。在数字世界中，道德观念同样适用。我们应该遵守道德规范，不从事网络欺诈、网络暴力、网络色情等不道德行为。例如，在电子商务活动中，商家应该诚实守信，不虚假宣传、欺诈消费者；消费者也应该遵守购物规则，不恶意差评、敲诈勒索。通过树立道德观，我们可以共同维护数字世界的秩序和公平。

3. 遵循数字伦理规范也是履行数字社会责任的重要组成部分。数字伦理规范是指在数字世界中，我们应该遵循的一系列道德准则和行为规范。这些规范旨在保护个人隐私、数据安全、信息真实等方面。例如，在数据收集和使用中，我们应该尊重用户的隐私权，不泄露、滥用用户数据；在信息发布和传播中，我们应该确保信息的真实性和准确性，不传播虚假信息、误导公众。通过遵循数字伦理规范，我们可以为数字世界的健康发展贡献力量。

通过形成正确的价值观、道德观和法治观，遵循数字伦理规范，我们可以为自己、他人和社会的可持续发展贡献力量。让我们携手共进，共同营造一个健康、和谐、有序的数字世界。

第二节　数字化转型构建学校教育新场景

一、技术赋能

技术赋能正逐步重塑我们的教育格局。随着科技的日新月异，教育领域的革新步伐也在加快。在这场由技术引领的教育革命中，一系列前沿科技如人工智能、虚拟现实、增强现实和大数据等正逐渐崭露头角，为教育注入了新的活力。

1. 人工智能的广泛应用，使得教育更加智能化。智能教学系统能够根据学生的学习进度和兴趣点，提供个性化的学习路径和资源推荐。同时，借助自然语言处理等技术，智能教育平台还可以实现与学生的实时互动，及时解答疑惑，提升学习效果。

2.虚拟现实和增强现实技术的运用，让教育场景变得更加生动和真实。通过模拟实验、历史场景重现等方式，学生能够更加直观地理解抽象概念和复杂原理。这种沉浸式的学习体验不仅增强了学生的学习兴趣，还有助于培养他们的创新能力和实践精神。

3.大数据技术的应用，则为教育提供了更加科学、精准的决策支持。通过对学生的学习行为、成绩变化等数据进行深度挖掘和分析，教育者可以更加全面地了解学生的学习状况和需求，从而制定出更加符合学生实际的教学计划和策略。

这些新技术的融合应用，使得教育更加高效化。在线学习、远程教育等新型教育模式应运而生，打破了传统教育的时空限制，让优质教育资源得以更广泛的共享。同时，智能评估和反馈机制的建立，也使得学生的学习成果能够得到更加及时、准确的反馈，有助于他们更快地掌握知识、提升能力。

二、线上线下融合

线上线下融合的教育模式正逐渐崭露头角，成为教育领域的一大创新。传统的线下教育，虽然历史悠久、根基深厚，但受限于时间、地点和教学资源等因素，往往难以满足学生日益多样化的学习需求。而线上教育的兴起，以其灵活便捷、资源丰富、互动性强等特点，为学生提供了更加广阔的学习空间。随着技术的不断进步，线上教育与线下教育开始相互融合，形成了一种全新的教育模式。这种模式充分利用了线上线下的各自优势，打破了传统教育的固有模式，为学生提供了更加灵活多样的学习方式。

1.在线上线下融合的教育模式中，远程教学成为了一种重要的形式。借助互联网技术和教育平台，教师可以实现跨地域的教学，让更多的学生有机会接触到优质的教育资源。同时，学生也可以根据自己的实际情况，选择合适的时间进行学习，不受传统课堂的时间限制。线上网络教学与线下课堂教学优势互补，齐头并进，整个过程充分调动教与学双方的积极性，给教师、学生带来一种全新的体验。[1]

---

[1] 马一.线上线下混合式教学行动研究——信息技术与思政课教学融合创新[J].教育学术月刊，2020（07）：97—105. DOI：10.16477/j.cnki.issn1674-2311.2020.07.013.

2. 线上课程也为学生提供了更加个性化的学习体验。学生可以根据自己的兴趣和需求，自主选择课程内容和学习进度。同时，线上课程通常配备有丰富的教学资源和互动工具，如视频、音频、课件、在线讨论等，使得学习变得更加生动有趣。

3. 自主学习也是线上线下融合教育模式中的一大特点。学生可以通过线上平台进行自主学习，根据自己的节奏和进度进行学习。同时，线上平台还可以提供实时反馈和评估，帮助学生及时了解自己的学习情况和进步程度。

线上线下融合的教育模式为学生提供了更加灵活、多样和个性化的学习方式。它不仅打破了传统教育的时空限制，还充分利用了线上线下的各自优势，让教育更加符合学生的实际需求。随着技术的不断进步和教育理念的更新，线上线下融合的教育模式必将在未来发挥更加重要的作用。

三、社交互动

随着新技术的不断涌现，教育领域正经历着一场前所未有的变革。在这场变革中，社交互动成为了新的教育场景中不可或缺的重要组成部分。通过社交媒体、在线论坛、学习小组等方式，学生、教师以及其他学习伙伴可以跨越时空界限，进行实时互动和交流，共同分享学习心得和经验，实现共同成长。在传统教育模式中，社交互动往往局限于课堂和校园之内，受到时间、地点和人员等因素的限制。然而，在新的教育场景中，社交互动得以拓展和深化，成为了连接学生、教师和学习伙伴的桥梁。

1. 社交媒体成为了学生之间交流互动的重要平台。通过微博、微信、抖音等社交媒体，学生可以随时随地分享自己的学习心得、疑问和成果，与其他同学进行交流和讨论。这种交流不仅有助于加深对知识点的理解和记忆，还能培养学生的批判性思维和沟通能力。同时，社交媒体上的点赞、评论和转发等功能，也能激发学生的学习动力和热情，形成积极向上的学习氛围。

2. 在线论坛则为学生提供了一个更加开放和多元的交流空间。在论坛上，学生可以发布自己的问题、观点和见解，吸引其他同学的关注和讨论。通过在线论坛，学生不仅能够获得知识和技能的提升，还能培养自己的批判性思维和创新能力。

3.学习小组则是一种更加紧密和高效的学习方式。在学习小组中，学生可以根据自己的兴趣和需求选择合适的伙伴，共同开展学习活动。他们可以共同制定学习计划、分享学习资料、进行讨论和答疑等。通过小组学习，学生不仅能够获得知识和技能的提升，还能培养团队协作和沟通能力。

通过社交媒体、在线论坛、学习小组等方式，学生可以与教师、同学进行实时互动和交流，分享学习心得和经验，实现共同成长。这种社交互动不仅有助于提高学生的学习效果和综合素质，还能培养他们的批判性思维、沟通能力和团队协作精神。随着技术的不断进步和教育理念的创新，社交互动将在未来教育领域中发挥更加重要的作用。

四、多元化评价

随着教育改革的深入推进，传统的以考试为主的评价方式正在向多元化评价转变。多元化教学评价，顾名思义就是在评价学生学习过程和结果时，不局限于单一的纸笔测验，包括实作评价、档案评价、口头评价等。[①] 多元化评价注重学生的实际应用能力、学习过程和综合素质的评价，使得评价更加全面、客观和准确。

1.在多元化评价中，学生的实际应用能力成为评价的重要内容之一。这种评价方式鼓励学生将所学知识应用到实际生活中，解决实际问题。例如，在科学实验、社会实践等活动中，学生可以通过亲身实践来展示自己的实际应用能力，也能培养学生的创新意识和团队协作精神。

2.学习过程评价也是多元化评价的重要组成部分。它强调对学习过程的关注，通过记录学生的学习轨迹、分析学生的学习数据等方式，来评价学生的学习态度和努力程度。这种评价方式有助于激发学生的学习动力，培养学生的学习自主性和责任感。研究表明，多元化评价能够提高评价结果的质量，改善评价信息的使用，增强评价的教育功能，改善评价者和被评价者关系，并对评价组织者提出了更高的要求。研究还分析了若干相关问题以使主体多元化评价在外语学习中

---

① 王淑慧.多元化教学评价的研究［D］.华中师范大学，2011.

产生更多正面效应。[①]

3. 综合素质评价也是多元化评价的重要方面。包括学生的道德品质、身心健康、艺术素养等方面。在多元化评价中，学生可以通过参与各种课外活动、社会实践等方式来展示自己的综合素质。这种评价方式有助于促进学生的全面发展，培养具有社会责任感和创新精神的人才。

为了实现多元化评价，教育者首先需要更新教育理念，认识到多元化评价的重要性。其次，教育者需要设计科学合理的评价体系，将多元化评价的理念融入到评价实践中。这包括制定评价标准、选择评价工具、确定评价时机等。最后，教育者需要加强对评价结果的反馈和指导，帮助学生了解自己的优势和不足，制定个性化的学习计划和发展目标。这样才有助于促进教育公平和提高教育质量，为培养具有创新精神和实践能力的新时代人才奠定坚实基础。

五、开放教育资源

随着互联网的飞速发展和普及，一个崭新的教育时代正悄然来临。在这一时代中，开放教育资源成为了引领教育变革的重要力量。这些资源不仅涵盖了传统的课程、教材，还扩展到了软件、硬件等多个领域，使得教育更加公平、普及和灵活。

1. 开放教育资源的出现极大地打破了教育的地域限制。在传统的教育模式下，优质的教育资源往往集中在少数名校或大城市中，使得许多地区的学生难以接触到这些资源。然而，随着开放教育资源的兴起，这些资源得以通过网络平台广泛传播和共享。无论是城市还是农村，无论是发达地区还是欠发达地区，只要有互联网接入，学生们都能够接触到这些优质的教育资源，这无疑为教育公平迈出了坚实的一步。

2. 开放教育资源还促进了教育的普及。在传统的教育模式下，学生需要走进学校、课堂，才能接受到系统的教育。然而，这种方式对于许多因各种原因无法走进课堂的学生来说，无疑是一种巨大的障碍。而开放教育资源的出现，使得这些学生能够通过网络平台自主学习，掌握所需的知识和技能。这不仅为这些学生

---

① 詹先君. 外语学习主体多元化评价的效应研究——以大学英语学习评价为例 [J]. 外语界, 2010（03）: 87—94.

提供了更多的学习机会，也为教育的普及打下了坚实的基础。

3.开放教育资源推动了教育的创新和发展。在传统的教育模式下，教材和教学方法往往受到严格的限制和约束。然而，随着开放教育资源的兴起，教育者和学习者都可以根据自己的需求和兴趣，自主选择和组合这些资源，创造出更加丰富多彩的教育内容和形式。这不仅为教育创新提供了广阔的空间，也为教育的发展注入了新的活力。

开放教育资源不仅打破了教育的地域限制，促进了教育的普及和创新，还为教育的发展注入了新的活力。随着技术的不断进步和社会的不断发展，我们有理由相信，开放教育资源将在未来的教育领域中发挥更加重要的作用，为培养更多优秀人才、推动社会进步做出更大的贡献。

第三节　教学变革与学习变革

一、教学变革的挑战与机遇

面对数字化转型的挑战，教师需要勇于拥抱变革，不断更新自己的教学方法和技术能力。这一转变不仅要求他们掌握新型教学工具，更需要在教学理念上进行深刻的转变。为此，许多学校积极应对，为教师提供了专业发展培训和资源支持，助力他们在数字化转型的道路上稳步前行。通过提供专业发展培训和资源支持，学校能够帮助教师顺利应对这些挑战，实现教学方法和技术能力的更新与提升。同时，教师也需要保持开放的心态和持续学习的精神，不断探索和实践数字化教学的新模式和新方法。

（一）挑战

1.个性化学习需求：因材施教的新挑战

在数字化教育环境中，学生的个性化学习需求愈发凸显。每个学生都有自己独特的学习风格、兴趣爱好和能力水平，传统的一刀切教学方式已难以满足他们的需求。如何根据每个学生的个性特点，提供量身定制的教学内容和方法，成为了数字教育面临的首要挑战。

为了应对这一挑战，我们需要构建一个高度个性化的学习环境。首先，通过对学生学习数据的收集和分析，了解他们的学习风格、兴趣爱好和能力水平，从而为他们推荐合适的学习资源和学习路径。其次，借助人工智能技术，实现智能推荐和智能辅导，为学生提供个性化的学习体验。最后，我们还需要鼓励学生积极参与学习过程，发挥他们的主观能动性，实现自我驱动的学习。

2. 技术更新换代：教师适应能力的挑战

随着教育技术的不断更新换代，教师需要不断学习新技术、新方法，以适应教育场景的变化。这对于教师的学习能力和适应能力提出了更高的要求。然而，现实中许多教师面临着技术恐惧、技术使用不熟练等问题，导致新技术在教育中的应用受到阻碍。

为了应对这一挑战，我们需要采取以下措施：首先，加强教师的技术培训，提高他们的技术水平和应用能力。可以通过组织定期的技术培训、研讨会等活动，让教师了解并掌握最新的教育技术。其次，鼓励教师在教学实践中积极探索和应用新技术，通过实践来提升他们的技术应用能力。最后，建立一个技术支持团队，为教师提供技术支持和咨询服务，帮助他们解决技术应用过程中遇到的问题。

3. 教育公平性的挑战：缩小数字鸿沟

教育公平是重要的社会公平，其主要内涵包括人人享受平等的教育权利；人人平等地享有公共教育资源；公共教育资源配置向社会弱势群体倾斜（"不平等"的矫正）；反对各种形式的教育特权。[①]虽然教育技术的普及有助于提高教育的可及性，但也存在着数字鸿沟问题。一些地区或家庭由于经济、文化等原因，无法获得优质的教育资源，导致教育公平性问题日益凸显。

为了缩小数字鸿沟，实现教育公平，需要采取以下措施：首先，加大教育投入，提高教育资源的覆盖率和质量。政府和社会各界应共同努力，为更多地区和家庭提供优质的教育资源。其次，推动教育技术的普及和应用，让更多学生受益。可以通过开展远程教育、在线教育等方式，让优质教育资源跨越地域限制，惠及更多学生。最后，关注弱势群体，为他们提供特殊的教育支持。教育治理的直接目标是善治，即"好治理"；最终目标是"好教育"，即建立高效、公平、自由、有序的教育新格局。[②]

---

① 石中英.教育公平的主要内涵与社会意义[J].中国教育学刊，2008（03）：1-6+27.
② 褚宏启.教育治理：以共治求善治[J].教育研究，2014，35（10）：4—11.

（二）机遇

1. 教育资源的丰富：打破时空限制，实现资源共享

互联网的普及使得教育资源变得前所未有地丰富。教师可以通过各种在线平台和社交媒体获取来自世界各地的优质教育资源，包括课程资料、教学视频、教学案例等。这些资源不仅丰富了教学内容，还提高了教学质量。同时，学生也可以通过互联网获取丰富的学习资料，满足个性化学习的需求。

2. 教学模式的创新：混合式学习、翻转课堂等新模式涌现

教育技术的发展为教学模式的创新提供了可能。传统的课堂教学模式已经难以满足现代教育的需求，而混合式学习、翻转课堂等新型教学模式的出现，为教学带来了新的变革。

混合式学习将传统课堂教学与在线学习相结合，充分发挥了两种教学模式的优势。通过在线平台，教师可以发布课程资料、布置作业、组织讨论等，学生可以自主学习、互动交流、完成作业等。翻转课堂则是将传统课堂的教学模式颠倒过来，让学生在课前通过观看教学视频、阅读资料等方式自主学习，而课堂时间则用于讨论、交流和解决问题。这两种教学模式激发了学生的学习兴趣，提高了他们的参与度，同时也使得教师能够更好地了解学生的学习情况，进行针对性的指导。

3. 学生自主学习能力的提高：技术手段助力个性化学习

随着教育技术的发展，学生的自主学习能力得到了极大的提高。在线学习平台、智能学习软件等技术的应用，使得学生可以自主选择学习内容和学习方式，实现个性化学习。

在线学习平台为学生提供了丰富的学习资源和学习路径，学生可以根据自己的兴趣和需求选择适合自己的学习内容。智能学习软件则可以根据学生的学习情况和能力水平，为他们推荐合适的学习资源和练习题目，帮助他们更好地掌握知识。

二、学习变革的方向与策略

（一）课程与教材模式的变革

传统的课程与教材模式往往以教材为中心，学生被动接受书本知识。然而，随着信息技术的发展，学生可以通过各种渠道获取丰富的学习资源，这要求我们对课程与教材模式进行深刻的变革。

教师应该从以教材为中心的单一书本知识转变为以教材为轴线，以活动为纽带，师生共同创建学习资源库。这意味着教材不再是唯一的学习资源，而是作为学习的一个起点和参考。教师可以根据教材内容特点，结合学生的实际情况，设计丰富多样的学习活动，如讨论、实验、实践等，以激发学生的学习兴趣和积极性。

教师也应该创造性地使用教材，以便使学生能够运用各种学习方式学习，培养多种能力。这意味着教师不仅要熟悉教材内容，还要了解学生的学习特点和需求，根据学生的实际情况对教材灵活地处理和运用。例如，教师可以对教材内容进行拓展和延伸，引入相关的学习资源和案例，帮助学生更好地理解和掌握知识点。

（二）课堂教学方式的"活化"

传统的课堂教学方式往往注重知识的灌输和传授，而忽视了学生的主体性和创造性。"互联网+"时代的混合式学习是一种颠覆性创新，撬动了教师角色定位的根本性转变，促使教师由学科专家、知识传授者转变为学习设计者和学习促进者。[①] 因此，我们需要采用新型的教学模式，如混合式学习、翻转课堂等，来活化课堂教学方式。通过在线平台，教师可以发布课程资料、布置作业、组织讨论等，学生可以自主学习、互动交流、完成作业等。这种学习方式既保留了传统课堂的互动性和指导性，又充分利用了在线学习的灵活性和自主性。

（三）关注学生差异

每个学生都是独一无二的个体，他们有着不同的学习需求和发展路径。因此，教育者应该充分了解每个学生的特点、兴趣、需要和潜力，提供个性化的教育支持和服务。

首先，教育者应该通过多种形式的学生评价来了解学生的学习情况和发展潜力，包括观察、交流、作业、测试等。其次，教育者应该根据学生的实际情况和需求，设计个性化的学习计划和学习任务。这些计划和任务应该充分考虑学生的兴趣和特长，激发他们的学习热情和积极性。当然，教育者应该注重学生的全面

---

① 冯晓英，孙雨薇，曹洁婷."互联网+"时代的混合式学习：学习理论与教法学基础［J］.中国远程教育，2019（02）：7-16+92. DOI：10.13541/j.cnki.chinade.20190127.002.

发展，不仅关注他们的学习成绩，还要关注他们的身心健康、社交能力、创造力等方面的发展。

第四节　重塑学习与未来的无限可能

一、新兴信息技术的崛起与数字化转型的加速

大数据技术目前成为各行各业实现数字化、信息化转型升级的重要途径。[①] 大数据时代的到来，使得海量数据的收集、分析和利用成为可能。通过大数据分析，企业可以更加精准地把握市场脉搏，制定有效的商业策略；政府可以更加科学地进行决策，提升治理效能；个人也可以更加便利地获取所需信息，优化生活方式。在教育领域，基于大数据的学术不端智能监督系统也正呼之欲出，利用大数据优势提高学术不端监督主体的数据素养，开放科研数据开放共享的融合渠道的探索也正在进行。[②]

随着云计算技术的日益普及，计算资源的共享和调配方式发生了深刻的变革。对于个人用户而言，云计算技术的普及意味着他们无需购买昂贵的硬件设备，只需通过云计算平台，就能获得强大的计算能力和海量的存储空间。对于学校而言，云计算技术的普及更是带来了革命性的变化。云计算的弹性伸缩特性，使得学校可以根据实际需求灵活调整计算资源，实现管理成本的优化和效益的最大化。同时，云计算还提供了丰富的数据分析和处理功能，帮助学校更好地了解学生、优化管理、提升竞争力。量子计算作为未来计算领域的重要方向，其独特的并行计算能力和超高速运算速度，有望在密码破译、材料模拟、优化问题等领域发挥巨大作用。

人工智能的快速发展，使得机器能够像人类一样感知、思考和学习。从语音识别、图像识别到自然语言处理，人工智能的应用场景越来越广泛，为人类生活带来了极大的便利。特别像 ChatGPT 的人工智能工具横空出世为教育改革和创新提供了新契机。教育者在利用 ChatGPT 赋能传统教育教学中做了很多有益尝

[①] 李慧.大数据技术铸造高校教育管理信息化创新思路探索[J].现代职业教育，2024（09）：81—84.
[②] 邹太龙.大数据赋能研究生学术不端行为治理——价值意蕴、现实梗阻与推进策略[J/OL].研究生教育研究，2024（02）：37—44［2024-03-30］.https://doi.org/10.19834/j.cnki.yjsjy2011.2024.02.06.

试。如在思想教育方面，ChatGPT 所具有的以基于人类反馈的强化学习机制等核心技术手段为思想道德教育提供了主体、客体、介体、环体等不同维度的应用价值，即主体维度具有实现教育者教育教学工作高效化的价值，客体维度具有为教育对象提供个性化学习体验的价值，介体维度具有实现思想道德教育内容高质量和教学方式智能化的价值，环体维度具有实现思想道德教育环境优化升级的价值等。①

元宇宙，这一虚拟世界的全新形态，正以其独特的魅力吸引着越来越多的人们。它不仅仅是一个虚拟空间，更是一个能够让人们深度沉浸、自由探索的奇幻世界。在这个世界里，人们可以打破现实的束缚，释放无限的创造力，以全新的方式去体验生活、感知世界。元宇宙的出现，让人们的虚拟存在成为可能，为个体的生命发展提供了无限的可能性和机遇。随着元宇宙的不断发展，教育领域也将迎来新的变革。教育元宇宙的诞生，将使得教育空间向虚拟维度延伸，为学习者提供更加广阔的学习平台。在这个虚拟的学习空间中，学习者可以随时随地获取各种学习资源，与其他学习者进行互动交流，共同探索知识的奥秘。

二、生成式语言与视频大模型：数字内容创作的革新

大型语言模型通常作为通用生成式人工智能的技术底层发挥作用，具备信息价值、情感价值、思维价值和劳动价值。② ChatGPT、Sora、文心一言、盘古Chat、浦语 2.0 等生成式语言模型的出现，极大地丰富了数字内容创作的手段和形式。这些模型通过学习和模仿人类的语言行为，能够生成自然流畅、富有创意的文本内容，为新闻报道、文学创作、广告营销、教育教学等领域提供了全新的创作工具。

2024 年 4 月 2 日，"今日头条"《人大附中老师——我让 ChatGPT 做北京高考卷，第一次就考到这个分数》一文引起了教育界和科技界的高度关注。文章提到，人大附中一位不愿意透露姓名的老师，为了发掘 AI 在教育领域所蕴含的巨大可能性和潜力，在业余时间尝试让 ChatGPT 完成了一份北京高考模拟试卷，

---

① 姚珊珊，曹顺仙. ChatGPT 介入思想道德教育的应用价值、潜在伦理风险与治理进路［J/OL］. 昆明理工大学学报（社会科学版）：1—9［2024-03-30］. https://doi.org/10.16112/j.cnki.53-1160/c.2024.02.123.
② 苏宇. 大型语言模型的法律风险与治理路径［J/OL］. 法律科学（西北政法大学学报），2024（01）：1—13［2024-03-30］. https://doi.org/10.16290/j.cnki.1674-5205.2024.01.010.

结果令人瞩目。考试当天，老师按照高考的标准流程，为 ChatGPT 设定了时间限制，并提供了完整的北京高考模拟试卷。试卷涵养了语文、数学、英语等多个科目，旨在全面检验 ChatGPT 在知识理解和应用方面的能力。

经过几个小时的"作答"，ChatGPT 完成了试卷，并提交了答案。老师随后对 ChatGPT 的答案进行了详细的批改和评分。结果显示，ChatGPT 在某些科目的表现相当出色，尤其是数学和英语方面，展现出了强大的计算能力和语言理解能力。然而，在需要深入理解和分析的语文科目上，ChatGPT 的表现则略显不足。总体拿到了 511 分的成绩。

GPT 高考得分情况

科目	正确率	得分
英语	86%	129（满分 150）
语文	67%	100（满分 150）
数学	67%	100（满分 150）
历史	62%	62（满分 100）
物理	60%	60（满分 100）
生物	60%	60（满分 100）
总分	/	511（满分 750）

对于这次尝试，老师表示既惊讶又兴奋。他认为，ChatGPT 在高考模拟中的表现已经超出了自己的预期，尤其是在数学和英语这些需要一定知识储备和逻辑思维的科目上。他同时也指出，AI 在理解和分析复杂文本方面仍有提升空间，这也是未来 AI 教育应用需要重点突破的方向。

这次尝试也引发了教育界和科技界的广泛关注。许多教育专家表示，AI 在教育领域的应用有着广阔的剪景，但也需要谨慎对待。他们认为，虽然 AI 可以在一定程度上辅助学生学习，但并不能完全取代传统的教学方式。AI 的优势在于其强大的数据处理和计算能力，而人类的优势则在于对复杂情境的理解和应对能力。因此，未来的教育应该是人机结合，充分利用各自的优势，共同推动教育的发展。

对于这次尝试的意义，人大附中的老师表示，这不仅仅是一次简单的模拟考试，更是一次对未来教育模式的探索和思考。他认为，随着科技的不断发展，教育方式和手段也将不断创新和变革。AI技术的应用将为教育带来更多的可能性和机遇，但同时也需要教育工作者和科技人员共同努力，确保技术的健康发展服务于教育事业的进步。

我们还知道，在2024年世界人工智能大会上人们惊喜地看到一位超会教的"大模型老师"。这是由"飞像星球"发布的一款面向基础教育全场景的大模型产品：针对辅导答疑、学情分析等11个教育教学的核心场景。如"AI写作伙伴""头脑风暴"："当你听到'梦中的那片海'，你首先想到了什么？是海的宽广、是探险的兴奋，还是别的什么？"针对这道作文题目，大模型首先拆解题目中抽象的部分，继而引导学生发散性思考："在这个题目中，海可能不仅是实际意义上的海洋。它还可以代表一个人的梦想、心灵的归属，或者是对美好生活的向往。在你的理解中，它代表了什么呢？"

当收到了"能不能帮我写一下"的指令后，大模型则回复："我不能直接帮你写，但我可以引导你思考和拓展你的想法。"几轮沟通后，大模型和学生一起提炼出写写作大纲，鼓励他开始写作。

可以看到，在大模型的加持下，每个学生都能获得对话式的针对性教学，不提供答案，在思考中发散，让写作成为一种丰富的创造性体验。

我们了解到，"飞像智能作业"这款产品已经在一些公立学校作业场景实现应用，贯穿作业批改、学情分析、答疑辅导全流程，目前已覆盖北京朝阳全区、平谷全区等100多所学校，每周使用频率在4.9次，成为目前行业应用大模型最深入的产品。

不止作文辅导，在素质教育场景里，"飞像星球"还研发了首个能让孩子在教室里体验到的大模型课程——飞像课堂的"探秘人工智能"系列课程。以当下最重要的科学教育为例，探秘人工智能的系列课程能够让小朋友在教室里体验AI交互：点击教室里的大屏，立刻与AI进行一场成语接龙的脑力风暴，引发对语音识别技术原理的探索；与AI霍金跨时空对话；向大模型提问……通过一系列互动，让学生真正理解人工智能。[1]

作为教师，我们深知，这些新技术的出现，一定会给我们教育带来翻天覆地

---

[1] 世界人工智能大会上，有位超会教的"大模型老师"[N].解放日报.20240704.(04).

的变化。首先，对于教师而言，这些模型为教学提供了强大的辅助工具。教师可以利用这些模型快速生成教学材料、课堂讲解内容，甚至是针对不同学生的个性化学习方案。这不仅提高了教学效率，也使得教学更加精准和高效。同时，模型还可以帮助教师分析学生的学习情况，提供有针对性的教学建议，进一步提升教学质量。

如果说生成式人工智能给了我们教育一剂强心剂，那么视频大模型的发展，让教育者惊掉了下巴。视频大模型的发展无疑是数字内容创作领域的一场革命性变革。通过引入深度学习等先进技术，视频大模型能够实现对视频内容的自动生成和编辑，极大地提高了视频制作的效率和质量。这一变革不仅为影视制作、动画制作等专业领域带来了前所未有的便利，同时也为学生和老师提供了更多元化的教育创作方式。

三、数字化转型对学校教育教学的深刻影响

新兴技术的崛起，无疑为学校教育教学的变革注入了强大的动力，特别是在学生学习方式以及成长环境的重塑方面，带来了前所未有的深刻影响。这些技术，如同一股强劲的潮流，冲击着传统的教育观念和教学模式，推动着教育向更加开放、多元、个性化的方向发展。

对于学生而言，新兴技术的出现意味着学习方式的根本性变革。传统的课堂讲授、书本阅读已不再是唯一的学习途径。如今，学生可以通过互联网获取海量的学习资源，通过在线平台进行互动学习，甚至可以通过虚拟现实技术身临其境地体验知识。现在，OMO（Online Merge Offline）模式借助技术手段打通线上和线下、虚拟和现实场景中各结构、层次、类型的数据，以全场景融合的方式促进教学与服务向个性、精准、智能化转型，对教育和学习的创新发展产生关键作用。[①]

同时，新兴技术也为学生的成长环境带来了革命性的改变。在信息技术的推动下，学生不再是被动接受知识的对象，而是成为知识的主动建构者和创造者。他们可以通过网络社交平台分享学习心得，通过协作项目锻炼团队协作能力，通

---

① 祝智庭，胡姣. 技术赋能后疫情教育创变：线上线下融合教学新样态［J］. 开放教育研究，2021，27（01）：13—23. DOI: 10.13966/j.cnki.kfjyyj.2021.01.002.

过创新实践培养创新思维。未来社会的需求将是个性化与创新性人才。这些变化都需要重构教育的新形态，促使学习者从知识与技能习得转向高级综合能力的培养。[1] 这样的成长环境，更有利于培养学生的综合素质和创新能力，为他们的未来发展奠定坚实的基础。作为当代信息技术发展的前沿，大数据广域的信息资源、先进的信息处理技术以及全新的思维范式，为教育带来了即时性、精准性、前瞻性与个性化等创新发展的新动力与新空间。[2]

新兴信息技术的应用也为教育教学提供了更多的可能性。例如，通过大数据分析学生的学习行为和成绩变化，教师可以更加精准地把握学生的学习状况，制定有针对性的教学策略；人工智能技术的应用可以帮助教师自动批改作业、分析试卷，减轻工作负担；虚拟现实和增强现实技术则可以为学生提供更加沉浸式的学习体验，增强学习效果。

然而，尽管新兴技术如雨后春笋般不断涌现，为教育教学带来了前所未有的变革与机遇，我们的教育同仁中，仍有一部分人坚守着传统的教育观念，对新兴技术持保守态度。在他们看来，这些新兴的信息技术，诸如人工智能、大数据、云计算等，仅仅是教学的辅助工具，用来锦上添花，而非教育真正的核心要素。他们认为，无论技术如何发展，教育的本质始终是传授知识、培养品德，而这些，是传统教学方法足以胜任的。

这部分教育同仁对于新兴技术在教学中的应用，往往持有一种可有可无、可用可不用的态度。他们认为，即便不使用这些技术，也能完成教学任务，培养出合格的学生。在他们眼中，新兴技术可能只是教育的一种"奢侈品"，而非必需品。这种可有可无、可用可不用的态度，在当前的时代背景下显得尤为过时和不合时宜。新兴技术，尤其是信息技术和人工智能技术，正以前所未有的速度改变着我们的生活方式和社会结构。教育领域作为社会发展的重要组成部分，自然也无法置身事外。新兴技术的引入和应用，不仅可以丰富教学手段，提高教学效率，更能够为学生们创造一个更加广阔、更加多元化的学习环境，帮助他们更好地适应未来的社会发展。在信息化、智能化的今天，新兴技术已经渗透到社会的各个领域，成为推动社会进步的重要力量。教育领域亦不例外，新兴技术正逐渐

---

[1] 姜玉莲.技术丰富课堂环境下高阶思维发展模型建构研究[D].东北师范大学，2018.
[2] 邓晶艳.基于大数据的大学生日常思想政治教育创新研究[D].贵州师范大学，2021. DOI：10.27048/d.cnki.ggzsu.2021.000014.

成为推动教育创新和发展的核心驱动力。它们不仅丰富了教学手段,提高了教学效率,更重要的是,它们为教育带来了无限的可能性和广阔的想象空间。

四、未来展望:充满变数的教育与学习新纪元

随着新兴信息技术的日新月异和广泛应用,未来的教育教学无疑将展现出更加多元化、个性化和智能化的鲜明特点。这些技术的快速发展,为教育带来了前所未有的变革和机遇,极大地丰富了学生的学习资源,也为教师提供了更加高效、精准的教学工具和数据支持。

对于学生而言,新兴技术的涌现确实为他们带来了更加丰富的学习资源和学习方式的变革。首先,线上课程的兴起为学生们提供了更加灵活的学习选择。无论是想要提前预习新知识,还是想要深入探究某个领域的专业知识,线上课程都能满足学生的需求。浙江大学教育学院在本科生课程"网络与远程教育"中,运用将慕课融入的翻转课堂教学模式教学,并采用质性研究方法,利用质性分析软件 NVivo 8 对收集到的 231 条在线学习日志进行编码,围绕学习者、教师、课程、技术、环境五个维度进行内容分析发现在慕课融入的翻转课堂学习中,学习者情感体验丰富,知识技能以及元认知能力得到提升,思想观念发生转变;在与他人互动方面,相比在线交流,学习者偏好面对面的交流讨论。[①] 更重要的是,新兴技术还为学生提供了更加便捷的学习方式。以智能学习平台为例,这些平台可以根据学生的学习进度和兴趣,智能推荐个性化的学习内容和路径。比如,某个学生对数学中的几何部分特别感兴趣,智能学习平台就会为他推荐更多关于几何的练习题和讲解视频,帮助他更深入地学习和掌握这一知识点。这种个性化的学习方式不仅能够提高学生的学习效率,还能让他们在学习过程中感受到更多的乐趣和成就感。

电子书包作为电子图书的一种重要形式,如今已成为许多学生的必备学习工具。十年前,就已经有尝试,在上海市闵行区电子书包项目推进背景下聚焦小学数学复习课教学,通过分析小学数学复习课教学现状及电子书包环境对教与学的支撑作用,设计电子书包环境下小学数学复习课教学模式。该教学模式以翻转课

---

① 李艳,张慕华.高校学生慕课和翻转课堂体验实证研究——基于 231 条在线学习日志分析[J].现代远程教育研究,2015(05):73-84+93.

堂的突破时空限制、突破思维限制、改变教师角色为启示，以问题情境的创设促成意义建构为指导。[①]值得一提的是，在信息化赋能的未来，个性化学习将成为常态。这种个性化的学习方式让学生能够更加自主地掌控自己的学习进程，实现个性化学习和发展。

除了线上课程和电子图书，虚拟实验室也为学生们提供了更加真实的实验体验。在虚拟实验室中，学生可以通过模拟实验环境和设备，进行各种实验操作和探究。这种学习方式不仅让学生们能够在安全的环境下实验，还能让他们更加深入地了解实验原理和过程，提高实验技能。例如：基于OpenStack（开源的云计算管理平台），采用CP-ABE（基于属性的加密）方案，构建起的虚拟实验室用户能够在云计算管理平台创建、管理计算实例，简化工作流程，省略用户权限数据的维护环节，提升服务能力。[②]这样的实践做法在各层面的学校、企业中均有涉及，有利于教学与管理升级迭代。

未来的教育，将不再局限于传统的教室和课本，而是变得更加多元化、个性化和智能化。学生可以随时随地通过网络进行学习和交流，享受更加丰富的学习资源和学习方式。而教师们也将拥有更加高效的教学工具和精准的数据支持，能够更好地满足学生的个性化需求，提高教学效果。

我们都应坚信，教育的本质始终是培养人的全面发展。让我们以开放的心态、创新的精神，迎接这个充满变数的教育与学习新纪元，共同书写教育事业的崭新篇章！

（本章由柴楠平执笔。柴楠平：中学正高级专业技术职称，同济大学第一附属中学学生发展中心主任、工会主席）

[①] 管珏琪，苏小兵，郭毅，等.电子书包环境下小学数学复习课教学模式的设计［J］.中国电化教育，2015（03）：103—109.
[②] 曾志区.云计算环境下虚拟实验室云端访问的权限控制方法［J］.华东科技，2023（12）：88—90.

参 考 文 献

1. 张鹏. 基于云教室的信息技术应用创新设计与实践思考[J]. 新疆广播电视大学学报，2015、2.

2. 李艳，张慕华. 高校学生慕课和翻转课堂体验实证研究——基于231条在线学习日志分析[J]. 现代远程教育研究，2015、5.

3. 唐爱民. 从"整合"到"深度融合"的课堂生态改变[J]. 中小学信息技术教育，2015、11.

4. 黄琴，张兴筑. 推理"三助手"[J]. 湖北教育（教育教学），2016、9.

5. 严安，王爱菊，许文静.《互联网+时代小学家校互动联合教育机制研究》[J]. 基础学科，2017、18.

6. 赵琦.《依托数字化校园建设 推进中学图书馆服务升级》[J]. 中国技术装备，2017、3.

7. 杨晓哲，任友群. 高中信息技术学科的价值追求：数字化学习与创新[J]. 中国电化教育，2017、1.

8. 兰国帅著."互联网+"背景下信息化教学资源共建共享与服务[M]. 北京：科学出版社，2018.

9. 范文翔，张一春，李艺. 国内外计算思维研究与发展综述[J]. 远程教育杂志，2018、36、2.

10. 姜玉莲. 技术丰富课堂环境下高阶思维发展模型建构研究[D]. 东北师范大学，2018.

11. 王元地，李粒，胡谍. 区块链研究综述[J]. 中国矿业大学学报：社会科学版，2018、20、3.

12. 黄泽源，孔勇平，张会炎. 基于区块链的物联网安全技术研究[J]. 移动通信，2018、42、12.

13. 桑文锋.数据驱动：从方法到实践［M］.北京：电子工业出版社，2018.

14. 余胜泉.人工智能教师的未来角色［J］.开放教育研究，2018、24、1.

15. 董艳，孙巍，徐唱.信息技术融合下的跨学科学习研究［J］.电化教育研究，2019、40、11.

16. 褚乐阳，陈卫东，谭悦，等.虚实共生：数字孪生（DT）技术及其教育应用前瞻——兼论泛在智慧学习空间的重构［J］.远程教育杂志，2019、5.

17. 汪时冲，方海光，张鸽等.人工智能教育机器人支持下的新型"双师课堂"研究——兼论"人机协同"教学设计与未来展望［J］.远程教育杂志，2019、37、2.

18. 汪时冲，方海光，张鸽等.人工智能教育机器人支持下的新型"双师课堂"研究——兼论"人机协同"教学设计与未来展望［J］.远程教育杂志，2019、37、2.

19. 冯晓英，孙雨薇，曹洁婷."互联网+"时代的混合式学习：学习理论与教法学基础［J］.中国远程教育，2019、2.

20. 王竹立.论智能时代的人——机合作式学习［J］.电化教育研究，2019、40、9.

21. 贺慧，张燕，林敏.项目式学习：培育核心素养的重要途径［J］.基础教育程，2019、6.

22. 信息社会50人论坛.数字化转型中的中国［M］.电子工业出版社：2020、1.

23. 汪菲.基于区块链的去中心化可信数据共享技术研究［D］.江苏：南京邮电大学，2020.

24. 魏忠.《教育正悄悄发生一场革命》［M］.华东师范大学出版社，2020、1.

25. 郑思思，陈卫东，徐铷忆等.数智融合：数据驱动下教与学的演进与未来趋向——兼论图形化数据智能赋能教育的新形态［J］.远程教育杂志，2020、38、4.

26. 柳晨晨，宛平，王佑镁等.智能机器人及其教学应用：创新意蕴与现实挑战［J］.远程教育杂志，2020、38、2.

27. 丁世强，王平升，赵可云，等.面向计算思维能力发展的项目式教学研究［J］.现代教育技术，2020、30、9.

28. 权国龙，赵春，蔡慧英，等.数据驱动"知能发展"的微型学习系统分布架构研究［J］.电化教育研究，2020、3.

29. 崔佳峰，阙粤红.智能技术支持下的学生数字画像：困境与突破［J］.当代教育科学，2020、11.

30. 郑思思，陈卫东等.数智融合：数据驱动下教与学的演进与未来趋向——兼论图形化数据智能赋能教育的新形态［J］.远程教育杂志，2020、4.

31. 赵瑞斌，杨现民等."5G+AI"技术场域中的教学形态创新及关键问题分析［J］.远程教育杂志，2021、2.

32. 顾小清，王超.打开技术创新课堂教学的新窗：刻画AIoT课堂应用场景［J］.现代远程教育研究，2021、33、2.

33. 陆青琳.人工智能时代的中小学生学习方式探讨［J］.教育观察，2021、9.

34. 金义富.区块链+教育的需求分析与技术框架［J］.2021（2017—9）.

35. 柴西琴.对探究教学的认识与思考［J］.课程·教材·教法，2001、8.

36. 联合国教育、科学及文化组织.一起重新构想我们的未来：为教育打造新的社会契约［M］.北京：教育科学出版社，2021、10.

37. 纪利琴，王静，申小芳等.基于智慧课堂的线上线下混合教学方式实践——以"数字电子技术"课程为例［J］.科技视界，2021、6.

38. 赵鑫，吕寒雪.智能时代"双师"课堂教学：本质、表征与实践［J］.湖南师范大学教育科学学报，2021、20、3.

39. 全文瑛.基于智慧教育环境的个性化教学策略研究［J］.中小学数字化教学，2021、10.

40. 祝智庭，胡姣.技术赋能后疫情教育创变：线上线下融合教学新样态［J］.开放教育研究，2021、27、1.

41. 吴刚平.跨学科主题学习的意义与设计思路［J］.课程.教材.教法，2022、42、9.

42. 刘革平，高楠，胡翰林.《教育元宇宙：特征、机理及应用场景》［J］.开放教育研究，2022、28、1.

43. 顾小清.教育信息化步入数字化转型时代［J］.中小学信息技术教育，2022、4.

44. 杨现民，吴贵芬，李新.教育数字化转型中数据要素的价值发挥与管理［J］.现代教育技术，2022、8.

45. 王家龙."三助手＋数字教材"一体化在线教学的实施路径与策略［J］.中小学信息技术教育，2022、6.

46. 方铭琳.未来学校组织变革：为何与何为［J］.基础教育，2022、19、5.

47. 武丹.数字孪生技术在教育中的应用研究［J］.中小学信息技术教育，2022、7.

48. 张治，戴蕴秋.基于"教育大脑"的智能治理——上海宝山区教育数字化转型实践探索［J］.中国教育信息化，2022、28、6.

49. 朱金艳.具身认知视阈下学习方式的转型及其实现路径［J］.教书育人（高教论坛），2022、30.

50. 廉士勇，刘忠涛.人工智能技术在现代媒体资产管理系统中的应用［J］.现代电视技术，2022、1.

51. 祝智庭，胡姣.教育数字化转型的本质探析与研究展望［J］.中国电化教育，2022、4.

52. 付宏燕.区块链在公共资源交易数据整合共享中的应用研究［J］.现代计算机，2022、28、12.

53. 李华.建构智能化课程单元 促进学生素养化发展［J］.中小学校长，2022、11.

54. 吴砥，李环，尉小荣.教育数字化转型：国际背景，发展需求与推进路径［J］.中国远程教育，2022、7.

55. 余胜泉，刘恩睿.智慧教育转型与变革［J］.电化教育研究，2022、43、1.

56. 李华.建构智能化课程单元 促进学生素养化发展［J］.中小学校长，2022、11.

57. 郑小燕.用好"三个助手"平台，赋能线上教学更有效［J］.上海教育，2022、Z2.

58. 钟柏昌，龚佳欣.跨学科创新能力评价指标体系的构建与实证研究［J］.中国电化教育，2022、12.

59. 谢幼如，罗文婧，章锐等."双减"背景下课堂教学数字化转型的理论探索与演进路径［J］.电化教育研究，2022、43、9.

60. 葛苏慧，高凤毅，胡鑫，白成杰.5G+赋能智慧教学场景的沉浸式教学创新研究与实践［J］.信息科技·计算机软件及计算机应用，2022、4.

61. 祝智庭，胡娇.教育数字化转型的本质探析与研究展望［J］.中国电化教育，2022、4.

62. 吴娇，黄威荣，杨晓娟.数字教育资源赋能课后服务的内在逻辑、应用场景及未来趋势探析［J］.电脑知识与技术，2023、19、34.

63. 经济合作与发展组织编（李永智主译）.《教育数字化转型：人工智能、区块链和机器人技术如何赋能》［M］.上海教育出版社，2023、2.

64. 刘太如.线上线下教学环境下作业完成品质对比研究［J］.上海教师，2023、1.

65. 王叶婷，黄志勤.智笔·翼课促转型循实·求新向未来——"闵晓数智慧笔"项目校本化探索研究［J］.教育，2023、20.

66. 李海伟，王龚，陆美晨.教育数字化转型的路径探索与上海实践［J］.华东师范大学学报：教育科学版，2023，41、3.

67. 刘艳霞，辛冰，陈江龙."双减"背景下构建智慧教育新样态的策略研究［J］.当代教育家（下半月），2023、7.

68. 刘蕴秀.人工智能赋能学校教育数字化转型的策略探析［J］.中小学数字化教学，2023、9.

69. 周传旋.基于AI赋能下电脑辅助设计课程教学研究［J］.鄂州大学学报，2023、30、5.

70. 朱永新，杨帆.我国教育数字化转型的现实逻辑、应用场景与治理路径［J］.中国电化教育，2023、1.

71. 南朝弦.中小学优质网络课程资源的特征研究［D］.天津师范大学，2023.

72. 刘治国.数字化时代职业教育课程建设的反思与行动策略［J］.西北成人教育学院学报，2023、6.

73. 上海市教师教育学院.上海：以"三个助手"推进中小学教学数字化转型［N］.人民教育，2023、23.

74. 关于高校数字化转型的制度化思考［J］.中国教育网络，2023、5.

75. 王世强，高彩云，朱金凯等.基于智慧平台的线上线下混合教学模式探究［J］.教育教学论坛，2023、6.

76. 李慧慧.数字教学系统支持下指向深度学习的初中语文单元教学——以八年级第一学期第二单元为例［J］.中小学数字化教学，2023、6.

77. 李锋，兰希馨，李正福等.单元视角下的信息科技跨学科主题学习设计与实践［J］.中国电化教育，2023、3.

78. 袁磊，王阳.数字教育背景下中小学跨学科教学的困境与应对［J］.电化教育研究，2023、44、12.

79. 郭炯，丁添.面向数学学科能力培养的智慧课堂技术应用行为分析研究［J］.中国电化教育，2023、2.

80. 高俊.《走向新时代的教学管理》［M］.华东师范大学出版社，2023、10.

81. 经济合作与发展组织编（李永智主译）.《教育数字化转型：人工智能、区块链和机器人技术如何赋能》［M］.上海教育出版社，2023、2.

82. 关于高校数字化转型的制度化思考［J］.中国教育网络，2023、5.

83. 刘邦奇.数据驱动教学数字化转型：机理、场域及路径［J］.现代教育技术，2023、33、9.

84. 许月媚.基于"双师课堂"的人工智能跨学科项目化教学模式构建及应用［J］.数字教育，2023、9、6.

85. 卜洪晓、夏冬杰.应急在线教育何以加速教育数字化转型［J］.教育传播与技术，2023、2.

86. 上海教师教育学院.以"三个助手"推进中小学教学数字化转型［J］.人民教育，2023、23.

87. 周倩.刍议"三个助手"平台赋能下数学课堂教与学的变革［J］.现代教学，2023、19.

88. 钱小龙，范佳敏."数字中国"背景下基础教育数字化转型的问题与对策［J］.教育评论，2023、3.

89. 张翼，张丽.普通高中学校数字化转型之路—成都七中的实践与探索［J］.中小学校长，2023、12.

90. 艾兴，陈永堂.教育数字化转型背景下课堂教学形态的重构［J］.杭州师范大学学报（社会科学版），2023、45、3.

91. 胡志飞.数智融合支持下高职课堂教学改革的形态表征、内在机理和转型路径［J］.教育与职业，2023、24.

92. 张之倩，兰海波.基于数字孪生技术的智慧校园综合管理的研究［J］.电脑知识与技术：学术版，2023、19、5.

93. 吴蓓蕾，王文君，王蕊.数字化赋能学校教育教学创新变革的实践探索［J］.教育传播与技术，2023、3.

94. 钱小龙，邓芸芸.数字化转型助力基础教育课堂形态变革［J］.教育评论，2023、10.

95. 刘蕴秀.人工智能赋能学校教育数字化转型的策略探析［J］.中小学数字化教学，2023、9.

96. 袁振国.教育数字化转型：转什么，怎么转［J］.华东师范大学学报（教育科学版），2023、41、3.

97. 杨晓哲，王若昕.困局与破局：教育数字化转型的下一步［J］.华东师范大学学报（教育科学版），2023、41、3.

98. 吴砥，陈敏.教师数字素养：教育数字化转型背景下的教师发展重点［J］.中国信息技术教育，2023、5.

99. 罗宇锋，童葆菁.教育数字化转型助力学校一体化发展［J］.上海教育，2023、21.

100. 魏忠.《数字时代的教育转型》［M］.华东师范大学出版社，2023、11.

101. 高俊.《走向新时代的教学管理》［M］.华东师范大学出版社，2023、10.

102. 曾志区.云计算环境下虚拟实验室云端访问的权限控制方法［J］.华东科技，2023、12.

103. 宋萑，林敏.ChatGPT/生成式人工智能时代下教师的工作变革：机遇、挑战与应对［J］.华东师范大学学报（教育科学版），2023、7.

104. 顾玮，伏建彬.专业课程优质数字化资源共建共享研究［J］.办公自动化，2023、28、18.

105. 苏宇.大型语言模型的法律风险与治理路径［J/OL］.法律科学（西北政法大学学报），2024、1.

106. 邹太龙.大数据赋能研究生学术不端行为治理——价值意蕴、现实梗阻与推进策略［J/OL］.研究生教育研究，2024、2.

107. 姚珊珊，曹顺仙.ChatGPT介入思想道德教育的应用价值、潜在伦理风险与治理进路［J/OL］.昆明理工大学学报（社会科学版），2024、3.

108. 魏怡孜.元宇宙时代的体育直播：智能场景、沉浸体验与交互创新［J］.西部学刊，2024、3.

109. 祝智庭、张博、戴岭，数智赋能智慧教育的变与不变之道［J］.中国教育信息化，2024、30、3.

110. 杨睿.《校企合作人才培养模式》［J］.上海轻工业，2024年3月第3期.

111. 解放日报记者柳森."AI潮涌，更要相信课堂的力量".解放日报.2024、5、6.第11版.

112. 陈颖.交叉·融合·数智·协同：英语专业实践课程师资培训途径探究［J］.现代商贸工业，2024、45、5.

113. 仲立新，任朝霞.校园更智慧，教学更高效——上海市长宁区推进数字基座建设，上线六百八十四个数字应用［N］.中国教育报，2024、1、1.

114. 傅敏，冉利敏.学校教育数字化转型：认知误区、潜在挑战与求解策略［J］.中国数字教育之路，2024、1.

115. 陈茹.基于人工智能教学应用的中小学教师课堂管理能力发展现状及提升策略研究［D］.西南大学，2024.

116. 怀进鹏.数字变革与教育未来——在世界数字教育大会上的主旨演讲［EB/OL］.2024、2、1.

117. 尹进，崔渊，高倩等.电路原理混合式课堂教学的实践与反思［J］.中国教育技术装备，2024、2.

118. 北京师范大学智慧学习研究院（整理）.《2024世界数字教育大会资料汇编》，来源：教育部网站、世界数字教育大会网站、微言教育，2024、2、1.

119. 黄英杰，廖彬宇.元宇宙时代教育的全新形态、基本特征与发展趋势［J］.成都师范学院学报，2024、1.

120. 彭燕凝，师启航.元宇宙背景下数字技术均衡教学资源应用研究［J］.大众文艺，2024、2.

121. 陈茹.基于人工智能教学应用的中小学教师课堂管理能力发展现状及提升策略研究［D］.西南大学，2024.

后 记

本书作为上海市"杨浦区创智教育干部人才涌动发展项目'卞建鸿名校长研习基地'"学员的集体之作，我们荣幸地看到13位学员每人一章，没有一人缺席，做到了全员参与。这些学员分别来自杨浦区不同学校，担任学校重要的领导与管理职务，他（她）们接受了书稿撰写任务后，克服了种种困难，按时保质地完成了书稿撰写任务，表现出作为学校领导和管理者好学习、好钻研的品格和应有的责任与担当。

在本书出版之际，我们还要提及本"研习基地"的聘请专家唐由庆老师。他从本论著选题的筛选、书名的提炼、书稿提纲的拟定、书稿撰写学术指导和技术规范的制定，直到书稿的修改、统稿、定稿，以及出版样稿的校对，全过程跟进，全过程指导。他还在《中国知网》平台为基地学员买了500多篇（本）学校数字化转型的论文、论著和学位论文，为学员们对本课题研究和书稿撰写打下了坚实基础，在此表示衷心的感谢。

我们还要感谢的是上海师范大学附属杨浦现代职业学校，他们无条件为研习基地"提供资金、物资和活动场地，为学员们书稿撰写提供了后勤支持与保障。"研习基地"秘书长俞俊副校长不厌其烦地及时给学员转达专家对一稿、二稿、三稿，甚至四稿、五稿的修改建议，协调、落实"研习基地"课题学术研讨会，书稿撰写成果交流会，表现出热情、严谨、细致的工作作风，给全体学员留下了深刻印象。

本书执笔人分别是：第一章 绪婕；第二章 葛琛静；第三章 潘道浩；第四章 陆言侃；第五章 万锐；第六章 李枫；第七章 陈远磊；第八章 俞俊；第九章 陈美莲；第十章 沈小毓；第十一章 曹蓉；第十二章 王晴艳；第十三章 柴楠平。